軍備亡国・反戦平和

2018年　1月号　No.５７８

第五九巻　第一号　通巻第五七八号

8.15

日中友好元軍人の会ＨＰ　http://www11.ocn.ne.jp/~donpo/

1

日中友好『８．１５』の会
（日中友好元軍人の会）

創立宣言

戦争の罪悪を身をもって体験した、わたくしども元軍人は、心から人間の尊厳にめざめ、戦争を否定します。

わたくしどもは、過去の反省に立脚し、戦争放棄と戦力不保持を明示した日本国憲法を順守し、真に人類の幸福と世界の平和に貢献せんがため、本会設立の趣意書ならびに会則にのっとり、同志相携えてあらゆる戦争を阻止し、戦争原因の剪除に努め、進んで近隣諸国とくに中国との友好を進めんとするものであります。

ここに終戦の記念日をトして本会を設立するにあたり、万世のため太平を開く決意のもとに日本の更正を誓った当時を追憶し、戦没の万霊に額ずき、ご遺族をはじめ戦争の被害者ならびに軍靴で踏みにじった戦場の住民各位に深く遺憾の意を表しつつ宣言します。

１９６１年8月１５日

日中友好元軍人の会

二〇一七年度　活動方針

われわれは、創立宣言に則り、次の活動を行なう。

一、平和憲法を守り抜くため、広く非武装中立・軍縮亡国を訴え、組織の強化・拡大に努力する。

二、過去の侵略戦争に対する反省に立脚して、中国をはじめ、アジア近隣諸国、さらには世界各国の平和を希求する人々との友好・提携に努める。

行動計画

一、違憲の安保法制を強行し、憲法改悪へ向かう安倍内閣のあらゆる策動を許さず、特に憲法9条を守るために活動している諸団体の運動に積極的に参加する。

二、戦争に直結する集団的自衛権の行使を認めず、名目の如何にかかわらず、自衛隊の海外派遣、多国籍軍への支援に反対する。

三、広島・長崎の被爆の歴史に基づいて、核の廃絶を広く世界に訴える。日本政府に核兵器禁止条約への参加を求める。エネルギー変換、脱原発をめざす。

四、沖縄の民意を無視した辺野古新軍事基地建設等に反対し普天間を始めとする全国各地の米軍基地の縮小・撤廃を求める。そのためにも日米安保条約の解消とそれに代わる日米友好条約の締結を提唱する。

五、日・中・韓・朝の障壁になっている歴史認識問題、戦後処理問題（従軍慰安婦、強制連行・強制労働などに関する訴訟・賠償請求）の早期解決を求めていく。

六、中国国際友好聯絡会研修生受け入れと公私訪中派遣を通じて、民間レベルでの友好・交流の強化を図る。

【巻頭言】

民主主義国家におけるマスコミの責任と使命

沖松　信夫

この一年、戦争体験を語るよう頼まれることが多かった。戦争原因や敗因についてどう思うかと聞かれることも多かった。私は、統帥権の独立を規定している明治憲法が軍部の独走を制御出来ず、国民を戦争に駆り立てたことは間違いないが、それ以前に制定過程を含めて、この憲法の非民主性が問題にされなければいけないと思っている。日本国憲法を押し付け憲法と呼ぶ人がいるが、国会の審議を経ることなく制定された明治憲法こそが押し付けと言われても仕方ないと思っている。基本的人権を認めない天皇主権の憲法は、戦争に傾き易い。日本のマスコミが今まで、そのことを的確に指摘して来ただろうか。

（1）昨年はどんな年であったか。

社会部長が選ぶ今年の十大ニュース」（新聞之新聞社主催）の選考会が十二月十八日、毎日、産経、日経、東京、共同通信など在京の新聞・通信8社の社会部長が出席して都内で開かれた。マスコミがどんな事象に興味をもっているのかを知るには参考になる。一位に「神奈川・座間で9遺体発見。二十七歳男逮捕。SNS接点」を選んだ。二位以下は次の通り。

二位、小池劇場都議選で圧勝。衆院選で失速
三位、南スーダンPKO日報隠しが発覚、防衛相ら辞任
四位、森友・加計問題、国会で首相追及。内閣支持率急落
五位、北朝鮮のミサイル発射相次ぎ、緊張高まる
六位、九州北部豪雨。福岡・大分で三十八人死亡、三人不明
七位、天皇の退位特例法成立。二〇一九年五月から新元号
八位、電通過労死事件で有罪判決。働き方改革加速
九位、改正組織犯罪処罰法成立。共謀罪の趣旨盛り込む
十位、将棋界快挙相次ぐ。藤井四段二十九連勝、羽生永世七冠達成

【番外】桐生が日本人初の九秒台。男子陸上百メートル▽上野動物園でパンダ誕生。名はシャンシャン。二十九年ぶり赤ちゃん公開▽ノーベル平和賞にICAN、文学賞はカズオ・イシグロ氏

私個人としてショックを受けたのは、金正男氏の暗殺が白昼カメラの前で女性2人によって、しかも子供だましのような方法で行なわれたことである。二十一世紀に

こんなことがあるのかと思った。アメリカでは、低支持率に喘ぐトランプ大統領の暴走が続く。ひとたび権力を握ればいかに強いか。少数ながらも絶対的支持者がいることも分かった。移民国家アメリカでは、白人が少数派に転落することをおそれる白人至上主義者の存在を無視できないことも次第に分かってきた。

（2）日本政治の問題点

日本では、データ不正問題など企業倫理の崩壊がすすんでいる。信用度の高かった大企業の違法、モラル違反が発覚し謝罪会見が相次いだ。このことは政治と無関係ではありえない。日本の政治家の劣化は誰の目にも明らかである。

トランプ大統領に迎合する安倍首相は、高い兵器を買わされる。早速一月九日、新型迎撃ミサイルＳＭ３ブロック２Ａを購入、四発で百五〇億円だという。日本は兵器を買って平和を失う。また首相の地位を利用して知り合いや友人に利益を与え続けて恥と思わないようだ。一強多弱の国会では、政治家・官僚は真面目に質問に答えようとしない、平然と白を切る。国民は、このような政治の根源が不合理かつ非民主的な選挙制度にあることに早く気付かなければいけない。

卑近な例をあげる。昨年十月二十二日、第四十八回衆議院選挙のことである。北関東小選挙区は３２（かっこの中は自民の当選者数）、茨城７（自民６）、栃木５（同４）、群馬５（同５）、埼玉１５（同１２）、北関東比例区は１９、自民７、立憲５、希望４、公明２、共産１、維新０、社民０、幸福０だった。得票率は、自民３３・２％、立憲２２％、希望１９・３％、公明１３・１％、共産７・５％、社民３・４％、幸福１・１％だった。比例区の得票率が国民の支持率に近いだろう。しかし北関東地区５１議席中、自民党は、小選挙区で２７、比例区で７、計３４はどう見ても採り過ぎだ。

世襲議員の割合が高く、職業化しているのも問題だし、小選挙区では得票率半分以下の政党が議席の４分の３を占める違憲状態になっている。

この他に１票の格差の問題があり、立候補を制限する供託金制度の問題がある。小選挙区で三百万、比例区は計六百万である。この制度は世界でも珍しい制度で、経済協力開発機構に加盟する先進三十五か国のうち、供託金制度があるのは日本を含めて十三か国。日本に次いで高いのは韓国で、約百五十万、オランダも約百三十万、ただしこれは立候補者一人についての額でなく、比例代表名簿を提出する政党が納める額でその他の国は十万以下だという。アメリカ、ドイツ、フランス、イタリアにはない。

そもそも小選挙区制は、比較第1党が議席を獲得するのだから、死票が多くなり不合理と言われている。それを修正する方法がどうしても必要になる。日本で採用されたのが比例代表並列制であるが、聊かもその修正になっていないどころか、不合理が拡大している。日本のマスコミには、これが民主主義の重大な危機に見えないのだろうか。これこそ国民が取り組むべき喫緊の課題ではないかと思うのだが。

（3）明治礼賛は正しいか

二〇一八年は明治百五〇年にあたる。日本では、明百五〇年を記念したり、十一月三日を明治の日にしようとする動きがある。明治維新は日本に近代化をもたらし成功した歴史であり、大日本帝国憲法は東洋において最初に生まれた立憲主義と民主主義の憲法と評価する、中学の歴史教科書がすでに出版されている（自由社・育鵬社）。

安倍首相の一月四日の年頭所感も、明治維新礼賛で始まった。今年の元日、東京新聞の『明治百五〇年と民主主義』と題する社説は「明治百五〇年といいます。明治維新はさまざまのものをもたらしましたが、その最大のものの一つは民主主義ではなかったか振り返ってみましょう」という文章で始まる。「むろん歴史は単純ではなく、明治憲法は大正デモクラシーという民主主義の高揚期を生んでいます。それはやはり社会を改良しようという民衆のエネルギーの発奮でしょう」とも書いている。大正デモクラシーは民主主義そのものではあるまい。だからこそ吉野作造は民本主義と言い換えた。比較的良心的と言われている、この新聞の歴史認識にちょっと驚いた。

一月二日は新聞の休刊日、三日の同紙の「本音のコラム」欄に、「明治より大正」と題して、斉藤美奈子氏という文芸評論家が「元日の本紙社説は、明治維新がもたらしたもののなかでも『最大のものの一つは民主主義ではなかったか』と書いた。自由民権運動の結果生まれた明治憲法は立憲制と議会制を明記した『日本民主主義のはじまり』だと。それ、おかしくないですか。」と書いている。

おかしかったのは、三日の同紙「編集日誌」欄には、読者の皆さんと同じ目の高さで「談論風発」を呼び起こす論説を目指す、と書いてある。次いで「『談論風発』に応えるかのように斉藤美奈子さんが、元日の社説に異を唱えています。斉藤さんは明治維新からの節目より、大正デモクラシーの端緒を開いた米騒動百年に目を向けるべきと指摘します。今年も多様な考えをお伝えします。」と書いている。

資本主義社会に生きるマスメディアとしては限界があるのかも知れないが、これは歴史認識の問題で、多様な考えとかの問題ではないような気がするのだが。民主主義社会において、マスコミの果たす役割は大きいし責任も重大だ。

実は、民主主義政治は難しい。常に反民主勢力と戦わねばならないからである。まず民主主義憲法が必要だが、またそれを支える具体的な民主的法律制度が必要である。しかも民主主義の意識の高い国民が背後に存在することが一番重要だ。

マスコミの使命は、正しい歴史認識の下で、民主主義憲法を日本国民にしっかり根付かせること、非民主主義の法律が制定されることを監視すること、国民の民主主義的意識を高めることではないだろうか。朝鮮半島の緊張、軍事費の膨張、増税、改憲、非民主的国会運営等々と多難な年になりそうだが、平和と民主主義政治の確立のために努力したいものである。

（埼玉・代表幹事）

新春メッセージ

中国駐日本国大使館友好交流部参事官　汪　婉

二〇一八年の新年を迎え、謹んでお祝いを申し上げます。

昨年は中日国交正常化四五周年にあたる年と同時に「盧溝橋事変」八〇周年の年でもありました。日中友好8・15の会は「7・7記念集会」、「侵略戦争」をテーマにした学習会など不再戦平和活動を行い、両国関係の改善と国民感情の増進に多大な貢献をされました。

中日両国は一衣帯水の隣国で、文化も相通じています。長期にわたる健全かつ安定した中日関係の発展は両国と両国国民の利益に合致し、地域と世界の平和と安定に資するものであります。現在、中日関係は一層改善と発展の新しい局面を迎えています。中日両国は来年の中日平和友好条約締結四〇周年を契機に、平和、友好、協力という大きな流れをしっかり捉え、歴史を鏡として未来に向けて、中日関係の持続的改善と発展を推進しなければなりません。

「国の交わりは民の親しむにあり」と言われるように、中日関係を一段と発展させるには両国の民間の力が大変重要であります。新たなる一年に、日中友好8・15の会の皆様が今までの民間交流の伝統を継承し、草の根の民間活動を一層活発化させ、両国関係の改善と発展のためにさらなる貢献をなされるよう心から期待しております。

二〇一八年は平和友好条約締結四〇周年に当たり、両国関係は重要な節目を迎えます。中国大使館友好交流部としても引き続き貴会の皆様と共に、中日民間友好交流を全力で支援し、安定かつ健全な両国関係のために弛まぬ努力を続けて参りたいと思います。

最後に貴会の益々のご発展と会員の皆様の御健勝とご活躍を祈念しております。

二〇一八年　元旦

「日中戦争から平和憲法へ」に参加して

秋山　博史

2017年12月17日（日）14時から、日本教育会館で表題の集会が開催された。第1部、2部の構成。

第1部は日中戦争80周年共同キャンペーン実行委員会が主催し、第2部は週刊金曜日が主催した。

1部の実行委員会は9団体からなり、以下の団体です。日中友好8・15の会、撫順の奇蹟を受け継ぐ会、不戦兵士・市民の会、市民の意見30の会・東京、週刊金曜日、日中戦争80年市民フォーラム、日本中国友好協会、日本戦没学生記念会、平和の棚の会。

第1部はトークセッション、パネル討論などで、トーク「若者から若者への手紙1945↑2015」は現代の若者が戦争に巻き込まれた当時の若者に手紙を書くことで、当時の若者達の青春を考え、戦争と向き合い、戦争を伝えることの意味を話し合った。

パネル討論「同じ過ちを繰り返さないために」では、笠原十九司、森達也、雨宮処凛、各氏による討論。笠原氏は、戦争は突然始まるわけではなく、前から周到な準備が行われている。そのことは国民には知らされず、国民は気づかないだけだ。将来戦争が起こらないようにするためには、過去の歴史を分析し、教訓生かす力を国民が身につけるかどうかにかかっていると、主張する。

確かにそうである。また、民衆の戦争責任についても議論されてよいと思う。「戦争は悪くなかった、敵が悪く、負けたから日本が悪くなっているのだ」こう考えている人も少なからずいるのではないか。

復員軍人が、あるとき民衆から「日本が負けたのは貴様らのせいだ」、「戦争に負けて、よくも帰ってきたな。恥知らず」と罵声を浴びせられたことがあるという。戦時中は持ち上げておいて、負ければ手のひらを返す。このような民衆の行為は、戦時中、軍人から受けた仕打ちがそうさせたと片づけることはできない。民衆も戦争の被害者だったと捉えることはできない。

「他の政権よりまし」という理由で続く安倍政権で、日本人一人ひとりが戦争の検証を試みるべきではないか。

また、パネル討論の中で、森達也氏が次のような発言をしたのが印象的だった。「このペットボトルにラベルがあるんですよ」。というのは、討論集会のなかには、ペットボトルのラベルが剥がされているときがあるそうだ。「誰に忖度しているのだ」と思ったそうだ。えっ、討論会で、と呆きれてしまったが、世の中の雰囲気が何かおかしい。不気味だ。

第2部では、纐纈厚氏の基調講演。「蘇生する“戦争国家”日本の現段階」、５０分の短い時間に台湾出兵から、安倍政治までを一気呵成に解説。

依然として払拭されていない「大国主義」や「帝国主義」。経済発展著しい「大国中国」を「脅威」とみなし、アメリカへの依存を図りながら、再び軍事主義や国家主義に傾斜していく、危うい時代となっているのではないか、と説く。

また、日本は中国との戦争に敗北したとする認識を心に刻むことで、侵略戦争の犯罪性を自覚し、二度と侵略戦争にも軍事にも手を染めないと誓った日本国憲法の理念と目標を再確認することが重要な課題である、と強調した。もう少し講演時間にゆとりがあれば、聞き手の理解も深まったと思うし、残念な気がした。

参加者は見渡した限りでは３００人を超えていたと思う。時間が遅くなったので、座談会「兵役拒否と憲法」を聞かずに帰宅した。

（埼玉・常任幹事）

憲法無視と「働き方改革」

高橋　勇

はじめに

現在、日本は安倍晋三首相によって危険な方向に押しやられようとしています。一貫して「対米隷属」を深めています。それが安倍政権下でますますひどくなり、もはや日本は自国の意思を欠いたまま後戻りできないところまで米国に引きずられ続けています。

トランプ大統領が日本の法律が適用されない米軍基地から入国したのは明らかに「不当入国」です。

米国が「日本の法律など守らない」と宣言したのに等しい。それを「おかしい」と指摘もせず、両首脳がゴルフなどに興じているのを「日米の絆」などと報じているだけのメディアも異様です。トランプ大統領に対し卑屈に媚びるだけの安倍首相も同じで国際社会にいかに孤立しているか、嫌われているかについて多くの日本人は知らない。

最近の世論調査だろドイツでトランプ大統領の支持率は十一%にすぎません。あの親米的なイギリスは二二%です。

日米の北朝鮮に対する動きは、国連憲章第一章で「武力による威嚇又は武力の行使」を禁じ、第六章で紛争は「平和的手段による解決を求めなければならない」と定めています。

安倍晋三首相は七二年以前の戦争をする社会に再び戻したいのでしょうか

（埼玉・常任幹事）

（先月の『憲法無視そして「働き方改革」』の冒頭に来るものでしたが手違いで抜けてしまいました）

ＴＰＴ（環太平洋旅行）第６弾
複雑な台湾の現状を巡る旅

長沼　清英

初めての！台湾

年末年始、日本人海外旅行先NO１の台湾。今回は、中国の世界的に風光明媚な観光地として有名な「桂林」を２泊した後、台北への４泊の旅であった。今回で33回目の海外旅行。何故、近い台湾なのに、初めてだったのだろうか？

最初の海外の旅は、82年、職場の同僚７人での中国へのパック旅行。以降中国（含む香港）へは我が会の訪中団旅行を含め都合９回。冬は暖かい場所へとの思いがあったにもかかわらずである。

それは、中国本土の71年の国連復帰以来の「１つの中国」と日本大衆を毒している、妄想的な親日＝植民地統治礼賛の風潮への

反発が足を遠のかせていたのであろう。

しかし、14年３月の「ひまわり学生運動」９月の香港の「雨傘革命」そして、朴　槿恵（クネ）を退陣に追い込んだ韓国の「ローソク革命」（16年９月～）の「民主主義」を求める運動に接した。一方、巨大な人口と領土と、多様な民族・宗教・文化を抱え、14の国と国境を接している（総延長22，000㎞）中国、米軍の核の脅威におびえる北朝鮮の政治。そして、民意を無視し、政治の私物化をはかり、民主主義を危機に追いやっているわが日本という東アジアの複雑な政治状況の中、台湾の若者が目指す「民主化」。それをバックに登場した民進党＝蔡　英文政権は「反中国」だとの一面でしかわが日本のメディアは流さず、３国の民主化運動の括りとしての視点が欠落している。日本の植民地支配以降の歴史の中で遅まきながら、「民主主義」を求める若者への注視する目を脱落させ「１つの中国」を巡っての大陸との対立を煽る日本のメディア状況。それに流されて、「反日」の韓国・中国という虚構を避けての、冒頭の「親日」台湾という幻想からのグルメ旅行という実態。こんな中、「親日」の実像とは？若者の「１つの中国」と「民主化」の意識とはどんなものかを、実際行くことで、遠巻きながらも「空気」を感じようと、寒い日本を離れての、亜熱帯台湾への今回のＴＰＴ第６弾の旅であった。

台湾基本情報

正式国名は中華民国。面積は九州より少し小さく、日本の１/10。人口は１／５で、本省人85％、（80％は先住民族との混血＝漢族の同化策）外省人13％、先住民族２％の構成。人口密度は世界NO２。文字は繁体字。

注目点は、国父は孫文。よって、紀元は１９１２年辛亥革命の翌年が民国元年。更には、中華民国の首都は南京であり、今回訪問した、台北は臨時首都の位置付けである。このように、基本情報の中にも、「親日」「グルメ」台湾でないものが充満している。

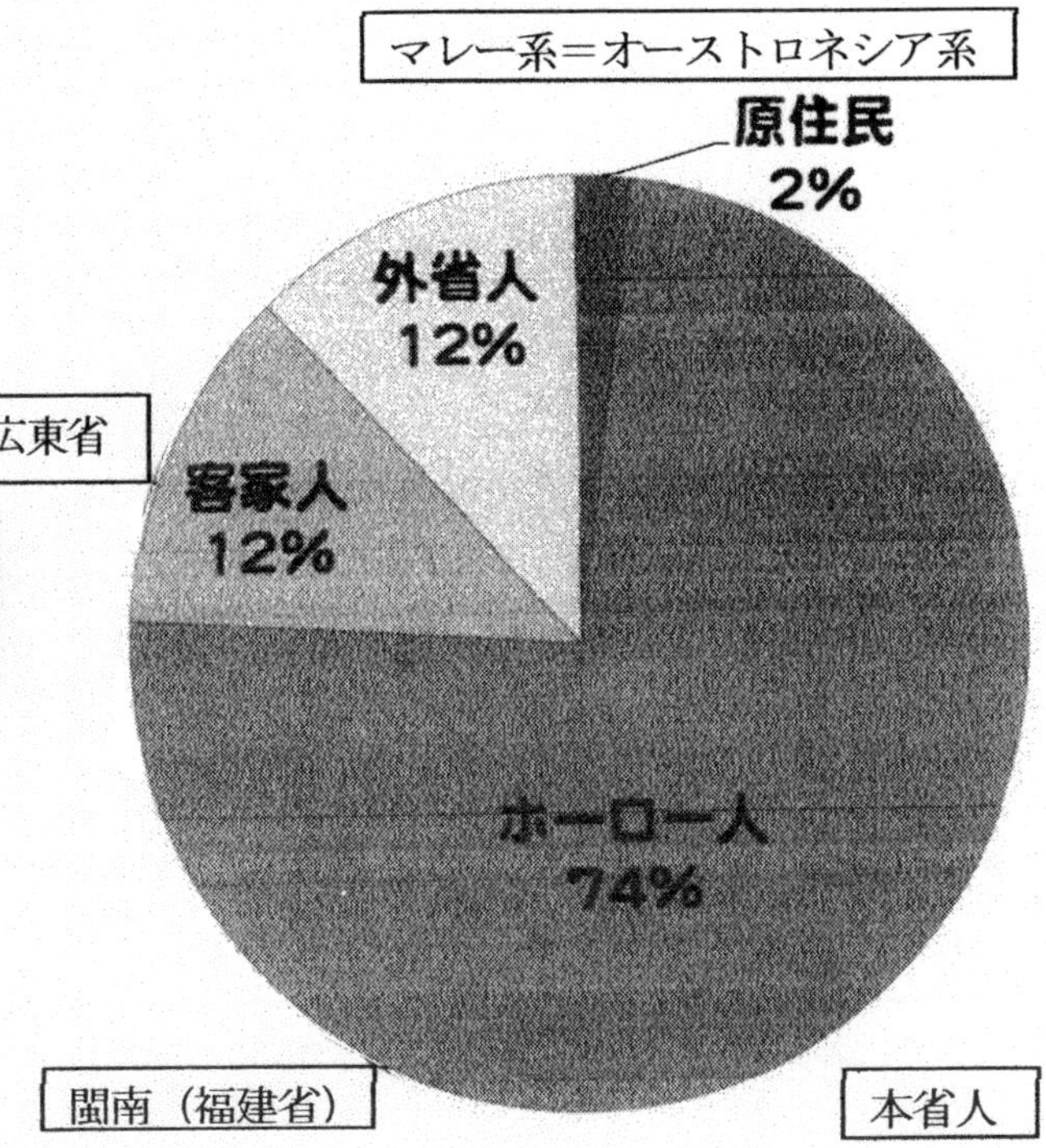

台湾前史

大陸と陸続きであった小氷河期（４万年前～3.5万年前）を経て5000年前にマレー系の先住民の石器文化が台湾史の始まりだとされる。17C前半東インド会社（蘭）の仲介での稲作従事者としての福建・広東両省からの定住開始。併せて、台湾の名称誕生。その後、反清復明（3代将軍家光援軍要請拒否）とオランダ勢力の排除（１６６１年達成）の後、鄭 成功（国姓爺合戦＝近松門左衛門（『台風』定着）が支配（１６６２～８３ 人口20万人 蒋介石の大陸反攻のヒント）その後、清政府の統治下。（「化外の地」＝中華文明の外の野蛮なる地）として一顧だにしてこなかった。～１８８５首都は台南、福建省の統治 労働力としての♂の移住続く＝本省人のルーツ 開発は南部～北部へ）

アヘン戦争後の台湾

アロー号戦争に敗北した清は天津条約（58）で、台南・基隆の２港を開港。更には、宮古島民遭難事件（71年）を口実に、政情不安定な国内事情（❶明治6年政変❷佐賀の乱）を回避すべく、薩摩閥（大久保 利通、西郷従道）指導による74年の日本による台湾出兵（琉球処分・三菱財閥台頭の呼び水）、84～85清仏戦争の際の仏艦隊の攻撃を受けて、国防上の観点から**85年台湾省を設置した。**

日本による植民地支配史

「眠れる獅子」として、苦悩する中国に代わり、東アジアでの20cのチャンピョンの座につこうとした日本は、最初の海外派兵を台湾で実施。その後、朝鮮半島を勢力下におこうと日清戦争（94～95　写真❶）に欧米の支援もあり「勝利」。その見返りとして、「化外の地」との位置付けの台湾領有を始める（95～1945）。敗北した中国は、「眠れる」から「死せる獅子」と欧米に認識され更に、中国の分割（租借地＝外国の治外法権の地・鉄道敷設権・鉱山採掘権）がなされていった。因みに、日本は、台湾の対岸の福建省を勢力圏においた。

中国分割　風刺画

さて、初めての植民地支配の統治支配を巡って、日本は、植民地大国の仏（同化政策）英（特別法支配）のどちらの統治支配を選択するかで揺れるのだが、基本的には、同化政策であった。台湾を農業地域（植民地米→現地調達）として位置付けていった。確かに、それまでは、清朝に「化外の地」とされて、近代文明からは程遠いところにあった。

日本は、「2回目の明治維新」を！と。纏足・辮髪の禁止、教育制度の開始（先住民は無文字社会）専売制度での財政面の確立など、近代化を進めていった。言わずもがなであるが、これとて、搾取する手段のそれであることは言を俟たない。50年での支配の根幹を築いたのは第4代総督、児玉　源太郎と民政局長（NO２）後藤　新平であった。抗日勢力（主に、先住民）を徒匪刑罰令という弾圧法でねじ伏せ、その一方、知識人を優遇するなどの分断策を展開。また、近代的所有関係が未成立なことを逆手に取り、林野を没収、日本人へ払い下げることで樟脳産業を確立、さらには、物流の促進として、南北縦貫鉄道などを建設し、米、砂糖、茶の一大生産地となり、人口も200万人達した。それは、一等国民（日本人）二等（琉球人）三等（本省人）四等（先住民）の差別構造の上での近代化であった。具体的には、賃金格差、通婚禁止、別学の学校教育（先住民は蕃童教育所　4年）。そんな中にあって、WW1後の民族自決、大正デモクラシーの流れの中で、台湾議会設置運動がおこるが、平民宰相で名高い原敬は拒否。しかし、少数先住民の抵抗は断続的に起こる。その一つの頂点が、霧社事件（タイヤル族　三〇年）であった。これらの、植民地支配が、苛烈さを増していくのが、日中全面戦争（三七年）からである。

軍人総督を復活させ、一視同仁？政策の下、皇民化＝帝国臣民化を進め、経済的には、南進基地として工業化を図っていった。中でも、皇民化は❶日本語強制（写真❷）❷台湾版「創氏改名」❸神社建設、参拝強要（道教寺院、廟の破壊）を伴っている。「新高山（玉山）ノボレ」から始まった太平洋戦争もミッドウェー海戦敗北後、戦局が悪化すると、従軍政策をとる。それは、21万人の動員（兵士8万、軍属13万　戦死者3万　BC級戦犯処刑者26名）なかでも、山岳先住民族の特性（プロ野球の郭　泰源、陽　岱鋼　オーストロネシア語系）を生かしての南方戦線でのゲリラ戦はつとに有名である。なかでも、横井、小野田帰還兵フィーバーの中で、一時話題になった、モロタイ島潜伏兵中村　輝夫（李　光輝、部族名　スニヨン）は高砂義勇隊として従軍した。しかし、台湾系兵士、軍属はこのモロタイ帰還兵騒動までは、戦後一切の保障がなかったのである。

50年にも及ぶ植民地支配であるが、この50年の支配を「善政」との虚構幻想を作り上げ、力づくで台湾を「親日国」とでっち上げているのが由々しき現状である。

このことを東欧に当てはめると、スターリンの独裁はひどかったが、Ｈｉｔｌｅｒの暴力支配はまだましだった。「Ｎａｚｉｓ万歳」というのに等しいのである。どこの歴史に、どの民族に「植民地支配をもう一度」というものがいるのだろうか。分断統治の結果、個人的に優遇を受けていて、心理的にドＭならばまだしも。このあたりのことは、後述するが、蒋介石＝国民党政権の「白色テロ」政治の苛烈さを見るべきとの、最低限の背景把握は必要だ。

犬（48万人）が去って、豚（50万人）が来た」（狗去猪来）国民党＝白色テロ時代とは？

現在も、9月3日は、（写真❸）「軍人節」の名の下、抗日戦争勝利日として、祝われている。しかし、国民党独裁時代（47～88）は多くの「抗」日、国民党絡みの祝祭日が目白押しであった。それが、後述するように、民進党政権になって、様相が一変した。

では、国民党政権とは何だったんだろうか？端的に表す言葉はタイトルの「犬が去って…」が言い得て妙であろう。苦渋の50年間の支配を終えて「光復」であったはず。それが、10月25日の「光復節」は第二次民進党政権で廃止になったことが、国民党40年間の軍事独裁＝白色テロ時代を雄弁に物語っているし、歪んだ「親日」

＝台湾の根源でもある。抗日戦を展開し、国共内戦に敗れた蒋介石は、「漢族」として、また「国連常任理事国」の「プライド」から、国民党政府は、外人部隊であるにもかかわらず、ＷＷ２以前から住んでいる「本省人」を敵＝日本人に協力したとして、「漢奸」のレッテルを張り、もしくは、中華思想を前面に押し出し「差別」し、「外省人」占有の政権を樹立した。その契機となったのが、２・28事件であった。

今回、この紀念館（占領時代は、台北放送局＝ラジオの場所）を見学したが、この館の開設は、96年陳 水扁台北市長時代（後の 第1次民進党政権総統）祝日化は16年蔡英文第2次民進党政権後であったように、国民党の独裁を物語る場所である。無料の日本語のイヤホンからは「白色テロ」の生々しい状況が伝わってくる。その悍ましき迫害の実態は…国民党の独裁方針の基軸は❶反共 ❷蒋介石個人崇拝 ❸大陸反攻＝台湾独立否定（写真❼）❹台湾の歴史・文化軽視❺日本語使用禁止、部族語、台湾語の抑制北京語強制、台湾歌謡の制限であった。

独裁政治をすすめる蒋介石国民党は、東西冷戦下、世界の「警察官」を自負するアメリカの強制の下52・4・28 日華講和（平和）条約締結し中国敵視政策Ｓｔａｒｔ。更には、米台相互防衛条約を締結（54・11）し、対中国＝共産圏包囲網の一員となる。この間、中国は国内での権力闘争から来る試行錯誤で、平和の祭典であるオリンピックも、台湾が代表に抗議して参加も拒否する状況が続いた。

しかし、1971年のアルバニア決議案で中華人民共和国は国際デビュー。一方台湾は「国際的孤立」という状況となる。そして、わが日本も72年9月「日中国交回復」を実現し、台湾とは断交状態となる。こんな状況の中、国民党の弾圧＋国際的孤立 ↓ 金 美齢、黄 文雄の日本への亡命「台湾独立連盟」結成し、異常なまでの親台派への阿り日本統治下の美化の基礎が築かれていく。

蒋介石が死去（75年）し、中国の「改革開放路線」が展開した後、国際的孤立を脱却しようと、遂に、30年間続いた、戒厳令＝白色テロ政治を87年にピリオドをうった。

（次号に続く）

（埼玉・常任幹事）

❶日本軍　台北入軍門

❷日本語強制

❸日本降伏（光復）調印場所

【今月の本】

アントニー・ビーヴァー
「第二次世界大戦 1939〜45――上巻 ノモンハン事件から
真珠湾まで」
白水社 2015年6月10日刊

島貫 隆光

五月、ノモンハンで日ソ両軍が衝突した。スターリンが現地司令官としてジューコフを送りこんで間もないころ、蒋介石を補佐する「ソ連軍事顧問団」団長が彼にこう促した。閣下今こそ大規模反撃に打って出て、武昌を奪還すべきでありましょうと。スターリンはさらに、じつは近々、イギリスとの間で条約がまとまるのだと吹き込んで、蒋介石を騙そうとした。（実際には、ソ連はこの時期、ナチ・ドイツとの不可侵条約締結に向け動いていた）。蒋介石は状況を正しく判断した。これら一連の働きかけは単に、ソ連の国境地帯にかかる圧力を、他国に逸らそうとする試みに過ぎないと。そこで軽挙妄動を控え、事の推移を見守った。なにしろ国民党は、中国共産党の勢力拡大と、毛沢東に対するスターリンの指示増大に警戒心を抱いていたから。ただその一方で、蒋介石はこうも計算していた。スターリンの主要目的が、わが国民党を日本との戦いにへばりつかせておくことだと承知していればそれはそれで問題はない。むしろそれを逆手に取ることで、共産軍による蚕食に十分対抗できるはずだと。かくして、国共両党の間では陰惨な戦いが数多く展開され、中国共産党によると、一万一〇〇〇人以上もの人民がそれにより殺されたという。

悲劇的な"焦土作戦"により、長沙はいまや市街区の半分が瓦礫の山と化していた。ただ、その地理的位置が持つ戦略性にはなんら変わりはなく、日本側はこの都市の確保を依然諦めていなかった。なにしろ長沙は、強力な日本軍の支配下に置かれた広州、武昌といった大都市と鉄道で相互につながっていたからだ。ここで長沙も押さえれば、四川省重慶という中国西部の根拠地に国民党を雪隠詰めにできると日本側は考えた。八月、日本軍は長沙に向けて進軍を開始した。同じ頃、彼等の同輩である「関東軍」は、そのはるか北方で、ジューコフ将軍を相手に激戦のまっ最中であった。

ドイツ軍がポーランド深部に進撃しつつあった九月一三日、日本軍は六個師団、一二万人の兵員を長沙に差しむけた。対する国民党軍は、当初は戦いつつゆっくりと後退する方針をとった。日本軍が一気呵成に長沙を狙うように誘導して、その脇腹に予想外の反撃を食らわせるという目論見があったからだ。蒋介石はすでに対日戦の機微を会得しつつあった。嵩にかかって、つい前のめりになる傾向が日本軍にはあったのだ。互いに功を焦る将軍たちが、おのれの栄光にこだわり、左右にいる友軍のことを考えることなく猪突猛進する結果であろう。武昌を失ったあと、蒋介石が自軍にほどこした訓練計画は無駄ではなかった。敵をいったん懐に呼び込んで、しかるのち伏兵で順次叩いていくという戦術は見事に機能し、日本軍は四万人もの犠牲者を出すに至ったと、中国は主張している。

ジューコフ将軍が「ノモンハンの戦い」で勝利を収めつつあったその八月、スターリンの優先順位の中で最も高かったのは、日本との戦争をこれ以上拡大しないことであり、すでにドイツ側との秘密交渉も始まっていた。やがて「独ソ不可侵条約」が発表されると、日本の指導部は骨の髄まで震えあがった。同盟国ドイツが事もあろうに共産主義を信奉する悪魔と、そんな合意に踏み切るなんて、あってはならない異常事態だったから。さらにスターリンは、ジューコフが勝利を収めたあと、日本側とこれ以上交戦することを拒否し、それは当然ながら、中国国民党にとって大打撃となった。モンゴルおよびシベリアの国境地帯でソ連と停戦合意が成立したことで、日本軍は今後、背後のソ連軍を気にすることなく、中国との戦いに専念できるからである。

その一方で、国民党は未来への希望を徐々にアメリカ合衆国に託すようになっていく。アメリカは日本の侵略行為を非難してくれたし、太平洋における自国の軍事基地を増強し始めてもいた。ただ蒋介石は現在、中国国内にふたつの難題を抱えていた。ひとつは毛沢東が指導する中国共産党からの挑戦。戦争が終わった暁には、国民党を打倒すると公言して憚らなかった。もうひとつは日本軍による挑戦だ。一九四〇年三月三〇日、日本は南京において汪兆銘を首班とする「国民政府」―いわゆる「改革派国民党」の政権―を樹立したのである。われこそは本家本元と自負する国民党関係者は汪兆銘のことを「犯罪的売国奴」とのみ呼んでいた。だがそうは言いつつも、この“政権”が下手をするとドイツ、イタリアといったヨーロッパにおける日本の同盟国だけではなく、その他の列強からも正式承認されてしまう可能性はゼロではなかったのである。(以上引用)

第16章　真珠湾―496
一九四一年九月～一九四二年四月

この本の著者は第二次世界大戦の始まりはノモンハン事件だといっているが、日本にとってはやはり真珠湾というべきであろう。

そもそも第二次世界大戦というものは米欧の先進帝国主義と日独伊の後進帝国主義国間の権力闘争である。ある面ではいたし方ない戦争であったのかも知れない。

しかしその被害の大きさからいって決して認められるべきものでもない。そこを裏打ちしているものが侵略主義の考え方である。侵略主義というものも現在は許されないものと考えられているが、過去の歴史はすべて侵略の歴史であり、全く否定されるべきものでもない。古来民族間の侵略は認められてきたのである。

現在問題になっているのは特に16世紀以来の大航海時代に始まる侵略の歴史である。この時期スペインやポルトガルはアメリカ大陸を発見し侵略したが、この時代の侵略は開発の意味ももっていたのである。

日本でいえば秀吉以来ということになるが、現在問題になっているのは明治以来の侵略主義である。これは当時の国策であるから否定することはできない。だから現在にいたるまで保守は侵略を否定できないのだ。

潮目が変わったのは第一次大戦以後である。大戦の被害は甚大で人類はもはや戦争すべきではないという不戦の考えが出てきた。現在のEUの生みの親クーデンホフ・カレルギーの思想がそれである。

本会の創始者遠藤さんはフランス留学時代第一次世界大戦の戦跡を見てまわった時にこの思想に出会った。私はこの話を直接うかがったことがある。金子さんや横山達と三人で訪問した掘立小屋の三畳ほどの書斎で話をうかがった。その時遠藤さんは八七才。ちょうどいまの私ぐらいの年だがお元気で談論風発。留学時代の話で大いに盛り上がった。遠藤さんは日本陸軍では珍しい平和主義者だった。それも戦後一八〇度転換した平和主義者とは違って戦前からの筋金入の平和主義者だった。もし全世界が遠藤さんの哲学にならって軍備を全廃すれば世界の軍事費が全部平和のために使えることになり世界に大変革が起こるだろう。

四月一七日、渡部昇一が死んだ。私が天敵と称してきた保守論客の重鎮であるが、死んでしまえば皆々仏様だ。私が天敵といっているのはことごとく考えが反対であるからだ。考えて見ればそれは先の大戦に関することをめぐってであったように思う。私は先の大戦について必要のない無意味なものであったとしているが渡部は敵将マッカーサーも云う通り自衛戦だったと言う。東京裁判を否定し、東条の宣誓供述書は超一級資料だと言う。そこにはどうやら日本のやった戦争の意義を認め称讃したいという願望のようなものがあるように思われる。そこが私と決定的な違いであろう。

私はもちろん戦争で犠牲になった人に対しては深甚の意を表するものであるが、それは無駄な死であったと考えるからである。悪いのはすべて上級政策決定者の誤りであったとするのだ。

渡部は稲田防衛相を高く買っていた。後援会の発起人に名を連ねている。ただ死んだのが四月でパーティが五月だったので死者が発起人だということになった。

戦争には武器というものが使われる。古来刀や弓矢に始まり、鉄砲が入ってきたのが十六世紀。第一次世界大戦では飛行機や戦車が登場した。は第二次世界大戦では何が使われたのか。私は陸軍では戦車、海軍では空母だと思う。空母のことは真珠湾にゆずるとして、ここでは戦車について考えて見る。戦車は何に代わって登場したのか。それは馬である。第一次世界大戦までは騎兵という兵科があり、実際馬が使われており、騎兵はあこがれの兵科だった。私の父ももともとは騎兵であり、母方の祖父も伝説の騎兵であった。戦争中、仙台は馬糞の街といわれるぐらい馬が一杯いた。騎兵と戦車の交代の典型的な戦いは緒戦におけるドイツとポーランドの戦争でみられた。ドイツの戦車師団の攻撃をポーランドは馬に乗って戦ったのである。

第一次世界大戦のドイツ軍の怒濤の進撃を実現させたのはドイツの機甲師団だった。もともと機甲師団というものの発想はドゴールだったといわれている。新進気鋭のドゴールは戦車の重要性を早くから理解し、フランス軍に装甲師団を創設するよう提案していたが、第一次世界大戦の功労者でもあるペタン元帥の認めるところとならずその構想をドイツに奪われてしまったのである。雨の中を進軍していく第二装甲師団を見送りながら、ドゴールは戦前に私の提案が生かされていればあのような惨敗をすることはなかったのだと感慨深く思ったといわれている。

戦争は兵器というものを深化させる。第二次世界大戦でも目覚ましい進化が遂げられ、末期にはミサイルや原爆が登場し、それが現代を形作っている。

ところで真珠湾であるが、私は以前真珠湾攻撃は失敗だったと書いたことがある。その理由の第一が空母を撃ちもらしたことだった。もともと山本五十六の案は海軍内部で認められていなかった。山本がゴネて実現させたものだった。海軍が反対した理由はあまりにも危険な賭だったからである。いざ攻撃してみたら船が一隻もいなかったということもあるだろう。実際空母は一隻もいなかった。実は第二次世界大戦は戦艦から空母への大転換点だったのである。従ってこのことが大きくひびいて、翌年の珊瑚海海戦、ミッドウェー海戦で日本は敗北するのである。もしあのとき港にいたのが戦艦ではなくて空母だったらその時点で日本は勝っていたかも知れない。それほどの賭だった。

これも依然書いたことで有るが珊瑚海海戦が初めての空母対空母の海戦だった。つまり敵艦を直視することなく航空機のみによって行われた初めての決戦だ。それまでは戦艦が主役であって敵艦を目にして戦っていた。その時大切なのは大砲の射程距離である。つまり十キロと十五キロの射程距離だとすると十五キロの射程距離を持つ方が五キロ前から有利な戦争を仕掛けられるというわけだ。だから大艦巨砲主義という考えが出てきたのである。射程距離を大きくするには大砲を大きくしなければならない。そのためには艦も大きくしなければならない。その見本がヤマトである。バカの見本といわれたヤマトはこの考えの後退期に現れ、最後には沖縄への片道切符で最期を遂げた。

飛行機に代わってからは今度は航続距離が問題になる。四、五百キロから千キロくらい飛ぶ力が出てきたのである。戦争の最後はミサイルが出現し、いままた射程距離に代った。七、八千キロから一万キロ超を北朝鮮も目指している。

私は六月号で情報は使われてはじめて価値が出る。使われない情報はクズだと言った。第二次世界大戦ではこのクズが目立っている。例えばあのスターリンは性格この上ないゾルゲ情報を使わずドイツの攻撃を奇襲に変えてしまった。ルーズベルトはどうだったのか。日本の暗号は完全に読まれていて日本の意図はハッキリ分っていてワザと日本に前に攻撃させたのではないかという問題が起きている。

もともとルーズベルトは先祖代々中国と関係が深く、中国侵略を行ってきた日本に対する反感が強かった。それが日米戦争の根本原因だと私は考えていたが、ここへきてもう一つ重大な要素があることに気付かされた。それは国際情勢の変化である。このことについてハッキリ述べているのが京大名誉教授中西輝政である。私はその国際感覚の鋭さから中西を高く買っているのであるが、戦後生まれの若い中西が戦中派の渡部の一派であることから準天敵として扱わざるをえないことを残念に思っている。

彼は第二次世界他伊勢を捉えるに際し、三つの呼称からその性格を洗い出している。まず大東亜戦争という呼称は昭和一六年一二月に閣議決定された正式名称で、アジア解放の側面を評価している。太平洋戦争は戦後GHQが付けたもので日米戦争をさすものだが実は帝国海軍がすでにそう考えており、それが海軍の視野狭窄を示す誤りだったという。第二次世界大戦はすでに一九三九年にヨーロッパで始まっており、日本はそれに巻き込まれて日米戦争に入ったのだという。

中西は日本が日米戦争に入ったキッカケはアメリカがつくったと主張する。それはどうしてもヨーロッパの戦争に参戦したいと思っていたルーズベルトの仕掛けたワナだったというのである。

ルーズベルトは苦戦しているイギリスを助けるため、どうしてもヨーロッパの戦争に参加したかったのだが、国民の八十%が戦争に反対していたので困っていた。

以下引用

そこでルーズベルトは、バックドア、すなわち「裏口」からの参戦を考えます。その標的となったのが、日独伊三国同盟を結んでいた日本でした。外交交渉や経済制裁で次々と無理難題を押しつけ、進退窮まった日本側から「最初の一発」を撃たせて、日米開戦を呼び起こす—。その上で日本の同盟国ドイツを撃破すべく、ヨーロッパの戦線に本格的に殴り込むというシナリオでした。

なお、一九四〇年に締結された悪名高い日独伊三国同盟についても、その前に日米通商条約を破棄されて、アメリカの経済制裁を受けた結果のある意味、「已む無き」ものでした。日本が、いかに欧米のパワー・ゲームに巻き込まれたかが窺えるでしょう。

そして、このパワーゲームのキーパーソンは、言うまでもなくルーズベルトです。近年、ケンブリッジ大学のデイヴィット・レイノルズ教授はじめ多くのメインストリーム(主流派)の歴史家が、ルーズベルトの参戦外交の本当の目標の解明に迫ってます。アメリカ史において希有な反日政治家であったルーズベルトは、ニューディール政策の失敗を取り返すべく市場を海外に拡張し、戦後世界でイギリスに代り覇権国に成り上がろうという、「パックス・アメリカーナ」への野望を胸に、ヨーロッパ戦線に参戦しようとして、前述のように日本を挑発したわけです。（以上引用）

（次号に続く）

参考文献

渡辺治　不破哲三

「現代史とスターリン『スターリン秘史—巨悪の成立と展開』が問いかけたもの」

新日本評論社　二〇一七年六月一五日刊

（埼玉・会員）

一語一会『それは決して対岸の火事ではない』

社会活動家　武藤一羊さん　高校時代の恩師の言葉

幹事会の帰りに山田伸男さんから朝日新聞「一語一会」

（2017・12・21）に寄せた武藤一羊氏のことを伺い、懐かしさを覚えると共にその記事を読みたいと思いました。

すでに読まれた方もおありと思いますが、以下に紹介いたします。

「人民」の革命　僕をも変えた

旧制府立一五中、後の新制青山高校二年の世界史の最後の授業で東洋史の教師（人見春雄先生）が、熱を込めて話した。「中国は変わりつつある。それは決して対岸の火事ではない。明治以来の日本の歴史の根本が変わることになるんだ」

武藤氏の父親が裁判官から「満州国」の高級官僚に転じ、3歳で新京（長春）に移り住んだ。

「植民地の支配民族である日本人の、そのまた支配階級の一員。満人と呼ばれた中国人に向き合って暮らしていた。子どもであっても日本を背負ったような緊張感の中で、どこか突っ張っていたんです」

満州国建国十周年式典（一九四二年）に学校全員で参加した時、突然ビラがまかれ騒然となった。

「日本人の暮らす世界の外側に、何か別の世界がある」

人見先生の授業の後、国会図書館で毛沢東「持久戦論」を読む。「何か別の世界」が一気に分かった気がした。それは意思を持った「中国人民」という実体だった。もやが晴れて地形が目に入ったと感じた。その年一九四九（昭和二四）年に中華人民共和国建国。中国人を支配し、緊張に耐えて日本国家のためにがんばる必要がなくなった。

「中国革命は僕にとっても解放でした」

敗戦の2年前（一九四三年）帰国、人々が日本語だけをしゃべり、戦時下なのに「和気あいあい」とした気配に戸惑う。異民族に対して来た軍国少年には許せなかった。日本という国家と自分が対立する感覚は今に残る。内と外を分け、一見和気あいあいとした社会への違和感も。

「ベトナム戦争に本当は深く関わっていたのに、日本は悪いことをしていないふりをしていた」

参加したベ平連（ベトナムに平和を！市民連合）の活動は、日本社会の一員という責任に根ざしつつ、国家の枠組みを超えて同じ思いの人々に広がった。（樋口大二記者）

◆

一九四〇年代、若い武藤さんは中國（旧満州）で生活した。一時日本（内地）に帰還したが、余りにも生活の落差に愕然とした。子供ながら外地の満州（植民地）の人たちとの緊張に満ちたものであったが、内地の生活は戦時下でもありながらはのんびりとしたものであった。軍国少年であった武藤さんはそれを許せるものではなかった。

それには中国旧満州国の高級官僚の息子であった武藤さんが日常に接する植民地・満州人への視線・感性は優越感を持ちながらも、朦朧（もうろう）とした捉えどころなく蠢（うごめ）く満人の存在を感じていたのであろう。

高校二年、世界史の最後の授業で恩師の言葉に出会う。日本の生活の外にあった曖昧模糊とした満洲の生活が突然輪郭をもった像を結んだのだ。それは彼の感性を一気に解き放ち、「中国の人民」を「中国の思想集団」を発見したのである。それを毛沢東の「持久戦論」を読むことで確信したのである。人間にはこのような転生の瞬間があるということだ。

［山田　伸男］

原発を葬った市民のスクラム

―巻町住民投票をめぐって―（脱原発社会への展望⑷）

森沢　周行

7　原発を作らせなかった地

日本の原発は、1966年に茨城県東海村で日本原子力発電が初めて営業運転してから、全国17カ所、54基作られた。しかし、運転にいたった原発は、70年までに計画が浮上したものに限られる。それ以降に浮上した計画は、すべて運転にいたっておらず、運転どころか着工にもいたらないまま、なくなった計画がほとんどである［山秋真『原発を作らせない人びと―祝島から未来へ』（岩波新書、2012年12月）］。

ここで、どこで、どれだけの原発建設が、どのようにして撤回されていったのか、確認しておきたい。

福島県浪江町

原発を拒んだ町は、巻町ばかりではない。福島県の浪江町もそうだった。浪江町は、福島第一原発のある大熊町に隣接し、原発から最も近いところで約4キロ、浪江町役場までは約8キロである。2010年にいた2万人ほどの町民は、事故後から現在まで、全域が避難指示区域となっていて居住はできず、10月現在、人口は「0人」とある。

浪江町が原発を拒んだ顛末は、恩田勝亘『新装版　原発に子孫の命は売れない　原発ができなかったフクシマ浪江町』（七つ森書館、2011年9月）に詳しい。

福島第一原発を大熊町議会が誘致決議をしたのは、1966年9月である。翌67年5月、浪江町議会も原発誘致決議をする。その年の9月には福島第一原発が着工している。

そして、68年1月5日に、東北電力が浪江町棚塩地区に内定する。すると23日には棚塩地区全戸が誘致反対を決議し、浪江原子力発電所誘致絶対反対期成同盟が結成される。中心は農民だった。そのなかの升倉隆が中心となって、反対運動を続け、23年目、91年になって、事実上東北電力の予定地買収は不可能になった。炉心部の大半を占める共有地が「（共有者八一名の）全員の同意がなければ売却できない」ということが法的な裏付けを得たのだった。

升倉はこう語っている。

「カネは一代、放射能は末代。孫たちにおじいちゃんが土地を売ったばかりに、と言われたくねぇ。オラたちに土地を売る権利はあっても、子や孫の健康を売る権利はねえんだ。」

しかしである。著者の恩田はこう報告している。

「電力会社の原発にかける執念深さは尋常でない。とくに東北電力の場合は新潟県の巻町での立地計画を二〇〇三年に断念せざるを得なくなったこともあり、（中略）升倉氏ら反対運動第一世代が高齢で亡くなった後は、ジュニア世代に攻勢をかけて用地買収を進めてきた。」

３・11があって、著者が升倉の子息の消息をたずねると、5月になってようやく会えた。家族は幸い無事だったが、避難先を転々としていて、「精も根も尽き果てました」という３・11からのそれまでは「悲惨の一語だ」と書いている。升倉氏の家族はむろん、全町避難しなければならなくなった人々の悔しさ、無念さは察するに余りある。

こうして、東北電力が浪江町での建設計画を正式に断念したのは、２０１３年3月になってからである。その理由を東北電力は「福島原発事故の影響で、地元の反発が強く、建設への理解が得られない」と判断したからだという。

和歌山県日置川町

紀伊半島には一基も原発がないことには気づかないでいた。原日出夫『紀伊半島にはなぜ原発がないのか　日置川原発反対運動の記録』（紀伊民放、２０１２年4月）はそのことを伝えるドキュメンタリーである。そこにこうある。

「私たちが黙っていたり何もしていなかったりしたら、恐らく紀伊半島に原発ができていただろう。過去に歴史的な運動があったことを後世に伝えなければならない。（中略）和歌山県に5カ所、三重県に4カ所の立地計画が進められた。（中略）ひとたび原発計画が示されると、そのすべての地域の住民は賛成派と反対派に分かれていがみ合い、筆舌に尽くしがたい状況に追い込まれるのである。用地買収をめぐり親戚、友人、仕事仲間、地域の絆や、親子関係までずたずたにされる。「だまし、だまされた」という不信感が渦巻く中、土地を巡り自殺者も出た。それでも日置川住民は乗り越え、団結して立ち上がったのである。（中略）

このままでは賛成派に押し切られるのではないかという情勢になっていた１９８６年4月26日、旧ソ連でチェルノブイリ原発事故が発生した。放射能汚染の恐怖が全世界を覆い、電力会社が宣伝した「安全神話」が崩壊した。（中略）日置川住民の闘いを支援する日置川原発30キロ圏内共闘会議が作られ、反対運動が一気に広がったのである。」

それから2年後、原発立地の賛否を問う日置川町長選挙が行われ、紀伊半島の一角に反原発の町長が生まれた。原は、「原発を推進する国、電力会社、自治体、議会に住民が『ノー』という審判を下したのである。反原発運動の中心的存在だった『ふるさとを守る女の会』の谷口恵美子さんは『夢にまで見た勝利が実現できてうれしい。私たちは、この日を迎えるために12年間闘ってきた』と述べた」と書いている。

和歌山県日高町と徳島県阿南市

　和歌山県日高町は、「日高原発」建設計画反対運動に際し、紀伊水道をはさんで「蒲生田原発」計画がある徳島県阿南市と連携し、どちらも原発建設を跳ね返している。この顛末は、かさこ監督長編ドキュメンタリー映画『シロウオ～原発立地を断念させた町～』（２０１４年）に記録されている。

　この映画で最も印象に残っている場面がある。反対運動をしている漁民に、同じく反対運動をしている農民の一人が、「（事故が起きても）あんたたちは他の港に行けばいいが、おれたちは農地を持って逃げる訳にはいかないからな」というようなことを言う。農地さえあれば生きていける、それをなんとしても守る、自分たちはそういう覚悟でやっている、と訴えているように思えた。

　徳島県阿南市の蒲生田原発は１９６８年に四国電力が最初の有力候補地のひとつと表明したものだが、反対運動が強く、第一原発は愛媛県の伊方になったという経緯がある。四国電力は２０１６年８月12日に、その伊方原発３号機を再稼働させている。これで現在国内で運転中の原発は九州電力川内１、２号機（鹿児島県）に続き、計３基となった。

　原発を作らせなかった地方は、次のように日本全国で、全部で35カ所もあった。

①北海道・浜益村（石狩市）②同・大成町（せなた町）③新潟県・巻町（新潟市西蒲区）④石川県・珠洲市寺屋 ⑤同・珠洲市高屋 ⑥福井県・川西町（福井市）三里浜 ⑦同・小浜市 ⑧京都府・舞鶴市 ⑨同・宮津市 ⑩同・久美浜町（京丹後市）⑪兵庫県・香住町（香美町）⑫同・浜坂町（新温泉町）⑬同・御津町（たつの市）⑭鳥取県・青谷町（鳥取市）⑮岡山県・日生町（備前市）鹿久居島 ⑯山口県・田万川町（萩市）⑰同・萩市 ⑱同・豊北町（下関市）⑲宮崎県・串間市 ⑳愛媛県・津島町（宇和島市）㉑高知県・佐賀町（黒潮町）㉒同・窪川町（四万十町）㉓徳島県・海南町（海陽町）㉔同・阿南市 ㉕和歌山県・日高町小浦 ㉖同・日高町阿尾 ㉗同・日置川町（白浜町）㉘同・古座町（串本町）㉙同・那智勝浦町 ㉚三重県・熊野市井内浦 ㉛同・海山町（紀北町）大白浜 ㉜同・紀伊長島町（紀北町）城ノ浜 ㉝同・紀勢町（大紀町）、南島町（南伊勢町）芦浜 ㉞岩手県・田老町（宮古市）

　以上は、前掲『原発を作らせない人びと―祝島から未来へ』による。それから、㉟として、全町避難となった福島県浪江町が加わることになる。

（次号に続く）

8　日本の原発問題の今

巻原発建設予定地跡

私は参加したシンポジウムの2カ月後の10月7日、巻高校の取材を終えてから、高校で自転車を借りて、北西の角田浜に向かい、日本海に出た。それから越後七浦シーサイドラインを柏崎方面に進んだ。間もなく道は昇ったり降りたりの坂道で、展望のきく道路の高い所は海抜80～90メートル程の標識があり、3段ギア付きの自転車で、かろうじて昇れる坂道だった。

道路から右下には青い日本海が迫り、左側は角田山からの急峻な崖となって続いている。浦浜海水浴場からは、また勾配の急な昇りとなり、カーブを曲がって巻町方向に向かうと、すっかり山の中である。そして浦浜大橋を超え、今度は柏崎方面に向かうと、6～700メートルほどのトンネルを潜る。それを抜けて400メートルほど進むと、次のトンネルの入り口に角海浜トンネルとあった。

グーグルアースの写真で見ると、ちょうどこの2つのトンネルの間の日本海側に、巻原発立地予定地だった角海浜がある。まさに三方を山に囲まれて、海岸に、東北電力の事務所だった白い建物を擁した角海浜がはっきりと見える。

こんな所に大津波が押し寄せてきたら、巨大な波を先頭にした海面が、三方を閉じられた山の斜面を上って、原発は一呑みにされてしまうに違いない、と思った。JR巻駅まで8キロほど、新潟駅までも30キロほどしかない。津波に襲われたら、新潟県の中心部が壊滅してしまうだろう。

シーサイドラインの柵からの海側は、放置され、荒れた山肌となっている。たまたま付近で野生のくるみを取っていた人に訊ねると、今も東北電力が取得した土地で、柵に囲まれているから、中心部には降りられないだろうという。途中一度、東北電力の車を見かけた。

自転車でぐるりと一回りした形で巻高校まで戻ると、4時間ほどが過ぎていたが、建設予定地になった巻町のおおよその様子が見て取れた。

後日、シンポジウムの司会を務めた小林さんに聞いてみると、原発の建設予定地だった場所は立ち入り禁止とされ、そのゲートは閉められている（その写真もインターネットに投稿されている）が、ときおり、釣り人がゲート脇から入って浜に抜けているという。

そして、原発建設にむけて作られた東北電力の事務所の一角に、今でも警備会社アルソックの警備員が常駐しているとのことだった。明らかに釣り人と分かるような人は黙認されるが、それ以外の人は呼び止められるという。いったい何のためなのか。

「電力会社の原発にかける執念深さは尋常でない」

（『原発に子孫の命は売れない』）と表現した恩田勝亘の言葉を思い起こした。私は、いつかまた原発を作るという欲望を捨ててはいないのか気になった。そのことを後日、元町長の笹口さんに訊ねた。笹口さんは、それはあり得ないと断言した。理由を聞くと、東北電力は、国や県に原発建設計画を断念したことを伝えていたこと、かつてあった建設準備本部は引き上げられ、今は図書館になっていること、炉心部にある20人ほどの民意賛成派が町から買った共有地は、第三者には売却できない契約になっている、などをあげた。私はその話で安心したのだった。笹口さんは、警備員を置くのは、電力会社にとってなんでもない、費用は電気料金で回収できるからとつけ加えた。

山口県祝島の現在

ここで付け加えておかなければならないのが、山口県の祝島である。人口は現在約400人、周囲12キロの小さな祝島の人々は、1982年に始まった中国電力による上関《かみのせき》原発建設に現在まで反対闘争をし続けている。建設予定地から祝島まで4キロしか離れていない。

13年8月に、私は「福島から祝島へ～子ども保養プロジェクト」に1週間ほどボランティアとして参加した。現地を訪れて、小さな島と豊かな海の自然のなかで、漁業と農業での質素な生活をしながら、何とか受け取らせようとする多額の漁業保証金（2000年春の初回支払い分は、5億4000万円）も拒否して、体を張った反対運動をし続けてきた人々の元気さと強さに、心打たれるものがあった。

3・11の福島原発事故で、状況は変わったかにみえた。6月27日の山口県議会で、知事は12年10月に期限切れになる予定地の海の埋め立て免許の延長を認めない方針を表明した。埋め立てとは、原発の敷地が足りず、敷地約33万平方メートルのうち、なんと海面約14万平方メートルを埋め立てるというのだから、そもそも、信じ難い建設計画に思える。7月8日には、県議会は上関原発を一時凍結すべきという意見書を全会一致で可決し、国に送付した。

上関原発敷地の造成に向けた公有水面埋め立て免許は12年10月に期限切れになる。これで上関原発はなくなると誰もが思い、上関町では「原発に頼らない町づくり」の取り組みが始まろうとしていた。

ところが、12年夏の県知事選で「延長を許可しない」と言って当選した知事は、12年12月の自民党政権の復活とともに、免許の「審査を先延ばしにする」というやり方で、その約束を反故にし、埋立免許の失効を先送りさせた。そして14年に自民党の推薦で知事になった村岡知事も、そのまま審査を先延ばしにしにしていた。

そうして、県は16年8月3日、建設予定地の海の埋め立て工事の免許延長を許可したのである。これで、3・11以降事実上止まっていた建設計画が再始動することになった。

「上関原発を建てさせない祝島島民の会」代表で、上関町議会議員である清水敏保氏から「あり得ない」という話が伝わってきたが、反対運動を続けてきた人々の落胆と怒りはさぞかしと思いやられた。

「福島から祝島へ～子ども保養プロジェクト」を企画し、そのボランティアをしたときにお世話になったフォトジャーナリスト、那須圭子氏からのフェイスブックに、８月５日付けの原康司《こうじ》氏の「上関原発埋め立て免許交付を受けての県庁行動報告」が転載されていた。氏は埋め立て工事を強行しようとする中国電力側を、県内外からの支援の多数のカヌーで阻止しようとしたりして、反対運動を担ってきた「虹のカヤック隊」の中心的人物である。

「午前10時急な呼びかけにも関わらず祝島からは忙しい神舞《かんまい》（祝島の4年に1度の島をあげての祭り：筆者注）準備の合間を縫って約40名、県内外からも計１００名前後の有志が県庁前に集結した。

　知事との面会を求めるが多忙を理由に断られる。知事室に抜ける渡り廊下で座り込みに入った。

膠着状態が続いたが社民・民進の県議が仲介に入り別室で港湾課担当者からの説明を受けることになった。人数制限を言い渡されたが僕も同席させてもらう。」

　それからのやりとりを受けて、こうある。

「改めて驚いたのは福島原発の事故を経ても、埋め立ての許可と原発建設をまったく別物として扱っていることだ。２００８年の埋め立て免許交付の際も原子炉設置許認可が出る前の交付だったが、今回も原子力規制庁が審査する新基準がどうであれ、県には関係ないということであった。

　つまり福島原発の惨事は俺たちは知らん、地元住民が反対することも俺達には関係なし。都合のいい資料と裁判沙汰になってもなんとか勝たせてくれる根拠されあれば免許は交付するよということ。そこに知事の政治判断ということはまったく存在していないということだ。

　まるで２００８年にタイムスリップしたような感覚を覚えた。これで山口県と知事は原発建設に関わる責任をすべて逃れた形になる。そして驚くべき山口県知事の要請が最後に述べられている。

『発電所本体の着工時期に見通しがつくまでは、埋め立て工事をしないこと。』

　偉そうに要請しているのだが、発電所着工の見通しとは一体なにを指しているのか？　原子炉設置許認可？　それとも中電が独自に決める着工時期？　それとも重要電源開発地点に指定されているから見通しがついている？

県側の回答はそれさえも中電が決めることでいいのだという。埋め立てするもしないも彼ら次第。これほど馬鹿げた要請もないだろう。

いわば原発に反対する住民にとっては時限爆弾（工事着工）を抱えたようなものだ。これからはいつ着工されるかわからないプレッシャーと共に過ごすことになる。

原発事故後、自民党の重鎮が山口に来て『上関は10年は建設できないだろう。』といった言葉がよぎる。

事故から5年。地ならしの手続きが始まったのだ。これから数年かけて再稼働を進め、その後は新増設に手掛ける。それが10年。そのシナリオがしっかりと見える。

今回の埋め立ての許認可はまったく予想できなかった。自分が抱える裁判（上関原発反対運動で、中国電力に『反対運動で工事が遅れ、損害が発生した』と訴えられ、４人が約４８００万円の損害賠償を請求された、いわゆるスラップ訴訟を起こされていた：筆者注）も和解に向けて急に中電が態度を軟化してきていたのも不思議ではあったが楽観的に考えていた。まさに寝首をかかれるとはこのことだ。まだまだ自分も甘い。

これからの5年が一つの分かれ目になることは間違いない。一人ひとりがどこまで思いを行動に移せるか、思いを繋げられるか。対立ではなく個々の想いを自由に表現できる世の中にするのか。

あの美しい海を守る一点ではみんな協力できるはず。それは人の本能でもあると思うから。」

「あの美しい海」の海は、どこの山や川、田や畑、村や町にも置き換えられるだろう。（続く）

『ＡＭＡＺＯＮ』２０１７年１月号、No.４８１

（埼玉・会員）

非武装中立・軍備亡国は何故正しいのか（一四）

「マネー資本主義の行方」パナマ侵攻、イラン

長谷川善夫

四日付けの毎日新聞の社説は『マネー資本主義の行方人類の知が試されている』と題していた。

今年の九月でリーマンショックからまる一〇年になる。米証券大手リーマン・ブラザーズの倒産を引き金に、地球上の金融が凍り付き、何千万もの市民が職や家を失った。

最高経営責任者（CEO）のファルド氏は破綻前の年俸は約４０億円、刑事訴追を受けることもなく現在は富裕層向け金融サービスのトップを務め、自らを「筋金入りの資本主義者」としてはばからないそうだ。

一方、金融危機で失職した労働者が危機前の経済状態に戻ることは容易でなく、二度と戻れない人もいる。

金融が社会を不安定化

「欠陥だらけ、つぎはぎだらけの金融市場には明らかに（利

潤を得る）機会が存在する」（ファルド）
低コストで多額の投資資金を調達できる一部の人々が市場の不完全さをつくることで巨万の富を手にする。「マネー・マネージャー資本主義」（米経済学者ハイマン・ミンスキー）資金運用のプロたちが牛耳る資本主義をそう呼んだ。

８０年代以降、富を運用するマネー・マネージャーらは、最新の技術や情報を駆使し、短期的な投機に走る。舞台は地球全域。結局行きつく先はバブルと、その崩壊が招く深刻な不況。そこで中央銀行や政府が救済に乗り出す。市場には大量の資金がばらまかれ、大手金融機関は公的資金で救済される。財政出動も行われる。市場はやがて復活し、再び投機の歯車がフル回転し始める。

マネー・マネージャー資本主義の中で巨大化したのが複雑な金融派生商品（デリバティブ）である。高いリスクの代わりに高利回りが期待できるデリバティブに資金が向かった。世界のデリバティブ市場５００兆ドル（約５・６京円）、１２００兆ドル（約１３・５京円）との試算もある。５００兆ドルとしても世界の国内総生産の約７倍にあたるそうだ。

世界経済がバブルとその崩壊を繰り返す過程で、富める者にますます富が集中し、中間層は落ちぶれる。

拡大する貧富の格差

マネー・マネージャー資本主義の本拠地米国の場合、８０年当時、上位１％に当たる人々が国全体の所得の約１１％を占め、下位５０％の人々は２０％を分け合った。

２０１６年には上位１％が所得全体の２０％強を占め、下位５０％のシェアは約１３％まで低下したという。

格差縮小の調整役となるべき政府（国家）は大企業や富裕層を優遇する税制へ傾斜している。金融危機後に米国で導入された再発防止のための規制はトランプ政権によって骨抜きにされた。

その解決策として社説は、前提として「資本主義が正しいことはその創造性と自由ゆえに間違いない」と忖度した上で

「マネーの暴走に歯止めをかけ、マネー主導の資本主義に内在する格差拡大のメカニズムを制御する」

「放任主義ではいつか世界は修復しがたいほどの打撃を被る」「人類の英知を集め地球規模の協調で乗り越えるしかない」と訴える。

「英知」などはいらない。格差是正の立法で済むことだ。そういう政権にすれば済むことだ。バーニー・サンダースやピケティが説くように、額に汗して働く人が報われるまともな社会に戻せば済むことだ。

危機を煽り、軍需を図り、ただ儲けるためだけに戦争を企む者がいる。経済成長が望めない今、戦争は莫大な需要（破壊）と供給（軍需）をつくりだす。マネーが戦争を引き起こす。そんなことを許してはならない。

パナマ侵攻

前号でブッシュ、ノリエガと、トリホスの死を巡る役者がそろった。

いよいよ米国のパナマ侵攻が迫る。

ノリエガとブッシュ

① 八三年以来、マヌエル・ノリエガ最高司令官(将軍)は、パナマにおける事実上の最高権力者に

② ノリエガは、冷戦下の六六年からアメリカ中央情報局(CIA)のために働いていた

③ ノリエガはブッシュがCIA長官時代にその手先となり、キューバのフィデル・カストロ政権やニカラグアのサンディニスタ政権など、中南米やカリブ海の左派政権の攪乱に協力

④ 米国の麻薬対策にも協力、七八年から八七年までは米国の麻薬取締局(DEA)から毎年感謝状

米、ノリエガ排除へ

⑤ 八六年　「Cチェイス作戦」。ノリエガが米国への麻薬の輸出ならびにマネーロンダリング関与の疑いが浮上

⑥ 八七年　八一年のオマル・トリホス大統領暗殺にノリエガが関与したという疑惑が持ち上がり、反ノリエガ派がノリエガ排除に動き出す

⑦ 八八年二月　大統領、米国の支援を受けノリエガ解任を発表。逆に国会議員によって解任される

クーデター・起訴・資産凍結

⑧ 三月　クーデター未遂

⑨ 同月マイアミの裁判所、ノリエガを起訴。レーガン米大統領は「パナマに民主主義が建設されるまでは制裁を続ける」とし、パナマの在米資産凍結とパナマ運河使用料支払い停止へ

⑩ パナマ、在パナマ外国資産凍結

⑪ パナマの経済システム大混乱、産業稼働率が四〇%に

⑫ 米、裏面でノリエガの引退・訴追免除の司法取引を持ちかけたが、ノリエガ拒否。またCIAの工作も行われたがノリエガの権力は影響を受けなかった。

選挙・暴動・クーデター・侵攻(「自衛権発動」)

⑬ レーガン政権、パナマ侵攻作戦を策定

⑭ 八九年一月、米大統領に就任したジョージ・H・W・ブッシュは、「麻薬戦争」と呼ばれる麻薬撲滅政策を掲げた

⑮ 八九年五月　大統領選挙、反ノリエガ派のエンダラが当選

⑯ ノリエガは米国の干渉を理由に選挙の無効を宣言、ロドリゲス会計院長を大統領に

⑰ 五月　暴動発生

⑱ 九月　再びクーデター未遂

⑲ 十二月　議会、ノリエガの「最高の政治指導者」承認

⑳ ブッシュ、五月の大統領選挙直後から特殊部隊派遣を

㉑ 米国防次官の報告

極秘裏に承認

「米軍施設への武装侵入が数十回、そのうちの一件で二人の米軍兵士が殺害された」

㉒ **パナマ侵攻、ノリエガ拘束**

十二月二〇日午前〇時四五分、ブッシュはパナマ在住米国人の保護、パナマ運河条約の保全、ノリエガの拘束を主目的とする「ジャスト・コーズ作戦」の発動を命令

㉓ 一五分前、エンダラを大統領として宣誓させる

㉔ ブッシュはこの侵攻をノリエガの煽動に対する米国の自衛権発動であると主張

㉕ ブッシュは一二月二〇日未明に空・海・陸軍、約六万人の米軍をパナマに侵攻させ、ノリエガの率いるパナマ国家防衛軍との間で激しい戦闘

㉖ 米国製の旧式の武器を中心としたパナマ国家防衛軍に対して、ロッキード **F-117**「ナイトホーク」やマクドネル・ダグラス **AH-64** アパッチなどの最新鋭機を中心とした三百機を超える航空機を投入、圧倒的な軍事力を持った米国軍は間もなく首都のパナマ市を占領した。

㉗ ノリエガは米軍による拘束を逃れてバチカン大使館に逃れたものの、その後米国はバチカンと交渉しノリエガを大使館より退去させ、翌九〇年一月三日に米軍に拘束された。

サダム・フセイン、ビン・ラディンもかつては米国の支援を受けやがては殺害された。ノリエガも米国の協力者だったが、背いたと見るやトリホス暗殺（疑惑）の暴露、麻薬取引・マネーロンダリング疑惑・起訴・司法取引、撹乱（暴動・クーデター未遂・特殊部隊派遣）資産凍結（経済封鎖）・経済崩壊、仕上げとして軍事衝突（謀略）→自衛権発動（侵攻）→占領→指導者処罰→軍隊解散。

例えば㉑の国防次官報告は真実だろうか。数十回の武装侵入、米兵士殺害は本当に起きたのか？教唆・煽動は誰？虚偽・謀略は？

類似のパターンは世界中で繰り返されてきた。

自国民保護・「国益」保全「国難」のための自衛権を発動する。集団的自衛権の例示も同様だった。

古くは米西戦争における米艦爆沈、近くはベトナム参戦のトンキン湾事件の自作自演、米国に限ったことではない。

日本も明治以降、朝鮮、台湾、中国への自衛を掲げた侵略を仕掛けた。柳条湖事件（満州事変）・盧溝橋事件（日中戦争・「日支事変」・「日華事変」）・大山事件（上海事変）等、謀略・自作自演がつきまとう。「侵略」「侵攻」を掲げる軍事行動・戦争はなく「自衛」の名の下にはじめられる。

北朝鮮との間に同様のことが起こらないと誰が言えよう。

イラン

米国は北朝鮮と共にイランに対しても同様に事をかまえている。

東京新聞社説（十二日付）は

「イランで異例の反政府デモが起きた。物価高など経済への不満が背景。国際社会は、トランプ米政権のように、ただ圧力を強めるのではなく、核合意を守り改革を続けるよう、支えるべきだ」と説く。

一五年、イランはロウハニ大統領の下で核開発を制限、欧米は経済制裁を解除した。しかし今、旱魃などの影響で食料品の価格が高騰、若者の失業率は四十%、三分の一の家庭は貯蓄が底をつくなど経済的困窮に陥っている。福祉削減の一方で、軍事費、「イスラム関連への出費」（アサド政権支持、サウジアラビアと対立、レバノンやイエメンに介入）等が指摘され混乱が増している。

パナマと似ていないか。

トランプ政権は敵視政策で不安に拍車をかけ、核合意を認めないとし、制裁発動を米議会に要求。デモへの対応を人権問題として国連安全保障理事会に要請して追い込もうとする。

米国の主張に対し、国際原子力機関（IAEA）は「イランは合意を履行」と言明。欧州各国も同調し、デモも内政問題として米国とは一線を画す。

圧力強化は保守強硬派の核合意見直しを助長、改革派・穏健派を追い込む。核合意は米英仏独ロ中六ヵ国がまとめた平和への枠組みだ。

イランを再び「悪の枢軸」扱いにしてはならない。

（東京・常任幹事）

原稿募集

会誌にご投稿願います。内容はや時事問題、身近なこと、本・映画・テレビ番組や詩歌・川柳等、会の趣旨に添ったものならどんなものでも結構です。会誌へのご意見、疑問、批判などももちろん歓迎です。

字数に制限はありませんが、多いものは何回かに分けて掲載されます。本文は１ページ1200字程度です。

編集の都合上、毎月　１５日を目途にお送りください。

送り先

Mail　　yossi8putti@gmail.com

郵送　〒185—0032　国分寺市日吉町 1-40-51　長谷川善夫

寄贈誌より

『中国研究月報』（社団法人中国研究所発行）
2017年12月号

▽論文
「新内モンゴル人民革命党」粛正運動への道　テグス

▽研究ノート
済南市における小売業の近代化
中国地方中核都市における
流通近代化の一考察　石　鋭

▽書評　沈志華著　朱建栄訳　岩波書店
『最期の「天朝」　毛沢東・金日成時代の
中国と北朝鮮』　伊藤　一彦

▽書評　藤谷浩悦著　青山治世訳　研分出版
『戊戌政変の衝撃と日本　日中聯盟論の模索
と展開』

▽追悼　代田智明君を追悼する　（大里浩秋）

▽眼光紙背　中国の勝ち……？　（竹内健二）

▽中国日誌　2017年11月

『不戦』（不戦兵士・市民の会）
2017　秋・冬号　181

◇「不戦大学」講演録
安倍改憲を許さない為に！
憲法施行70年の今年
戦後史の原点を検証する　川村　俊夫

◇総選挙の結果と今後の課題　高野　邦夫

◇核兵器禁止条約を、どう読むか
ノーベル平和賞・人道上の結末・論点　浦野　賢治

◇アメリカはなぜ自衛隊を欲しがるのか　高野　哲郎

◇書評　青木茂著
『華北の万人坑と中国人強制連行
日本の侵略加害の現場を訪ねる』　遠藤　美幸

◇川柳「ごまめのはぎしり」を再開します　森脇　靖彦

◇川柳「ごまめのはぎしり」　あまのじゃく

◇編集後記　高野　邦夫
森脇　靖彦

十二月の常任幹事会

日時　一二月二三日（土）
十四時～十六時三十分
会場　生涯学習センター七階第三講座室
出席者　沖松・落合・長谷川・山田・高橋
秋山・長沼・小林・小川・佐藤
加藤・日森

［報告］
1．「日中戦争から平和憲法へ」主催・日中戦争八〇周年共同キャンペーン実行委員会が一二月一七日（日）に日本教育会館で行われた。参加者より報告があった。
2．次回の「七・七集会」担当は「関東日中」が担当である、との報告があった。
3．一二月九日（土）熊谷地区「八・一五」の忘年会があった。十五名参加
4．沖松代表幹事が本庄の「九条の会」で講演したものが本になった
5．三月一〇日「鴻巣九条の会」主催の集会で代表幹事が講演の予定
6．二〇一八・一・二七（土）新年会、昨年は約三〇名。今回も電話などで呼びかけをする予定

［議事］
1．新年会の現時点での参加予定者を確認。

中国大使館や報道にも呼びかけをする。

2.「戦影」からの依頼について。映画製作の進捗状況について代表幹事に聞いてもらうことに決定。

3.訪中団について
参加者募集について状況報告があった。できれば一月二七日（土）の新年会の日に結団式をやりたい

4.「八・一五」ホームページの再開について。もし契約するとしたら、費用など契約を確認し今後検討する

5.「八・一五」の活動内容や代表幹事の講演の様子等をドキュメンタリーにしてもらえるかテレビ局に問い合わせするかどうかについて話し合った。結論としては継続審議になった。

6.編集委員会
①〆切りは一月一五日（月）
②巻頭言は沖松代表幹事にお願いする。

（加藤）

事務局月報

・2018年を迎えた。
報道によると、平成は来年で終わり、〇〇という元号になるという。
少し前に書かせて頂いたが、元号は古代中国・前漢の武帝が時の天皇の権力を誇示する為に始めたとされるそうだ。
知人で、「元号は好きですよ、そのときの出来事が回想できるし、ただ数字で表すよりいいと思います」という人の話を聞いた。様々な考えの人がいるが、ほぼ数十年に一回の今、その言われを伝え、知り・考える場を提供するマスコミの報道は必要だと思う。

・北朝鮮と韓国が会談を始めた。北側の本当の狙いは何か…という憶測がかしましい。だれでも狙い無く交渉することはないだろう。ミサイルや核実験などの実施は非難されて然るべきだし、報道に依る住民の生活の困窮状態も嘆かわしい。が、口々に〝ひどい国〟と言う人達は、テレビや新聞の他に何を根拠に一つの外国の様子を確信しているのだろうか。まるで、日本はこんなに平和で住みやすく、と言わんばかりに。更に言えば、世界でたった一つの分断（された）国家の人達の願い思いはいかばかりか。核の放棄は必要だけど、どこか一つやそれに追随する国は保持を認められて、そうでない国は放棄せよ、という理屈は絶対に通らない。迎撃兵器や他の兵器の米国からの購入額は、巨大な額という。一度でも衝突したその場所は、どんなことになるのかは想像に難くない。それなのに何とかアラートの下に避難の練習だなんて…。

・今年は悪い予想を覆すよい年になる事を願っています。
どうぞ宜しくお願い致します。

（小林）

『8・15』2018年1月号
二〇一八年一月一五日発行
定価　500円（送料とも）
編集人　長谷川善夫
発行人　沖松　信夫
印刷所　（有）イワキ
発　行　日中友好8・15の会
〒125-0032
東京都葛飾区水元3-3-4
小林悦子方
Tel & Fax　03-3627-1953
郵便振替　00120・6・27415
日中友好8・15の会
HP URL　http://www11.ocn.ne.jp/~donpo/
落丁、乱丁はお取り換えいたします

会　則

（名称）　第１条　本会は、日中友好元軍人の会を受け継ぐ日中友好『８．１５』の会（通称日中友好『８．１５』の会）と称する。

（目的）　第２条　本会は、過去の戦争に対する反省に立脚して、あらゆる戦争準備の動きを阻止し、平和を希求するために世界各国とくに中国との友好に貢献するとともに、会員相互の親睦を深めることを目的とする。

（会員）　第３条　本会は前条の目的に賛成する元軍人および賛同者をもって構成する。

第４条　本会の本部を関東地区に置く、支部を各都道府県に置く、また事務局を関東地区に置く。

（事業）　第５条　本会は、第２条の目的を達成するために以下の事業を行う。

１．会誌『８．１５』の発行
２．講演会、研究会の開催（平和諸団体との共催を含む）
３．学習会の開催
４．中国からの留学生・研修生の受け入れ
５．訪中団の派遣
６．その他、本会の目的達成に必要と認められる諸活動・事業

（総会）　第６条　本会は、総会を毎年１回、原則として８月15日に開催する。総会は、委任状を含めて会員の過半数の出席により成立するものとする。総会は、幹事会から、活動報告、行動計画事業計画、決算、予算、役員の選出、その他、本会の運営に必要な事項について報告、提案を受け、出席者の過半数の賛成により　これを承認、決定する。幹事会が必要ありと認めたときは、その決議により、臨時総会を招集することができる。総会の決議に基き、顧問を置くことができる。

（運営）　第７条　本会の運営は、幹事会が行う。ただし、幹事会は常任幹事会にその権限を委任することができる。

（役員）　第８条　代表幹事、副代表幹事、常任幹事、事務局長を本会の役員という。

第９条　役員の任期は１年とする．ただし、任期満了後も総会において新役員が選出されるまではその職務を行う。役員の重任は妨げない。

第10条　本会の運営のために幹事会ならびに常任幹事会を置く。幹事会は幹事を以って構成し、本会の運営に必要な重要な会務を行う。幹事の互選により代表幹事、副代表幹事、常任幹事、事務局長を選任する。常任幹事会は、原則として毎月１回開催し、幹事会の委任をうけて本会の運営に必要な一般会務を行う。

第11条　幹事は、会員の推薦により選任し、総会の承認を受ける。

第12条　幹事会は、常任幹事会の決議に基き、代表幹事が招集する。常任幹事会は、常任幹事２名以上の発議により代表幹事が招集する。幹事会および常任幹事会の決議は、出席幹事の過半数の賛成により成立する。賛否同数のときは、代表幹事がこれを決する。

第13条　本会の会議の遂行上、下記の分科委員会を設け、常任幹事会が選出した委員長が運営の責に当る。

1. 組織・活動委員会
2. 会誌編集委員会
3. 財務委員会
4. 対外交流委員会

各委員会の委員は、委員長の推薦により委嘱する。

第14条　会計の監査は、会計監事が行う。会計監事は、幹事会の推薦により選任し、総会の承認を受ける。

（財政）　第15条　本会の経費は、会費、寄付金、その他の収入をもってまかなわれる。留学生・研修生受け入れのため、特別会計を設ける。

（会費）　第16条　会費は年額１万円とする。また、家族会員の会費は年額2,000円とする。購読会員は6,000円とし、学生会員は3,000円とする。

第17条　本会の会計年度は、毎年７月１日に始まり翌年６月30日に終る。

（改正）　第18条　本会の会則は、幹事会の発議により、総会において、委任状を含む出席者の３分の２以上の賛成により改正することができる。

（付則）　この会則は2017年８月25日から施行する。

過去の直視、これが歴史認識の原点

第五九巻　第二号　通巻第五七九号

軍備亡国・反戦平和

2018年　2月号　No. 579

8.15

日中友好元軍人の会ＨＰ　http://www11.ocn.ne.jp/~donpo/

2

日中友好『８．１５』の会
（日中友好元軍人の会）

創　立　宣　言

戦争の罪悪を身をもって体験した、わたくしども元軍人は、心から人間の尊厳にめざめ、戦争を否定します。

わたくしどもは、過去の反省に立脚し、戦争放棄と戦力不保持を明示した日本国憲法を順守し、真に人類の幸福と世界の平和に貢献せんがため、本会設立の趣意書ならびに会則にのっとり、同志相携えてあらゆる戦争を阻止し、戦争原因の剪除に努め、進んで近隣諸国とくに中国との友好を進めんとするものであります。

ここに終戦の記念日をトして本会を設立するにあたり、万世のため太平を開く決意のもとに日本の更正を誓った当時を追憶し、戦没の万霊に額ずき、ご遺族をはじめ戦争の被害者ならびに軍靴で踏みにじった戦場の住民各位に深く遺憾の意を表しつつ宣言します。

１９６１年8月１５日

日中友好元軍人の会

二〇一七年度　活動方針

われわれは、創立宣言に則り、次の活動を行なう。

一、平和憲法を守り抜くため、広く非武装中立・軍縮亡国を訴え、組織の強化・拡大に努力する。

二、過去の侵略戦争に対する反省に立脚して、中国をはじめ、アジア近隣諸国、さらには世界各国の平和を希求する人々との友好・提携に努める。

行動計画

一、違憲の安保法制を強行し、憲法改悪へ向かう安倍内閣のあらゆる策動を許さず、特に憲法9条を守るために活動している諸団体の運動に積極的に参加する。

二、戦争に直結する集団的自衛権の行使を認めず、名目の如何にかかわらず、自衛隊の海外派遣、多国籍軍への支援に反対する。

三、広島・長崎の被爆の歴史に基づいて、核の廃絶を広く世界に訴える。日本政府に核兵器禁止条約への参加を求める。エネルギー変換、脱原発をめざす。

四、沖縄の民意を無視した辺野古新軍事基地建設等に反対し普天間を始めとする全国各地の米軍基地の縮小・撤廃を求める。そのためにも日米安保条約の解消とそれに代わる日米友好条約の締結を提唱する。

五、日・中・韓・朝の障壁になっている歴史認識問題、戦後処理問題（従軍慰安婦、強制連行・強制労働などに関する訴訟・賠償請求）の早期解決を求めていく。

六、中国国際友好聯絡会研修生受け入れと公私訪中派遣を通じて、民間レベルでの友好・交流の強化を図る。

【巻頭言】

安倍9条改憲を阻止するために
3000万人署名運動を成功させよう!

佐藤　正八

はじめに

権力者及び権力機構が腐敗し、かつ日本国憲法が最大の危機に直面し、戦争する国づくりが着実に歩んでいる、というのに、その真実を理解・認識し、核の廃絶を含め、日本と世界の平和のために立ち向かおうとする人々は残念ながら少数派である。歴史は繰り返す、というが、歴史をもねじ曲げようとする首相の下では防ぎようがないのかも知れない。安倍首相（以下首相と表示）の権力の私物化や立憲主義や憲法の破壊が明確なのに、退陣を迫り、実現できないのは、何よりも国民・市民の反応が鈍く、かつ、マスコミが権力批判を退化させ、日本会議を中心とする国家主義者の勢力が伸長し、その上ネット右翼（私は右翼、左翼という言葉は使えたくはないが）増大しているためである。

首相は、北朝鮮の核・ミサイル（私も容認できないが打開策は異なる）問題で、トランプ大統領と会談した後、「すべての案がテーブルの上に載っている」ことを確認した、と公言して憚らない。その真相は、双方ともに戦争をも辞さない腹を固め合ったことを意味している。要するに、首相はことあるごとに「最大限の圧力」を語っているが、その先に戦争が起こり得る、否、戦争をも辞さない腹を固めた、戦後初の首相になったことを、意味しているのだ。中曽根元首相は「日本を不沈空母にする」と豪語したが、戦争する腹まで固めていた訳ではなかった。麻生副総理が「ナチスに学んだらどうかね」と語ったが、諸状況こそ異なるが、本質的には似た事態・事象が現出されつつある、と言って良い。

こうした歴史的、社会的情勢・状況の中で、問われているのは、市民一人ひとりが、これらをどのように受け止め、認識・理解し、その上での反応であり、行動・行為への在り様である。

1　権力の私物化を許せますか?

①　森友学園問題　首相及び昭恵夫人と前理事長籠池泰典氏との事実関係は報道されているので割愛し問題点の指摘にのみにする。籠池氏は日本会議のメンバーであり、首相を礼賛する特異な教育を行っていた。問題は小学校の設立に伴い、国有地が破格の値段で売却されたことである。首相は2017年（以下2桁のみ表示）2月の国会で、野党の追及に「私や妻が関与していたならば、総理は疎か、国会議員もやめる」と強

弁した。国会議員を辞める意志は更々ないのに、こう答弁したことは、首相を守るために、国有地の売却に関わった財務省理財局の関係者がそれを立証する答弁・対応をせねばならないことを意味している。

官僚が良心と法に従い事実関係を答弁することは当然のことであるが、安倍氏が首相でいる限り、出世出来ないだけでなく、様々なリスクを伴う。佐川宣寿前財務省理財局長がその筆頭であり、国会答弁の矢面に立たされた。17年2月当時の佐川理財局長は度々質問されても「交渉記録は廃棄した」の一点張りの答弁を繰り返し、首相を擁護したのである。首相にウソをついてまで忠義を尽くした佐川局長は「適材適所」の名のもと、国税庁長官に見事出世したのである。

ところが、18年になって廃棄したはずに交渉記録が次々と明らかになってきた。要するに、佐川前局長が当時、ウソの答弁をしていた事実が明らかになってきた。そうした事実を踏まえ、野党は佐川国税庁長官の更迭を要求しているが、安倍首相は応じようとはしていない。自らの発言にも波及して行くからである。

これら腐敗の構造・実態は一官僚に止まるはずはなく、更に解明する必要はあるが、権力の私物化そのものであり、断じて容認してはならない。黙っていることは腐敗を容認したことになる。国民・市民にはこうした腐敗を許さぬために様々な方法で、声を出し、行動を起こすことが求められている。

② **加計学園問題**　この問題も事実関係は種々報道されているので割愛し、本質のみを論考する。首相にしてみれば、刎頸の友の加計学園理事長加計幸太郎氏に対するチョットしたリップサービスのつもりなのであろうが、森友学園問題を大幅に上回る質及び内容を持っており、官邸、文科省、内閣府、地方創成相、国家戦略特区にかかる政策等々、更には愛媛県、今治市をも巻き込む腐敗の構造的問題に発展しているのである。加計学園は獣医学部の新設を計画していたが、莫大な資金が必要、文科省の設置認可が必要であった。獣医師会及び文科省は獣医師が足りている、という対応を取っていた。そこでこの問題を打開するために、安倍首相は国家戦略特区に目をつけ、「50年来の岩盤規制に風穴を開けた」と見栄を切った。何のことはない、加計学園獣医学部の新設を認可し、かつ莫大な補助金を出す、ためにである。

その過程で、17年5月ごろ、「総理の意向」なる文書が出てきた。これに対し菅官房長官は「怪文書」と切り捨てた。松野文科大臣は「文書の存在は確認出来なかった」と記者会見で語った。これらに異を唱え、文書の存在を指摘したのは、即ち勇気ある行動に立ち上がったのが、前文科事務次官前川喜平氏である。そのことで文書の存在が明らかとなり、文科省も認めたが、全ての資料を政府は公開していない。京都産業大が同様に認可申請をしていたのに、何故加計学園なのかを含め、謎の部分が多いが、権力の私物化は明らかであり、内閣の支持率が３０％台までに低下した。

韓国の前大統領朴氏が権力の私物化を行っていた疑惑が出たため、市民が毎週大規模な抗議集会を行い、ついに退陣に追い込むことが出来た。一方日本でも首相の退陣を求める集会は開かれたが韓国のように大規模・毎週とはならず、誠に残念ながら退陣に追い込めていない。この原因や理由を分析・解明する必要があるが、権力者の犯罪に対し、日本人は根本的に甘く寛容なのかもしれない。これだから権力者の犯罪は無くならない。

２　解散権の濫用と総選挙の結果

総理大臣の解散権の行使には、憲法学上も様々な学説・見解があり、加えて国民の理解・支持が必要不可欠である。ところで首相が断行した１７年９月の解散権の行使はこの両面から見て大いに疑義のあるものであった。それ故憲法の改正に関連し、野党側から総理の恣意的な解散権の行使に枠を嵌めよう、という意見が出ている。ところで安倍首相が今回、この時期に解散を断行したのは、前原民進党が野党共闘に背を向け、小池都知事が新党を立ち上げることで、野党がばらばらになり、与党の勝利が見えてきたこと。かつ自らの「もり・かけ」疑惑を一掃出来ると判断し、解散権の濫用は承知の上、権力基盤維持のため絶好の機会と判断し、断行したものである。この決断力は他の追随を許さぬもので、その内容は容認できないが、長期政権を支える基盤になっているのは確かである。

次に総選挙の結果であるが、ご案内のように自民党は減らすのではないか、という大方の予想を覆し、２８４の現状を維持し、公明党は２９で、４６５議席中与党が３１３議席を占め、与党の議席占有率は６７．３％になり２／３の枠を突破し、改憲発議も可能となり、一見巨大与党を再現させたかに見える。そこで有権者は、議席の配分通りに６７．３％の人々が与党に投票したのであろうか？　全く否である。その真実を自民党の幹部は承知している故に、圧勝にもかかわらず満面の笑顔がなかったのだ。４割の得票で７割の議席を占められる、という小選挙区制のお陰で自民党は辛うじて勝ったまでなのである。

小選挙区制が民意を捻じ曲げる、最も良くない、否悪い制度なのである。それは同じ人々が投票した比例区票を分析すれば一目瞭然である。以下は各党の比例区における獲得議席数と得票率である。自民党　６６人　３３．２８％、立憲民主党　３７人　１９．８８％、希望の党　３２人　１７．３６％、共産党　１１人　７．９０％、維新の会　８人　６．０７％、社民党　１人　１．６９％　、大地　０．４１％、こころ　０．１５％、諸派　０．７５％、である。

要するにここは大事なことであるが、比例区で当選した議員は、与党が８７人で、得票率は４５．７９％なのである。これに対する野党は、８９人で、得票率が、こころと大地を除いて、５３．６５％なのである。即ち野党が、当選人及び得票率で与党に上回り、勝利しているのである。これが民意なのだ。マスコミが盛んに喧伝するように、有権者は与党を圧勝などさせていないのである。維新の会を野党に分類したが、与党に入れたとしても、民意は安倍１強などを決して容認などしていないのである。繰り返すが、小選挙区制のトリックで、自民党が圧勝した如くに、見せかけているだけなのだ。

３　「安倍９条改憲」は戦争する国づくり

自民党は１２年に「憲法改正草案」を作成し発表している。この草案に安倍氏がどのように関与していたのか知らないが、１３年に民主党から政権を取り首相になってからは、アベノミクスで支持を維持しているが、氏の最大の課題であり関心事は「憲法改正」であることは明白である。

第一に憲法と首相の関係を明らかにしておく。最初は憲法９６条の発議要件「２／３ 条項」から着手しようとし、マスコミ対策を含め様々に画策したが旨く行かなかった。ここで、憲法と行政の長である首相との関係を確認しておくことが極めて重要である。憲法９９条には「天皇又は摂政及び国務大臣、国会議員、裁判官その他の公務員は、この憲法を尊重し擁護する義務を負う。」とある。即ち首相は国務大臣の長であり、行政の最高責任者として、日本国内で最大の憲法を尊重し、かつ擁護する義務を負っているのである。日本国憲法およびそれを支持する日本国民は、権力者に対し、立憲主義を求めているのである。即ち、首相をはじめ、公権力を行使する人々に対し、日本国憲法に従って行政を行うように求めているのである。このことは極めて重要で、選挙に勝てば何をしても良いのでは決してないのである。

ところで首相は「法の支配」を良く語るが、その一方で憲法尊重・擁護義務を金繰り捨て、立憲主義を蹂躙し、以下で述べるように、憲法を破壊する言動を次々に展開している。こうした憲法破壊発言・行動を許してはならないのだ。

第二は憲法９条の改憲と密接不可分に関連するのであるが、１４年７月の「集団的自衛権行使を可能にする」閣議決定があり、それに基づいて作成された「安保関連法」がある。この「法案」には自民党推薦の憲法学者を含め、３人全員が国会で違憲と証言している。更に元内閣法制局長官３人全員が国会で「違憲」と証言している。

にも関わらず安倍内閣は数にものを言わせて、「安保関連法」を極めて強権的に成立させているのだ。この「法」と9条の改憲は大いに関係がある。

第三は首相の改憲発言である。こうした問題がある中、首相は17年5月日本会議を中心とする改憲集会に、「憲法9条3項に自衛隊を書き加え、20年までに施行したい」旨のビデオメッセージを寄せた。これを受け自民党は「改憲案」つくりを進めており、9条の他に3項目を挙げている。それらが重要ではないということではないが割愛する。

第四は「改正」の条文が出来ているわけではないが、「安倍9条改憲」の問題点を概略解明しておきたい。先ずは自衛隊に対する認識に違いがあることを認めた上で、国民の多数が自衛隊の存在、任務を支持し受け入れているという、認識と現実がある。国民が受け入れている自衛隊は創設以来一貫している「専守防衛の自衛隊なのであって、安倍内閣が強権的に成立させた「集団的自衛権を行使する自衛隊」ではない、ということである。即ち自衛隊の呼称を変えないで、「安保法制」を成立させたことで、自衛隊は戦争ができる「軍隊」に質的に転換したのである。このことは重要である。米軍と軍事訓練を強化しているが、「軍隊」になった事実を見事に物語っているではないか。

首相は1月30日の衆議院予算委員会で、「2項に制限がかかるということは、今迄の政府解釈と同じで、集団的自衛権行使を一部に限定する新3要件の制限がかかる」と答弁している。しかしこの内容をもっともっと様々な角度から解明し、追及する必要があるが、この答弁は「専守防衛の自衛隊と変わらない」と強弁しているが、ここには首相特有の、ウソとゴマカシ、摩り替えが大いに含まれているのである。

例えば、次元が全く異なるが、「国旗・国歌法」制定時、政府は国会で「強制はしない」と度々答弁していた。ところが全国各地の教育現場では、特に東京都教育委員会では職命令を出してまで、大量の処分者を出してまでも強制し、徹底させているのである。そこには憲法で保障している思想・良心の自由や信教の自由さえも入り込む余地がないほど、なのである。**これ**が国会で「強制はしない」と答弁した教育現場の**実態**なのである。

いずれにしても9条3項に自衛隊を追加することの現時点での問題点は、① 現在の安保法制の下で自衛隊を追加することは、実質的に「軍隊」になることを意味している。②後から追加した条文が前からあった条文に優先するため、9条の1項及び2項は死文化、して行くのである。③今まで違憲、としていた集団的自衛権の行使が、「改憲」で合憲化されて行くのである。

以上のように首相のやり方は非常に姑息であると同時に、誰が入り知恵をしたか知らないが、国民の支持が得られるように極めて巧妙に細工がしてある。即ち、国民が受け入れやすい「自衛隊」の名前を使いながら、一方では質的に大転換をさせ、堂々と米国と共に世界各地で戦争ができる体制づくりが出来るように、なるのである。

4　改憲発議と国民投票

自民党は首相の意向を受け、4項目の改憲発議を行うために党内協議を進めている。いずれの項目も容易に1本化できるのか、わからないが、9条に関しては石破茂氏と見解が異なっている。党内合意ができたとしても、次は平和の党を名乗ってきた公明党であるが、どう出るかである。安保法制に関し、歯止めをかけたと釈明しながら、首相が進める戦争できる国づくりに加担してきた。安保法制反対の集会に公明党の旗を持って参加した方々がいたが、改憲反対集会にはもっと増えるであろう。今後に注目したい。維新の会は改憲そのものには賛成なので、改憲項目の置き所が異なるのみで、与党の改憲発議に賛成して行く可能性は大きい。従って衆議院、参議院共に、2／3以上の賛同で、国会発議が行われるのは、避け難い情勢にある。

これに対し、憲法改悪反対の大規模大衆行動は、総がかり行動実行委員会や安倍9条改憲NO！全国市民アクションによって、東京臨海防災公園で行われるのを皮切りに国会周辺を含め、次々に展開されて行くことになっている。こうした大衆集会も大切であるが、それ以上に重要なのが全国各地、文字通り津々浦々で改憲反対の署名運動を確実に展開することである。これに関しては次の項で詳述したい。

いずれにしても国会で改憲の発議がされれば、次は国民投票である。日本はこの国民投票を1度も行ったことがない。国民投票は、第一次安倍内閣が「改憲」に備え、制定した国民投票法に基づいて行われるのであるが、当時野党が様々な不備を指摘したにも関わらずに安倍内閣は強引に成立させた経緯がある。従って実施の前に、この「法」を改正することが求められている。発議側に有利な内容になっているからである。

ところで、国民投票が、いつ、どのような状況の下で行われるのかもこれまた重要である。国会が発議をしたとしても、国民に周知させるのに一定の期間が必要で、当然のことながら、改憲に反対と賛成の大運動が行われるようになる。首相は改憲を成功させるため、オリンピックと天皇の皇位継承、即ち国家主義的雰囲気を最大限に醸成し、活用して行くであろう。そして戦争する国づくりはおくびも出さずに、国民の生命と財産を守るのだ、と演説して回ることであろう。首相のウソとゴマカシに騙されてはならない。

平和憲法を活かし発展させるためには、何としてでもこの安倍改憲を阻止せねばならない。しかし現状では、そう簡単ではない。平和を求めるすべての人々に仲間を増やし、安倍改憲を阻止するため、一層奮起することが求められている。

5　3000万人署名運動の意義と現状

①　安倍9条改憲NO！　全国市民アクションの設立

安保法制反対運動は、1000人委員会、9条壊すな実行委員会、及び憲法共同センターの3団体が協働して推進してきた。そこに、安倍改憲を阻止するために全国各地で活動網を持っている九条の会が加わり上記の団体を設立し、17年9月、中野区の中野ゼロホールに1500人が結集し、3000万人署名運動を成功させるため、キックオフ集会が持たれ、私も参加した。これで安倍改憲に反対し、平和憲法を活かそう、というあらゆる団体が総結集したのであり、その意義は大きい。

集会では主催者や浜矩子さん、佐高信さん、落合恵子さんら10名近い弁士から時代の状況や運動の意義が語られたが、それらのポイントは、3000万人の署名を集めて安倍改憲の発議を阻止しよう、というものである。この時点で総選挙は明らかにはなっておらず、首相が総選挙を経て、「もり・かけ」疑惑から立ち直ってきている事態を考えると、大変に厳しい情勢にあると指摘をせざるを得ない。

ところで3000万人の署名を集める、ということは、赤ちゃんから百歳を超えたお年寄りを含め、全国民の1／4、25％の人々から、署名を集めよう、ということである。これは実に大変なことなのである。しかし関係者の全ての方々がこの運動を必死で展開したならば、国民投票で否決できる素地を作ることが可能になるであろう。

②　鴻巣・憲法九条の会の取り組み

先程憲法を活かそうというあらゆる団体が総結集した旨指摘したが、私も様々な団体に所属しており、様々な取り扱いの団体から署名用紙が送られてきている。埼玉県1000人委員会、市民が野党をつなぐ埼玉6区連絡会、政党、友和会、キ政連、退職者会等々からで、この他にも来ることがある。このことは各団体のレベルでは真剣に取り組まれている証拠である。

ところで私は設立以来13年間、鴻巣・憲法九条の会の代表世話人をしており、会として積極的に署名活動を推進する立場にあるので、署名の取り扱い団体は鴻巣・憲法九条の会、一本に限定して取り組んでいる。指摘するまでもないが、会員も様々な団体に所属しており、様々な民主団体や政党に所属している方々が少なからずいる。従って、内容はどれも同一なのであり、どの団体の用紙を使うかは、各自の判断に任せる以外にない。外から強制は良くないし出来もしない。

こうしたことを前提に概略報告すると、本会では17年の秋に大きな講演会を控えていたこともあり、ニュースに署名運動の意義と協力要請を書き、署名用紙と共に、440名の全会員に配布したのが、17年11月の初旬であった。11月の下旬から12月初旬にかけて20余名の会員から署名が届けられ、第一次集約を行い、12月12日に356筆を「市民アクション」に直送しました。その後も2度目のお願いのニュースと署名用紙を12月下旬に全会員に再度配布しました。そうした取り組みもあり、1月から2月の上旬にかけ、会員から続々と届けられるようになってきました。会の中心になって活動している世話人が会員から集めたり預かったものが届けられるようになってきている。これは会が本来の役割・機能を果たしていることを意味している。

これら世話人をはじめ、平和を求める多くの人々の署名活動の現場には様々なドラマ・感動・悲哀が山ほどある。人間関係の軋轢、思いもかけない大いなる感動や共感そして反感も。喜びと落胆を山ほど体験し、内包しているのである。私も署名に添えられた小さなメモに感動している一人である。たかが1筆であるが、されど貴重な1筆なのである。


その結果、第1次発送以後の合計で、2月12日現在、多くの人々の大変な努力と熱意で、文字通り悪戦苦闘の結果、700筆を超えており、2月20日締め切りで第2次発送を行う予定でいる。とは言っても25%には程遠く、まだまだ微々たるものである。これから暖かくなるので、個別訪問などもやってみたいと思っており、4月には第3次の集約を予定している。

③

私の取り組み　私は埼玉県1000人委員会の呼びかけ人もしており、仲間の皆さんと一緒に月に1回、浦和駅頭で、日中、3000万人の署名活動をしている。一方鴻巣・憲法九条の会の仲間の皆さんの10余名の方々と月に1回、夕方、鴻巣駅頭で、3000万人署名活動をしている。いずれも1時間であるが、浦和の方は通行人も多く、日中ということもあり私一人で10筆以上、多いときは20筆を集めたこともある。対し鴻巣の駅頭は帰宅を急いでいるということもあり、私一人で2~3筆と少ない。
次に私個人の取り組みである。全国各地にいる友人・親戚・知人・元同僚等々60名を超す方々に署名の依頼書と用紙を送っている。脱原発や安保法制の廃止に続いて今回が3回目である。毎回同一ということもなく、テーマにより変えることもある。今回の場合10余名の皆さんから送られてきている。

中には自分一人1筆の人もいる。1筆に往復の切手代164円かかっているだけに1筆でも貴重である。

この他、私が住む自治会（約550世帯）の地域活動で知り合った方々約30名の方々に署名の依頼書と用紙をポストに入れた。ところが署名して戻ってきたのは僅かの3枚であった。又、日中友好8・15の会の常任幹事会など、様々なところで協力を呼び掛けている。

④

署名運動の現状と課題　15年後半から、16年の夏にかけて実施した「安保法制の廃止を求める全国署名」は2000万筆を目標にしていたが、1520万筆を集めることが出来た。私共の鴻巣・憲法九条の会でも全力で集めたことは言うまでもない。だが誠に残念なことであるが、国会を動かすまでには至っていない。野党は頑張ったが政府・与党を追い込めていない。それらの総括がどうされたのか？そして今回の3000万筆運動にどう生かされているのか？「総がかり行動実行委員会」はこれらの見解を明らかにして頂きたい、と思っている。

「安保法制」の時は、国会論戦が激しく展開され、マスコミの報道もあり、有権者は自分の意見や考えを創りやすく組みやすかった。ところが「改憲」問題はそうはいかない。国家観や政治に対する一定の理念・観念を持っている人々は反応しやすいが、そうでない人々は反応しにくい。即ち、今回の署名に対し、親近感を持てず、更に違和感を抱く人々も少なくない。国民・市民に、憲法を変えることに対し、問題意識・危機感が極めて少ないのである。こうしたことが今回の署名運動で苦戦している最大の原因であり理由である。首相は静かな環境で「憲法改正」をしたい旨、語ったが、その心は国民に真実を語ろう、としない態度である。そうさせてはならない。

こうした状況を克服し、運動を改善して行かなければならない。署名運動は5月まで続くし、それで終わり、ということにはならない。本番はこれからなのである。拙稿を読んで頂いた方で、署名運動にまだ参加していない方、これを機に是非とも参加し、運動を盛り上げて頂きたい。私に電話（048・541・2072）頂ければ署名用紙を送ります。行動を起こさなければ事態は好転しない。そして参加者が増えれば、悪政を行う権力者を倒すことが可能になって行くのです。

18年2月14日　記

（埼玉　　常任幹事）

語りつぐ戦争8

本庄九条の会

元特攻隊長が語る「出撃前夜」

本稿は二〇一七年三月五日に本庄市はにぽんプラザ行われた沖松代表幹事の講演会（本庄九条の会主催）をもとにした冊子から転載しました。同会のご厚意に感謝いたします。（8・15常任幹事会）

沖松　信夫

一　はじめに

私がいつも考えておりますのは、「歴史というのは教訓になる。しかし歴史を正しく見るということは難しい」ということです。「歴史を教訓に」と言いながら、なかなか教訓にできないというのが現状ではないかと思います。どうしてかといいますと、事実はなかなか再現できないからです。

我々の知らない事実がたくさんあるだけでなく、自分に関わる歴史を見る場合はどうしても身びいきになりがちですから、なかなか正しく見えないという問題があるのではないかと思っています。ですから私たちが歴史を見る時に、「何が正しい歴史認識なのか」という視点を常に頭の中に入れておく必要があります。正しい歴史認識があって初めて歴史を教訓にできるのだと思っています。

二　生い立ち

最初に私の生い立ちについて話します。私は１９２５年（大正１４年）の１月に広島県に生まれました。現在は９２歳です。年表（表１）のように私が小学校に入った時の９月１８日に柳条湖の事件が起きました。私が中学校に入った１９３７年の７月７日に盧溝橋事件が起きました。私が陸軍士官学校に入った年の１２月８日に太平洋戦争が始まりました。このように振り返ってみると私は戦争とともに大きくなったという感じがいたします。典型的ないわゆる戦中派です。

表１　年表

１９２３年	関東大震災
１９２５年	普通選挙法
	治安維持法
１９２７年	山東出兵
１９２８年	張作霖爆殺事件
１９３１年	柳条湖事件　満州事変
１９３６年	二・二六事件
１９３７年	盧溝橋事件　日中戦争
１９４１年	真珠湾攻撃
	アジア太平洋戦争
１９４５年	東京大空襲
	原爆投下　敗戦

今の子どもに、「将来何になりたいか」と聞けば、野球選手やサッカーの選手になるとか言いますが、当時は１０

人中8、9人が軍人になると答えたという時代です。当時の社会の風潮あるいは教育は、軍人になって天皇陛下のために命を捨てる、国のために尽くすということが日本人として一番立派な生き方だと教えられておりましたから、多くの少年がそういう考え方を持っていました。

明治以来、日本は富国強兵という政策をとりました。その中で軍人は非常に高い地位にありましたから、少年たちにとっては余計に軍人へ憧れるということになったと思います。具体的に言いますと、昭和天皇には3人の弟がありました。すぐ下が秩父宮です。この人は陸軍士官学校を卒業しました。二番目の高松宮は海軍兵学校を卒業し、三番目の三笠宮は陸軍士官学校を卒業しました。調べてみますと、明治6年に「皇族はこれから軍人になれ」という太政官の布告が出ています。陸海軍がなくなった敗戦の年の十一月までの72年間で、陸軍は28名、海軍は21名、合計して49名の皇族が軍人になっています。この間、皇族の男子がどれくらいいたかといいますと、総数が64人ですから、77%が軍人になっているということです。

軍人は経済面でも非常に優遇されておりました。例えば陸軍大将についてみますと、日本で初代の陸軍大将は西郷隆盛です。明治初期には陸軍大将は一人でした。その下に陸軍中将が一人いて、それは長州藩の山県有朋です。それから、その下に陸軍少将が二人いて、薩摩藩の桐野利秋と篠原国幹でした。大将一人、中将一人、少将二人ということです。その時の西郷隆盛の給料は月800円でした。当時の800円を現在の金に換算すると8000万円になります。また、当時非常に高かった「お雇い外国人」(*1)の給料は多い人で一億円もらっていたそうですから、陸軍大将の給料はそれに匹敵します。とにかく軍人は優遇されていました。

*1 **お雇い外国人** 幕末から明治にかけて、「殖産興業」などを目的として、欧米の先進技術や学問、制度などを輸入するために雇用された外国人。ドイツの医学者シーボルトをはじめ札幌農学校のクラーク博士や日本の温泉、特に草津温泉の有効性を医学的に評価し、世界へ広めた医師のベルツ博士など多数の外国人を採用。(ウィキペディアより)

二・二六事件(*2)で真崎甚三郎という陸軍大将が裁判にかけられました。その時の人定尋問で給料のことを語っています。当時彼はすでに予備役(*3)になっていましたから現役ではなかったのですが、年金(当時は軍人の場合は恩給と呼んでいた)、その他勲章をもらうとそこにも年金が付き、それらを合わせると月500円であったということを、法廷で証言しております。当時、職人さんの給料は一日1円だといわれており、月に30円あれば、どうにか生活できた時代でしたから、月500円の恩給をもらっていたということは非常に優遇されていたということです。

＊2　2・26事件　国家改造を目指す陸軍青年将校が1500名陸軍部隊を率いてクーデターを試みた事件。これ以降、軍部の影響が強まり、盧溝橋事件、日中戦争へと展開される。
（ウィキペディアより）

＊3　予備役　現役を終えた軍人がその後、市民生活を営みつつ有事の招集に備える制度。必要に応じ一定期間兵役に服する。現在の自衛隊にも予備自衛官制度がある。
（ウィキペディアより）

当時の子どもが軍人に憧れるのには、こういう理由もあったのです。但し、軍人になるということにはいろいろなプレッシャーがかけられました。例えば怪我をして泣くとか、寂しいから泣くと「そんなことで軍人になれるか」というふうに言われる。また、食べ物で「にんじんが嫌い」なんて言うと、「好き嫌い言って軍人になれるか」と言われる。さらに、「体を鍛えなければ軍人になれないぞ」とか、あるいは「近視眼になると軍人にはなれないぞ」などいろいろなことを言われました。

私が生まれた広島県の呉市という所は軍港の町で、戦艦大和を造った海軍工廠もありました。私は小さい頃から陸軍士官学校に入りたいと思っていました。なぜかというと、私の母親の従兄弟が陸軍士官学校を出て、さらに陸軍大学校（＊4）を出て戦争が終わった時には陸軍少将でした。自分も同じようになりたいと思っていました。

＊4　陸軍大学校　陸軍大学校は大日本帝国陸軍における、参謀将校の養成機関。略称は陸大。現在の陸上自衛隊では、陸上自衛隊幹部学校に相当する。
（ウィキペディアより）

私の友だちには海軍将校の子どもがたくさんおりましたので、彼らの親たちから聞いたことが話題の中心でした。「今度できる新しい軍艦は絶対沈まないんだ」とか、「装甲は40センチほどの鉄板で出来ている」とか。40センチというと大変な厚い鉄板です。「これだったら魚雷を受けてもびくともしない」とか、「その大砲は直径が40センチで、40数キロのところまで攻撃できる」とか。40数キロというと、本庄市から大宮辺りでしょう。「そういう巨大な船なんだ」とか、「絶対大丈夫なんだ」といったような話でした。高台にあった私の中学校からは軍港が見渡せるので、軍艦の出入りする様子がよく分かりました。私はそういう雰囲気の中で育ったのです。

当時の少年が読んでいた本は田川水泡の『のらくろ』という漫画でした。「のらくろ」とは野良犬のくろという意味で、主人公の「のらくろ」が軍隊に入りいろいろ失敗をしながらだんだん階級が上がっていくという、軍隊内部の様子を描いたものです。それを少年たちは夢中で読みました。それから、小説では、山中峯太郎という小説家がいました。この人は陸軍士官学校を卒業したのですが、彼が書いた『敵中横断三百里』とか、『亜細亜の曙』などの戦争物というか戦記を含めた小説が非常によく読まれていました。このようにみんな軍国主義に浮かされていた状態だったのです。

三　軍国主義教育

小学校の教育についてお話しします。小学校の先生というのはだいたい師範学校を卒業した人でした。師範学校というのは小学校を卒業して、中学校に行かないで高等小学校に行って、その中で優秀な人が師範学校に入る。師範学校というのは、学費は官費でしたからかかりませんでした。そして寄宿舎生活は軍隊生活のようなものでした。そこで国家主義の教育が与えられる。そういう教師が全国に散り、小学校で「天皇を中心とした日本の国体・国柄は世界で一番立派なのだ。天皇陛下のために尽くすのは日本人として一番立派なことだ」というふうに教えるわけです。小学校の教科書というのは国定教科書といって文部省が作った教科書で、書かれている内容は文部省が考えている通り、「日本の国体は立派、これは世界に比べるものがないくらい立派なのだ」ということや、「天皇陛下のために尽くしなさい」ということが入っている。なぜ天皇が日本の国を統治するのかというと、天照大神（あまてらすおおみかみ）がその孫である瓊瓊杵尊（ににぎのみこと）に「この国は私の子孫であるお前の子孫が代々天皇として統治する国である」という神勅（神様の言葉という意味）が下された、というのが小学校の教科書に載っているわけです。「天皇が日本を統治するのは、神様の意思である」というふうに教えられる。当時の小学生だったら大体誰でも「神勅」が言える。これは日本書紀とか古事記に書いてあることがそのまま教科書に書いてあったわけです。例えば中学校の入学試験で聞かれて、それが言えないようでは中学校には合格できないというほど重要なものだったのです。今考えてみると、天照大神はどういう神様なのかということを疑問に思う人がたくさんいます。私自身も中学校に入った時に、古事記を、もちろん古事記の原文そのままではなくて易しくしたものですが、それを読んで天照大神というのはお母さんがいないことを知りました。「お母さんがいないで男の神様から生まれた」と書いてあるのです。「あれ？これはおかしいな。神勅はどうなるのかな」と疑問に思いました。男の神様である伊弉諾尊（いざなぎのみこと）が左目を洗った時にきれいな女の神様生まれた。それが天照大神であると。鼻を洗った時に生まれたのが素戔嗚尊（すさのおのみこと）であると古事記には書いてあるわけです。ともかく天照大神が日本の皇室の先祖であるということははっきり教えられました。それを疑う人はいなかったということです。

当時女性は中学校へは行けませんでした。女性が行くのは高等女学校で、中学校は男子だけでした。小学校、中学校の校門のそばに奉安庫とか奉安殿と言われていたコンクリートでできた小さな祠があり、そこに天皇の写真や教育勅語などが収納されていました。なぜコンクリートで作られていたかというと、学校が火事になった時に天皇の写真や教育勅語が焼けてしまったという事にでもなれば校長は責任を取って自決しなくてはいけないといわれていました。登下校時に奉安殿の前を通る時には必ずお辞儀をしなければいけませんでした。お辞儀をしない生徒がいたら、これは大変なことで、天皇陛下に敬意を表しないということで、非国民のような言われ方をしました。そういう時代でした。

祝祭日には天皇皇后の写真を講堂に飾り、その前で校長が白い手袋をして教育勅語を読む。今、教育勅語を大阪の方の幼稚園で子どもに暗唱させているそうです。その教育勅語を校長が読む時にはみんな頭を下げて聞く、上を向いていてはいけないという、極端な教育が行われていました。

（埼玉　代表幹事）

（次号につづく）

TPT（環太平洋旅行）第6弾
複雑な台湾の現状を巡る旅　初めての！台湾

長沼　清英

80年代後半の画期とは？

この前後に2つの今に続く新しい動きが生じた。❶本省人の李　登輝が総統就任❷民進党が誕生したこと。すこし、近隣諸国をみれば、マルコス退陣（86年2月）韓国での大統領直接選挙実施（87年12月）という具合に、東西冷戦下で不可逆的に誕生した「独裁政権」が雪崩を打って崩壊したことに注目すべきである。とりわけ、❶の時は、反中路線を降ろし、中国との交流がスタートした。そして、96年には、民主的総統直接選挙が実施された。そして、遂に4年後の2000年には陳　水扁民進党政権が誕生するのである。

新＆親台湾派誕生と御乱行とは？

日中国交回復以前は親台派（反中＝反共　岸信介）と親中派（LT貿易）に分裂していた。回復後は、親台派は休眠状態。それが、激変し、「台頭」する契機となった、第一が、当時売れっ子のマンガ家「小林　よしのり」が、「ゴーマニズム台湾論」を出版し、台湾独立・日本統治時代正当化・国民党批判を主張したことで、親日派幻想構築のキッカケとなる。第二には、総統（88～00　3期12年間在任。「民主化」を開始、台湾経済の発展に寄与）退任後、親日を掲げ、日本統治時代への一定の評価を表明し、台湾では「売国奴」と揶揄され孤立無援になり、媚日発言を連発する李登輝の親日行動である。正に、前総統と売れっ子マンガ家は、実際コラボもしていた。この2つの動きを利用しようと、日本では「李登輝友の会」（〇二年）が結成され、それに日台議連、アパホテル社長などの反中＝極右グループが群がった。これら「歴史修正主義者」＝親台湾派の代表例が、現役では稲田　朋美、中山成彬であり、彼らは、反中国、反国民党という「四面楚歌」の二人と手を結んだ。

二人とは台湾の国際的孤立と国民党の弾圧を逃れて、藁をもすがる思いで亡命生活を余儀なくされた、金　美齢、そして無根拠の親日言説を出版で拡散し、日本の極右グループに阿る黄　文雄である。（台湾人は日本統治古き良き時代として感謝している！暴論を吐く）そして、これらをさも、台湾の代表意見のごとくことさらに取り上げるのが、産経グループである。これらの集団の一方的、片思い的に叫ぶ「親日」「反日」はまさに、戦前の「不逞鮮人」「暴支膺懲」と同じ、ヘイトそのものである。そのパラノイアぶりを露呈したのが、NHKが09年「台湾統治」を系統的に取り上げた番組（拙者は授業のプリント作成に利用）に対し「日本統治時代を、台湾人の証言を歪曲し、捏造し、悪と一方的に描いたのは、放送法違反」としての、集団訴訟である。1審、2審ともに、控訴棄却。それでも、プロパガンダ（写真❹）を続け、16年に最高裁で原告敗訴が確定した。約8年に及ぶ「騒ぎ」を意図的に起こすことで、メディアへの恫喝は達成されたのであろう。最近のマスコミの自粛ぶりを見れば、一目瞭然である。歴史修正主義者が吠える「親日幻想」の台湾国内事情でいえば、2点が考えられる。❶国民党政権＝同じ漢族であり、台湾解放を伴に祝ったにも拘らず、本省人への差別化を露骨に出したことへの近親憎悪的反発❷最底辺におかれていた先住民族が、分断統治の政策と、日本軍の南方戦での戦術面で「優遇」されたのだが、解放後、漢族優位の社会で再び最底辺におかれたことから来る「親日」観がある。

この構図の中で作られた「親日幻想」という虚構に乗せられ、「反日」の中国、韓国旅行が激減する中、17年も訪台外国人旅行者のなかで、日本は第2位である。幼稚で感情的な「親日」などという基準にいつまで乗っかるというのか。80年代の日本人男子の台湾旅行は国際的にどんな目で見られていたのかを忘れたとでもいうのか。国家間の思いは「我が国以外はすべて仮想敵国である（チャーチル）「国家に真の友人はない」（キッシンジャー）「昨日の敵は、今日の友」との冷徹な現実が現在の国際関係ではないだろうか。今回の小旅行でも、コンビニなどで日本語での応対があった。それら一事をもって親日との先入観に裏打ちされて「親日」病に罹患する軽薄さよ。

親日の実態

親日の現実は、台北駅地下街で人だかりの何軒もの店に遭遇したが、そこで目にした日本への親近感は、Jポップ、アニメ（写真❺）とそのグッズであり、同時に品質の良い日本製品が対象である。決して、日本占領統治を容認したり、現在の日本政府への親密度でない。これら、民主化以降で育った若者（日本占領＝日本語世代の孫）は、国民党政権下、日本文化の流入が制限されていたが、89年衛星放送の解禁での日本のTV視聴可能。そして、93年の日本製品輸入の実現で、一気に日本愛好が定着した。そして台湾のみならず中華文化圏では哈日（日本 熱烈に好きの意味）族→萌日（日本中毒患者）族と言われている。また、萌が高じてアニメの深みを味わおうと、日本語学校に通ったり、ケーブルテレビでは2つの日本語専門の24時間専門チャンネルに嵌る若者も多い。これが、微笑ましい「親日」＝哈日の現実の姿である。片思いの台湾が二音文化に親近感を示せば「親日」とし、一方、韓国・中国のそれは「パクリ」と断罪する。何をか況や。また、「親日病」の連中は、建物に日本人の名前があることをもって、「親日」の証拠と騒いでいる。これは、漢字に対する感覚の違いから来るだけの話なのに。例えば、小室　哲哉は小さい部屋のマンションを意味し、徳川　家康は「徳」が「川」のように流れ、住めば「家」族が健「康」にと言葉の遊びをしているだけなのだが。

だが、対日関係では政府=国レベルで、9月3日は抗日戦勝日として祝祭日。5月には抗日戦勝利の軍事パレードを毎年実施している。また、尖閣問題では「聯合号事件」（08年6月）に際し日本の首相に相当する行政院長が「釣魚台は日本が盗んだもの。台湾の領土であり、一戦も惜しまない」と。更には、「沖ノ鳥島は岩であり、島ではない！」とも発言。本年1月25日に、日本政府が日比谷公園内に「領土・主権展示館」をオープンし、尖閣諸島を日本領土としたことに、外交部は抗議している。

日本のメディアは中国との軋轢「領海・領空侵犯！」しか報道しないが、台湾の船舶もトラブルを起こしている。

また、貨幣の肖像に反日運動家を採用したり、慰安婦記念館を開館もしている（16年12月）「親日」デマゴーグに騙されてはいけない。

蔡　英文　民(主)進(歩)党政権　vs　国民党

2回目の民進党政権が16年1月に誕生した。この政党は、❶反国民党❷反中国との統一を軸に内政重視を展開していくであろう。❶については最初の陳　水扁政権時代（少数与党）は、脱蒋介石を実施に移した。07年　中正（蒋介石の本名）紀念堂→台湾民主紀念館と改名、併せて、敷地を大中至正（偉大なる中華は正しい）から、自由広場と。（写真❻）

押し戻すことができない、「民主化の波」の中、再度、政権の座についた、馬　英九国民党政権は、再び、中正紀念堂と改名しつつも、自由広場は踏襲した。新台湾人（父は湖南省出身、香港生誕地、台湾生育地）を主張した馬　英九は、対立点であった、対中問題を「統一せず　独立せず」「経済が先　政治は後」で関係を強化した結果、2期8年間の時代に、対中貿易は1，4倍、台湾GNPは1，5倍となった。だが、政権末期、中国経済の大波に呑まれ、吸収合併に危機感を抱いた、民主化以降に誕生した若者（天然独）が、ヒマワリ運動をおこし、それに後押しする形で蔡　英文政権が誕生したのである。対中問題では、台湾人意識61％、中台関係現状維持82％のなか、台湾ナショナリズムを基盤に「不中不台」の現状維持路線と経済外交面では「新南向政策」（オーストラリア、ニュージーランド、東南アジアとの結びつきを強め、対中依存度を軽減）を慎重に歩んでいるようだ。でも、この前期2年の動きは、国民党色を一掃するという、内政&歴史の見直しことに力点が置かれてきた。

具体的には、脱蒋　介石、脱中華の展開である。陳　水扁政権を含めると、主なものでも、以下があげられる。介寿

（蒋介石の長寿）路を改名（96）passportに「TAIWAN」付記、小中学生教科書　首都南京→台北表記（03）中華民国全図から中国全土抹消（04）中華民国（台湾）総統府と付記（05）中正（蒋介石の本名）国際空港→台湾桃園国際空港へ改称（06）95年制定の和平紀念日（2.28）を06祝日化　中華郵政→台湾郵政へ（07）

そして、蔡政権下の1年目の16年には台湾光復節（10.25）蒋介石生誕日（10.31）青年節（3.29　辛亥革命の青年の前段蜂起）行憲記念日（12.25　中華民国憲法記念日）などを相次いで廃止。更に、17年12月5日立法院で可決された「移行期（49～92）の正義促進条例」（国民党の白色テロ時代を糾弾）を梃に、18年は❶当時の拘置所、処刑場所を国家人権博物館にする❷台湾アイデンティティの基、先住民への補助金支給❸「中正」の名がつく、公立学校、道路300か所以上の名称変更❹台湾貨幣肖像から蒋　介石を排除。これらに対して、先住民族、国民党からは、日本占領統治時代が対象になってないと反発。それらを察知してか、辛酸をなめてきた、先住民族への謝罪を表明。（蔡総統は本省人と先住民族との混血　3/4は混血）激化する対立の中、17年には蒋介石銅像破壊　VS　八田与一（ダム建設技師　台湾教科書、「歴史街道」17年6月号特集記述）像破壊があった。このように、この国民党＝蒋介石の白色テロ＝恐怖政治40年からの脱却の動きを軸とした展開が政権後半も続くであろうか？対する中国は、❶台湾国交諸国への断絶強要❷台湾旅行自粛要請❸ＡＩＩＢへの加盟要望への拒否の動きなど、反発を強めている。

蒋介石の功績？故宮博物院

中華文化遺産の貴重な文物を集めた、台北の故宮博物院。（65年開館）周、春秋戦国、秦の時代の青銅器、玉器の展示品には感動した。この北京・台北の2つの博物院は、紫禁城に収蔵されていたものを、1925年故宮博物院を設立するところからはじまっている。しかし、37年の日中全面戦争の戦火から、中華文明を守るべく、重慶、昆明などへ避難させた。その劣戦下の移動の際、価値の高い品々を選別して（全体の25％）運んだと思われる。その後戦争は終結、更には、国共内戦も終わり、蒋介石は、台湾に逃れるのと同様に台北に、超貴重な文物を中心に台北へ移送して、現在の世界四大博物館と言われる故宮博物院が完成。質的に高い品々を戦争から、文革から守った、蒋介石は「天下為公」を実践したと言えるかも。

唐→大和→唐→○○の世？ヒマワリ学生運動の目指すものに注目？

国民党VS民進党、外省人VS本省人、統一VS独立などの対立軸を中心に、大陸中国と接し、蠢いている台湾。

しかし、民主化されて以降に生まれた、新世代は、これらの対立に翻弄されることなく、現状維持、民主主義をベースに第三の潮流として、ヒマワリ学生運動以来立ち上がり、現在は、立法院段階では、時代力量（5議席）、また、台北市長（国民党の牙城）も無所属候補が勝利している一定の流れを作っている。我々は、ヒマワリ・雨傘（香港）・ローソク（パククネ退陣）の東アジア各地で見られる「民主主義の深化」に目を凝らすと同時に、わが日本の危うさを危惧していくべきであろう。

次回は、そんな意味から香港の第7弾TPTの旅を考えている。

❺アニメShop

❼統一の象徴

❻自由広場

（埼玉　常任幹事）

【今月の本】

アントニー・ビーヴァー

「第二次世界大戦 1939〜45──上巻
真珠湾まで」　ノモンハン事件から

白水社　2015年6月10日刊

島貫　隆光

私は二〇〇八年四月号に真珠湾攻撃は失敗だとして二つの理由を挙げているがその第二番目にこのことをあげているのでとりあえずそれを再録しておこう。

そこで真珠湾攻撃だが、これは成功だったのか。次の点で失敗だった。

一、アメリカにとって幸運なことに、また日本にとっては不幸なことに、真珠湾にはすでに無用の長物化した戦艦しかいなかった。

二、南雲艦隊は第二次攻撃として空母または石油タンクなどを攻撃すべきだったのに一撃で帰ってしまった。戦果の拡張はされなかった。

三、外務省のドジで宣戦布告の電文がアメリカ政府に渡されるのが遅れてしまったため日本はダマシ討ちをしたとして、アメリカ国民の怒りを買った。「真珠湾を忘れるな(リメンバ・パールハーバー)」が合言葉となってルーズベルト(ローズヴェルト)は念願の宣戦布告をすることができた。ルーズベルトのワナにひっかかったという意味では三番目の理由が最も大きいと思うが、私がここで注目するのは二番目の理由として上げた戦果の拡張である。これはミッドウェーの敗戦の原因として大きな意味があるからであり、帝国海軍　のあり方にも関係しているからだ。ミッドウェーは中間の冒頭にあるのであるがここでは真珠湾の失敗の理由としてふれておく。

私は以前ミッドウェーの敗因はサンゴ海海戦に対する原因究明とその対策だと論じたことがあるので、この説明に特に関心を持った。サンゴ海海戦は世界歴史上初めて相手艦を目視することなく航空兵力のみで決せられた海戦である。実質はほぼ対等な戦争だったが日本海軍は自分の方が勝つと舞い上がっていた。すなわち何の反省もしていなかった。米海軍は完全に従来の大艦巨砲主義を転換して航空母艦を主とする機動部隊に編制や陣形を変えた。一ヶ月後のミッドウェー海戦で米海軍は空母を中心に護衛艦隊がまわりを囲む円形の陣形を取った。すなわち空母はすべてがばらばらにされて、その周囲に鉄壁の防衛陣形を作った。日本の航空隊はこの鉄壁を破ることができず、敗退した。帝国海軍はこれまで通り空母を四隻固めておいた陣形で米航空機の餌食となった。これがミッドウェー敗戦の原因である。

当時この説を主張していたのが山口多聞であり、中西(輝政）はこの人を自分と考え方の同じ人物として高く評価している。

中西はまたこの件に関して帝国海軍には一九二二年ワシントン会議で日米主力艦の割合を六割とされたことを原因としてあげている。その結果日本はアメリカに対抗するため猛訓練に励みこの不利をはねかえそうとしたという。その結果、損耗を減らすのに視野狭窄におちいり、消極的戦法に変わった。それが戦果の拡張に否定的な考えの原因だという。

私は日本が貧乏国で物も金もないことをどうやって克服したかについて帝国陸軍が精神力を偏重したと指摘してきたが、海軍ではどうやらこの消極戦法になったらしい。その結果ハワイのオイルタンクも生き残り、米海軍はすぐ立ち返ってミッドウェーに臨むことで帝国海軍を緒戦で大敗させることにつながった。結果の甚大さを考えればこの消極戦法がいかに誤ったものであったかは一目瞭然だろう。

そもそも海軍は世帯が小さいから全体像が一目で見えてしまうのである。極端な話、油がどれだけあればどれだけ戦えるかということがすぐ分かってしまう。

だから一九四一年八月、アメリカの石油凍結となった時にあと何年戦えるかが出され、そこから開戦の時期が決まってしまった。

しかもインドシナの占領は、米英からの制裁を呼び込んでしまった。連合艦隊司令長官山本五十六大将のもとには警告があがってきた。米英両国の対日禁輸措置により、わが海軍の艦艇はおよそ一年で燃料が尽きてしまいますという内容だった。日本の軍国主義者たちは考えた。事ここに至っては、敵に先んじて必要なものをすべて確保しておかねばなるまい。ここで引き下がればメンツを失うことになり、それは耐えがたい屈辱であると。

私は日中戦争について分析した時にも述べたように、この戦争は一体何のための戦争なのかということを分かっているのかということが常に疑問になっている。もちろん戦争というものには多大な犠牲を払うことになるから明確な目標とその手段が考えられなければならない。ところが日中戦争は杉山参謀総長が三ヶ月で終わらせてみせますといっただけで始まってしまった。大東亜戦争はアメリカを屈服させるためアメリカ本土まで攻め込むというような計画は全くなく、一撃を与えてどこかで停戦しようというくらいの感覚で始められてしまったのである。それもいずれもメンツ程度の話なのだ。

アメリカはオレンジ計画という対日戦争計画をつくり、それを着実に実行して日本本土まで侵攻している。

日本の戦争計画は、西太平洋をぐるりと取り囲む半島や島嶼、および南シナ海も支配を目的としていた。主要目標は計五ヶ所で、帝国陸軍の五個軍が各々その任務に当たる。「第二十五軍」はマレー半島を攻めくだり、その先端にあるシンガポールのイギリス海軍基地を確保する。華南の「第二十三軍」は香港を押さえる。「第十四軍」はアメリカのダグラス・マッカーサー将軍が総司令官兼植民地総督を務めるフィリピンに上陸する。「第十五軍」はタイとビルマ南部に侵攻。「第十六軍」はその油田が日本の戦争継続に死活的に重要な蘭領東インドをその手に収めるという段取りだった。航空機を主体とする今回の攻撃計画には、帝国海軍の内部から強い疑問の声が上がったけれど、山本は押し切った。まずは空母機動部隊を以てアメリカの艦隊を撃滅すべきである。そもそもそれがかなわなければ、上記の侵攻の一部、特にフィリピン作戦を危険にさらすことになると、山本は主張した。

山本の虎の子である海軍パイロットたちはこの数ヶ月間、魚雷と爆弾による攻撃訓練を積み重ね、来るべき任務に備えてきた。目標に関する情報は、ホノルルの日本総領事館から提供されており、館員たちは日々、米海軍艦艇の動向を監視していた。アメリカの艨艟どもは、週末になると、皆港内に戻ってくる—。この情報を受けて、先制攻撃の日時は十二月八日(ワシントンでは未だ十二月七日)月曜日の夜明け直後と決した。かくして十一月二六日払暁、空母「赤城」を旗艦とする日本機動部隊は、厳格な無線封止のもと、千島列島から出撃していったのである。

日本は緒戦ではことごとく作戦を成功させ、大東亜共栄圏を作るのに成功したかに見えたが、その後の計画は全く考えられていなかった。兵站線の延びきった日本の補給路を断たれ餓死するのを待つばかりの運命を辿るのである。

一方、ローズヴェルト(ルーズベルト)は、この段階では、いまだ戦争を望んでいなかった。ただ最善の策は、明確な一線を相手側に示し、一歩も退かぬ構えを見せることだと確信していた。マーシャル陸軍参謀総長も、ハロルド・R・スターク海軍作戦部長も大統領に対し明確な警告を発していた。我が合州国はいまだ十分な戦争準備ができていませんと。ただ国務省のスタンスは違った。コーデル・ハル国務長官は、日本側特使と交渉中の十一月二五日、日本の軍艦と兵員輸送船からなる大規模船団が南シナ海を南下中との知らせを受けて、思わず激怒した。これを受けて、ハル長官は「十項目」からなる要求を日本側に突きつけた。東京ではこの要求は、最後通牒に等しいものと見なされた

なにしろ、この「ハル・ノート」は、「日独伊三国同盟」の実質的廃棄や、仏領インドシナおよび中国からの日本軍の全面撤退などを求めていたから。このような厳しい対日要求になった背景には、中国国民党とイギリス側の働きかけがあった。もし、この段階で紛争解決の手段があるとしたら、それは唯一、米英両国が完全かつ即座に、譲歩の姿勢を見せることぐらいだったろう。だが、西洋側がそのような弱みを見せたら、おそらく日本の侵略行為をさらに助長して終わっていたはずである。

一切の妥協を排したハル長官の態度は、日本の指導者たちに、やはり戦争に向けた準備は間違っていなかったとの

確信をいだかせた。遅れれば、それだけこちらが不利になると。新首相に就任した東条大将が十一月五日の御前会議で述べたように、これ以上の開戦延期は日本を「三等国」に転落させるだけとの認識がそこにはあった。いずれにしろ、山本の機動部隊はすでに、北太平洋は千島列島にある最終集結地点を出航していた。攻撃開始時間は一二月八日〇八〇〇時（午前八時／東京時間）に設定されていた。目指すはハワイ・オアフ島、アメリカ「太平洋艦隊」の根拠地、真珠湾である。

最近トランプが乱発したことで有名になった大統領令だが、ルーズベルトは日本に関する命令を二つ出している。一つは核兵器の研究開発計画、もう一つは日系人強制収容である。（以下引用）

興味深く、かつまたおそらく重要な意味を持つだろう点は、この件について、クレムリンからいっさい警告が届かなかったことである。ローズヴェルトは当時、ソ連をさらに支援したいと考えていたのに。なぜアメリカ側に一報しておかなかったのか、ソ連側の動機はただ想像するしかない。「モスクワの戦い」以前に得ていたゾルゲ情報―太平洋のアメリカ軍基地に奇襲攻撃を仕掛ける計画が現在、日本側に存在するという話―を、スターリンはどういうわけか、アメリカ側に伝えることを拒んだのである。ただ、これだけは言える。「第二次世界大戦」を通じても、もっとも驚嘆すべき偶然の一つは、一九四一年一二月六日は、すなわち日本の真珠湾攻撃の前日におけるローズヴェルト大統領の決定にあったと。彼はこの日、核兵器の研究プロジェクトにゴーサインを出したのである。

日本の軍部が昭和天皇に対し、開戦の決定を受け入れるように迫ったのは九月の第一週であった。天皇はその際、唯一の抵抗姿勢として、祖父が詠んだ平和を祈念する和歌一首を読み上げた。日本の天皇には、陸海軍を統率する大元帥という立場があったけれど、その立場には相反する要素が多々含まれていた。また、彼の開戦に対する反対は、道徳的理由によるものではなく、単に失敗するかも知れないという恐怖の反映であった。一方、過激な軍国主義者たちは、若手・中堅の将校グループを中核とし、わが帝国は東アジアに新秩序をもたらす聖なる任務を負っていると本気で信じていた。この構想は「大東亜共栄圏」という婉曲表現で呼ばれていた。だが、洞察力に富んだアメリカのジョセフ・グルー駐日大使は、早くも一九三四年にこれは「パクス・ジャポニカ」だと警鐘を鳴らしている。一九四一年十一月になると、日本の軍部はこの国を「国家的ハラキリ」に引きずり込む準備をすすめていると、グルーは恐怖心さえ抱くようになる。（三月号に続く）

参考文献
渡辺治　不破哲三　「現代史とスターリン『スターリン秘史―巨悪の成立と展開』が問いかけたもの」　新日本評論社　二〇一七年六月一五日刊

（埼玉・会員）

核戦争を回避したＪＦＫ暗殺　その後の運命２

熊谷　憲治

ケネディ第３５代米大統領は、あくまで外交交渉を貫き、核戦争が目前に迫った「キューバ危機」の恐怖を回避に導いた（６２年１０月）。だが、ほぼ一年後に暗殺されてしまい、リー・ハーベイ・オズワルドなる男が逮捕され、当時からの米国政府の公式な調査期間であるウォレン委員会による調査報告書は、オズワルドが単独犯人であり、事件の裏には陰謀など無かったと発表している。したがって当初は大部分の米国民はそれを信じた。

だがそれにしては、現場に残された証拠と証言等と報告書の内容にいくつもの矛盾点がみられる。筆者は概略そのような記事を、本誌の昨年十一月号に述べた。

米政府、オズワルドを単独犯人に

それでもケネディ暗殺に関する、米政府の公式文書はあくまでウォレン報告書であり、暗殺はオズワルドが単独でＴＤＳビル六階より後ろから射殺した、との決めつけがこの報告書の中心をなす重要な柱なのである。そして暗殺の裏には何の陰謀もなかったと強調しているのに、当時のジョンソン大統領は暗殺に関する重要種類や写真は二〇三九年まで公表されてならない、という行政命令を下した。なぜなのか理解に苦しむが、こうした米政府の姿勢をもう少し追求してみたい。

繰り返すが、米政府の公式発表はオズワルド＝単独犯人に固執している。それゆえ、前回の記事では触れなかった彼の行為についてさらに述べておきたい。

地方検事、暗殺犯を発表

一九六七年二月、ルイジアナ州ニューオルリンズ市の地方検事ギャリスンがケネディ暗殺犯（複数）を突き止めたと発表し、全米に衝撃が走った。ルイジアナ州は暗殺現場ダラス（テキサス州）の東隣りの州であり、キューバにも近い。一方、カストロによるキューバの社会主義化を嫌い、ケネディに反感を抱く約１０万の亡命キューバ人の多くが居住していたフロリダ州マイアミ市の方がキューバにもっと近く目と鼻の先だ。しかし、マイアミはキューバ人が余りに多すぎてカストロ政権のスパイも紛れ込んでいる恐れがあり、反カストロ運動には反って不向きで、ＣＩＡの対カリブ海諜報活動基地もニューオルリンズにあった。

ギャリスンが追求したのは、この保守的で反共、反カストロの雰囲気が濃厚なニューオルリンズを根城にキューバの反カストロ分子を支援し、ケネディ暗殺に関わったグループで、その中でとくに逮捕に踏み切ったのはクレイ・ショー（実業家）である。ギャリスン検事は彼を起訴し、裁判では彼がＣＩＡのエージェントでもあると主張した。

オズワルドがカストロ支持のビラを

ところが、オズワルドは逆に、カストロや社会主義、ソ連を支持するビラをまいたのである。当然、亡命キューバ人と街頭で格闘となり、新聞やTVで報道された。そしてオズワルドは親カストロ、親ソ連の社会主義思想を持つ、活動家のイメージが焼き付けられたのであろう。

さらに、ギャリスン検事はオズワルドが撒いたカストロ支持の文末の住所・544Camp St.に注目した。だがそこの建物には、反カストロ、反ケネディの活動をしていた、クレイ・ショーやバニスター、フェリー等の拠点事務所があったのだ。するとおかしな話だが、そうした連中とオズワルドは日常的に交わっていたことになる。

踊らされたオズワルド？

事実、そうした場面を見た目撃者もいたという。すると、オズワルドがニューオルリンズの街で晒した、カストロ支持のビラ撒き活動は全くの偽装だったのか？

本稿の参考にした資料は、「決定版2039年の真実」(1993年、落合信彦　著)やオリバー・ストーン監督の映画「JFK」(1991年)等であるが、両者とも、オズワルドの行動は全くの目くらましだったことを示唆している。

たしかに、あの超保守的で反共的な街で親ソ的社会主義者カストロ支持のビラを撒くなど、いかにも作為的であり、ケネディ暗殺犯人に相応しい、強烈な印象を残している。しかも逮捕の際、TVカメラの前で「自分は嵌められた」とか、「これで終わった」、はては「自分はオトリにされた」と呟いている。すると、オズワルドは何らかの指示に従って行動したとみなすのが妥当であろう。

米政府の公式発表・ウォレン報告書はオズワルドを犯人と決め付けたが、ケネディ暗殺に関する著書や資料等を検討すると、多くの疑問が残る。逆に、ギャリスン検事は報告書や26巻もの証拠書類、写真等を読み切った上で、オズワルドは一発も撃ってないと確信している。ウォレン報告に対して疑問視する意見は米国内外にあり、中には茶番に等しいとの酷評すらある。

逮捕の二日後に射殺された謎

だがオズワルドは逮捕の2日後に射殺されたのである。しかもダラス警察署内で多数の署員や新聞記者の目前で。このショッキングな瞬間はTVカメラで全米に、全世界に届いた。射殺犯人はJ・ルビーという男で、警察や報道関係とは無関係のマフィアの一員であ

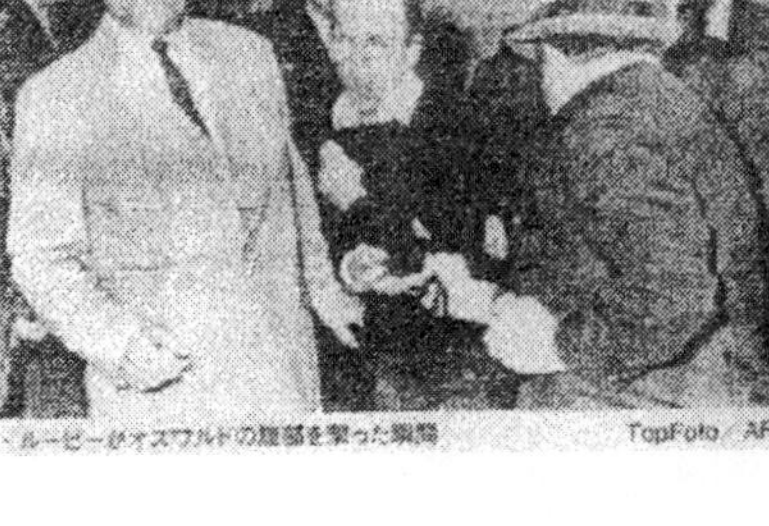
J・ルビーがオズワルドの腹部を撃った瞬間　TopFoto／AFLO

る。その背景はどうなっているのか？オズワルドをめぐる最大の謎である。（了）

ところで左のグラフは、元中国大使・丹羽宇一郎氏の最近の著書「戦争の大問題」より抜萃したものです。日本人の中国に対する嫌悪感は世界でも群を抜いて異常です。なぜなのか、この状態を放置していいのか、どう思いますか。皆様の意見・感想をお待ちしています。

（埼玉・常任幹事）

図1　世界各国の中国に対する印象

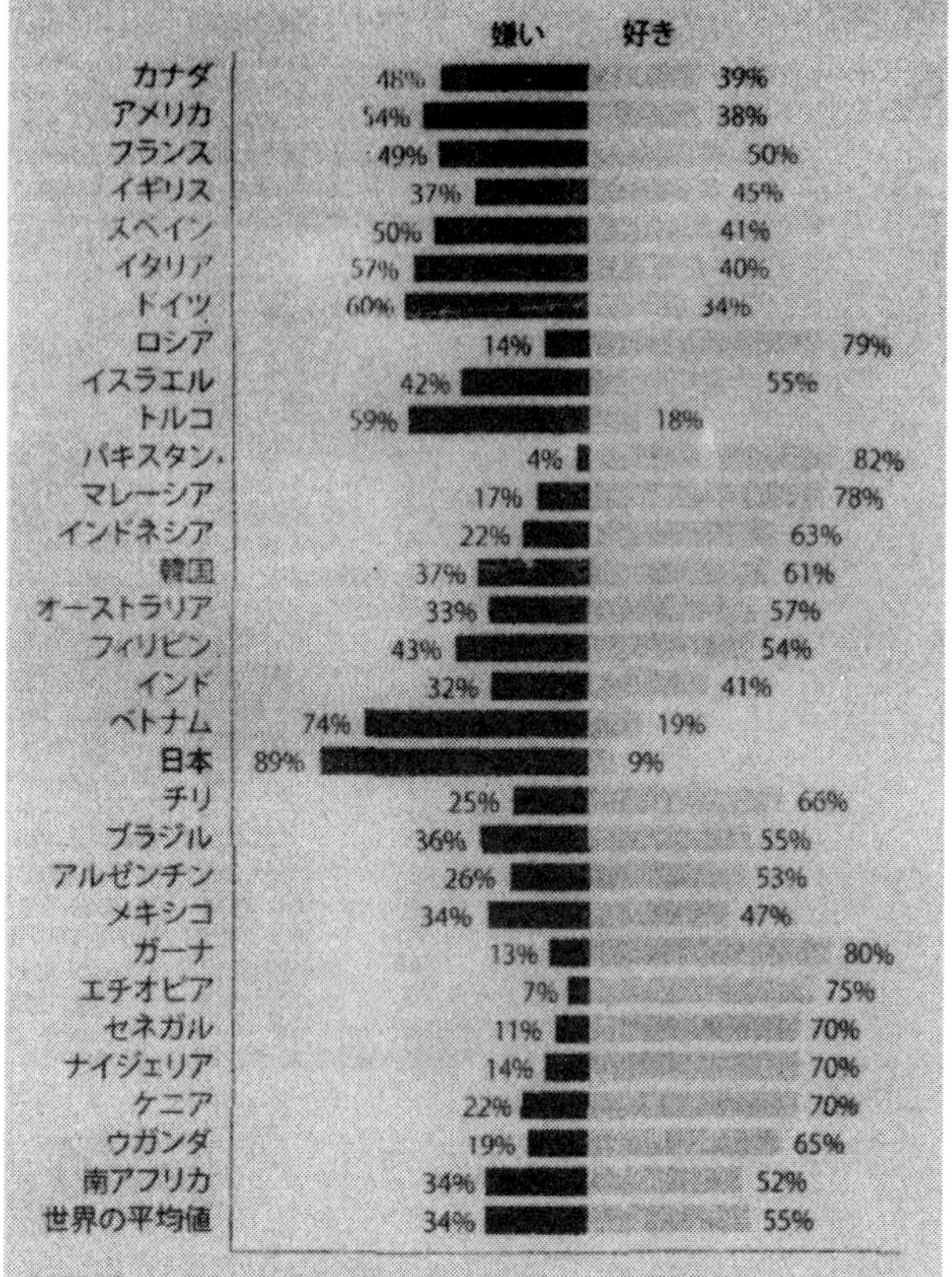

（出所）ピュー・リサーチセンターの調査資料（2015年）をもとに著者作成。

原発を葬った市民のスクラム

―巻町住民投票をめぐって―（脱原発社会への展望⑷）

森沢　周行

再稼働反対民意鮮明、新潟県知事選

その一方で、希望を与えてくれる出来事がある。九州電力川内原発の一時停止を公約とした新人が、与党系候補の現職を破った7月の鹿児島県知事選に続いて、実質的に原発再稼働が最大の争点となった16年10月16日の新潟県知事選挙で、再稼働反対派の新人米山隆一氏が、与党推薦候補に大差をつけて当選したことである。

共同通信社による知事選での出口調査によると、柏崎刈羽の再稼働に反対する有権者は、「どちらかといえば」を含めて64％に上り、「どちらかといえば」を含めた「賛成」は20％だった。このことも含めて、このような情勢のなかで、政権と東電による柏崎刈羽原発再稼働に、新潟県民は

ノーという民意を鮮明に示したと言えるだろう。

当選した米山氏は「県民の命と暮らしを守れない現状で、再稼働は認められない」と、繰り返し前知事が貫き通した基本姿勢の継承を示した。

柏崎刈羽原発がある柏崎市の会田洋市長は17日、県知事選について「原発の再稼働が争点となり、県民投票の様相を呈した」と述べた。18日には、当選した米山氏は「最終的な意思決定という場合、県民投票は考慮すべき選択肢の一つだ」と述べた（東京新聞、16年10月19日）。

そうなった場合は、まさに巻町で行われた住民投票の県民版となる。

東京電力は、電気が余裕で足りているなか、福島事故の検証もできず、市民の安全や暮らしより、目先の利益を最優先して、世界最大級の柏崎刈羽の再稼働を目論んでいる。

その一方で、経済産業省は、東京電力福島第一原発など大手の電力会社の原発の事故処理と廃炉費用を、原則としてすべての電力消費者が負担する方向で進めている。４月から電力の小売り全面自由化で、原発からの電気を使わない新電力と契約した人にも、送電線の使用料である「託送料金」に原発廃炉費用を上乗せするのだという。その理屈を経産省は「だれもが過去に原発による安い電気の恩恵を受けてきた」からだという（東京新聞、２０１６年10月６日）。

11月2日には、経産省は有識者の作業部会で、「本来は電力会社が原発事業を始めた時（一九六〇年代）から、事故に備えて一般負担金を積み立てておくべきだった」と説明した（東京新聞16年11月3日）。「原発を利用していた過去に支払うべき費用だった」から、その分も過去に遡って払うべきだ、ということだ。そんな商売はどこにもあり得ない。今ごろ、よくそんなことを言えるなと、耳を疑うような話で、ふざけるな、と思わず言いたくなる。政界、財界、官界、そして多くのマスメディアが一体になって、原発は絶対安全で安いという安全神話を作り上げて国民を騙して原発を推進してきたのが現実ではなかったか。その過ちを謝罪し、これからは脱原発を進めていくから、負担していただきたい、というならまだしも、唖然とするような政、財、官界の「エリート」たちの感性と発想である。

そしてまた、原子力規制委員会（現実は、原子力推進委員会）は、再稼働に向けて柏崎刈羽を優先審査するという。

ここで、原発関連処理費用（東電福島第一原発の事故処理、廃炉、最終処分場建設、核燃料サイクル）を確認しておきたい。それには最低でも約30兆円かかることが分かった。すでに国民は電気料金で14兆円を負担しており、今後さらに16兆円の負担を強いられる可能性がある、という（東京新聞、16年10月20日）。日本の人口は16年10月の発表によると、１億２６９３万人。赤ん坊からお年寄りまで、一人あたりの負担金は、これまでで11万３００円、これからも12万６１００円以上となる。本当に途方もない負担金、損失である。

「奴隷」でなければ、黙ってはいられないはずである。

おわりに

巻原発住民投票から20年のシンポジウムでの当事者の方々を思い浮かべながら発言を振り返り、録音した言葉を文字に起こし、読んだ10冊ほどの書籍と合わせて、巻原発住民投票の35年間もの軌跡を文章にしていった。そうしていきながら、繰り返される攻防に引き込まれていった。

東北電力、そして国と知事、町長と議会の、手段を選ばない金力と権力の強さと執拗さには、驚くべきものがある。当事者の方々にとって、どんなに長く、苦しい闘いだったろう。それゆえに、市民の力で理不尽な原発建設計画を葬った喜びと自信は、どんなに大きなものがあったろう。

それに対峙し、決して諦めず、可能なあらゆる手段を用い、地道で粘り強い住民運動を重ね、住民投票によって民意を示し、原発建設計画を葬った巻町の市民運動に、心打たれ、力をもらった思いがした。

巻町以外に原発を作らせなかった地方は全国で35カ所あったが、住民投票という方法を使う、使わないかは別にして、同じような闘いがあったに違いないだろう。

16年10月13日に東京地方裁判所で、東電株主代表訴訟の第28回口頭弁論があった。私は株主ではないが、訴えに賛同し、支援者として裁判を傍聴したり、報告集会、学習会に参加したりしている。訴訟は福島原発告訴と連携して進められ、重要な成果を上げながら進められている。

その日の報告集会では、「お笑い芸人」とされている、「おしどり　マコ・ケン」さんが、東電の取材報告をした。彼らは、福島の事故以来、欠かさず東電の記者会見に出たり、あちこちと精力的に取材に出かけたりして、まさに現場でしか得られない貴重な情報を提供し続けている。14年３月には、IPPNW（核戦争防止国際医師会議）がドイツで開く国際会議にジャーナリストとして招待されている。２人はフォト月刊誌『DAYS JAPAN』の編集委員でもある。

報告のなかに、ドイツに取材に行ったときの話があった

いう。

逆に福島原発事故での年間被爆量限度について聞かれたと

アッセ（ＡＳＳＥ）放射性廃棄物処分場の広報担当者から、

関連して、私は終わってから質問し、確認した。２人は、

日本政府は年間20ミリシーベルト以下なら「健康リスク」は低いとして、被災地の避難指示解除の要件に設定している。そうして、17年3月に、それ以下の線量になっている自主避難者への住宅無償提供を打ち切ることにした。安全になったのだから、帰還せよ、ということである。

実際は、放射線の不必要な被爆を防ぐため、日本の法律上、人の不必要な立ち入りを防止する区域として、放射線管理区域が設定されている。その基準は年間5ミリシーベルトを上限として、３カ月で１・３ミリシーベルトとなっている。労災の認定基準においても、白血病の基準は年間5ミリシーベルトである。

１９８６年に起きたチェルノブイリ事故後のソ連の避難基準には2段階あった。１つは一般市民の被曝が年間１ミリシーベルトを超えると「移住権利」が発生した。住民は移住するか否かを自分で選択する。もう１つ、年間５ミリシーベルトを超える場合、「移住義務」になったのだ。

こうみても、20ミリシーベルトという線引きが、いかに高いかということが分かる。

２人が、その20ミリシーベルトという値を示すと、ドイツの担当者は、「信じられない。２ミリシーベルトの間違いではないのか」と確認された。間違いないと言うと、やはり信じられないから、後で確認したいと。そして、「日本の国民は、それを受け入れたのか？」と聞かれ、「ドイツの国民は絶対に受け入れないだろう」と言ったという。

脱原発、再稼働反対という立場だったり、それを主張し、あるいは、反対運動をしたりしていても、そのような数値が現実になってしまっていては、それを認めた、受け入れたのと同じになってしまうのだ、ということを、われわれ日本人は突き付けられたのだった。「おしどり　マコ・ケン」さんも、会場にいたわれわれ参加者も、皆そのことを再確認させられたのである。「ドイツの国民は絶対に受け入れない」という世論があってこそ、福島の事故直後の６月に、ドイツは国として２０２２年までに完全に脱原発をする、という結論を出したのである。

私は、ここでもまた、戦後民主主義思想を主導した丸山真男の、民主主義の本質についての言葉を思いうかべる。〈自由も権利も現実に行使することによってのみ守られる。日本国憲法第十二条で「この憲法が国民に保証する自由及び権利は、国民の不断の努力によってこれを保持しなければならない」としているのは、まさにこのためである。民主主義という制度も同様である。民主主義は、それが現実に本当に機能しているのか、それを絶えず監視し、批判するという不断の民主化によってかろうじて民主主義でありうるのだ。〉（『日本の思想』、１９６１年11月）

そしてまた、「議会制民主主義は形骸化する恐れがある。真の民主主義を勝ち取るためには市民一人ひとりが絶えず闘っていかなければならない」という、ブラント元西ドイツ首相らが、歴史的経験をふまえて警告の言葉として唱えていた「闘う民主主義」というものも思い浮かべる。

それらの現れとして、原発を葬った巻町の住民投票があり、祝島の原康司の「一人ひとりがどこまで思いを行動に移せるか、思いを繋げられるか。対立ではなく個々の想いを自由に表現できる世の中にするのか。あの美しい海を守る一点ではみんな協力できるはず。それは人の本能でもあると思うから。」という言葉があるのだと思う。

リオデジャネイロオリンピックとパラリンピックでメダルを取った日本の選手団が、10月7日に東京の銀座から日本橋までパレードし、80万人が詰めかけたという。

韓国では現職大統領の退陣を求めるデモが6週連続で行われ、ソウル中心部で、過去最多となる170万人（主催者発表）が参加した（「TBS News i」16年12月3日）。

私はわが国で、100万人を超える市民が、脱原発に向けて、あるいは安保法制の廃棄に向けて、あるいは、憲法9条擁護に向けて、国会や首相官邸などを取り囲むようなことを想像した。それは必ずや社会や国を変えることになるだろう。市民が必要な情報を得、熟慮し、判断する場がありさえすれば、それは決して夢物語ではないと思えるのである。（了）

（2016年12月9日）

（『AMAZON』2017年1月号、№481）

『AMAZON』2017年1月号、№481（埼玉・会員）

※長い間連載頂きました森沢周行（折原利男）さん今回で終了になります。有り難うございました。

原稿募集

会誌にご投稿願います。内容はや時事問題、身近なこと、本・映画・テレビ番組や詩歌・川柳等、会の趣旨に添ったものならどんなものでも結構です。会誌へのご意見、疑問、批判などももちろん歓迎です。

字数に制限はありませんが、多いものは何回かに分けて掲載されます。本文は1ページ1200字程度です。

編集の都合上、毎月　15日を目途にお送りください。

送り先

Mail　yossi8putti@gmail.com

郵送　〒185—0032　国分寺市日吉町1-40-51　長谷川善夫

寄贈誌より

『中国研究月報』（社団法人中国研究所発行）
２０１８年１月号
特集＝１９回党大会後の中国
一般社団法人中国研究所・国立研究開発法人科学技術振興機構中国総合研究交流センター共催
２０１７年度現代中国公開講座
〔第２５回中国研究サロン〕
（２０１７年１１月１１日，科学技術振興機構　東京本部Ｂ１Ｆホール）

▽特集　２０１７年度公開講座特集にあたって　山田　賢一
報告Ⅰ　共産党大会後の中国経済をどうするのか？　齋藤　尚登
報告Ⅱ　中国共産党第１９回大会の習近平政権の動向　金子　秀敏
質疑・応答
▽論評　秋山洋子の遺したもの
日・中女性学の研究と交流　田畑佐和子
▽書評　鹿錫俊著　東方書店
『蒋介石の「国際的解決」戦略：１９３７―１９４１　「蒋介石日記」から見る日中戦争の深層』　左　春梅
▽書評　宇野直人著　明徳出版社
『漢詩名作集成　中華編』
▽書評　李寅生，宇野直人・松野敏之監訳　明徳出版社
『漢詩名作集成　日本編』
▽眼光紙背
三舎を避けるな　（竹内健二）
▽中国日誌　２０１７年１２月
▽資料『中国研究月報』２０１７年総目次
第七一巻第１号～第１２号

一月の常任幹事会

日　時　一月二七日（土）
十四時～十六時三十分
会　場　埼玉会館　五B会議室
出席者　沖松・山田・長沼・日森・高橋・小川・佐藤・加藤・秋山・小林・長谷川

［報告］
1．訃報　藤田孟さん
同　関東日中平和友好会の花園さんの奥様
2．鴻巣九条の会　沖松代表幹事講演会
三月十日　吹上生涯学習センター

［議事］
1．本日の新年会について
受付・会計　小林・秋山
司会　加藤・長沼
次第
2．今年の総会は八月二六日(日)・埼玉会館会場の関係で変更もありうる。
3．今年の訪中団について
三月の予定だったが、人数が揃わないため八月の上旬に延期する。今後その予定で募集する。
4．編集委員会
・〆切りは二月一五日〈木〉
・今月号の下に説明あり。
・本庄九条の会主催の講演会で沖松代表幹事が講演した内容が冊子になった。その内容を五回に分けて会誌に連載することに決定。
5．訪日団について
隔年で人数は二人。四泊五日の予定で三ヶ所を訪問する予定で今後検討する。
（加藤）

事務局月報

・1月27日、本文に記載したように今年度の新年会を埼玉会館で開催した。大雪（?）の後の寒い日になったが、中国大使館から邵さんと範さんをお迎えし、訪中団が北京で交流した若者の一人の郭さん（現在は東京の会社に勤務）も交えて和気藹々の2時間を過ごした。

・2月8日午後6時から、品川のホテルグランドプリンス新高輪で中国大使館・日中友好団体の新年会が開催され、当会から6人が　参加した。

・今、テレビニュースの中心は冬期オリンピック。競技によっては観戦後の乗り物の運行が終わってしまいそうな時刻に終了したという話も聞いた。噂では、某国のテレビ放映の都合の為とか何とか…。2年後の東京オリンピックも同様に開催時期は真夏。出る人と観る人の健康が危ぶまれる。改めて言うまでもないが、オリンピックっていったい何だろう。

・日本からは大阪が名乗りを上げるようだが、フランスは万国博覧会開催立候補を取りやめたという。経済上の事情も大きいそうだが、今、（先進国の中の）大阪で万博をやる意義はどこにあるのか、という声も聞く。（小林）

『8・15』２０１８年一月号
二〇一八年一月一五日発行
定　価　５００円（送料とも）
編集人　長谷川善夫
発行人　沖松　信夫
印刷所　(有) イワキ
発　行　日中友好８・１５の会
〒１２５－００３２
東京都葛飾区水元３－３－４
小林悦子方
TEL & Fax　０３－３６２７－１９５３
郵便振替　００１２０・６・２７４１５
日中友好８・１５の会
HP URL　http://www11.ocn.ne.jp/~donpo/
落丁、乱丁はお取り換えいたします

会　　　　　　則

(名称)　第１条　本会は、日中友好元軍人の会を受け継ぐ日中友好『８．１５』の会（通称日中友好『８ １５』の会）と称する。

(目的)　第２条　本会は、過去の戦争に対する反省に立脚して、あらゆる戦争準備の動きを阻止し、平和 希求するために世界各国とくに中国との友好に貢献するとともに、会員相互の親睦を深 ることを目的とする。

(会員)　第３条　本会は前条の目的に賛成する元軍人および賛同者をもって構成する。

第４条　本会の本部を関東地区に置く、支部を各都道府県に置く、また事務局を関東地区に置く。

(事業)　第５条　本会は、第２条の目的を達成するために以下の事業を行う。

１．会誌『８．１５』の発行
２．講演会、研究会の開催（平和諸団体との共催を含む）
３．学習会の開催
４．中国からの留学生・研修生の受け入れ
５．訪中団の派遣
６．その他、本会の目的達成に必要と認められる諸活動・事業

(総会)　第６条　本会は、総会を毎年１回、原則として8月15日に開催する。総会は、委任状を含めて 員の過半数の出席により成立するものとする。総会は、幹事会から、活動報告、行動計 事業計画、決算、予算、役員の選出、その他、本会の運営に必要な事項について報告、 案を受け、出席者の過半数の賛成により　これを承認、決定する。幹事会が必要ありと めたときは、その決議により、臨時総会を招集することができる。総会の決議に基き、 問を置くことができる。

(運営)　第７条　本会の運営は、幹事会が行う。ただし、幹事会は常任幹事会にその権限を委任すること できる。

(役員)　第８条　代表幹事、副代表幹事、常任幹事、事務局長を本会の役員という。

第９条　役員の任期は１年とする．ただし、任期満了後も総会において新役員が選出されるまで その職務を行う。役員の重任は妨げない。

第10条　本会の運営のために幹事会ならびに常任幹事会を置く。幹事会は幹事を以って構成し、 会の運営に必要な重要な会務を行う。幹事の互選により代表幹事、副代表幹事、常任 事、事務局長を選任する。常任幹事会は、原則として毎月 1 回開催し、幹事会の委任 うけて本会の運営に必要な一般会務を行う。

第11条　幹事は、会員の推薦により選任し、総会の承認を受ける。

第12条　幹事会は、常任幹事会の決議に基き、代表幹事が招集する。常任幹事会は、常任幹事２ 以上の発議により代表幹事が招集する。幹事会および常任幹事会の決議は、出席幹事 過半数の賛成により成立する。賛否同数のときは、代表幹事がこれを決する。

第13条　本会の会議の遂行上、下記の分科委員会を設け、常任幹事会が選出した委員長が運営の に当る。

1. 組織・活動委員会
2. 会誌編集委員会
3. 財務委員会
4. 対外交流委員会

各委員会の委員は、委員長の推薦により委嘱する。

第14条　会計の監査は、会計監事が行う。会計監事は、幹事会の推薦により選任し、総会の承認 受ける。

(財政)　第15条　本会の経費は、会費、寄付金、その他の収入をもってまかなわれる。留学生・研修生受 入れのため、特別会計を設ける。

(会費)　第16条　会費は年額１万円とする。また、家族会員の会費は年額2,000円とする。購読会員 は6,000円とし、学生会員は3,000円とする。

第17条　本会の会計年度は、毎年7月1日に始まり翌年6月30日に終る。

(改正)　第18条　本会の会則は、幹事会の発議により、総会において、委任状を含む出席者の３分の２ 上の賛成により改正することができる。

(付則)　この会則は2017年8月25日から施行する。

過去の直視、これが歴史認識の原点

第五九巻　第三号　通巻第五八〇号

軍備亡国・反戦平和

2018年　3月号　No. 580

8.15

日中友好元軍人の会ＨＰ　http://www11.ocn.ne.jp/~donpo/

3

日中友好『８．１５』の会
（日中友好元軍人の会）

創　立　宣　言

戦争の罪悪を身をもって体験した、わたくしども元軍人は、心から人間の尊厳にめざめ、戦争を否定します。

わたくしどもは、過去の反省に立脚し、戦争放棄と戦力不保持を明示した日本国憲法を順守し、真に人類の幸福と世界の平和に貢献せんがため、本会設立の趣意書ならびに会則にのっとり、同志相携えてあらゆる戦争を阻止し、戦争原因の剪除に努め、進んで近隣諸国とくに中国との友好を進めんとするものであります。

ここに終戦の記念日を卜して本会を設立するにあたり、万世のため太平を開く決意のもとに日本の更正を誓った当時を追憶し、戦没の万霊に額ずき、ご遺族をはじめ戦争の被害者ならびに軍靴で踏みにじった戦場の住民各位に深く遺憾の意を表しつつ宣言します。

１９６１年8月１５日

日中友好元軍人の会

二〇一七年度　活動方針

われわれは、創立宣言に則り、次の活動を行なう。

一、平和憲法を守り抜くため、広く非武装中立・軍縮亡国を訴え、組織の強化・拡大に努力する。

二、過去の侵略戦争に対する反省に立脚して、中国をはじめ、アジア近隣諸国、さらには世界各国の平和を希求する人々との友好・提携に努める。

行動計画

一、違憲の安保法制を強行し、憲法改悪へ向かう安倍内閣のあらゆる策動を許さず、特に憲法9条を守るために活動している諸団体の運動に積極的に参加する。

二、戦争に直結する集団的自衛権の行使を認めず、名目の如何にかかわらず、自衛隊の海外派遣、多国籍軍への支援に反対する。

三、広島・長崎の被爆の歴史に基づいて、核の廃絶を広く世界に訴える。日本政府に核兵器禁止条約への参加を求める。エネルギー変換、脱原発をめざす。

四、沖縄の民意を無視した辺野古新軍事基地建設等に反対し普天間を始めとする全国各地の米軍基地の縮小・撤廃を求める。そのためにも日米安保条約の解消とそれに代わる日米友好条約の締結を提唱する。

五、日・中・韓・朝の障壁になっている歴史認識問題、戦後処理問題（従軍慰安婦、強制連行・強制労働などに関する訴訟・賠償請求）の早期解決を求めていく。

六、中国国際友好聯絡会研修生受け入れと公私訪中派遣を通じて、民間レベルでの友好・交流の強化を図る。

沁園春《第二〇首》雪　一九三六年二月

北國風光千里冰封
萬里雪飄望長城内
外惟餘莽莽大河上下
頓失滔滔山舞銀蛇
原馳蠟象欲與天公
試比高須晴日看紅
装素裹分外妖嬈江
山如此多嬌引無数英
雄競折腰惜秦皇漢
武略輸文采唐宗宋
祖稍遜風騷一代天驕
成吉思汗只識　彎
弓射大雕倶往矣數
風流人物還看今朝

北国の風光よ　千里冰封じ
万里　雪飄る　長城の内と外を望めば
惟だ莽莽たるを余すのみ　大河の上下
たちまち滔滔たるを失う山には銀蛇舞い
原には蠟象馳り　天公と高さを
比ぶるを試みんとす　晴れし日をまち
紅の装いと白きころもを看れば　ことの
ほか妖しく嬈かしからん
江山　かくのごとくいたく嬌かしく　無
数の英雄をいざないて
われがちに折腰をせしめぬ　惜しむらは
秦皇、漢武
すこしく文采においてまけ　唐宗、宋祖
やや風騒においてゆずる　一代の天驕
成吉思汗もただ弓を引きて
大鷲を射るを識るのみ　みなすぎにけり
風流の人物を数えんには　なお　今朝を
看よ

原指高原、即秦晋高原　原とは高原を指す。即ち秦晋高原。

北国の風光の素晴らしさはどうだ。千里のかなたまで氷におおわれ、万里の空間に雪は舞う。眼をこらして眺望するが、長城の内も外も、ただどこまでも白い。黄河の上流も下流も、はや氷が張って、滔滔たる流れが見えないのが惜しい。

山には銀蛇が舞うような吹雪、そして、白い聖像が走るような高原。美しいばかりでなく、天の太陽と高さを比べようとする溌剌たる生気にあふれているこの北方の大自然。

晴れた日になれば、太陽の赤い光が雪のうえに燃え、赤と白と、まるで女人の衣装のようにあでやかに映えることだろう。

ああ、わが祖国の山河は、かくも人を魅する力を持っている。この魅力にひかされて、歴史上、数えきれぬ英雄たちが、功業をこの祖国のためにささげ、祖国に敬意を示したのだ。

だが、その英雄たち―秦の始皇帝や漢の武帝はなるほど文化面に功績がなくはなかったが、文章の力量においてやや物足りぬものがあり、唐の太宗、宋の太祖もなかなか文化的な君主であったが、後人に追慕される文学上の魅力においてやや劣るところがある。

天の驕児として一世を風靡したジンギス汗はどうか―弓を満月のようにひきしぼって、大雕を射落とすことだけは、上手だった。すべては過去の人物だ。

思想も感情も豊富で、新しい社会の意気を創造する、すぐれた人物いでよ、と待望するなら、過去にではなく、この現代の、革命的な人民大衆にこそ、眼をむけなければならない。

（「武田泰淳・竹内実「毛沢東　その詩と人生」）

（「沁園春・雪」は中国大使館の広間全面に掲げられた毛沢東の詞）

【巻頭言】

戦争を退け、ゆるぎない平和への働きかけを

倉持　光好

学校現場を離れて既に数年が経ちますが、教員時代に、総合学習や道徳の授業、学級活動等々話し合い活動の中で平和への働きかけに関して様々な方法で取り組みました。

教職員組合のニュースにも一部掲載したことがありますが、「授業に使おう『先人の知恵』」（ことわざ・名言・四字熟語）を紹介しながら平和への思いを述べたいと思います。

○「極楽願わんより、地獄つくるな」（幸福になることを願うよりも、むしろ不幸になる原因を作らないように注意せよ）【三省堂ことわざ辞典より】原発再稼働を推進しようとする時代に、今こそかみしめたい言葉です。脱原発！私たちに必要なのは平和な日常です。

○「七度の餓死にあうとも、一度の戦いにあうな」（餓死するような悲惨な状態に何度あっても、戦争よりはましだ）【岩波ことわざ辞典より】集団的自衛権行使って、ズバリ、戦争をすることです。反戦平和は、先人からの願いであり、私たちの願いでもあります。

○「兵は凶器なり。争いは逆徳なり。将は死官なり」（兵器は人殺しの道具であり、戦争は人道にそむくものであり、指揮官は人を死に追いやる役人である。）【中国名言名句の辞典より】同じようなもので、江戸時代の日本人による次の句もあります。「兵は凶器なり。民の希（こいねが）う所にあらず」【滝沢馬琴「椿説弓張月」より】戦争は人を変えてしまいます。

○「戈（ほこ）を止むるを武となす」（戈を止めて用いない、つまり戦争を停止させるというのが武の字である。）【中国名言名句の辞典より】漢字の成り立ちから見て、武人とは平和主義者であるはず。

○「永久に継ぐべき平和は敵を敬し、基適当の利益と権利とを認めてやるより来たるものであります。」【内村鑑三「戦時における非戦主義者の態度」より】民族や人種、国家の違いを違いとして認め合い、異なる存在の共存を図ることが必要です。

○「兵強則滅」兵強ければ、則ち滅ぶ（兵隊が強いとそれに頼るあまり、自滅すること。）

○「平和共存」互いに争うことなく穏やかな状態で、そろって共存していくこと。

○「共存共栄」互いに助け合って共に生存し、ともに繁栄すること。それぞれ、四字の漢字熟語です。大事なことを漢字四字でよく表現していると思います。

○「多くの人々が傷つき犠牲となった　東京大空襲から

六十年　二度と戦争への道を進まないために　私たちは、今何をなすべきかを考え、行動しましょう。　戦争で、尊い命を奪われた人々の　無念の思いを、後の世に伝えていくためにも……」【吉永小百合、民立民営、東京大空襲・戦災資料センター増築募金へ寄せられたメッセージより】一九四五年生まれの女優、彼女が切々と述べる言葉には重みがあります。

○「せめて、せめてです。せめて吾々が平和憲法を守りぬかなければ、愚かな戦争で死んだ人たちの魂は安らかに眠れません。それが誓いであり、手向けです。」【木下恵介第一回憲法フェスティバルに寄せられた言葉より】二十四の瞳の映画監督の言葉に同感です。

○「日中友好8・15の会は、日中友好元軍人の会という名称で元軍人が反省をして、もう軍備はやめよう、軍備は国を亡ぼすのだという運動から始まりました。その中心になったのは、遠藤三郎という狭山に住んでいた元陸軍中将です。私が陸軍士官学校時代、陸軍航空士官学校の校長でした。戦争が終わってすぐに、「日本は軍備を持たなくていいのだ」ということを新聞で発表しました。それ以来ずっと憲法を守る運動を続けています。遠藤さんは、「『力をもって勝つものは亡びる。徳をもって勝つものは栄える』という中国の言葉がある。力で相手を負かそうと思っては駄目だ。友好が最良の国防なのだ」ということを常に言ってきた人です。」【沖松信夫（語り継ぐ戦争8）より】元特攻隊長が語る「出撃前夜」で本会代表幹事の語られた言葉です。

さて、私の個人的なことになりますが、私の小学校四年時の担任教師であった梶田典代先生は、現在、八十九歳で、なお児童文学作家として作品を書き続けていますが、作品の中でこう語っています。

○「（勤労動員で）私たちが手掛けたエンジンが零式戦闘機に搭載されたと知ったのは後のこと。特別攻撃隊、特攻機で敵艦に突っ込んだのは、少年兵たちだった。私たちが厳しい生活に耐え、作ったエンジンを搭載した飛行機に乗り込み……。私たちは生きて郷里に帰れたのに……あの少年達たちも家に郷里に帰りたかったろうな……。戦争で奪われた生命、前途を断たれた少年達を想った。再び戦争への道を辿ってはならない、と。師範学徒隊員たちは、全員復校、無事卒業し、その後を教師として生きた。」【梶田典代「前線へ飛行機を！ああ、ゼロ戦 師範学徒隊員の記」より】梶田先生には女子師範学校の生徒を主人公にした次のような作品がある。「十四歳・旅立ちのとき」「嵐・吹きすさぶとき」（けやき書房）。

また、私の中学三年時の担任、桂昭夫先生は、中学卒業時、学級でつくった卒業文集に巻頭言を寄せて下さり、その中で次のように語ってくれました。

○「永久に戦争がないことを、君たちが、戦争の道具にならないことを、あなたたちが戦争の道具の妻にならないことを私は祈って、卒業おめでとう。」【第四砂町中学校3年G組卒業文集より】桂先生指導の下、一人一人が大切にされた学級だったという思い出があります。

先生方の教え子である私も教員になって、当然のように反戦平和を掲げる日教組に集い、諸先輩方と共に「教え子を再び戦場に送るな！」「平和を守り、真実を貫く民主教育の確立」をスローガンに闘ってきました。学校現場の教職員たちや退教に集う諸先輩方、私たちの後に続く後輩たちと共に、さらに教え子たちとも結びついて、共に平和の旗を掲げて進んでいきたいと強く思います。

日教組本部のある日本教育会館大ホール入り口には、「繰り返さぬぞ絶対に」の大きな額が掲げられています。

逝いて還らぬ教え子よ
私の手は血まみれだ！
君を縊ったその綱の
端を私も持っていた
しかも人の子の師の名において……
逝った君はもう還らない
今ぞ私は汚濁の手をそそぎ
涙を払って君の墓標に誓う
繰り返さぬぞ絶対に！

（埼玉・会員）

忘会の交わり

郭　可純

私は日本人の年配の方々と話すのが好きだ。

二〇一五年に神戸大学に留学していた時、同世代の日本人と友達になるのはなかなか難しかったが、何名かの年配の方々と割と話しやすかったので、色々お世話になっていた。

日本人は、身内と他人の間にはっきり線引きし、本音と建て前を使い分けるとよく言われている。幸いなことに、私がいままで接触してきた多くの日本人の年配者は、いつも親切に家族のことから政治の見解まで話し、心を開いてくれていた。週末の午後、よく喫茶店で心の底から笑い、時間が経つのも忘れたくらい話が弾んだものだ。

このような、国境と世代を超える親しい友人関係は、まさに「忘年の交わり」だと思う。（中国語では「忘年之交」という）

二〇一八年の二月に、私は日本元軍人会の新年会に招待された。

前に沖松団長や長沼副団長など、何名の方々に北京でお会いしたことがあるとはいえ、私一人だけ「中国からのよそ者」としてこの場にいて大丈夫なのかと不安の気持ちでいっぱいだった。しかし、会場に入ると、すぐにお酒を注いでもらい、みんなの前に出てご挨拶まで話させてもらった。「よそ者」どころか、「歓迎されるお客様」というような気分であった。いや、「お客様」より、むしろ可愛がっている娘のように優しくしてくれた。

そして新年会が終わり、二次会にまで誘われた。本格的に日本人の方々と二次会に行くのは初めてなので、新鮮気味で行ってみたが、思ったより何倍も意義深い話ができた。六〇年代に、ちょうど今私が住んでいる西巣鴨の辺で大学運動が行われ、大勢の大学生が荒川線の石を拾って、青春と志向とともに空へ投げ、自由と民主を煽ったという話があった。今は笑い話のように聞こえるが、当時はどんなに壮大で熱血な風景だったのだろう。和やかで人通りも少ない滝野川を毎日通っている私は、なかなか想像がつかない。このように時代感にあふれている「昔ばなし」は、いつも私の心をグッとつかんでしまう。

また、宴もたけなわになっている中、秋山さんが「いつか、『ハーバード白熱教室』のように、アジア各国の人々を呼んで色々議論しようじゃないか」という夢を何回も何回も語っていた。

多くの日本人の方々が定年になったにもかかわらず、「この年だが、小さな野望を持って生きていこう」と胸を張って社会と積極的に関わろうとしている。さらに何十年の人生を通して積み重ねてきた人生経験と豊かな志を、若者たちに教え、あるいは交流を通しじわじわと伝えてくる。それによって新たな活力が響きあうことは、忘年の交わりの芯だと思う。これは文化と国境を超え、すべての人間に共通する部分なのだろう。

特に沖松さんをはじめ、元軍人会の皆さんが自らで多くの場で発声したり、中国に訪問し続けたりし、ご活躍ぶりはまさに私たち若い世代の青年が学ぶべき姿だと思う。

東京に来てからすでに半年間。もうすぐ春がやってくる。このような忘年の交わりを通して交流の輪を広げ、多くの日本人の方々と日中友好の花を咲かせたい。

語りつぐ戦争8

元特攻隊長が語る「出撃前夜」

本庄九条の会

沖松　信夫

四　中学校教育

中学校の教育はどうだったかというと、小学校と同じような教育でした。今日は、中学校時代に私が書いた作文を持ってきました。もう紙が赤くなっていますし、鉛筆で書いたのでよく見えない個所もあります。作文の題名は『わが志望』となっています。なぜこういうものを担任の先生が書かせたかというと、今でいう進路指導の一つだったのです。何になりたいとか、将来何を希望しているかという事を知りたかったのだと思います。

私はその作文にこう書いています。「私は小さい時から軍人になりたかった。カーキ色の軍服、長いサーベル（剣）を下げた陸軍の将校が世の中で一番立派なものに思えた。ところが大きくなるとちょっと変わってきた」。「例えば外交官は良いなあとか、実業家も良いなあとか、あるいは教育者も良いなあといろいろ考えが変わってきた」と。「今はまだ決まっていない。どういう道でもちゃんと努力し、その道を究めれば立派なことではないか」というようなことを書きました。最後の方に、「ボーイズ　ビーアンビシャス　青年よ大望を抱けという言葉がある。しかし、それとは別に大望を抱くな。その日その日を着実に生きていくということも大切なのではないか」と、生意気にも書いています。

その作文の最後に先生の評が載っています。何と書かれているかといいますと、赤ペンで書いてあるのですが「前進一路。陛下の前に死ね。それが君の唯一の道だ」と書いてある。これが当時の教育です。この先生が特別なのではなく、ごく普通の先生でしたし、それが当たり前のことだったのです。「お前は小さい時から軍人になりたかったのだろう。軍人になりたかったのならそれを貫け」という意味で先生が書かれたのだと思います。

五　陸軍士官学校

私は、陸軍士官学校に入りましたが、学校は市ヶ谷にありました。今の防衛省のある所です。当時の少年の憧れというのは、海軍を希望する人は江田島（広島県呉市）の兵学校に、陸軍を希望する人は市ヶ谷の士官学校に行きました。それぞれの学校を「江田島」か「市ヶ谷」とかいうふうに憧れをもって呼んでいました。私が入学した陸軍士官学校、正確には陸軍予科士官学校といいますが、その上に陸軍士官学校の本科というのがありました。

昭和一六年太平洋戦争が始まった年の四月に市ヶ谷に入

校しました。そこでの教育は『軍人勅諭』の教育でした。軍人勅諭というのは、明治一五年に明治天皇の名前で公布された『軍人に賜りたる勅諭』というもので、軍人とはこうあるべきだということを教えた勅諭なのです。もちろん明治天皇が自ら書いたものではなく、山県有朋が西周という学者に書かせたものです。八年後の明治二三年に『教育勅語』が出るのですが、これも井上毅が元田永孚という人に書かせたもので、構成は『軍人勅諭』とまったく同じになっています。士官学校に入ったら『軍人勅諭』を毎日朝晩朗読しなくてはいけないのです。『軍人勅諭』はどれくらいあるかというと、長さが二七二四字、読むと一〇分くらいかかります。最初に前文があってそれから五箇条、要するに忠節を尽くせとか、礼儀を正しくせよとか、信義を重んじよとか、武勇を尊べとか、質素を旨とせよとか五つの教えが書いてあり、最後に締めくくりの文章となります。

それを毎日お経を唱えるように読むのです。何を言っているのかというと、天皇と軍人との特殊な関係、「天皇は軍人を頼りにしてるぞ」。「軍人は私の股肱（ここう）である」。股肱というのは手足のことです。軍人は天皇の手足となって働けということです。特に覚えているのは「義は山獄より重く、死は鴻毛より軽しと覚悟せよ」。鴻毛というのは羽のことです。要するに、忠義のために捨てる命は羽と同じくらい非常に軽いのだということで、簡単に言うと「忠義のために死ね」ということです。さらに、「上官の命令は朕の命令と心得よ」と。「天皇陛下の命令だと思って絶対服従せよ」と。そういう軍人勅諭を毎日読んでいると、不思議なもので段々有り難くなってきます。「私たちは天皇から特別に信頼されているのだ」と思うようになってきます。あれはお経と同じように段々と洗脳され、有り難いものになって来るのです。「おれたちは特別な地位にあるのだ。死ぬことを恐れてはいけないのだ」という気持ちになってくるのです。それが陸軍士官学校の教育でした。

その後、士官学校で兵科が決まります。兵科には歩兵とか騎兵とか戦車兵とか航空兵とかいろいろと仕事分担がありますが、私が指示されたのは輜重兵（しちょうへい）でした。この間、新聞記者に、この字なんと読むのかと聞かれました。「車」偏にひらがなの「く」を三つ書き、その下がたんぼの田で、重いという字を書いて輜重。輜重兵というのは何かといいますと、武器や食料、弾薬などを運ぶ兵隊です。前戦ではなくて後方兵站という仕事です。

当時の陸軍の中では一番軽視された兵科でした。なぜかというと、前戦で戦うのではなく、後方で弾薬などを運ぶだけの仕事という見方をされていたのです。輜重兵になったらもう出世は望めないということで、過去には輜重兵にされたことで自殺した人がいたということです。戦功は立てられないからもうおしまいと思ったのでしょう。そういう風潮だったのです。「輜重輸卒が兵隊ならば、蜻蛉蝶々も鳥のうち」などとよくからかわれました。「蜻蛉も鳥か?」という言い方は、輜重兵は兵隊じゃないという意味なのです。これが日本を敗戦に導いた一つの間違った考え方だったということに、後で気がつくのです。

アメリカだけでなく他の国の軍隊でもそうですが、輜重は後方兵站ということですから非常に重要な任務です。ところが日本はそれを軽く見ていた。中国に孫子というという「兵法書」があります。何千年も前に書かれた古いものですが、それには「軍に輜重なくんばすなわち亡ぶ」と書いてあるそうです。日本には、軍隊にとって輜重ほど重要なものはないという考え方が、残念ながらなかったのです。第二次世界大戦で日本人は、310万人の犠牲者となり、死にましたが、その内の230万人位が軍人だそうです。さらにその内の6割、140万人ぐらいは餓死あるいは栄養失調で死んだと言われています。いかに輜重が大切であるかを知ることができます。その典型的な例がインパール作戦(*5)です。輜重の重要さを考えないとそういう悲惨なことになるわけです。

＊5インパール作戦　1944年3月、日本陸軍はインド北東部の都市インパールを攻撃した。補給線を軽視した作戦により、多くの犠牲者を出し、歴史的な敗北を喫した。「無謀な作戦」という意味の代名詞になっている。（ウィキペディアより）

私も最初は輜重兵になっていやだなあと思っていましたが、輜重兵教育のなかで次のような話を聞き、輜重は重要な任務なのだと確信を持ちました。大砲を撃つ人を砲兵と言いましたが、砲兵は軍隊の中では大切な仕事なので「俺は砲兵なんだと言って威張っている人がいる」しかし「砲兵がいくら大きな大砲を持ってきたって相手はちっとも怖がらない。大砲が破裂するわけじゃない。弾丸が破裂するのだ。その弾は誰が運ぶのだ?それは俺たち輜重兵じゃないか」と。実際に弾のなくなった大砲というものは本当に困りものです。栄養失調で力のない兵隊さんが重い大砲を移動させるだけでも持て余していました。輜重兵は大切だということを日本軍が考えていなかったところに、敗因の一つがあったのだと思います。

六　航空士官学校

以上の様ないきさつで、私は輜重兵の教育を受けましたが、卒業する時には、飛行兵が足りないので飛行兵になれと命令されました。それで、陸軍士官学校を卒業すると同時に航空に転科して、その翌日に航空士官学校に入りました。航空士官学校は、埼玉県の豊岡にありました。そこではグライダーの練習から始めました。基礎訓練が終了すると次に浜松の飛行学校に行き、そこでは実戦に使う飛行機で訓練しました。私たちが乗っていたのは双発の百式重爆撃機という飛行機でした。

実は先程言いました軍人勅諭の初めには、今でも覚えていますが、こういうように書いてありました。「わが国の軍隊は代々天皇の統率したもうところにぞある　昔　神武天皇みずから大伴物部のつわもの（兵）どもを率い　なかつくに（中つ国）のまつろわぬ（従わない）ものどもを討ちたいらげたまい　たかみくら（高御座）につかせられてあめのした（天の下）しろしめしたまいしより　二千五百有余年を経ぬ」と書いてある。それがそもそも日本軍の間違いを表しているのです。神武天皇というのは神話に出てくる神様で、歴史上の人物ではありません。神武天皇が初代の天皇だとして即位された日が今でいう建国記念の日、二月十一日なのです。戦前は紀元節と呼んでいましたが、神武天皇即位から二千五百年有余年を経ると言われています。日本では当時西暦が使われていません。神武天皇即位の年を基準にして、これを皇紀、天皇の紀元として皇紀と言っていました。今日では、教科書も全部西暦を使っています。平安京が「なくようぐいす　へいあんきょう」とか、「いいくにつくろう　かまくらばくふ」などと言います。あれは西暦で言っているのですが、私たちはそうは教わらなかったのです。

天皇の紀元というのは、天皇即位はキリストが生まれた年よりも660年も古いのです。全然根拠がありません。根拠がないとどういう問題が起きたかというと、敗戦で廃止したはずの紀元節が復活された。一九六六年に紀元節を建国記念の日として復活させました。その時に三笠宮が「これは歴史的な事実ではない」と言って反対をされた。当時、皇族が建国記念の日に反対されたというので非常に問題になりました。三笠宮が亡くなった時にもそのことが新聞に出ていました。三笠宮は陸軍士官学校で私たちより9年先輩ですが、戦後は東大の文学部で歴史を勉強されました。「そういう非科学的な建国記念の日はよした方が良い」と言われたのです。

戦前の私たちが教わった歴史は全部皇紀によるもので、神武天皇の即位を元年にした年数で書いてあります。ですから覚えているのは、例えば、西暦では1600年というのは関ヶ原の戦いの年です。私たちは1600年というふうには覚えません。教科書には2260年と書いてありました。覚え方は、「ふたつにむれる関ヶ原」だったのです。あるいは、大化の改新は「いざ連合し入鹿討て　1305年」です。それから、建武の中興は「1993年　幾組も出る勤王家」というふうに教わりました。天皇の紀元、皇紀を使っていたのです。軍人勅諭にも「神武天皇が即位されて二千五百有余年を経ぬ」というふうに書いてありますが、昭和15年がちょうど2600年に当たります。その年「皇紀2600年」ということで、日本中でお祝いをしました。先程百式重爆撃機の話をしましたが、なぜ百式重爆撃機というかというと、ちょうど皇紀に二千六百年にできた、昭和十五年製という意味です。それを陸軍では百式というふうに言っていました。その前の年に作られたものは九九式、その前のものは九八式です。
それから昭和十六年製の「隼」という戦闘機があります。これは昭和十六年製で一式戦闘機というふうに呼びました。二式戦闘機というのもありました。陸軍ではそういうふうに名前をつけていました。ところが海軍では百式ではなく零式（ゼロ式）と言っていました。そこで昭和十五年製の戦闘機を零式艦上戦闘機。ゼロ戦，零戦と呼んでいました。陸軍と海軍はそこが違いました。九九式とか九八式，一式、二式、三式というのは陸軍も海軍も同じように使っていました。そういう使い方をしていたのは、神武天皇の即位を科学的なもの、歴史的に正しいものという考え方があったからです。それは、戦争において科学的な考え方で戦術や戦略を考えねばならない時にはやっぱり邪魔になります。どうしても「神懸かる」というか、精神主義というのが日本軍を支配していました。日本軍は科学的ではなかったということがもう一つの敗因だったと思います。

七　特攻隊への志願

浜松の飛行学校で重爆撃機の訓練を受け、どうにか操縦できるようになりました。浜松を卒業後、福井県に三国という港がありますが、その三国のすぐそばにある飛行場で訓練をしていました。太平洋側はアメリカ軍の空襲が激しくなり訓練できなかったのです。

その頃に特攻隊を志願するかどうかという調査を受けました。当時、沖縄はまだ陥落していませんでしたが、すでに非常に危険な状態、もう日本の敗戦がわかるような事態になっていました。アメリカの船を攻撃するのに普通のやり方ではどうにもできないということをみんな分かっていました。そこで特攻隊を志願するかどうかと聞かれました。その時にみんなどう思ったかというと、死ぬのは余り怖くはないのですが、やはり躊躇するところがありました。しかし、一方では、それを志願しない軍人など軍人ではないみたいな雰囲気もありました。だからみんな「希望する」と書くわけです。「みんなが書くから、まあ書かないのと同じ、希望しないのと同じ」みたいなつもりで私も書きました。まさか自分が特攻隊になるなどと思いませんでした。そういう状況で志願をとったのです。

八　特攻隊編成の命令

志願したことなどすっかり忘れていた頃に、浜松の飛行学校を卒業した四人がいきなり「熊谷飛行場の新しくできた部隊へ行け」という命令を受けました。その時には誰も、新しい部隊が特攻隊だとは教えてくれませんでした。ですから私たちも特攻隊だとは思っていなかったのです。なぜ思わなかったかというと、この四人のうちの一人は私たちより先輩で大尉でした。もうすぐ少佐になる古参の大尉でした。それからあと三人は少尉です。大尉一人と少尉三人ですから、まさかその大尉が私たちと同格の特攻隊の隊長になるとは思えなかったのです。ですから、これは特攻隊ではないなと判断していました。

当時、浜松に師団司令部がありました。浜松の飛行学校の校長（教導飛行師団長）に申告（申告というのは転勤の挨拶みたいなもの）をするために福井から満員列車に乗って、浜松に行きました。浜松についたのは夜中でした。偶然駅で、師団司令部に勤めていた同期生の友人たちに出会ったのです。彼らは私たちに近寄って来て、「しっかりやれよ」と激励するのです。それがちょっと異様でしたので、「これは普通じゃないぞ」と感じました。そこで「どうしたのだ、何かあったのか」というような調子で聞いたところ、「なに！知らないのか」、「お前たちは特攻隊なんだぞ」と言われました。その時のショックといったらただごとではありませんでした。一瞬顔色が変わったと思います。いきなり高い所から突き落とされて血の気が引くようなスーとした感じだったことを今でも覚えています。

夜中でしたから、浜松の駅前の旅館に泊まりましたが、寝られないのです。一番最初に思ったのはやはり母親のことでした。「おそらく泣くだろうな」と思いました。それから、次から次へといろんなことを考えるのです。「運が悪かったなあ」というような感じでした。しかし、一方では「そんなこと言ったってどうにもなりゃしない」、「引っ返すわけにはいかない、だったらどうにかしなくちゃいけない。」「誰だって死ぬんだから、みんな死ぬんだから」と思ったり、あるいはちょうどその時二〇歳だったのですが、「二〇歳だって三〇歳だってそりゃたいした違いじゃないんだ」などと、自分で自分に言い聞かせたりしました。また、「アメリカ軍が上陸すれば日本が戦場になる、それを少しでも特攻隊の攻撃で延期させられればそれでいいじゃないか」などいろんなことを考えました。「誰かがやらなくちゃいけないのだったら、俺がやってやるんだ」といった気持にもなりました。とにかくいろんなことを考えましたが考えがまとまらない。そしてほとんど寝られないで明け方になりました。寝汗をびっしょりかいていたのを思い出します。

それから熊谷に移動して、四人で四つの特攻隊を編成し、それぞれが隊長になったのです。四つのうち二つの隊は第一航空軍という関東地方の特攻隊で、あとの二隊は九州の第六航空軍の直轄の特攻隊でした。第六航空軍というのは、九州・沖縄担当でしたが、毎日のように特攻として出撃していました。ですから、第六航空軍になれば必ずすぐ死ぬというふうに考えました。それから、第一航空軍の関東の方は、九十九里に米軍が上陸するかどうかということが問題になっていて、もしも九十九里に米軍が上陸したらすぐ出撃しなければならない。

四人が自分たちで、関東にするのか九州にするのか決めろというのです。そういう時にすぐ頭のコンピュータが働くのです。「どちらが長生きできるかなあ」と。大した違いじゃないのですが、しかしそれでもそういうことを考えました。

また、こういうことがありました。四人のうちの一人、隣の隊の隊長のことです。この人は熊谷飛行場で訓練中に、離陸に失敗しました。飛行機が浮上しないで途中で離陸を断念したのです。離陸を断念して、今度はブレーキをかけて機体を停止させようとしたのですが、ブレーキというのは車輪の両方が同時には効きません。どうしても片方が強く効きます。急ブレーキをかけると機体がクルクルと回る。回る時にプロペラで地面を叩いてしまい、そこから火が出て機体が炎上してしまいました。その結果、その人は足を骨折してしまいました。私たちの目の前で起きた事故でした。その時私がとっさに思ったことは、「ああこの人はこれで死なずにすむのだ」ということでした。どうせ死ぬのだと思いながらも、それでも何かあると、ふと生きることを考えている。特攻隊員全員が同じような気持ちだったんじゃないかなと思います。

（埼玉　代表幹事）

押切珠喜さん、出口春日さんとめぐる

丹波・綾部の旧正月―節分祭、人型流しを共にして

磁場の根源を探る…旅に参加して

山田　伸男

二月三，四日に京都府・綾部市、舞鶴市に行ってきました。雪降り積もる丹波の綾部に行くきっかけは「風カルチャークラブ」という旅行社が出しているパンフレットでした。ネパールのカトマンズへ行った折大変お世話になった旅行社で、社長さんが元学校の教職員だったと妙な縁のところだ。パンフレットには

「古代には漢氏《あやうじ》が居住していたとも言われる丹波の国。綾部。大陸との交流を色濃く残すこの地は足利尊氏や九鬼氏とも縁が深く、山麓の小さな町には多くの史跡が点在します。明治二五年には、五六歳の出口なおという市井の女性が神憑《かみがかり》りし、大本という宗教を開教しました。「世の立て替え，建て直し」を説く教えは燎原の火の如く広がり、八〇〇万人とも言われる信徒や支援者を得，教線は海外にも及びました。しかし大正10年、昭和10年に二度の大弾圧を受け、多くの逮捕者をだし、神殿や施設は悉く《ことごとく》破壊されました。

この大弾圧を経て、合気道の創始者・植芝盛平や数多くの宗教者を出しながら、現在では殆ど名前を知られることのない大本教。今はその大教団がどのようになっているのか、綾部の史跡や自然環境はどのようになっているのか、出口なおさんの直系の6代（玄孫）に当たる出口春日（はるひ）さんと共に綾部を回り、現代史に重要な位置を占める宗教の盛衰と今を確かめます。」とありました。

以前、三鷹市社会教育の歴史総合コースで日本近現代の民衆思想史をテーマにした1年間の講義カリキュラムを立てるなかで、安丸良夫さん（一橋大学）の「出口なお」朝日選書(１９８７年出版)に出会いました。この本は深く考えさせるものがありました。

私が綾部に行き、まず大本教を通して知りたかったことは次の事です。

・戦前国家はどのようなものか。私たちの今の感覚からみても、うかがいしれないほどたくさんのタブーをもった国家であったこと。

・民衆宗教とはどのようなものか。大本教は戦前に二度にわたる国家から弾圧を受け神社は破却されました。他に

も近世民間宗教弾圧は天理教、黒住教、富士講、丸山教などがあるが、それは宗教の何が日本国家に都合悪く、抵触したのか？

・今まで私たちの会では『靖国神社』など天皇制の学習会を行ってきたが、それを支える国体＝「国家神道」まで辿ることの困難さを感じてきました。直接に国家神道を考えるより、私には大本教を考えた方がわかりやすいのではないのかと思えました。自分の力量不足は承知の上で大本教弾圧史を知ることを思い立ち、まずは自分が現地に立ってみることにしました。

丹波・綾部の旧正月に行く

二月三日、丹波・綾部の大本教の節分祭に参加するために新幹線と山陰線で京都府綾部に向かう。東京は大雪の予報で、綾部も同じであろうと想像し、ツアーが実施できるか危ぶみましたが、風の担当者は大丈夫とのことで、しっかり防寒の用意をしました。

早朝新幹線ひかりに乗車する。空は曇り空で富士山は見えないだろうが…うとうとして起きてみるともう名古屋である。ずいぶんスピードアップしたなと思う。濃尾平野は土が黒々とした冬景色。だが岐阜を過ぎ、不破関まで来ると一面真っ白になる。滋賀、琵琶湖の峰下《みねおろ》しは寒い。瀬田の長橋を過ぎあっという間に過ぎ、京都に着く。京都駅で山陰線に乗り換える。乗客も完全な冬支度、防寒服で丸まっている。京都から綾部行は始めてである。二条の駅を過ぎる頃から、竹やぶから北山杉の渓谷に入って行く。冬の赤茶けた杉の木々が山肌にしがみついている。この山も荒れているなと思いつつ丹波丹後の国に向かう。うらぶれた寒い風景が続く。口からこんな謡が…。

我はもと筑紫の者。辺り近き彦山にのぼりしに、七つの年天狗に取られいきし山々を、思いやるこそ悲しけれ。まづ筑紫には彦の山。深き思いを四王寺。讃岐には松山。降り積む雪の白峰、伯耆には大山。さて伯耆には大山。**丹後丹波の境なる鬼が城聞きしは天狗よりも恐ろしや。**

これは能「花月」の一節である。筑紫の七歳の子供が天狗にさらわれ、諸国の山々を放浪し、喝食《かっしき》に身を窶《やつ》し悲しさを謡っているのである。山尽くしの場面である。この鬼が城とは丹波の酒呑童子の住む大江山のことである。ああ深い山に入ってきたものだ。（喝食・有髪の少年僧）

丹波山地、谷を越えて由良川は流れ、少し開けて園部、綾部、福知山盆地を流れ若狭湾にそそぐ。厳しい自然だ。ちょうど昼ごろ川沿いに開けた集合場所の綾部の地に着く。10名くらいのツアーである。風の企画担当者が旗を持ち出迎えてくれた。若い方が多く、興味をもっている人もいるものだと思う。風は冷たい。雪はまだ道のそばに残っている。

綾部の駅に出口春日さんはじめ若い二名と二台の車で出迎えに来てくれました。

綾部の町を見る

綾部の町は由良川をはさんで少し開けた盆地で、川の両岸に丘、丹波の峰々が続きます。出口春日さんの案内で紫水ケ丘公園に車で登り、綾部の町を俯瞰しました。この丘の上には平和の塔というのっぽのポールが建っています。説明では「綾部市が誕生したのは、昭和二五年、市議会は世界連邦都市宣言を全会一致で議決したそうです。世界の永久平和めざしたこの宣言は、日本で初の宣言として多くの反響を呼び。以後追随する自治体は増え、日本第一号都市として名誉を得た」とありました。

水をたたえた由良川には水色の大きな橋がかかり、両岸にウナギのような街をつないでいる。この川岸には昔からたくさんの桑が自生していて、蚕を育て繭からの糸取をすることが盛んであったそうだ。この地はすぐ日本海に続き、昔大陸から渡来人・秦氏が早く住み着いたところだそうだ。秦氏はいろいろの特殊技能を持ち、絹、織物、染色、鉄、農業、土木など先進技術を駆使し、この地域を開拓したそうだ。そのひとつが絹である。ああ、だから「綾部」というのか。「グンゼ」という繊維メーカーがあるのはうなずける。

この地の川向こうに小山があり、なだらかに山裾がおりている。この丘が天王平といい、ここに大本教本部があり、開祖出口なおの奥津城(墓)があるそうだ。また、二代教主の出口すみ、聖主出口王仁三郎の奥津城もある。二度にわたる大本教弾圧で、半円形に固められた奥津城である。

城、大寺院、集会場はダイナマイトで完全に破却され、更地にされたそうだ。また、大本に関係ある石碑の歌碑、祭壇、礎石等も削り抉られたそうだ。「私は今の壊された瓦礫を集めて作った半円形の墓標こそが、壊されてもまたつくる大本教の理念と、愛おしさを感ずる」と春日さんは語る。すさまじい破壊であることか・・・！

丘の手前にある川にかかる水色の鉄橋より、二月三日節分祭の折に集められ、一年の穢れを晴らす、人型に描いた紙を流すという。本部ではここで流すそうだが、春日さんら信者会は島で、人型を流すそうだ。どうやら今、教団は二つに分裂しているようだ。人々が集まる処は問題が発生するものらしい。

時々みぞれまじりの雨がぱらぱらと降る。綾部の町はぐるりと丹波の山に囲まれている。

冬芽吹く山色模様さまざまに寒空に映え綾の里

次に安国寺に行く。私は茅葺の屋根の寺院を初めて見た。よく見ると茅が少ないのか、黄色の藁が混ざっており、その上に雪が積もっている。何とも言えない風情のある寺院だ。奥には千手観音がありますと看板はあるけど、人はいない。寺の奥に九輪の塔が三基並んでいて、上杉清子(尊氏の生母)、足利尊氏、赤橋登子(尊氏の妻)の墓だという。足利氏は栃木県足利と思っていたので、ここに墓があることにあわててしまう。さらに足利尊氏産湯の井とある。これは歴史の勉強やり直し。

次に高倉神社に行く。説明には「高倉神社祭のヒソヤ祭り」天一さんと呼ばれる高倉神社は養和元年 1181 年高倉王以仁王《もちひとおう》をまつった古社である。というと…源三位頼政に平家追討の院宣を下した以仁王の終焉の地か。都、宇治川の合戦に敗れ、ここ綾部の地まで逃げ落ちたのか。

以仁王古事《もちひとおうふること》のみの思い草

高倉神社の奥社は大地主神社が祭られ、その社の奥に樹齢二百年位の夫婦杉が両立ちしている。その奥に「大本としては大事なイザナギミコト・イザナミミコト」出雲の神々が祭られている。この地は出雲文化圏ようで、私の田舎の浜名湖、伊勢神道の祭礼とは違うことが薄々わかってきた。

最後に熊野神社に行く。節分祭が行われるのか人々がたき火を囲んでいる。綾部一の神社か。出口王三郎の建てた大きな歌碑がある。昭和八年当時、全国別院、分院所在地のゆかりの地に四十余基の歌碑を建てたそうだ。この当時大本教の社会活動や信仰と一体化した芸術が全国各地の信者に尊重されていたことを物語る。これらの歌碑はことごとく第二次大本事件で無残に破壊された。

よろず代の道の礎の固めむと　われ国々歌碑を建てつるも　出口王三郎

削られし歌碑にまた書く念《おもい》かな。

この神社の歌碑も削られて、もう一度書いたが前の字よりも弱々しいと悔しそうに春日さんは言う。王仁三郎の植える白花の藤棚がある。

最後に天王平のなだらかな丘山に上がると墓所が赤松の林の中にある。「赤松はで貧しい土地柄でも育ち、燃やしても火力が強いと王仁三郎が好きな木だったそうだ」

私の田舎、伊勢神道ではお祓いには榊の木を使うが、大本教では赤松の葉枝を使う。手を洗い、教祖たち三基の奥津城に参る。大本教の信者が参る。あるいは声明を唱えるグループもある。信者さんたちの石造りの奥津城(墓場)を見るが、石の表面を削り取ってあるもある。都合悪いものは削り取る。権力者の執念にはすさましさを通り越し、少々呆れる。

奥津城は瓦礫《がれき》にして赤松林みぞれ雨

節分祭に参加する

後風呂、夕食後節分祭に参加する。

ここで今日の大本教節分祭の主催者の出口春日さんの紹介をしよう。「明治時代に丹波、綾部に誕生した民衆の宗教出口なおから六代目、曾祖父に出口王仁三郎をもつ。現在、宗派を越えた祈りの場や集い、２０１４JEJU平和祭り、王三郎との **OSHO** の月明日祭り、伝説のネイティブアメリカン　デニス・バンクス師を迎えてセレモニィーやギャザリングを行い、クリスタルボウルの奏者を迎え、祈りと歌の教えを各地に届けている。近年は綾部での養蚕の復活に尽力している」そうだ。

祭壇前には、この歳にとれた野菜果物、もち、いも、ミカン、リンゴ、豆類そして絹など豊饒を極めた収穫物の捧げものが並んでいる。赤松の葉枝に紙垂《しで》が飾られ、大魚のはまちもある。

祭壇に向かい神官たちが、直衣の装束ちがい体を包みこむような白い絹装束を身に着けたちあらわれる。信者さんたちは後ろの座にひかる。出口春日さんが「おおもとののりと」神言《かみごと》を最初に唱導する。それに合わせて，全員正座、皆唱和し床に額《ぬか》づく。次も神言をとなる。次にも「え！」と思い教本の違うところを探すがない。導師は変わるが神言を唱和している。これが何とえんえん三時間、十二時まで続くのである。田舎では神主の祝詞の後「遠つかみ・・・さきさかえたまえ」を、唱和十回のみである。これはちょっとした和賛のど根性である。

私は途中場をかえ、テントのところに行き、うどんと甘酒の接待を受ける。おみくじもあり、だるまがあたる。「今年は春から縁起がええ！」

火にあたりながら豆まきの時間を待つ。十二時過ぎ、豆を抱えた春日さん、神官たちが「鬼は外、福は内」「鬼は内？」

豆を手におおつかみして投げる。この豆を拾って食べるが、えぐい。「この豆は生の豆だよ」と教えられる。広間に大きな素焼きの壺を並べ、この中に神官たちは厄払いの人型の紙をきれいに並べ、明日の日本海の海に流す用意をしている。

これで節分祭を終わり、宿舎に帰る。うーん、歳だ！体にはしんどい祭りだった。夜はまっくら闇、ほほが痛い寒さ。川下の方から川霧が白く巻きながら流れてくる。あ、ここは綾部だ、絹引きをするのにはこの湿度が大切なのだ。

適当な湿気がないと絹糸は切れてしまう。昔からここは絹を引いてきたのだと思う。

人間は物語なしには生きられない。神話や伝説が詩や歌、物語になり小説になった。「物語」はなぜか人間には非常に重要なのだ。

いわんや宗教は物語の中に生きているのだ。大本教はこの地・綾部の地で人々の営みの重ねの中でできあったもので、人々の喜び、悲しみ、怒り、蔑み、歪みなどひっくるめた人の営みへの励まし、力づけ、教えであった。そして綾部の地霊はおずおずと物語なかでを語り出し、弥勒《みろく》(釈迦三尊似救われた宗徒の世界)の宇宙を語りだすのだ。

明日は日本海へ。綾部は日本海の敦賀にむけ、開かれている。海は行きつく場かもしれないが、より大きなところにも開ける場所でもある。若狭湾にある小島沓島《めしま》、冠島《かじま》で人型の紙を流すそうだ。

この島は艮《うしとら》の金色《こんじき》(はじめての神・とどめの神・国常立《くにつねたち》尊《みこと》)が島《しま》に鳥籠《とりこ》められたられた島だそうだ。この神は大本教の最高神で、「お筆書き」では「この神は三千界を立替、立直す神じゃよ。三千世界が現れて、一度に開く梅の花。とどめに艮の神があらわれて三千世界を大洗濯致し、一つに丸めて万劫末代に致すぞよ」と。

これは我々名もなき、もののなき衆生が江戸の昔から願った衆生濟度・世直しの世界そのものかたちである。今の世なればこそ神話は復活されなくてはいけない。

出口なおが神憑りの中で民に訴えかけは無意識を通り越し、意識にまでとどく問いかけはなにか?一個人の生活苦・受苦を越えて、民衆への教えにまでにいたるものなのか・・・・!

はたして苦しむ民衆の救済はあるのか、民衆の求めるものはどのようなものでもあるのか?宗教のもとの形(原型)とは何か考えてしまう。

安丸さんの問題意識――「はじめ」を読んで探ってみる。

「出口なおは、天保7年(1836年)に生まれ、大正7年(1918年)に死んだ。それは、幕藩体制の動揺・解体から明治維新をへて、日本の近代社会が成立し、さらに、いったん確立した体制の動揺と矛盾が、誰の目にもはっきりと見えるようになるまでの、長い間にわたっている。その期間のすべてを、なおは、社会の最底辺の貧民として、すさまじいほどの苦難の中で生きた。天保7年が天保飢饉の年であり、大正7年が米騒動のとしは、「ほんとうに胃袋が小そうなったと思う位に，腹一杯食べたこともない」と述懐するほど貧しかったなおの生涯を象徴することにふさわしい。

「神がかり」するまでのなおは、無口で、辛抱強いことだけが取りえの平凡な女だったといえる。生家でも婚家でも「家」を支える責任を懸命にない、誰にも不平をいうまい、誰とも争うまいとつとめた。「家」についてはそれぞれにふさわしい責任を取ろうとしない父や夫、またその「家」を取り巻いている利己的な縁者や隣人たち、さらに社会の仕組みそのものにたいして、生活者としての不満や憤りの思いにとらわれることがあっただろう。しかし、そうした気持ちを、幾重にもはりめぐらした自己規制によって、ひたすら辛抱強く耐えることが、なおの生き方であった。

こうした生き方は、多かれ少なかれ、日本の民衆の歴史のなかで育てられた一つの生の様式であり、ことに多くの女性はたちのそれだった。だが、なおはやがて、自分のこうした苦難に満ちた生涯から独特の意味をみいだし、それを近代日本社会に生きる人々にたいしいて鋭い礫《つぶて》のように投げ返すようになった。なおは、自ら「世界に外《ほか》に無い苦労」とのべたが、しかし、それでも、なおの神学によれば「此の世の苦労がいちばん軽い」のであった。なおは、特別の使命を密かに背負ったものとして『糞粕《くそかす》に劣れりて居りて下され』と神から命ぜらていたのであり，『乞食の所まで落ちて来んと』、その使命をはたすことができない「因縁」をもっていたのであった。

神がかり以前は、無学無筆のつつましく貧しい女だったなおが、自分と世界とについて独自の意味づけへと到達することができたのは、もちろん、神がかりという媒介があったからである。

私たちが生きる世界の全体性やその意味は、ごく普通の生活者としての民衆は、生活にっての専門家であり、経験とその伝承をふまえた知識や、それらを統御している処世知をもちあわせている。しかし、世界の全体性は民衆とってはすでに定められたものとして重くのしかかっており、その存在の意味に配慮することも、それにふさわしい権威ある人たちにゆだねられている。一つの支配の仕組みとして存在しているこの世界は，価値や意味の秩序として存在しており、支配される民衆は、現実の社会関係において支配されている。こうした文脈では、民衆とは、自己と世界の全体性を独自に意味づける機能を拒まれている人たちのことであり、神がかりとは、こうした人たちが神という現存在超える権威を構築することによって、自己と世界との独自の意味づけの道を拓く特殊な様式である。そのために、いったん神がかりがはじまると、これまで無口で謙虚であった人にも根本的な転換がおこり、この世や人間のあり方についての思いがけない大胆な言葉が発せられるようになる。

神憑りしたなおが確信にみちて溢れてとどまらない言葉、言葉、言葉…を発し、無筆だったはずなのに、稚拙な書体で、うむことを知らぬように「筆先」に書いたのも、神がかりというこうした性格に由来するものだった。ここで留意したいのは、他人に対する不満や憤りを、幾重にはりめぐらした自己規制によって抑制し、ひたすらに辛抱づよく耐える生の様式には、表層から見えない膨大な抑圧が踏まえられており、そうした抑圧について知らせてくれるものの一つはが、神がかりその他の宗教現象だということである。この視角からは、生活者としてのなおは、あまりにもすさまじい苦難のなかに生きたとはいえ、なおの生の様式が広汎な日本の民衆のそれにつらなるものであるかぎり、なおの神がかりには、日本の民衆の底にかくされている心の秘密と可能性とが語られているということになるはずである。人間の歴史は、たぶん、それぞれの時代の生の様式の下にこうした膨大な抑圧をふまえて成立しているものである。それゆえに、なおの教義にはするどい社会批判ふくまれているが、しかし個々の言説をこえて、こうした根源的な残虐性への抗議と解放のさけびがあるのだと考えたい。」

今回のまとめ

結局ここまで長々と書いて三点について何も迫れなかった。しかし、なおが生きた宇宙に触れたかと思う。

北朝鮮問題とは何か (3)

島貫　隆光

年をとると昨日のことは忘れてしまうが、古い昔のことはよく覚えているといわれる。このところ私もそういう経験が多くあり、やはり年をとったものだと思うことが多くなった。最近よく思い出すのは中学に入った頃のことだ。私が行ったのは仙台二中という学校で、青葉城のすぐ下、広瀬川のほとりにある。この学校は陸軍幼年学校に行く人が多く、毎年何十人もが入る。県立の中学でもう一つの一中とはライバル関係にある。昨年亡くなった尾形憲さんは一中だったらしい。

次に多数の同期生を輩出している中学校については、成城中(81名)は別格として、済々黌(20名)、仙台二中(19名)、鹿児島一中(15名)、東京府立四中(13名)、佐賀中(13名)、都城中(12名)、東京府立二中(11名)、千葉中(11名)、熊本中(11名)などが挙げられ、これらの学校では、毎年、数多くの合格者を出しているものとみられる。

これは大阪幼年大幼会会報54号(2004年)「楠蔭」(編集長は当会の会員志々目彰)に掲載された「46期生の出身中学」と題する文章の中に発表された上位校の例で、仙台二中は三指の中に入っている。

一中はどちらかというと文系で東大とか旧制二高などに進学する人が多い。私と同世代では直木賞作家の井上ひさしとか菅原文太などがいる。県立の女学校も二つあって、一中の近くにあったのが二女、二中の近くにあったのが一女だった。当時二女には東京から疎開していた若尾文子がいて大騒ぎしていたらしい。井上ひさしには彼女のことを書いた小説もある。

二中には私の同級生で常盤新平が直木賞作家だ。その他柔道の三船十段とか阿川佐和子の父が書いた最後の海軍大将井上提督などがいる。東北大学が近くにあるので大学教授の子弟も多かった。私がよく引合いに出す日独伊三国同盟研究の第一人者三宅正樹の父は東北大学の現象学の父といわれる三宅教授で、その家は私の家から五十㍍くらいの所にあった。

幼年学校受験組というのは一年と二年に一クラスづつ、百名くらいでもっぱら受験のための授業をやる。私が覚えているのは熟語の勉強で今私の熟語に関する知識のほとんどはこの時つめこまれたものだ。

今思い出すのは漢文で、孝経とか論語。

身体髪膚これを父母に受く。敢えて毀傷せざるは孝のはじめなり。

徳孤ならず、必ず隣あり
これは正しいことを主張していればかならず賛同してくれる人がいる、というようなことだ。私がここまで述べてきたことは落語でいえばマクラに当たるもので、ここからが本題に入る。この論語の言葉を今思い出すのは、北朝鮮問題について私は自分が正しいことを言っているつもりだが、あまりにも他人の考え方と相反しているために賛同してくれる人が出てこないということでいささか自信をなくしているからである。

もっとも中にはたとえば名著「失敗の本質」の共著者杉之尾宣生のように「金日生、正日、正恩一族の戦略性・合理性については全く同感です」と言ってくれる人もいる。

もうお一人、伝説の仙幼４１期生、石井豊喜はは北朝鮮問題について論旨明快にして時事問題に即した好論文だと評してくださった。さらに【今月の本】についてはよく勉強されていると感心したと評され、そこで私が取り上げた不破論文についてこれは日本の政治家に読ませたい本だと言っている。不破論文は私の年来の疑問、ヒトラーは何故スターリンとの間に不可侵条約を結んだのかという問題を氷解してくれた好著であり、昨年六月に刊行されたばかりの本である。大先輩はこの本をいち早く求めてそれを読み評価している。大先輩は現在九五歳である。このお年でこの本を読むということはどんなことか。大先輩はまだ現役だということだ。実際、大先輩は昨年六月には「偕行」に論文を投稿しておられるバリバリの現役なのである。この大先輩から一定の評価を得たということはわたしにとっては百万の援軍を得たようなものである。

さらに大先輩からは8・15についての提言がなされているので、その件についてまとめておきたい。大先輩は仙幼41期生で敗戦時にシベリアに抑留され、帰国後は防衛庁の技術研究所で戦車の研究にたずさわった。防衛問題に関する専門家で著書も多い。

大先輩はシベリア抑留の体験から共産主義には反対、また戦争には反対であるが自衛隊の認知と憲法の改正には賛成。「日中友好」は中国側に互恵の態度がなければ進まず、日本側のアプローチにも疑問。「軍備亡国」はよいが、国際的秩序を破る軍備大国の中国に対して具体的外交手段が先決問題。日本の安全保障に対して政府を攻撃するよりも具体的な安全保障の外交手法について論ずるべき。過去の反省は理解できるが世界平和に対する未来志向が大切ではないか。必要なのは現実に即した意見である。

いずれももっともなご意見であり、私としても真剣に考えなければならないと思うので私なりに考えて見たいと思う。

まず憲法九条の問題である。自衛隊の存在を明確にするためには憲法改正が必要である。しかし本会は基本的に軍備亡国・非武装中立の立場から改憲に反対しているのでここでは私自身の立場からこの問題を論じてみたい。実は私は護憲派ではない。これは私の師である哲学者竹内芳郎の考え方に近いのだが、私はすでに憲法九条は破綻していると考えている。私独自の考え方では九条は非武装ではなく武装解除なのだ。武装解除とはテレビでアフガニスタンの敗残兵が兵器を積み上げ勝者に投降する映像が流れることがあるが、あれが武装解除だ。昭和20年8月勝者マッカーサーに命じられて武装解除させられた。百万の大軍が全員武器を捨てて復員した。私がその時持っていた武器は四月に入校した時天皇陛下から下賜された短剣が一つだったので、これを返納して復員した。それから五年間日本には軍隊がなかった。これが九条である。五年後朝鮮戦争が始まって事情が変わった。マッカーサーが一八〇度転換して日本に再軍備を命じた。この時本来なら日本は憲法を改正すべきだった。しかし日本はそれをしなかった。アイマイ主義の日本はそれをしなかったが、合理的なドイツは憲法を改正して再軍備した。どちらが正しいのか。だから私は九条2二項だけは変えるべきだと考えている。しかし私は平和憲法といわれる九条そのものは守るべきだと考えている。その意味では護憲派である。日本では一字でも変えたら改憲派だといわれるがそれがダメなのだ。日本人はアイマイ主義であるのに白黒をハッキリさせろとか、右か左かと二分する。これがダメなのだ。私は五十年安保世代だが、その後六〇年安保、七〇年安保と日本は揺れに揺れた。あれは一体何だったのか。二十歳前後の学生が一時熱病にかかるようなもので、実体は何もない。日本は戦後七十年間神学論争を続けて今に至っている。その結果大先輩が指摘するように現実と向き合った政策がたてられなくなっているのだ。私はそこで現実と向き合った具体的な政策を立てるべく、たとえば北朝鮮問題についても根元から考え直している。

ここで本題の北朝鮮問題について考える。私がつねに考えるのは主権者の意図と能力、それと事実の三点セットだ。事実というのはあらゆる現象である。たとえば北朝鮮がミサイルを完成したということを例にとってみよう。正恩は今年一月一日、この事実を公表し、同時にピョンチャン五輪に参加すると述べた。それ以来この一ヶ月世界情勢は一変した。これは正恩の意図としては核ミサイルを開発したのは核抑止力を持つことによって米国と対等の立場で交渉する権利を獲得するためであってどこかの国の首相がこれを脅威ととらえて抑止力を強化しようなどとトチ狂った判断をさせようとしたものではない。燕雀いずくんぞ大鳳の志を知らんや。

私の見立てでは正恩はこの一年を通じ米国と平和条約を結ぶための交渉にとりかかるだろうと思われる。その第一着手が五輪外交だったのだ。恐らく当分の間は核実験などの挑発行為は控えるだろう。平和ムードを醸成して平和交渉の下地を作って行く。もちろんその間も核ミサイルの研究は続けるが、大げさな核実験など挑発行為とみられる動きは封印してもっぱら平和攻勢をかける。年頭の声明文の中にあるように今五輪外交は文政権との間で着々と進められており、正恩の打つ手は一手一手いって的確に一つの方向に向けて動きつつある。

私はこれまでの国際社会の北朝鮮制裁政策を入口論として批判し、米朝国交開催に向けた出口論を提案すべきであると主張してきた。現在の正恩の目ざす方向はこちらに向かっていると私は推測している。

それは正恩が第一目標としてきた核ミサイル開発が一定の段階、すなわち歓声に近づいてきているからではないか。

つまり国際社会が制裁にやっきとなっている間に北朝鮮はほぼ技術的には完成間近の域に達する段階に入ってきたということだ。もちろんまだ完全ではないが、一定の完成度には達しているとみられる。あとはこれを完成させ、実戦配備のために量産態勢に入る。二月八日の軍事パレードには米国に届くといわれた火星十五が四基登場している。つまり量産態勢に迫りつつあるということだ。恐らくこれを二十ないし三十基まで持っていけばかなり十分な抑止力が出来たことになる。恐らくこの一、二年のうち十分な実戦配備ができるようになるだろう。だから正恩はいよいよ出口論に向かって方針を転換していくとみられる。

正恩の打つ手はまず大統領の取り込みだ。五輪外交で正恩は身代わりの妹与正を送り込み文大統領は彼女を国賓待遇で三日間下へも置かぬ扱いで接待した。与正は正恩の親書を手渡しし、国交回復への第一段階に踏み出した。

文大統領は今、米朝間の狭間に押し込まれて二進も三進もいかない状態だが、これをどう切り抜けるか。まず三月にパラリンピックが終わったあとの米韓軍事演習再開へ向けての交渉が第一難関だろう。これがどうなるかは別として南北の交渉は続けられるだろう。

そして次の段階は米朝交渉である。米国は北の核ミサイル保持を認めないからこれは困難をきわめる。しかしここがこれまでの入口論から出口論に移行するためのキーポイントだから何とかしなければならないのだ。

私はここでトランプがガラリと態度を変えるのではないかと推測している。普通の政治家にはこういう芸当はできないが、もともとビジネスマンのトランプならできるのではないか。八方ふさがりの彼にとってこれまで誰もなし得なかった米朝交渉によって国交回復をなしとげれば一気に外交上の成果で人気上昇ということもありうるからだ。

これからの北朝鮮問題とは、これまでの入口論から一気に出口論に方向転換することによって米朝国交回復、朝鮮の南北統一という大仕事を完成することにある。

正恩の考えていることはそういうことだし、文大統領の考えていることもそういうことなのである。だからこれからの一年間はそういう展開になっていくだろうという考えのもとで全てをみていかなくてはならないということである。

ここまで書いたのは二月十二日のことだった。十三日早朝テレビのニュースでピョンチャンでは口をきくどころか与正と目を合わせることもしなかったペンス副大統領が帰りの飛行機の中で記者団に対してトランプ大統領は前提抜きで米朝会談をやるかも知れないと言った。私の推測はあながちデタラメばかりではないということか。ティラーソン国務長官はさすがに北に対する基本姿勢には変わりはないと釘をさしたし、十六日に至ってペンスも北に核ミサイルを持たせないための交渉に入ると言うことだと補足した。日経によれば、演習についてもさらなる延期とか縮小など、いろいろのヴァリエーションが出てくるのだろうと予測されている。要するにアメリカとしてもこの南北和平風潮をただ阻害しているとみられることはよくないと考えているのだ。

これからの一年間は今までの入口論から出口論への転換、南北和平、米朝交渉への動きに注目すべき年になることだろう。

ここでそもそも論になるのだが、北朝鮮が核ミサイル開発に固執するのは何故か。サダム・フセインがアメリカに殺されたのをみて核ミサイルを持たなければ々運命にあると考えたからだという。つまり、北朝鮮が核ミサイルを開発する原因をつくったのはアメリカなのだ。アメリカにはそういうことが分かっている人はいるのだろうか。

卑近な例で考えてみよう。アメリカの高校生の銃乱射事件である。昔から私は西部劇の二挺拳銃の論理が守られていればこんなことにはならないと言ってきた。つまり犯人だけが凶器を持っているからこんなことになる。もしやられる方の高校生も銃を持っている人がいればこんなことにはならない。それと同じで悪党のアメリカだけが核兵器をもっていればフセインの運命を辿るのだが、北朝鮮はその愚を避けてみずから核ミサイルを持って応戦する。核抑止力を持つ当然の道を歩んでいるに過ぎない。どこの国もこれを止めさせる権利がない。それが分かっているのか。

つまり、現在国際社会が寄ってたかってやっていることはどこの国にも権利がないことを国際協調ということでやっているに過ぎない。もちろん北朝鮮に止めるつもりはまったくないし止める必要もない。まったく無意味なことなのだ。戦前の映画で『会議は踊る』という題名の映画があった。これはもちろん第一次大戦の前の時代のことだが、無意味な会議を延々とやっているからそれを踊っていると名付けたのである。今国際会議でやっていることもそれと同じだ。もういい加減目をさましたらどうか。

私がノー天気なのかどうか分からないが、私の考えでは核抑止論によって北朝鮮の核はただ交渉のための条件作りのためにあるだけで実際には使えない。だから脅威はない。したがってJアラートも迎撃ミサイルもいらない。そのための金は一切必要ない。現在国会で論戦中の防衛予算の増額は全く必要ないのだ。

さらに言えば南北統一ができれば現在韓国や北朝鮮で使われている防衛予算は全く必要なくなる。南北の統一は経済的、文化格差が大きいので東西ドイツの合併よりも困難を伴うだろうが、これが成功すれば東北アジアの安定は大きいものがある。日本ものそのための力をつくすべきではないか。

南北の統一は極めて困難だが、たとえば香港と中国のように一国二制度というのがいいモデルではないだろうか。そのためには南北対等合併でなくてはならない。間違っても北が南を呑み込むような形の強制合併であってはならない。それでは朝鮮戦争の再来になるからだ。正恩はそこまで愚かではないだろう。

また南北融和の微笑外交をこれまでにも同じような光景を見てきたよね。北は経済的に困ってくるとかならず微笑外交に変わって経済援助を要求してくる。今回もよほど制裁がきいたのだろう。デジャビューの世界だ、などという人もいる。これは既視感と訳されているがもともとはフランス語だ。既にという意味のデジャー、見たという意味のビュー。デジャーという言葉はアクサンが二つつくので英文タイプでは打てないが、ランボーの詩に「もう秋か」ロトンヌ・デジャーという有名な書き出しの詩がある。つまり今回の微笑外交もこれまでのと全く同じことの繰り返しだという考えである。私は今回は全く異なるものだと考える。それは昨年で核ミサイル技術が完成したということの重大な意味があるからだ。今までと同じだという人はこのことの重大性に気づいていない人なのである。

北朝鮮の戦略はこの技術的完成によって全く変わったのだ。このことが分からない限り北の政策は分からない。だから私はこの一年の北の戦略は今までと違うと言いたいのだ。いまだに入口論で北の制裁を叫ぶしかない人々はいい加減現実をよく見たらいい。北はもうほぼ核ミサイル技術を完成し、これから量産態勢に入ろうというところまで来ているのだ。もう実験をして非難される怖れはない。だから時間稼ぎは必要ない。今はもう量産の時代に入っているのだ。これからは南北対話から朝米対話につなげていく。それがここ一，二年の方向だろう。日本はウカウカしていると取り残されるだろう。

武真氏によるとアメリカはふところの広い国で、武力による威嚇と外交による話合いの両方で攻めてくるが、今後は外交の力による方向に行くだろうと予測している。私も全く同じ見方なのである。

要するに北の意図を正しく観察することが重要なのだ。北の意図は南北統一を果たし、アメリカと平和条約を結んで朝鮮に平和と繁栄をもたらすことなのである。そのことに反対する人はいないだろう。反対するのは軍産複合体くらいのものだ。文大統領は前のめりになっているといわれるが、前のめりになるくらいでちょうどいいのだ。世界としてはこれまでの入口論から出口論への変更をなすべきなのだ。

北朝鮮のささやかな核を押さえる一方の大国は何をしているのか。トランプは核を小型化して誰にでも使えるようにするといっている。つまり実際使える核を作ろうというのが現在の大国の考えだ。どちらが危険かは言うを待たない。こうした大国のやり方を放置しておいていいのか。大国の核制限は全く進まず今や第二の核増強計画が進行中だ。これを放置して北をいじめるのはもってのほか。どこを向いて政治をしているのか。

銃乱射事件で私の持論を開陳したが面白いことにトランプが私に似た発想の考えを披露して不評を買っているので一言しておこう。

もともとアメリカで銃の保持を認められているのは護身用の目的で個人が所有することなのだが、トランプは先生たちにその義務を課そうということなので、若干私のスタンスとは違うが、考え方は同じだ。単なる精神論だけで否定さるべきものではないのでもっと慎重に論議すべきだろう。対策であることが条件なのだ。

ワシントン・ポストによれば今回米朝交渉が行われる予定だったが、二時間前に北朝鮮がドタキャンで実現しなかったとのことだった。また与正は妊娠中で、あの寒い中を無理してやって来た。正恩の本気度が実現されたわけである。この一年の推移が楽しみではある。

このところテレビなどを見ているといまだに北朝鮮に核ミサイルを持たせないためには制裁を続けるべきだという話しかなくて私には到底理解不能なことばかりだ。どうして正恩の考え方が分からないのだろうとそっちの方が不思議に思えてくる。今更北朝鮮が核ミサイルを放棄するはずがないではないか。

そしてそこから米朝の対話に持って行くためにはどうすればいいのかを考えるのが政治家の仕事ではないか。田中均は北朝鮮との対話の道を崩してはならないと強調している。唯一拉致家族を日本に連れ帰った立役者の言葉だけにその重みはよく伝わってくる。私の考えは希望的すぎるだろうか。そうは思いたくない。

小池にはまってさあ大変

選挙結果については長谷川さんが十二月号で詳細な分析をされているのでいつもながら感謝にたえない。ただ一点、ひっかかるところがあるので少々触れてみたい。

玉木の発言は言語道断であるが、それよりも小池の狙いが民進党潰しであって希望の凋落ではないという点。大筋ではそういうことであるが、果してそれだけのために希望を潰したのかということだ。だとすれば小池塾や立候補者の立場はどうなるのか。うがちすぎかと言われればうがち過ぎと言うしかない。また希望の凋落ぶりは予想以上で産経(一月三十一日)によれば地方選挙の立候補者が全くいないという惨状をきわめているとのことだ。これからはこれら地方選挙が大事なところにきていることを考えれば小池の凋落ぶりはひどいもので、それをしも手段として考えていたのかは疑問とせざるをえない。この点だけが納得しがたいいのである。民心は操作不能である。

参考文献

石井豊村(石井豊喜)
「戦後七〇年戦中派の平和への選択」
文芸社刊 二〇一六年七月一五日刊
「現代機甲車両の研究開発」
自費出版 一九九三年
「新たにシベリア抑留と大テロルを問う」
日本文学館 二〇〇八年
「戦中派から若者への手紙—歴史に学ぶ日本復活への道—」
日本文学館 二〇〇九年
「世界史に見る技術と戦略」
日本文学館 二〇一〇年
「日本復活と刊・中・露三国の歴史認識」
文芸社 二〇一三年
「卆寿の春秋」 ＮＨＫ学園 二〇一七年一〇月一一日刊

北朝鮮の外交政策

出口論	2022	朝鮮連邦の結成
	2021	平和条約締結
	2020	米朝交渉
	2019	実戦配備・量産態勢→核抑止力完成
	2018	米朝首脳会談(トランプ)
		南北首脳会談(文在寅)
		ピョンチャン五輪外交
入口論	2017	核ミサイル技術の完成
		火星 15(1 万 2000～3000 ｷﾛ)
金正恩	2011	
	1998	テポドン（2000～3000 ｷﾛ）
		南北首脳会談（金大中）
金正日	1965	日韓基本条約
	1953	休戦協定
	1950	朝鮮戦争
	1949	中華人民共和国
金日成	1948	朝鮮民主主義人民共和国・大韓民国

核戦争を回避したＪＦＫその後の運命　３

熊谷　憲治

本稿では前回、ケネディ元大統領暗殺に関して、米国政府は、単独の射殺犯人としてオズワルドを逮捕したが、彼は僅か二日後に警察署内で射殺され、不可解な謎が残されたことを述べた。

唐突にパレードコースが変更

米国留学中にケネディ暗殺事件に遭遇して以来、十数年以上、調査を続けて「二〇三九年の真実」を著した落合信彦氏の助手が事件一四年後の調査で驚くべき事実を見つけた。一九六三年十一月二一日、つまり暗殺された前日にパレードコースが変えられていたのである。この変更が事実なら極めておかしなことになる。

ではここで、再度現場付近の略図を再び見てみよう。当日のケネディらの乗ったオープンカーは、ヒューストン通りの一方通行を逆に走り、ＴＤＳビルの角を左折し、エルム通りを進んだ地点で射殺されている。これは戦前からの伝統的に行われてきたコースの変更である。もしコースが従来どおり進んでいたならばどうか。弾丸はオズワルドの後方から撃った（米政府ウォレン報告）との主張も、前方

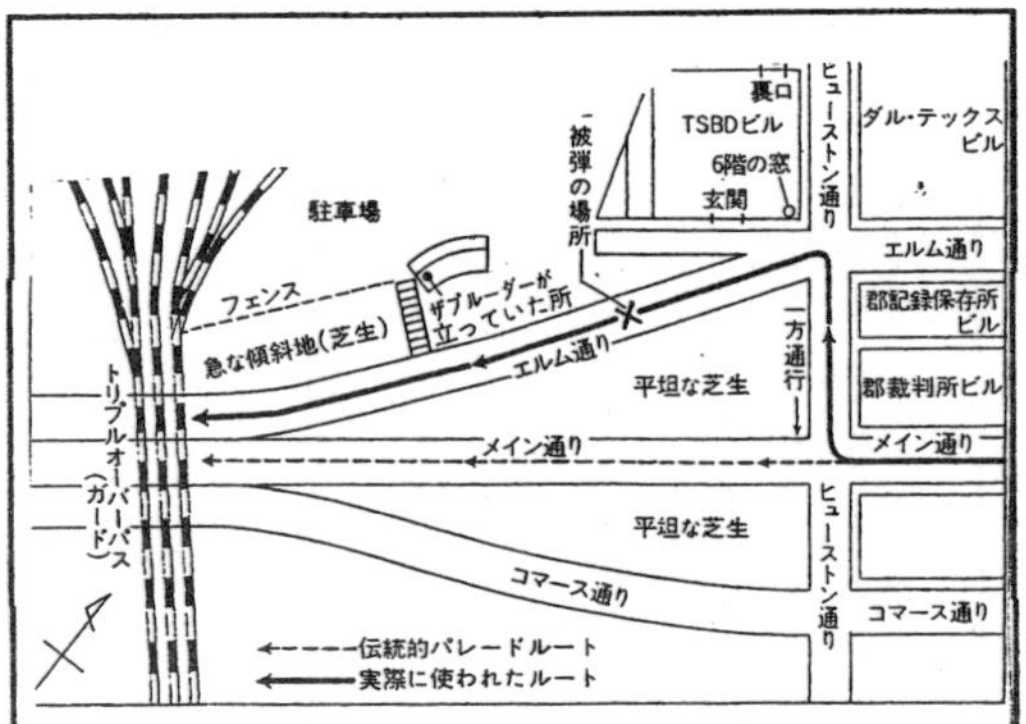

ダラスでのケネディ大統領のパレード・ルート

からの弾が彼の頭部を吹き飛ばしたとする証言や反論のいずれも全く不可能だったわけである。

では直前になってパレードの進行コースを変更したのは誰か？調べてみるとそれは当時のダラス市長で、しかもCIAの前副長官チャールズ・アベルの実弟なのである。彼はCIAの長官だったアレン・ダレスの副官で、共に強烈なタカ派であり、平和外交を志向するケネディによって馘首されたが、CIAには隠然とした影響力があり、ケネディが任命したマッコーン長官はCIAの中では浮いた存在で、CIAのタカ派の体質は残されていたのである。

だとするとCIAという国家の組織の力が及んだのか。そう考えると、たとえばオズワルドが逮捕された際に「嵌められた」と呟いたなど、彼自身ではパレード・ルートの変更などできるわけないから納得できる。ケネディに対して個人がどう思おうと単独犯行は全く無理であり、個別に真の暗殺者を追求してもあまり意味がないと考える。

たしかに六〇年代は、米政府がウォレン報告で発表したオズワルドによる単独犯行説が大体信じられていたが、七〇年代後半ともなると、ケネディを射殺した真犯人に関しては諸説が説かれ、半数を超える米国民はオズワルド単独犯説を疑い、何か陰謀があったと思うようになったという。

では、この問いを追求した側にもいくつか異説がある。

直後の狙撃犯人説はまちまち

米政府軍部CIAのエイジェントを告訴したギャリスン地方検事の場合、ケネディを直接死に追いやった犯人ではなく、この犯行に協力した複数犯の一人として共謀罪で訴えている。この当時、ギャリスンは米国中のメディアから非難され孤立無援の逆風に晒された。だが彼はあくまで合衆国政府の一員である。にも拘わらずCI幹部の証言を求めるべく召喚しても全く応じず、逆に妨害する始末で極めて非協力だったそうである。

だが、ギャリスン検事の数少ない理解者で彼の告訴を高く評価し、さらに独自の調査を精力的に追求したジャーナリスト落合信彦氏は、ケネディ射殺の超高度の技術を有する犯人をCIAがマフィアの組織から調達したと推測している。（「二〇世紀最大の謀略―ケネディ暗殺の真実―」）

また、海外のゲリラ紛争等に詳しい作家・ジャーナリスト柘植久慶氏は、ケネディ射殺犯人をフランスのドゴール大統領暗殺未遂事件に拘わった狙撃者と推測している。

巨額の利益を失ったマフィア組織

カストロ政府の社会主義革命によって、キューバに築いた麻薬シンジケートの巨額権益を失ったのはアメリカ・マフィアである。親ソ連政権との国交回復を考えるケネディを彼らが憎むのは当然であろう。

さらに、六三年一〇月、ソ連のフルシチョフ首相との外交交渉により、部分的核兵器停止条約の調印に成功している。この当時、我々は「デタント」という時事用語によく接したが、それは「雪解け」の意味ではなかったのか。

一方、ヴェトナム紛争では、フランス軍がハダシの現地の軍に敗れて撤退した後、ケネディ大統領の就任以前から介入して軍事顧問団を派遣していたが、彼はそこからも全面的に撤退するよう指示していたのである。

こうしたケネディの一連の平和的志向の政治的・外交姿勢や戦略に対し、ある巨大な集団勢力や組織が強烈に反発したのではないだろうか。

ヴェトナムは従来から麻薬の栽培地でもあったので、マフィアの麻薬シンジケートは米軍の撤退によって二重に打撃を受けたのである

軍事エスカレートの意味するもの

ケネディ暗殺事件の後、武力を避ける彼の平和路線も変更された。米政府は１８０度転換してヴェトナム戦争への介入を深めたが、特にＣＩＡにとっては、ケネディの外交路線に死活的打撃を被りかねない恐怖を覚えたらしい。なぜなら戦争への深い関わりがあればこそ彼らの存在価値が増す訳だからだ。まして次期大統領選でのケネディの再選は確実視されているならば残された手段は彼を消すのは必然的な流れになるのではないだろうか。

そのような視点で考えると、オズワルドが二日後に射殺された謎もストンと腑に落ちる。

裁判で舞台裏をベラベラしゃべらせる訳にはいかなかったのであろう。当初は不可解だったこのような謎は他にもいくつもあったが、みな氷解するような気がしてならない。

そうした意味では、前述のようにケネディ射殺犯人を特定することにはさほど意味がないように思う。

最後に、一九六〇年一月、ケネディ大統領の前任者・アイゼンハワー氏（二次大戦時の欧州戦線米軍司令官）の辞任演説の一部を掲載する。

なお、そこにふたりが散策しながら語り合う写真も添えたが、これはピュリッツア賞を受賞している。

ここで「軍産複合体」という言葉を初めて公の場で言及された。

「……軍産複合体が不当な影響力を獲得し、それを行使することに対して、政府も議会も特に用心しなければならない。…」

（埼玉・常任幹事）

非武装中立・軍備亡国は何故正しいのか（一五）

パナマ「侵攻」

長谷川善夫

今回はパナマ侵攻の様子に触れる。なお侵攻の様子は週刊金曜日2017・2・24ジャーナリスト三宅勝久氏の『パナマ「侵攻」から二八年目の真実　米軍パナマ大虐殺と日本人の罪』によります。

一九八九年一二月二〇日未明、二万五〇〇〇人の米軍がクリスマス準備に賑わう中米パナマを急襲。パナマ国防軍を壊滅させ、多数の市民を殺害。

二〇一六年、パナマ政府はようやく真相究明委員会をつくり、死者数の検証に動き出す。三〇年近く隠された巨大犯罪の実像を、被害者や目撃者の証言をもとに報告する。

パナマ市チョリージョ地区は現在、建物や塀の残骸、ゴミの散乱、汚水溜まりなど荒廃の極にある。米軍が人口四〇〇万のこの国を侵略するまでパナマ国防軍の司令部があった一帯だ。司令部周辺は激戦にさらされ二万人から三万人いた住民は多数が死傷、大半が焼け出された。

死体だらけの道を

「二〇日の午前零時過ぎ、バン！と大きな音がして周囲が明るくなった。米軍の侵略だと分かった。噂がありましたから」

米兵の攻撃で左手を失った男性(五六歳)。三歳の息子を助けようと自宅に戻りかけたところで米軍の戦車と鉢合わせ、「戦車の上から米兵が銃を向け意味不明の英語でわめいた。…次の瞬間、閃光と共に衝撃を受け気を失う」

その後の人生は過酷、仕事を失い極貧生活、離婚、家族離散へ。今は車の見張りで小銭を稼ぎ飢えをしのぐ。「この町には薬物取引に手を出す者がたくさんいる。昔はなかった。絶望からだ。

六九歳女性。アパートの中庭に米軍の戦車が入ってきて、動くものを片っ端から撃った。腹部が裂けて腸が出ている若者がいたので腸を押し込んでシーツで巻いて応急処置をした。銃声が続く中脱出。米兵らが銃を乱射、スペイン語で叫んだ。「一般市民だ」。

プエルトリコ系の米兵が言葉を理解し攻撃を中止した。

「通りは死体だらけでした。踏まないように、爪先で歩くようにして逃げた」

モンスターが来た

一五歳だった男性(四二歳)は攻撃時、一五階建ての二階の自宅で、「ツリーにプレゼント、七面鳥を用意してクリスマスを楽しみに待っていた」

爆弾が炸裂、倒壊を恐れ母と妹の三人で避難。一階に下りると死体が散乱、米兵の姿におののく。「顔中に迷彩色の絵の具を塗った米兵はモンスターでした」「政府は忘却を求めてきた。しかし忘れてはいけない」

米軍の攻撃はパナマ全土に。大西洋側の都市コロンに住む当時六歳と二歳の姉弟。侵略三日目の二二日昼、米軍ヘリコプターからミサイル攻撃を受ける。姉は左眼球が飛び出し失明、弟は頭など全身に破片が食い込む重傷「米国政府から謝罪はなく、パナマ政府も何もしない。補償らしい補償はなく、治療も出来ない。パナマ人が米国に何をしたというのか」

圧倒的な軍事力で旧式の米国制兵器パナマ国防軍は倒されて解体され、米国の言う「民主主義」の名の下に親米傀儡政権が置かれる。

タクシー運転手の言葉、

「ブッシュは元ＣＩＡ長官。ノリエガはＣＩＡの協力者。米国は、ニカラグアのサンディニスタ政府を転覆させるために国防軍を出せとノリエガに迫る。しかしノリエガは断る。反米に転じたとみて、ブッシュは国防軍ごとノリエガを放逐した」

死者数の公式発表「約五〇〇人」を信じるパナマ人はいない。二〇〇〇人から三〇〇〇人あるいはそれ以上と考えられている。「一二月二〇日を国民悼みの日にせよ」「真相究明を」と訴える「犠牲者遺族・友人の会」らの不屈の働きかけで遂に２０１６年夏、パナマ政府は真相究明委員会をつくる。

米軍支配からの脱却

パナマ侵略は明確な国際法違反であり、国連は非難決議を採択した。だが、日本政府は反対票を投じ米国に追従した。

その後のパナマと日本の軌跡は対照的である。パナマは１９９９年運河を米国支配から取り戻し、翌年米軍基地を完全に撤退させた。(以上　三宅氏の記事による)

パナマは私たちに非武装の誤りを教えているのだろうか。実際、圧倒的な軍事力の前では形ばかりの軍備や国連憲章も何の意味もなさなかった。座して銃弾を受け、蹂躙に身を任すしかなかった。

無差別大量殺戮と破壊、恐怖と絶望と悲嘆の植えつけ、工場・農地・発電所・水道・鉄道・道路等インフラと住居・病院・学校などの破壊のパターン、アフリカ、中南米、朝鮮、ベトナム、アジア、中近東・パレスチナ・・今までも繰り返され、今も繰り返されている欧米等帝国主義列強の空爆・破壊・侵略・支配の方式だ。

しかし暴力はいつまで続くのか。

やがて人々は抵抗に立ち上がるだろう。

パナマの歴史

1492年　スペインから代コロンビアの一部として独立。

1898年（明治31年）米西戦争

1903年（明治36年）米国支援によってコロンビアから独立、米国支配下に

1914年（大正3年）パナマ運河開通、運河地帯に米軍駐留

1959年（昭和34年）キューバ革命

1964年（昭和39年　）運河地帯の高校にパナマ国旗を掲げようとした学生に米軍が発砲、二〇人死亡、数百人負傷

1968年（昭和43年）　軍事クーデターで国防軍のオマル・トリホス中佐が実権を握り、富の再分配進める

1977年（昭和52年）　米国カーター政権との間で、1999年までの運河返還を決めた「トリホス＝カーター条約」締結

1979年（昭和54年）ニカラグアでサンディニスタ革命、米が支援する反政府ゲリラとの間で内戦

1981年（昭和56年）　飛行機事故でトリホス司令官死亡。暗殺が疑われる。部下のノリエガが実権掌握へ。ノリエガはCIAに協力していたが次第に反米姿勢を強める

1989年（平成元年）11月　ベルリンの壁崩壊、冷戦終結

12月20日元CIA長官の米ブッシュ大統領がパナマ「侵攻」、市民に死者多数。パナマ国防軍を解体し米傀儡政権を置く。国連総会は非難決議を採択。日本政府は採択に反対

1999年（平成11年）12月31日

パナマ運河返還

2000年（平成12年）1月1日　運河地帯の米軍が完全撤退

2016年（平成28年）　米軍侵略被害に関する真相究明委員会発足

・・・・・島貫様から過分な言葉を頂き、拙稿のつたなさを感じています。書いた以上のことを例証しようにもその力を持ち合わせていません。お騒がせ致しました。生兵法は怪我のもとと肝に銘じています。

ただ、憲法改正・核武装を夢見る安倍・小池の前には都知事の職や野党の生滅などは毛ほどの意味も持たないのではないかと思えるほどに彼らの戦略は周到かつ馬鹿げたものであると考えます。

命を絶った財務省職員の心情を彼らは決して理解することはないだろう。

（東京・常任幹事）

原稿募集

会誌にご投稿願います。内容はや時事問題、身近なこと、本・映画・テレビ番組や詩歌・川柳等、会の趣旨に添ったものならどんなものでも結構です。会誌へのご意見、疑問、批判などももちろん歓迎です。

字数に制限はありませんが、多いものは何回かに分けて掲載されます。本文は1ページ1200字程度です。

編集の都合上、毎月　１５日を目途にお送りください。

送り先

Mail　yossi8putti@gmail.com

郵送　〒185—0032　国分寺市日吉町1-40-51　長谷川善夫

寄贈誌より

『中国研究月報』（社団法人中国研究所発行）
２０１８年２月号

▽論文「報告」から「文選」へ
鄧小平「西南地区の少数民族問題について」をめぐる考察　美麗　和子

▽研究ノート
『華語萃編』初集にみる東亜同文書院中国語教育の変遷　統計的手法を援用した分析　石田　卓生

▽書評　家永真幸著　東京大学出版会
『国宝の政治史「中国」の故宮とパンダ』　小野寺史郎

▽書評　愛知大学国際問題研究所編　あるむ
『対日協力政権とその周辺　自主・協力・抵抗』　鈴木　航

▽光陰似箭
中国指導部の新人事を見て　伊藤　一彦

▽お知らせ
第１４回太田勝洪記念中国研究賞の発表・授与について

▽眼光紙背
政府の「削減」と新たな波風

▽中国日誌　２０１８年１月

二月の常任幹事会

日　時　二月二四日（土）
十四時～十六時三十分
会　場　浦和・岸公民館　第四講義室
出席者　佐藤・小林・長谷川・落合・加藤・長沼・秋山

［報告］

1．沖松代表幹事が入院。順調に回復し三月上旬退院予定。

2．鴻巣九条の会主催　沖松信夫講演会にて月刊「八・一五」を有料で販売したい

3．埼玉県議会で原発再稼働を決議したことについて。公開質問状を送ろうと思っている。返事のあるなしにかかわらず、ネットその他で一般に広く知らせるつもりである。（落合）

4．総会は八月二六日(日)埼玉会館に決定。懇親会はビストロやまで行う予定です。

5．八月の訪中希望者が二名でました。

［議事］

1．八月の訪中団について、希望者が二名いたがその他にも二〇歳代の人に呼びかけている。予定では六泊七日、三ヶ所を訪問。三月常幹で検討する。

2．訪日団について　王さんと連絡を取っている。隔年で四泊五日、三ヶ所を訪問の予定。

3．「八・一五」今月号について
・何カ所かミスがあった。
・森沢周行(折原さん)さんの「原発を葬った市民のスクラム」は今回で終了になります。

（加藤）

事務局月報

事務局月報

・3月8日（木）午後6時～　中国大使館において、国際婦人デーのレセプションが開催された。当会から五人が参加した。

・2、3日前の新聞の一面に「佐川国税庁長官辞任」がトップで載った…と書き出そうと思っていたら、財務省保存の文書の改竄が事実として確認されたという記事が各マスコミのトップ記事になった。昨年からの森友問題のニュースには、知らぬ存ぜぬとシラを切り通す政治家に首を縦に振れない不穏な影がつきまとっていたが、白日の下にさらされた。口を開けば「フエイクニュース」と安倍総理に言われながら改竄問題を追った朝日新聞。私の所信を知りたければ読みなさいと名指しをされたり、出所不確認で地方紙を貶めたりした某新聞。マスコミの存在意義は何か、再確認して欲しい大新聞もある。細かく読み比べた訳ではないが、地方紙の中には総じて政府の政策の問題点や不備を取り上げるものが多いようだ。年々新聞の購読数が減っている。SNSで情報を得る人が多いようだが、手軽に入り消える記事は考える力を養わないのではないだろうか。そういう人が増えて喜ぶのは誰だろうか。

『8・15』2018年一月号
二〇一八年三月一五日発行
定　価　500円（送料とも）
編集人　長谷川善夫
発行人　沖松　信夫
印刷所　(有)イワキ
発　行　日中友好8・15の会
〒125-0032
東京都葛飾区水元3-3-4
小林悦子方
TEL&Fax　03-3627-1953
郵便振替　00120・6・27415
日中友好8・15の会
HP URL　http://www11.ocn.ne.jp/~donpo/

会　　　　則

（名称）　第１条　本会は、日中友好元軍人の会を受け継ぐ日中友好『８．１５』の会（通称日中友好『８．１５』の会）と称する。

（目的）　第２条　本会は、過去の戦争に対する反省に立脚して、あらゆる戦争準備の動きを阻止し、平和を希求するために世界各国とくに中国との友好に貢献するとともに、会員相互の親睦を深めることを目的とする。

（会員）　第３条　本会は前条の目的に賛成する元軍人および賛同者をもって構成する。

第４条　本会の本部を関東地区に置く、支部を各都道府県に置く、また事務局を関東地区に置く。

（事業）　第５条　本会は、第２条の目的を達成するために以下の事業を行う。

１．会誌『８．１５』の発行
２．講演会、研究会の開催（平和諸団体との共催を含む）
３．学習会の開催
４．中国からの留学生・研修生の受け入れ
５．訪中団の派遣
６．その他、本会の目的達成に必要と認められる諸活動・事業

（総会）　第６条　本会は、総会を毎年１回、原則として８月15日に開催する。総会は、委任状を含めて会員の過半数の出席により成立するものとする。総会は、幹事会から、活動報告、行動計画、事業計画、決算、予算、役員の選出、その他、本会の運営に必要な事項について報告、提案を受け、出席者の過半数の賛成により　これを承認、決定する。幹事会が必要ありと認めたときは、その決議により、臨時総会を招集することができる。総会の決議に基き、顧問を置くことができる。

（運営）　第７条　本会の運営は、幹事会が行う。ただし、幹事会は常任幹事会にその権限を委任することができる。

（役員）　第８条　代表幹事、副代表幹事、常任幹事、事務局長を本会の役員という。

第９条　役員の任期は１年とする．ただし、任期満了後も総会において新役員が選出されるまでは その職務を行う。役員の重任は妨げない。

第10条　本会の運営のために幹事会ならびに常任幹事会を置く。幹事会は幹事を以って構成し、本会の運営に必要な重要な会務を行う。幹事の互選により代表幹事、副代表幹事、常任幹事、事務局長を選任する。常任幹事会は、原則として毎月１回開催し、幹事会の委任をうけて本会の運営に必要な一般会務を行う。

第11条　幹事は、会員の推薦により選任し、総会の承認を受ける。

第12条　幹事会は、常任幹事会の決議に基き、代表幹事が招集する。常任幹事会は、常任幹事２名以上の発議により代表幹事が招集する。幹事会および常任幹事会の決議は、出席幹事の過半数の賛成により成立する。賛否同数のときは、代表幹事がこれを決する。

第13条　本会の会議の遂行上、下記の分科委員会を設け、常任幹事会が選出した委員長が運営の任に当る。

1. 組織・活動委員会
2. 会誌編集委員会
3. 財務委員会
4. 対外交流委員会

各委員会の委員は、委員長の推薦により委嘱する。

第14条　会計の監査は、会計監事が行う。会計監事は、幹事会の推薦により選任し、総会の承認を受ける。

（財政）　第15条　本会の経費は、会費、寄付金、その他の収入をもってまかなわれる。留学生・研修生受け入れのため、特別会計を設ける。

（会費）　第16条　会費は年額１万円とする。また、家族会員の会費は年額2,000円とする。購読会員は6,000円とし、学生会員は3,000円とする。

第17条　本会の会計年度は、毎年７月１日に始まり翌年６月30日に終る。

（改正）　第18条　本会の会則は、幹事会の発議により、総会において、委任状を含む出席者の３分の２以上の賛成により改正することができる。

（付則）　この会則は2017年８月25日から施行する。

過去の直視、これが歴史認識の原点

軍備亡国・反戦平和

2018年 4月号 No. 581

8.15

第五九巻 第四号 通巻第五八一号

日中友好元軍人の会HP http://www11.ocn.ne.jp/~donpo/

4

日中友好『8．15』の会
（日中友好元軍人の会）

創　立　宣　言

戦争の罪悪を身をもって体験した、わたくしども元軍人は、心から人間の尊厳にめざめ、戦争を否定します。

わたくしどもは、過去の反省に立脚し、戦争放棄と戦力不保持を明示した日本国憲法を順守し、真に人類の幸福と世界の平和に貢献せんがため、本会設立の趣意書ならびに会則にのっとり、同志相携えてあらゆる戦争を阻止し、戦争原因の剪除に努め、進んで近隣諸国とくに中国との友好を進めんとするものであります。

ここに終戦の記念日をトして本会を設立するにあたり、万世のため太平を開く決意のもとに日本の更正を誓った当時を追憶し、戦没の万霊に額ずき、ご遺族をはじめ戦争の被害者ならびに軍靴で踏みにじった戦場の住民各位に深く遺憾の意を表しつつ宣言します。

１９６１年8月１５日

日中友好元軍人の会

二〇一七年度　活動方針

われわれは、創立宣言に則り、次の活動を行なう。

一、平和憲法を守り抜くため、広く非武装中立・軍縮亡国を訴え、組織の強化・拡大に努力する。

二、過去の侵略戦争に対する反省に立脚して、中国をはじめ、アジア近隣諸国、さらには世界各国の平和を希求する人々との友好・提携に努める。

行　動　計　画

一、違憲の安保法制を強行し、憲法改悪へ向かう安倍内閣のあらゆる策動を許さず、特に憲法9条を守るために活動している諸団体の運動に積極的に参加する。

二、戦争に直結する集団的自衛権の行使を認めず、名目の如何にかかわらず、自衛隊の海外派遣、多国籍軍への支援に反対する。

三、広島・長崎の被爆の歴史に基づいて、核の廃絶を広く世界に訴える。日本政府に核兵器禁止条約への参加を求める。エネルギー変換、脱原発をめざす。

四、沖縄の民意を無視した辺野古新軍事基地建設等に反対し普天間を始めとする全国各地の米軍基地の縮小・撤廃を求める。そのためにも日米安保条約の解消とそれに代わる日米友好条約の締結を提唱する。

五、日・中・韓・朝の障壁になっている歴史認識問題、戦後処理問題（従軍慰安婦、強制連行・強制労働などに関する訴訟・賠償請求）の早期解決を求めていく。

六、中国国際友好聯絡会研修生受け入れと公私訪中派遣を通じて、民間レベルでの友好・交流の強化を図る。

【巻頭言】

政府の「明治一五〇年関連施策」から読み取るべきものは何か

立野　隆一

はじめに

連日のように森友学園、加計学園関係文書や自衛隊のイラク派遣時の日報の「発見」が報じられている。政権に阿る官僚による忖度による文書改ざん・隠蔽、文民統制の崩壊などとメディアは繰り返し報道している。森友問題では佐川前理財局長が刑事訴追を理由に証言の多くを拒否した。その後、予算案が採決されると自衛隊イラク日報の騒ぎとなった。誰が何のためにという基本的なことが何も分からないまま、人事におびえた官僚の勝手な配慮という形で閣僚の関与はなかったことになるのか。そして、野党の追及も空しく事態は推移し収束していくのだろうか。

首相官邸HP内に内閣官房のサイトがあり明治一五〇年関連施策が示されている。明らかな明治時代の礼賛である。間接的には、現政権の歴史的肯定のように見える。そして、明治は日本が近代国家として生まれ変わり、確実に力を付けて欧米列強と比肩する国へと発展した明るい青春のような時代という評価が歴史教育や小説を通じて紋切り型になされ、国民の多くに定着している前提があるからだろう。だからこそ、明治という時代に対する検証を一五〇年を契機に様々な角度から行うべきだと思う。今回は、内閣官房の明治一五〇年関連施策から見えてくる狙いを考察する。

（1）「明治の精神は日本の強み」と放言する政府（内閣官房HPより）

内閣官房は、「『明治150年』に向けた関連施策の推進について」をHPに載せ、関連省庁や地方自治体の事業、大学との連携などを紹介している。明治期の歴史資料をデジタル化して公開したり、各種イベントや市庁舎などへの展示、歴史的スポットなどへの支援活動と盛りだくさんだ。下記は、この施策の目的である。

平成28年11月4日

平成30年（2018年）は、明治元年（1868年）から起算して満150年の年に当たります。明治150年をきっかけとして、明治以降の歩みを次世代に遺すことや、明治の精神に学び、日本の強みを再認識することは、大変重要なことです。

このため、「明治150年」に向けた関連施策を推進することとなりました。

この中で、「◆明治の精神に学び、更に飛躍する国へ向けた施策」がいくつか示されている中で下記が目に留まった。

○法務省赤れんが棟法務史料展示室における司法の近代化

等に関する特集展示【法務省】

司法の近代化をメインテーマとする「明治一五〇年」特集展示として、①略、②初代司法卿 江藤新平をはじめとする我が国の司法制度の基盤形成に大きく貢献した偉人にスポットを当てる展示、③略

注目したいのは②の江藤新平だ。学制の基礎固め・四民平等・警察制度整備など近代化政策を推進。特に司法制度の整備（司法職務制定・裁判所建設・民法編纂・国法編纂など）に功績を残し、政府内における急進的な民権論者で民選議院設立の建白に加わった人物だ。それにもかかわらず士族の乱の先陣を切って佐賀の乱を引き起こし、捕らえられて斬首刑になっている。近代化や民主主義を士族救済の手段として利用した江藤は、極めて保守的な人物であったといえる。彼の暗部を何も説明することなく表面的な「実績」だけを評価するらしい。「明治の偉人」は裏表、明暗がはっきりしすぎて配慮しきれないと言うことか。

（2）近代化政策は国民を幸せにしたのか

また、ポータルサイトには、下記の文章で明るく躍動的な明治を紹介している。

平成三〇年（二〇一八年）は、明治元年（一八六八年）から満一五〇年の年に当たります。明治以降、近代国民国家への第一歩を踏み出した日本は、明治期において多岐にわたる近代化への取組を行い、国の基本的な形を築き上げていきました。

内閣制度の導入、大日本帝国憲法の制定、立憲政治・議会政治の導入、鉄道の開業や郵便制度の施行など技術革新と産業化の推進、義務教育の導入や女子師範学校の設立といった教育の充実を始めとして、多くの取組が進められました。

また、若者や女性等が海外に留学して知識を吸収し、外国人から学んだ知識を活かしつつ、単なる西洋の真似ではない、日本の良さや伝統を活かした技術や文化も生み出されました。　…以下略

日本の近代国家の骨組みとしての憲法制定、立憲政治の導入は、「臣民」としての国民に仕立て上げられていく過程であった。国民国家形成のための装置としての憲法であり、上層農民を政権側に取り込む手段として機能した自由民権運動という評価も可能だろう。様々にそぎ落として政府に忠実で平準な国民を育てつつ、一方で国家の用途に合う国民を育ててきた。明治五年の学制に見られる七種類の小学校はそのことを物語っている。尋常小学（男子、学費自前、都会）、女児小学、貧人小学（富裕層の寄付で運営）、村落小学（地方）、小学私塾（私宅で教える）、幼稚小学（神童4歳から…実現されず）、廃人小学（障碍児）だが、尋常なのはそれほど多くない特別な子どもたちを想定していることになる。様々な差別が織り込まれ、その理由は、殖産興業

と富国強兵のために分類されたものと読み取れる。国家・天皇への忠誠と頑強な肉体の育成は徴兵制と関係し、「良兵即良民」という人間モデルが組み込まれている。

ポータルサイトの文章には、日清・日露戦争が出てこない。足尾鉱毒事件と田中正三、労働運動と片山潜、下層社会をルポした横山源之助や女工哀史も出てこない。徴兵制の施行で国民皆兵となったことで多数の戦死者を出し、無理な殖産興業策は甚大な被害を出し、四民平等は平民の階層分化を進めて大量の低賃金労働者を作り出した。また、アイヌ民族や沖縄（琉球）に対して強引な日本帝国臣民化政策が施されたことも重要だ。これらは、無辜の国民の多大な労苦と犠牲の上に成立した近代化であることの証だ。制度の近代化や技術の進歩は、単純に国民を幸せにしたわけではない。それをまるで一部の政治家や資本家・軍人などの功績であるかのような評価をしているようなＨＰの表現には歴史の真実を隠蔽しようとする意図を感じる。

（3）歴史は連綿として継続している

そこで思いつくのは、アジア・太平洋戦争の敗戦による日本の破滅を満州事変後に多くの国民は想像すらしていなかったことだ。治安維持法下の当時、そこへ至る歴史的検証等誰もできるはずもなく、軍国主義は確実に政治やメディアを侵食していたのだから。昭和の始まりは経済危機に見舞われ、軍国主義が闊歩した統制と貧困による暗い時代だった。敗戦後私たちは、自由と豊かさを与えられ、民主主義を実践してきた。しかし、本当に身につけてきたのかと今の政治の劣化状況を見渡すとひどく懐疑的になる。戦前の昭和だけを悪者としてそれ以外の時代は「美しい国」だったとする意図を感ずる。現下の問題については財務省の官僚だけ、防衛省の官僚だけで全てがなされたと言わんばかりの論法と類似する。軍国主義下で文民官僚は、軍人の意向をひたすら忖度し、言われるがままの下僕と化していたのだから現下の官僚の劣化は安倍独裁政権が同様の性質を持っていることを証明しているといえないだろうか。

少々短絡的なもの言いをすれば、明治政府の強引な近代化がアジア・太平洋戦争への道筋を作ったのだ。日清・日露戦争の勝利は、それまでの急激で無理を伴う改革を全て承認することになった。これらの国家存亡にかかる危険な戦争を実行したこと自体に問題があることを国民の多くは勝利に酔わされて考えていなかった。例えば、司馬遼太郎の「坂の上の雲」は、国策の肯定だが、痛快青春ドラマであり、筆者も引き込まれる魅力を持っている。想像するに当時の国民は、具体的な戦闘場面の歌や絵によってスポーツの国際大会での応援団にでもなったような高揚感を味わったのだろう。戦争に対する国民感覚の麻痺に成功したからこそ国難に際する度に軍部の発言力が増していった。それを操るかのように財界が彼らと一体化していく。昭和恐慌から後の歴史は、明治の元老が死んだから失敗したのではなく、彼らが成熟すべき近代国家の方向性を示すという職責を果たさなかったからだ。

そのことは、今日の国会でも繰り返されている。内閣の傲慢さに振り回され、国会は空転している。有権者は騙された怒りをぶつけるより、嘆きやため息で応じている人が多数だろう。教育基本法が改悪されて以来、日の丸君が代への反対はタブーとされ、教科書に対する異様な攻撃、道徳教育の評価化など民主派の教員は立場を失いつつある。そのような中、高校生・大学生は確実に保守化し、一八歳選挙制度導入でも若者の投票率は極めて低い。教員も新採用が職場に増え、若返ったものの予備校化する動きには忠実に反応しているが、政治的関心は低い。安倍政権が仮に倒れても、憲法改悪は次の政権が取り組むだろう。しかし、何としても改憲を阻止し、明治以来の国家の発展のために国民を犠牲にする政治を終わらせなければならない、とつくづく思う。

権力依存の習性

山邉悠喜子

小林様

ご苦労様です。毎回楽しみに拝見しています。

前回、私の発言に何人かの方から賛同を頂いたようですが、例によって私の寸足らずの発言で申し訳なく思っています。是非各位のお考えも伺いたいと反省と共に思います。

①　日本には古来からの習慣と言いますか、権力依存の習性があります。それは一家庭の中にも、社会生活にも日々体験することです。(地方によっても違いますが)例えば：「俺こそは・・、」「何様だと思ってるんだ」。つまり従属を強いる。半面、文句なしに従う習慣でしょうか？私は偽満州国時代に何回も目撃したことがあります。

当時、タクシーなどはあまりありませんから、人力車が多く使われました。料金を要求する車引きに、素直に料金を支払う日本人のほうが稀だとは、友人からもよく聞きました。

「俺様は日本人だぞ！」車引きを追い払って悠然としている日本人を、子供心に奇妙な感覚で見ていました。人々がその稼ぎで暮らしていることなど全く考えもしないのです。つまり俺様こそは権力者日本人だ。「従え！」と言うのです。なら、権力者は不要ですが・・・。

②　私が中国でいろいろ調査を始めた時、華北の村で、夫や子供の前で平気で女性を犯す日本軍兵士の話を聞きました。それは東北にもありました。今慰安婦問題が問題になっていますが、それが組織的であろうとなかろうと、女性蔑視に他なりません。戦争だからと言って済む問題でしょうか？その戦争を発動した者は？日本社会に存在する男女差別の現状が生きてい

ることをも感じています。権力者は全てを国民から許されたわけではありません。故にこそ厳守すべきことがある筈です。世界の注目にもかかわらず、日本政府からの答えはありません。

③　話は飛びますが、戦後の被害者裁判を見ます。戦勝国の国民が、侵略戦争で受けた被害を訴えました。しかし、戦勝国の国民が加害国で加害国の法律をもって裁かれました。結果は理由をつけて被害者敗訴でした。あの「日中共同声明」があるにも関わらずです。

日本の現状からみても、戦後を経て、これほどに反省のない社会になった国があるでしょうか？　そっくりそれが米国依存の恥ずべき現状です。沖縄の住民を無視した行為もあの偽満州とそっくり同じです。あの侵略時代を辿っていると感じるのは私だけではないと思います。過去を問うまでもなく、森友問題が問うに足りないとは思いません。或いはだからこそ真剣にその古来から存在する不合理の一部として「俺こそは何でも許される」を検討すべきかもしれません。でも、この認識があったなら、一国の総理が言い繕い庇ってすむことですか？　政府与党も国民の政党としての立ち位置から逸脱しているとは思いませんか？　安倍に総理担当の資格、認識不足は言うまでもありません。では与党も同罪ですが、彼らがしがみつくのは？　古来からの大罪も負うことでしょうね。

私が言いたいのは、だからこそあの侵略戦争の根底から国家として問う姿勢がないことへの不満です。他界した天皇賛美、現有するいかなる問題も、その根源があの戦争を自ら総括していないことに帰結します。或る報告会で、質問がありました。「父は、家族にも他人にも優しい人です。やはり戦地ではそんなことをしたのでしょうか？」

「多くの元兵士が戦場で犯した残酷な犯罪に人知れず苦しんでいることも事実です」

戦争は終わりました。でも現政権は、再び戦争の準備を訴えています。新たな危機が作られていることを無視はできません。

脱線を承知で追加すれば、中国では日本の犯罪を見事に体験として私の眼前に示してくれました。

「女性は半辺天」社会の半分を支えているのが女性。つまりは男女平等です。社会は、経営者に女性の授乳時間を認めさせました。企業には保育室がありましたから、女性は子供と同時に出勤し、退勤しました。

「それは社会主義社会だから」でしょうか？　ならば社会主義社会に賛同します。

勝手にそそくさと書き連ねました。ご一読いただいて、さらに問題をご指摘いただければ嬉しいです。会誌に掲載する必要はありません。多くの読者から自由な討議に発展すればと思います。
もうすぐ春節ですね。お体をお大切に。ご活躍を期待します。

（購読会員）

（常任幹事の小林さん宛のものでしたが山邉様のご承諾を得て掲載致しました。皆様からのお返事をお待ちしています）

語りつぐ戦争８

本庄九条の会

元特攻隊長が語る「出撃前夜」

沖松　信夫

九　出撃前夜

５月の初めに熊谷に移り、５、６、７月と３ヶ月訓練をして、８月の初めに第六航空軍という九州・沖縄担当の航空軍に配属されました。８月１０日頃に、「８月１５日の午後３時に離陸して熊本の健軍飛行場に行け」という命令をもらいました。当時九州は毎日米軍機に空襲されていましたので、飛行場に飛行機を置けないのです。置いたらすぐ爆撃され焼かれてしまうからです。ですから熊本では燃料を補給し、爆弾を積んだらすぐ飛び立つということになっていたので、「もうこれでおしまいだ。人生も終わりだ」というふうにも思っていました。前日の８月１４日、突如延期、少し先に延ばすということになったのです。そして８月１５日にいわゆる玉音放送がありました。天皇の言葉を初めて聞きました。天皇の声というのをそれまで聞いたことがありませんでした。天皇の声を聞いたことのある人はほとんどいなかったでしょう。日本人で聞いたことのある人はほとんどいなかったでした。内容がよく分からなかったという人もいますが、私はすぐ戦争は終わったんだということが分かりました。その時に思ったことは、「ああ助かった！」という気持ちでした。「こんな助かり方をする人は世界に何人いるだろうか」とも思いました。次いで思ったのは「残念だ」ということでした。「何のためにたくさんの人が死んだのだろうか」ということを考えました。

十　敗戦

復員して故郷の広島に帰りました。当時の日本の状況について、今はあんまり語る人はいなくなりましたが、本当に惨憺たるものでした。日本人が、人間がここまで変わるのかと思うほどエゴがむき出しでした。泥棒は横行していて、自転車にしろ靴にしろすぐ盗まれてしまう。私は銭湯に行って風呂から出た時に、下着がなくなっていたという経験がありました。そういうことがごく当たり前のことで、油断も隙もないという状況でした。犯罪が横行し、暴力団が幅を利かせても、警察が取り締まりきれません。国家権力が自信を失えば、どんなにみじめな事態になるかということを経験してきました。

皆さん、小平義雄という人をご存知ですか。小平義雄というのは、10人くらい女性を殺した、日本で一番の殺人鬼と言われています。その人がやった事は、女性に「食料を世話してくれるいい所がある」と誘うと必ずついて来ると言うのです。みんな食料がない、腹が減ってしょうがない。当時の日本人が思っていたことは、「腹いっぱい食べて死にたい」ということでした。それから、駅で立っている人がいないのです。立っておれないのです。腹が減って皆しゃがみ込んでいるのです。それから覚えているのは喧嘩が多かったことです。腹が減っているから、皆イライラしている。何かあると、すぐ喧嘩になってしまう。そのような状態でした。

私は復員して間もなく、大学に行けるということを聞いたので受験勉強を始めました。当時、軍人に対する風当たりは強いものでした。元軍人とか、陸軍士官学校や海軍兵学校を出た人に対して、戦争中はある意味でちやほやしていましたが、敗戦後はがらっと一変して「お前たちが日本を滅ぼしたのだ」とか、「軍人のお蔭でこんな目に会うんだ」などと言われました。公職追放といって、軍人や軍学校出身者は公務員になれない。大学にもなるべく入れないようにということで、軍関係者は定員の一割しか入れない。どんなに成績が良くても一割しか入れない、いわゆる「一割制限」というのがありました。「なんでこんな目に会うのか」と考えた人もたくさんいたと思います。

私が大学に入って勉強したかったことは「どうして日本はこんな戦争をして、負けたのだろうか」ということを知りたかったのです。特攻隊員になって私は人生観が変わったと思います。「もうすぐ、来週は死ぬんだ」と覚悟を決めていた時の人間は「いくら金を持っていても何になる」とか、「偉くなって何になる」という気持ちになるものです。私自身が考えたことは、「幸せな生活っていうのはごく平凡な日常生活の中にあるのだ」ということでした。それを痛切に感じました。このように、個々人の人生観を大きく変えてしまうような無謀な戦争をなぜ日本は始めたのか、あれほど勇敢に戦った日本軍がなぜ敗れたのか、だれに戦争責任があるのかなどを知りたいと思いました。

戦争が終わった時、そんな責任を感じなくてもいいのではないかなと思う人までが自決をしています。私の友人も「国民に対して申し訳ない、自決する」と。「よせよ。そんなことしたってしょうがないじゃないか。お前の責任じゃないよ」と言ってみんなで止めたのですが、「俺はやっぱり死ななくちゃいけないんだ」と言って自決した友人もいます。

十一　日本の戦争について

あのような戦い方をした日本軍がなぜ負けたのだろうかということを知りたいと思っていろいろ勉強しました。昭和天皇が書いた「敗戦についての意見」という資料があります。それは昭和天皇が敗戦の年の9月の初めに、皇太子に出した手紙です。それには「日本が負けたのは、精神を重視した」からだとか、「敵を知り己を知らば百戦危うからず」という孫氏の兵法がありますけれども、「それを日本の軍部は知らなかったのだ」「自分のことが分からなかったし、相手のこともわからなかった」という主旨のことが書いてあります。それを読んだ時、私は確かにその通りだと思いました。「日本人が日本人のことを知らなかった、相手のことも知らない、それじゃ勝てるわけない」と思います。

大学に行って、明治時代の政治外交史の講義を聴いた時に、なるほどと思ったことがあります。それは、明治維新の考え方に間違いがあったということです。具体的に言うと、明治維新というと日本の近代化を進めるにあたり、非常に短時間で犠牲も少なく、成果を上げることができた。これは立派なことだと思います。確かにそういう面もありました。しかしその根底に大きな間違いがあったのです。「王道覇道」という言葉があります。王道というのは徳を持って外国と接するということ、覇道とは武力で相手を従わせるという考え方です。明治政府には「覇道」という考え方が強くありました。富国強兵とか中国に対していろんな難題をふっかけ、武力で権益を広げようとしたのです。そこが間違いだったのです。現在でも、そのことをしっかり考えなければ、日本の将来は同じ間違いを犯すことになるというふうに私自身は思っています。

なぜ明治政府は間違ったのか、その原因は何かというと、明治憲法にあると思います。明治憲法というのは、ヒットラーと同じ運命または寿命だったのです。明治憲法は１８８９年に公布されました。ヒットラーは１８８９年に生まれています。ヒットラーが自殺したのも１９４５年で、明治憲法が効力を失ったのも１９４５年です。年は、年齢は５６歳ということになります。４５に１１を足す。どっちも同じ５６歳です。明治憲法は５６年しか寿命がなかったということです。今の憲法はもう７０年になります。現憲法と比べ明治憲法は、何が違っていたかというと、明治憲法は常識が欠けていたということにつきると思います。その点、新しい憲法、今の憲法は国際常識でできています。そこが非常に強みだと思います。

一つの例を挙げます。皆さんはご存じだと思いますが、明治憲法の第一条は、「大日本帝国は、万世一系の天皇これを統治す」です。第二条は、「皇位は皇室典範で決める」と書いてあります。第三条は「天皇は神聖にしておかすべからず」と書いてあります。問題は、万世一系というのが日本の一番の強み、一番優れているところだと言っているのですが、これが国際常識から言うと問題がおきてくるのです。万世一系というと、男性がその家を継いでいくということです。女性が家を継ぐというのは万世一系とは言えない。なぜかというと、女性の血より男性の血の方を大切にするということが日本古来からの考え方です。そこで何が問題かと言いますと、万世一系の天皇が日本を統治するという意味は、天皇に子どもがいなかったらどうするかという問題がおきてきます。皇后に子どもができないということはあるわけです。その時にはどうするかというと側室です。二号、三号というのを作らなくてはいけないということに必然的になるわけです。

現に明治憲法時代の皇室典範には庶子という言葉が出てきます。庶子というのは正式の婚姻にない関係で生まれた子のことをいいます。皇室典範には、天皇は嫡出すなわち皇后の子ども、しかも男の子ども、「男子孫」と書いてあります。それが家を、天皇を継ぐということです。男子孫がいない時に限って、庶子が天皇を継ぐと書いてあります。実はそれが日本の皇室にとって大変な悩みなのです。今の天皇は125代です。115代に、徳川中期ですけれども、桜町天皇という天皇がいました。桜町天皇から大正天皇までずうっと皇后の子どもは天皇を継いでいないのです。天皇を継いだのはみな庶子、要するに女官の子どもということです。例えば表2のように、明治天皇は孝明天皇の皇后の子どもではありません。中山という公家の娘が産んだ子どもです。明治天皇の皇后は昭憲皇太后、名前は美しい子どもと書いて「はるこ」と読むのですが、大正天皇も美子皇后との間の子どもではありません。子どもができなかったのです。それで6人くらいの女官との間に子どもをつくっている。人数は男子が5名、女子が10名、合計15人の子どもでした。それで実際に大きくなったのは、男子一人、女子4人だそうです。男子一人というのが大正天皇です。大正天皇は、柳原愛子（なるこ）という女官の子どもです。

表 2 天皇家系図

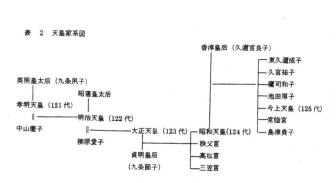

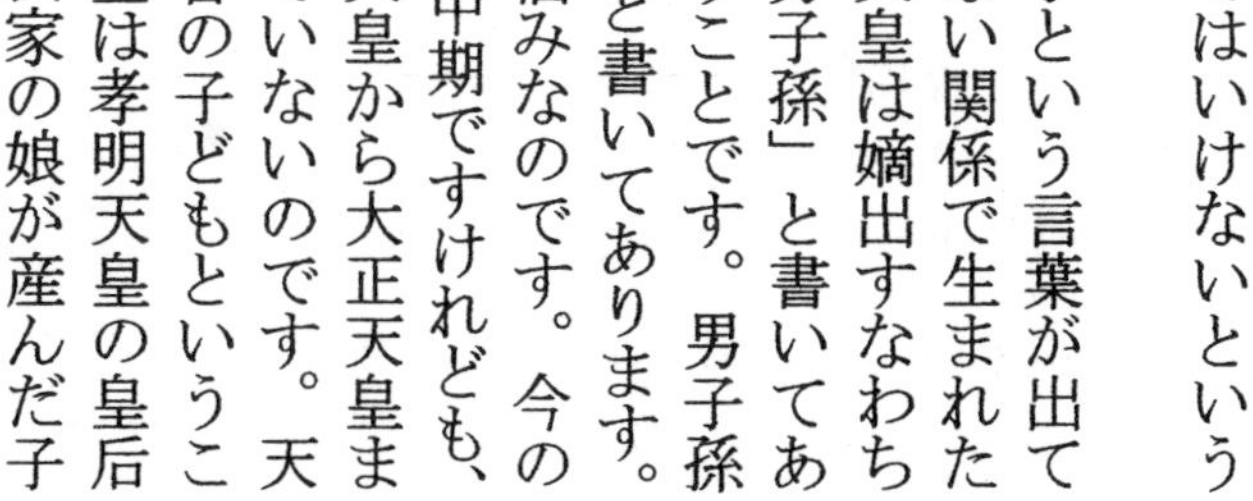

皇室典範を作る時に「庶子の必要」が問題になったそうです。男子の子どもができないことはあり得るわけですから、万世一系のためには皇室典範で二号、三号を作っていいというふうにしなくてはいけない。しかし、それは外国

からは認められるだろうか。それが問題になったのです。実際には、皇室典範は庶子の子どもを認める。正妻に子どもがいなければ庶子の子どもに継がせることになったのです。当時、これは日本人にとってごく普通な考え方でしたが、外国人からみると、おかしなことなのです。（つづく）

（埼玉・代表幹事）

「日中友好8・15の会」へのおすすめ

私たちの会は、かつて侵略した中国をはじめ、アジア諸国、さらには広く全世界に対し、「反戦・平和」と平和憲法の順守を誓い１９６１年に創立し、すでに５０年以上経過しました。会員は元軍人と趣旨に賛同した戦後生まれの人たちも参加しています。会員には会誌『８・１５』（月刊）を毎号お届けし、また年１回の中国訪問団（見学、友好交流）への参加や当会が隔年に受け入れている中国からの研修生との交流・意見交換への協力をお願いしています。

会費は年額１万円、学生会員は3000円です。会誌購読のみを希望される購読会員は年間6000円です。

皆さんの入会、会誌購読によって「反戦・平和」「日中友好」の声をますます大きくしたいと希っています。

≪申し込み先≫　〒１２５－００３２

東京都葛飾区水元３－３－４

小林悦子方　　日中友好８・１５の会

TEL&FAX　０３－３６２７－１９５３

郵便振替口座００１２０－６－２７４１５

北朝鮮問題とは何か（4）

島貫　隆光

三月九日、トランプが正恩と会ってもいいと言い出した。これは予想された通りの反応だが、世論の中には誤った反応もあるので少しコメントしておきたい。一番一般的な反応はこれまでの制裁が利いて苦しくなって降参してきたのだという考えである。これは私の考えから言えば全く分かっていない証拠だとしか言い様のない反応である。

私の考えではこれまでにも述べてきたように、昨年一杯で核ミサイル技術が完成して、一応アメリカと対等の立場で交渉できるようになりそうだということで今年の正月に言明したように五輪外交から米朝会談へとつながる外交方針の転換なのであって、制裁による効果などではない。前にも書いたように正恩は極めて戦略的かつ合理的な人間である。七〇年前の日本の軍部のように追い込まれて戦争を始めるような愚かな真似はしないのだ。

もう一つ分かっていない話というのは北朝鮮がまた時間稼ぎをやっているという意見だ。あなたはいつのことを言っているのと言いたくなるような愚かな考えである。北朝鮮はもう技術的には完成に達しているのだから今までとは違って時間稼ぎをやる必要は全く無い。だから全く分かっていない人のいうことだということが分かるのだ。

この二つの例が物語るのはいつも私の言う敵の意図を知ることが全く出来ていないということなのだ。一月一日に正恩が明言しているのに、それが全く伝わっていない。

河野も相変わらず制裁ばかりだ。全く分かっていない。これが肚にすえかねたか、三月二十日北朝鮮労働新聞が日米の政府の制裁方針批判を行った。そして同時に北朝鮮国内に対して朝米交渉を北朝鮮が優位に立って開始したことを明らかにした。これはつまり順調にアメリカとの首脳会談の準備が整いつつあることを初めて国内に発表したということなのだ。

三月二三日トランプはまたしても大統領補佐官の首を切った。これも北朝鮮との対話の準備らしいのでトランプの本気度が分かる。それにしても就任以来何人の首を切ったか。彼は民間人としてテレビ司会者をしていた時「お前はクビだ」という決めゼリフの司会をしていたらしいが、それがクセになっているのだろう。

アベも今は大変な時だが、四月にアメリカに行ってトランプと何を話してくるのだろう。まさかラチと核ミサイルの制裁ではないだろうが、そんなことではアメリカにおいとけぼりにされかねない。もはやそんな時ではない。日本は米朝交渉が進んだ時に日本も北朝鮮と戦争を終わらせて平和条約を結ぶために幾らの賠償金を払うのかの算段に入らなければならない時なのだ。しかし河野をはじめ政府の要人でそこまで考えている人はいない。これではダメだ。アメリカは本当にやる気なのだからこれに追いつかなくてはならないのだ。

トランプ政権の人事が停滞していることに危惧の念を持つ人も多い。現在まだ韓国大使もいない状態でどうするんだというわけだ。しかし私は少し違う考えをしている。普通の大統領であれば下から積み上げていくから確かに人材がなければ難しいだろう。だがトランプは他の人とは全く違うやり方だから事務方がいなくても大丈夫なのだ。何故ならば彼は自らが先頭に立って外交をすすめるからだ。彼はおそらくまず正恩とサシで話し合うだろう。そこで肚を探りあって落とし所を定める。そこからが事務方の仕事なのだ。つまり、彼にとって事前に細かいところまで決められたては困るのである。彼自身の交渉術によって正恩とわたり合い、大筋を決めてからあとの細かいところを事務方にやってもらう。おそらくトランプのやり方にはそういうことになるだろう。だから事前にあまり細かいところまで決められては困るのである。

現在すでに北欧諸国で三者会合が行われているが、おそらく場所をどこにするかとか、本当の事前準備だけで議題の中味についてはあまり立ち入った話はしていない様子だ。

これまで私と同じ考えを示す人はいなかったが、今回一つ現れたので収録しておく。元ロシア韓国大使グレブ・イワシェンツォフ氏の日米韓と北共存政策が解決の道だというタイトルで産経三月二六日記事(以下引用)

米朝首脳会談の合意がなされたことについて、対北朝鮮制裁が役割を果たしたいとは思わない。北朝鮮の経済成長は、制裁が強化された２０１２年～１３年に加速したのだ。問題は別のところにある。長距離の核・ミサイル兵器製造を終え、金正恩(キムジョンウン・朝鮮労働党委員長)は「米国からの安全保障という目的は達せられた。核・ミサイル競争は終わらせることができる」と決断したように思われる。

北朝鮮は疑いなく、外交的な承認や制裁の緩和、経済支援といったことに向けた政治対話を望んでいる。これら(北朝鮮の要求)を全て明確にするためには、前提条件をつけずに詳細な交渉を行う必要がある。

北朝鮮にとって、核・ミサイル計画は安全保障の盾であり、簡単に手放すことはない。北朝鮮は、大量破壊兵器(ＷＭＤ)を放棄したリビアの元指導者、カダフィ大佐の命運を繰り返したくない。

したがって、米国と国際社会にとっての唯一の出口は、北朝鮮の安全を保証することについて、具体的に、誠実かつ透明に合意することだ。安全の保証は、疑いの余地が何ら出ないような、強固で説得力のあるものでなくてはならない。

こうした交渉には、６ヵ国協議の参加国や国連安全保障理事会の常任理事国からの(北朝鮮に対する)信頼や保証が求められる。北朝鮮には、核・ミサイル関連施設の廃棄や機密情報の提供など、「不可逆的な行動」が求められるからだ。

米国が合意内容をどれだけ順守できるかも問題だ。米国は勝手に弾道弾迎撃ミサイル制限条約や環太平洋戦略的経済連携協定(ＴＰＰ)から脱退した。今、トランプ氏はイランとの核合意の見直しについて言っている。これら全てのこと、特にイラン核合意の行方が北朝鮮に直接関係している。核合意が米国の地政学的な事情の犠牲になるのなら類似した手法がどうして説得力を持つだろうか。

過去の交渉が失敗した理由は単純だ。北朝鮮の敵対者たちがこの国の生きのびる能力を信じず、体制の早期崩壊と、韓国による(東西)ドイツ型の吸収を期待したからだ。朝鮮問題の解決は、米国と韓国、日本が北朝鮮の存在を受け入れ、共存の政策をとる時のみに可能だ

日本人の拉致問題については、核問題とリンクさせず、日朝が２国間で解決すべきと考える。(以上引用)

三月二十五日、北朝鮮国境を越え中国に緑色の列車が入った。正恩の電撃訪中である。二十八日までの四日間、正

恩は中国との首脳会談を行った。これまた米朝会談のための準備だろう。とにかく正恩の打つ手は一手一手的確である。アベはこれまでの制裁が利いて正恩が動いたといっているが全く情けない。それしか考えられないのかと言いたい。もちろん今まで自分がやってきたことが正しくてそれが利いたと言いたい気持ちは分からないではないが、そんな自分本位の考え方しかできないようでは国際社会のリーダーには到底なれない。

私がこれまで言ってきたように、北朝鮮は核ミサイル技術を完成したことにより方向転換してきたのであって、その考え方の筋道はしっかりしていて、それを一つ一つ実行に移しているだけなのだ。その手の内が私にはよく見える。私は情報マンの心得としてその人の身になって考えると云うスタンスをとる。つまりこの場合私は正恩の身になって考えるから見えてくるのだ。

正恩の置かれた立場はきわめて厳しいものがある。朝鮮戦争以後の米韓とのにらみ合いは今も続いている。一瞬の油断も国の破滅に結びついている。国際社会からは孤立し、貿易もままならず、百万の大軍と核ミサイルの開発にも巨額の金が必要とされる。国民を飢えさせてはならないと思いながらもそこまでは金がまわらない。こうした中で正恩の考えはただ一つ、アメリカとの戦争を避けることだ。そのためにはどうしたらいいのか。アメリカと平和条約を結び、永遠に戦争を終わらせることだ。そのためにはアメリカと交渉しなければならないが、アメリカと交渉するためには対等の力を持つ国としての立場を作り出さなければならない。そのために必要なのが核ミサイルなのである。だからこそ北朝鮮はこれまで誰から何を言われようとかまわずひたすら核ミサイルの開発にはげんできた。それが昨年ようやく出来上がった。火星一五号である。あのときの正恩の喜びようは尋常ではなかった。それはそうだろう。それまで隠忍自重してきてやっと念願がかなってアメリカと対等の力を持てるようになったのだから。ここで彼はこれまでとは一八〇度方針を変えて友好姿勢をとることにした。まず文大統領を取り込み、さらに中国を後ろ盾にしてアメリカと対決する。最終的には南北朝鮮の統一も視野に入れて東北アジアにおける平和を達成する。こうすれば軍事費が一切かからなくなり、すべてを人民の生活にまわすことができるようになる。貧しさからの脱却である。これは夢ではないのだ。

こうして一月以来努力した結果、四月には韓国、五月にはアメリカと首脳会談を決定した。さらにこれらを成功させるため中国とヨリを戻し、血の同盟を復活させてアメリカへの圧力をつける。これが三月の中国電撃訪問だ。あとはロシアと日本だがこれはそうあわてる必要はない。これまでのところ国防、政治関係の話ばかりで経済の話は出てこなかったが、唯一カネになるのは日本だけだ。日本との交渉とは当然賠償金ということになりタンマリとゲンナマが入ってくる楽しみがあるからこれを最後の楽しみとしてとっておこう。ラチなんぞというのは小さなことだが、それも持って行きようではいくらかカネになるかもしれない。これも最後の最後だ。とにかく日本はほっておけばおくほどあせってくるから当分はほっておくことだ。

　それにしても中国訪問は大成功だった。もちろん中国側にも必要性は充分あったのだ。中国は直接アメリカと対決するのをいやがっていたから北朝鮮を間にはさむ必要があって、そこがしっかりしていてくれさえすれば安泰なのだ。もし北朝鮮が韓国と統合して一つの朝鮮になってくれればアメリカは撤退して、大嫌いなサードの脅威もなくなる。中国としても大歓迎なのだ。われわれとはウインウインの関係にあるから当然のことだろう。

　これまでやったことは大体考えていた通りになったが、これからが正念場だ。まず文大統領とは朝鮮統一までの道筋、それからトランプとは朝米平和条約までの道程といずれも大問題がひかえている。トランプは案外面白い奴だから話が合うかもしれない。あのオイボレも選挙のことがあるから何とか成功させたいだろうし、核廃棄の約束さえしてやれば何とかのってくるんじゃないか。当方としては平和条約を結びさえすれば核兵器なんかいらないんだからお安い御用だ。ただそこまで持って行くには何段階もの手順が必要だ。こちらがこれだけのことをやれば向こうもそれに対する処置をする。その段階と道筋の付け方が至難の業だ。平和条約を結んでから核廃棄するか、平和条約が最後になるか。そこのところは話合いでどうにもなるだろう。とにかくこの二、三ヶ月が勝負どころだ。肚をすえてやっていくことにしよう。あとはお楽しみが待っているはずだ。

　私は正恩の打つ手がうまく動いていると思う。おそらく今年中にかなりのことがなされるのではないか。歴史は動いている。それを目のあたりにしているのだという意識をもって毎日のニュースを見ることが大事だ。

　日本としては核廃棄とラチしかないような風潮がビマンしているが、私は日本にとって一番大きい問題は賠償問題だと考えている。数十兆になるだろうが、その用意はできているのだろうか。ラチは唯一日本が被害者だから大きく取り上げられるが、そのほかはすべて日本が加害者なのだ。このことをよくよくかみしめておかなければならない。よくなぐった方は忘れているがなぐられた方はいつまでも忘れないと言われる。そのことが分っているならラチ問題だけを言う今の日本人の考えは全く分らなくなる。少なくとも私はそう思う。

　群盲象をなでる、という言葉がある。最近のメディアを見ているとこの言葉がピッタリだ。何でもかんでもサプライズにしてしまう。私は先にも書いたように正恩はきわめて戦略的かつ合理的な人間だと考えている。彼のやることはあらかじめ考えたことを着実に実行しているだけだ。だから思いつきでやっているわけではないのでサプライズではない。それが分らないからなんでもサプライズにしてしまうのである。

私は先に駐韓米軍の撤退について中期ではウインウインの関係にあると書いたが、この問題が実はトランプと中朝とウインウインの関係にある。トランプはビジネスマンだから軍事費はムダ金だと考えているフシがある。そのデンで動いていくと駐韓米軍の撤退はトランプにとってもうれしいことなのだ。彼はＮＡＴＯや韓国に対して軍事費をもっと出せといっている。そこからすると米朝会談は大成功なのである。あとは核ミサイルさえうまくできれば会談はうまくいくことは保障されたようなものだといっていいだろう。

三月十五日、私は市ヶ谷の偕行社で同期会をやっていた。そこにヒョッコリ顔を出したのが三月号でご紹介した伝説の仙幼四一期生、石井豊喜さん。陸士五六期の同期会を同じところでやっていたとのこと。とても九五才とは思えないカクシャクたる姿勢の良さで同期生からも賛嘆の声しきりだった。私はいつも大先輩を見る時八年後自分はあのように出来るだろうかと考える。八年後どころか現在でもすでに出来ていないのだ。うれしい奇遇だった。

大先輩は北朝鮮問題について次のように指摘された。

「北朝鮮は戦後共産主義国に変り、民族的に反発と独善と教条的な政治志向しか出来ない国の様です。現在は国際的に経済を含めて秩序は『パワーバランス』の時代ですから『核戦力』に頼っているのでしょう。『米朝交渉』により得るものは不明です。

又南北統一は、水と油の様なもので、後背に中国とロシアが控えて、新冷戦の初期状態では、先行きが不透明としか言い様がありません」

たしかに現実はおっしゃるとおりである。私は甘すぎる。しかし私もこの点については一応クギをさしておいた。教条主義的にとは北朝鮮の統一とは南をのみこむということである。それはダメだと私は書いた。もしそれをやれば米朝どころか南北会談も成立しない。正恩は幼少時からヨーロッパで生活していて欧米の考え方にはなれている。唐様で書く三代目という言葉があり、通常は悪い意味で使うがこの場合私はよい意味で使いたい。正恩はこれまでとはガラリと考え方を変えているのだ。そう思うしか方法はない。私は今朝鮮という新しい国が生まれつつあると考えている。国生みの状態は今私たちの目の前で行われている。そこに夢を託したい。老先短い私にとって今の世の中少しは夢を持たせてほしい。それが私の考えだ。　（埼玉・会員）

参考文献
・金正恩「米朝対話」の綱渡り―北朝鮮軍部に広がる「和平への不満」
・米朝会談後の危うい東アジア―退く米国と「空白」を狙う中国
・在韓米軍「撤退　論」と日本の危機―南北と米朝の融和が始まる「悪夢」　「選択」四月号

	政治日程	非核化日程表
2022	朝鮮連邦の結成	在韓米軍完全撤退
2021	平和条約締結	非核化終了
2020	米朝交渉	
		在韓米軍一部撤退
2019	実戦配備・量産態勢→核抑止力完成	IAEA 査察
		非核化計画策定
		非核化の道筋検討
		非核化合意文書の作成
	5月　米朝首脳会談(トランプ)	
	4月27日　南北首脳会談(文在寅)	
	3月25~28日中朝首脳会談(習近平)	
2018	ピョンチャン五輪外交	

【今月の本】

青木理著「安倍三代」朝日新聞社刊

「私の父方の祖父は阿部寛といいまして、翼賛選挙にいわば反対をして、翼賛会ではなく非翼賛会として当選した数少ない議員でもございましたし、反東条政権を貫いた議員でありました」

国会議事録に残る現首相安倍晋三の祖父・安倍寛に関したものである。安倍は母方祖父・岸信介についてはたびたび言及し敬愛の念を隠さないが安倍寛について語ることは極度に少ないという。

以下、青木理「安倍三代」(2017・02・28 朝日新聞出版発行)をよすがに安倍寛に触れてみたいと思う。

「文書の右側には、黒地に白抜きの特大文字で『安倍寛』と縦書きに記されている。その上部には横書きのやや小さな活字で、『厳正中立』と印字され、左側にふたたび縦書きで『立候補の御挨拶』と書かれている。そう、寛が一九三七年の衆議院議員選挙にあたって作成した選挙公報のようなもの・・・・・手に入れたのは偶然だった。このルポルタージュの取材のため山口県内の各地を訪ねまわるうち、ある古書店の関係者から手渡されたのである」

「私は少なからず興奮した。…抽象的な文言で今も地元民に礼賛される寛だが、具体的な政治姿勢や政策、目指す社会観、国家観は判然とせず、何とかそれをうかがい知ることはできないだろうかと考えていたからである」

まずは立候補にあたっての決意表明にあたる冒頭部分、

〈此度帝国議会が解散せられ、総選挙の行はるるに当りまして、不肖私は中立を標榜して山口県第一区より立候補することとなりました。固より浅学菲才其任にあらずとは思ひますが、内外共に危殆に瀕せる国家の前途を想ふ時、独り枕を高うして晏如《あんじょ》たる事を得ませんので茲に一身を挺して敢て立候補を決するに至ったのであります。願くは諸賢の御援助を得まして、どうか当選の光栄を得たいと思ふのであります。帝国の今日には外に対支、対蘇、対英米の国際政局の紛糾あり、内には労使の対立、国民生活の不安定、農山漁村の疲労困憊、中商工業者の窮迫等速やかに根本対策を要すべき幾多の重大事案が山積して居るのであります。

私が此度立候補いたしましたのは、新興政治勢力を代表する、全国の同志と提携して、真に国情に即し時世に適合且つ国民大衆の信頼を贏《か》ち得る新興政党をつくって、国民生活の立て直しをしたいからであります〉

〈私は平素『徳の政治』『誠の政治』と云ふ事を主張している者であります。

政治は徳を以て潤ほす事でなくてはなりません。即ち誠の力によるものでなくてはなりません。この誠の力こそ国民を救ひ、国家を安んぜしむる原動力であります。然るに現在の政治と云ふものは果たして誠に立脚して行われているでありませうか〉

〈もし政治と云ふものが国民生活の安定、大衆の幸福増進と云ふ事を意味するものならば、現在の政治は決して良い政治と云ふ事はできないのであります。一度目を世相に転じるときは、年と共に貧富の差が甚だしくなって行くために、立派な頭脳と健康な体力を持ちながら、働くにも職のない多数の失業者が居ります。

働いても働いても生活の安定を得ざる労働者が充満しております。更に借金と公課に喘ぐ農村……薄給に泣く俸給生活者……大資本に圧迫されてまさに没落せむとする中商工業者等々……世相は陰惨を極めて居る状態であります。凡そ世の中に何がみじめと云っても食えないと云う程の悲惨事はない、即ち非常時は是を遠方に求めなくても斯くの如くわれわれの足元にうようよしているのであります〉

〈彼等(既成政党)は口に種々な題目を唱えて居ますが、かうした大衆生活の極度の窮迫に対しては、何ら適正なる対策を施さないのみか、近くは六十九議会に於ける工場労働者保険法案を骨抜きにし、或ひは今期議会に於ける国民健康保険法案を巡る流会騒ぎの如きは、国民大衆の利益は少しも考へない、財閥特権階級の御先棒である事を如実に物語るものであります。彼等はかうして国民大衆の利益を忘れ、徒に政治を弄んだがために、遂に五・一五事件、二・二六事件が突発して、完全にその無力を暴露したではありません

か〉

安倍寛の決意は国際情勢に及ぶ、

〈国際情勢は極度の急迫を告げ、第二次世界戦争の危機を孕んで居る状態にあります。此際真に国家の前途を憂ふる者は、内に無益なる国内の争ひを止めて、日本を打って一丸となし、以て充実せる国力を挙げて全世界に対処しなければならぬ重大時期であります〉

青木は当たり障りのない、現状追認の寛の言葉に疑問を持ち、「昭和史研究の第一人者であり、大先輩のノンフィクション作家でもある保阪正康に助けを請い…どう読み解けばいいのか、尋ねてみる」…保坂は、

「当時、日本はすでに国際連盟を脱退し、すでに戦時体制に突入していましたからね。安倍寛でなくても、現実にはこの程度のことしか言えなかったでしょう。むしろ目を引くのは、新興政党をつくるんだと、いう主張です」「

「同時に安倍寛は、無産政党に近いとも受け取れる主張をしていますね。ただ、それも少し距離を置き、新たな政治勢力の結集を訴えている。プンプンと漂ってくるのは、あらゆる権威に阿(おも)ねらない反骨のにおいです」

「それがよくうかがえるのが、社会的な弱者や貧者に全力で寄り添おうとしている点でしょう。村長を務めていたためか、しっかりと地に足がついている。目線の低さ、今で言うならば『市民目線』が研ぎ澄まされています。現首相とは、だいぶ違いますね」

今の日本にそのまま当てはまる。失業者対策の必要性の訴え。生活が不安定な勤労者や農家、中小工企業経営者に寄せる配慮。その一方、大資本や『財閥特権階級』に向けられた厳しくも辛辣な視線。『貧富の偏在は国家の危機を招く』などという訴えは、現在も通用する、まさに慧眼の警句であり…。

「貧富の格差への憤り。以下は青木、税制面でも経済政策でも大企業や富裕層を優遇し、そこが潤えば“トリクルダウン”によって庶民にも潤いが垂れ落ちてくるのだと訴えるどこぞの政権に爪の垢でも煎じて飲ませてやりたい」

以下も青木

一九三七年の総選挙―「戦前最後の正常な選挙」と称されたこの衆院選で安倍寛は定数四の山口一区で四番目ながら初当選を果たす。日置村で寛は九八％の票を独占した。

この選挙では三木武夫や赤城宗徳も初当選を果たしている。三木は後に首相を務めた自民党ハト派の代表格。赤城は六〇年安保改定時に防衛庁長官を務め、執拗な岸信介の自衛隊出動要請を拒否し切った。

戦局が悪化の一途をたどる中「非常時局」との名目で一年延長されていた任期が終わり、一九四二(昭和一七)年東条内閣の下で第二一回衆議院選挙が行われる。戦争遂行のためと称して全政党が解散させられ、大政翼賛会という国策推進組織に一本化される。寛は翼賛会の非推薦で出馬し、特高警察などの監視と弾圧を受けながら二度目の当選を勝

ち取る。

　ほぼ引用に終始した。首相安倍晋三がいかに「誠」と「徳」と「道義」に外れているか、寛に体現される本来の経世済民を伝えたかったからである。世襲政治家が内閣の半数を占めるという。ほとんどが戦争と地方を知らない二代目・三代目・四代目である。政治の劣化が進む元凶である。

真相はどこに　二つの化学兵器使用疑惑

長谷川善夫

　原稿を書き終えた一四日夕刻、

「米英仏、シリア攻撃」

との見出しが飛び込んできた。テレビをつける。何のことはないのだろう。どの局もアイドルが画面に踊っている。

　遂に始めた。ひたすら攻撃が限定的で死傷者が出ないことを祈る。あらかじめ予想されてはいたが。したがって以下は攻撃以前の原稿であるがそのまま掲載する。イラク攻撃の今後については改めて稿を起こす。

◆

　シリアのアサド政権への攻撃は妥当なのだろうか。錯綜する情報、真相は何か。前触れともいえるロシア元スパイ暗殺未遂事件について考えてみたい。


　三月十八日の毎日新聞は社説で触れている。

　社説は「国際的孤立を深めるだけだ」と題してロシアを非難する。さらに「化学兵器で『裏切り者の暗殺』国際法違反のテロ事件」として非難の度合いを強めていく。

　「毎日」は社説の趣旨の根拠として、
・猛毒神経剤「ノビチョク」を他国が保有していると考えにくくロシアから持ち込まれたと考えるのが自然である
・〇六年に英国でロシア元情報機関将校が放射性物質「ポロニウム」により暗殺された。容疑者の引き渡しを求めたが、ロシアは関与を否定、引き渡しを拒んだ。容疑者のルゴボイ氏はその後ロシアの下院議員に選出された
・一三年、亡命中の大物実業家が自宅で死亡。殺害の可能性もある。
を挙げ「ロシアをめぐる不可解な事件は後を絶たない」、「ロシア社会の深い闇と強権政治が多くの疑惑解明を阻んできた」「閉鎖的体質が変わらなければ国際社会のロシアへの不信感は解消されず、孤立を深めるだけ」と煽る。

　そして「保有を禁止した化学兵器禁止条約に今はロシアも加盟」「ロシアは調査に協力し、国際社会の疑念に答えるべき」と訴える。


　これは公正な主張だろうか。「毎日」は英政府及び欧米の主張を連ねただけではないのか。社説の根拠があまりにも薄弱である。

「ロシアから持ち込まれたと考えるのが自然」―なぜ自然なのか、「考えにくい」―なぜ考えにくいのか、共に論拠を示さない。

「『ポロニウム』による暗殺事件」では論拠につまりは容疑者の下院議員選出を上げるに過ぎない。

暗殺の結果は明白であり原因は暗黒に包まれる。他ならぬ米大統領JFK暗殺も未だに真相は闇に包まれケネディの死だけが歴史として残る。トリホスの暗殺には誰が関与していたのか。中東やパレスチナの指導者たちの暗殺に誰が関与したのか。

そうした中での「毎日」及び欧米の断定である。何かおかしい。

三月一六日の東京新聞に興味深い記事がある。

「ロシア元スパイ　暗殺未遂の波紋」と題したその記事は三月四日、ソールズベリー大聖堂のある町で起きた事件。被害者の意識不明の親子、元ロシア軍参謀本部情報総局大佐セルゲイ・スクリパル氏（六六）と娘（三三）についてふれ、スクリパル氏が一九九〇年代英情報局秘密情報部（MI6）に国家機密の見返りに十万ドル（約1千万）を受け取り、ロシアで禁固一三年の実刑判決を受け服役　二〇一〇年の米ロのスパイ交換で解放、英国ソールズベリーへ居住したと紹介する。

英軍化学兵器研究所は父娘に使用された毒物がロシアで開発された軍用の神経剤「ノビチョク」（新参者）と鑑定したと続く。

しかし、元英軍指揮官は「化学物質の構造には、それぞれの特徴を示す指紋のような『ID』があり、どこの研究所で誰が製造したかまで特定できる可能性」があると話す。

メイ英首相一二日、「英国民を危険にさらした無差別かつ無謀な行動であり、違法な武力行使だ」一三日までに「信頼できる回答」を迫る。一方ロシアは関与を否定、「物質の提供がない限り対応できない」と応じた。

英政府は一四日、駐英ロシア外交官二三人の国外退去、六月開幕のサッカーワールドカップ（W杯）への英王室や政府要人の派遣中止の対抗措置を発表した。

強硬姿勢の根底には「第二のリトビネンコ事件」との深い疑念がある。〇六年プーチン政権批判のソ連国家保安委員会（KGB）の元職員アレクサンドル・リトビネンコ氏が、亡命先のロンドンで放射性物質「ポロニウム」により暗殺。英国の独立調査委員会は一六年、プーチン大統領の関与を指摘。両国は互いの外交官を追放、冷戦並みに悪化した。

ネットメディア米バズフィードは「十二年以降、英国で死亡したロシア関係者一四人の死が暗殺の可能性があるとする情報を米国のスパイ機関が英国に提供したが、無視された」と報じている。

具体的には英国に亡命後、プーチンと真っ向から対立し「自殺」した政商ボリス・ベレゾフスキー氏、今月一二日自宅で死亡したグルシコフ氏（死因は未公表）等々。

しかし「三月一八日のロシア大統領選挙を目前にしたタイミングでの事件はロシアにとって得策なのか疑問視」する向きもあるとして、

元駐ウズベキスタン英大使のクレイグ・マリー氏は自らのブログで「ロシア批判のために亡命したリトビネンコと金（約一千万）と引き換えにロシアを裏切ったスクリバリは大きく違う。スクリバリの死を望んだ人は大勢いる。ＭＩ６の秘密も知っていたのだから」

「わが国が善でロシアが悪だという見方は、とうの昔に捨てた。世界中のスパイゲームはそれぞれの側にたち、善悪を主張する。どちらかの利益のために人間を利用するのは全て悪だ。事件はポートンダウン（英軍化学兵器研究所）から８マイル（約１２キロ）しか離れていない場所で起きた」

英国と欧州との関係は一枚岩ではない。一六年に欧州連合(ＥＵ)離脱を決めた国民投票以降英国の孤立感は深まる一方だ。事件を通じて、自国の情報機関の高い能力を世界にアピールし、存在感を高める意図も伺われる。

成蹊大高安健将教授（比較政治学）は、

「英国はこれまで、ＥＵ内でロシアへの警戒トーンを主導し、ウクライナ危機を受けた対ロ経済制裁などに向かわせてきた。しかし離脱後はＥＵという外交的基盤を失う。今回の事件をめぐり、英国は米欧に協調を促す中で、同国の安全保障、外交上の重要性を示し、ＥＵ離脱後の立場を確保しようとしている」

記事は末尾で「ゴルゴ13」を外務省ＰＲに起用するこの国の能天気ぶりを嘆く。

元英軍指揮官が言うように「どこで誰が製造したかまで特定できる可能性」のであれば化学兵器禁止機関（ＯＰＣＷ）にゆだねればすむことではないか。

前出のクレイグ・マリー氏は英国情報機関(ＭＩ６)の関与を疑い、「ノビチョク」が英化学兵器研究所で造られた可能性すら匂わせる。つまり英の自作自演ということだ。

高安教授はＥＵ離脱後の立場を確保するための意図と断じる。国際政治とはこうも複雑なのか。

翻って東洋の島国の政府のなんとお粗末なことか。隣国を敵視し劣情を煽り、森友・加計などというお友達のために税金と官僚機構を使い政治を空転させている。かつてエリートの頂点に位置した外務官僚はゴルゴ１３に援けを乞う体たらくだ。まさか暗殺のスナイパーを意識してのことではないだろうが。

さて、ロシアを擁護するわけではない。しかし在日ロシア連邦大使館の「大使館ニュース」を引用する。その論旨は傾聴に値する。

「英国のロシアに対する非難の虚偽性」

英国政府は、「かなりの確率で」ロシアがスクリパリ親子に対して毒物を使用したとして、証拠もなくロシアを非難することで、事実上、ロシアが一部の化学兵器を「隠蔽」、「使用」したという問題提起をしたことになる。即ち、ロシアが一九九三年の化学兵器の開発、生産、貯蔵及び使用の禁止並びに廃棄に関する条約の義務に違反したという「告発」がなされたことになる。この条約は軍縮・不拡散分野で最も効果的な多国間条約のひとつであり、ロシアがその策定に関わった。したがって、私たちは状況の完全な解決に、むしろ英国よりも関心を抱いている。

二〇一七年、ロシアは既定の時期よりも三年早く、保有する化学兵器（世界最大の四万トン）の廃棄を完了させた。化学兵器全廃の事実は、権限を持つ国際機関、化学兵器禁止機関によって確認されている。そのため、ロシアが国際社会に「隠していた」何らかの毒物についての話など、馬鹿げたことでしかない。

英国の要求は不当であるが、問題解決には化学兵器禁止条約の条文に従った方法の他、いくつか文明的な道がある。具体的には、（疑惑に根拠があることを条件として）二国間ベースでの解決、化学兵器禁止機関の執行理事会に訴える方法、事件調査を行う専門家グループの設置などである。しかしながら、ロシアが協力を呼びかけているにも関わらず、英国はこれ見よがしに国際法に基づく行動を拒否している。

協議実施の提案は拒絶された。捜査資料へのアクセス提供に関する問合せには拒否回答が届いた。その代わりに、プロパガンダ的なヒステリーとロシアに対する証拠なき非難が行われている。スクリパリ氏とその娘への毒薬投与事件に関して、私たちは英国政府からの公式な問合せを、未だに一切受け取っていない。ここから考えられることは、英国側は実際のところ、なにひとつ証拠を有しておらず、そのため、ソールズベリーの犯罪捜査で私たちと連携することが、ただ不可能なのではないかということである。

ＮＡＴＯ同盟国（まず何よりも米国）は、何の熟慮もなく、全員一致で、英国政府の馬鹿げたアイデアを無条件に支持し、まさにロシアこそがソールズベリーの事件に「関与した」という英国の考えを「完全に信用する」と繰り返している。これは、ロシアに対する西側の行動が事前に計画されたものであることを証明している。この数年間で研ぎ澄まされた情報プロパガンダ戦争の手法が用いられている。この手法は、無知で不注意でありながら、極めて感情的になりやすい一般市民に大きな影響を与えることを予期したものである。

ロシアは、英国側が私たちに化学物質のサンプルを提供し、法に準じた行動を開始することを前提としている。英国政府によるロシアへの「制裁」措置には対抗措置が伴う。その状況に対して全責任を負うのは英国側である。

ロシア連邦では、「ノヴィチョク」という仮定的名称の研究開発は一切行われたことがない。ロシアでは一九九二年に、大統領令に基づき、ソビエト時代に行われていた化学兵器分野の開発が廃棄された。二〇一七年には化学兵器の在庫が全て廃棄されている。

一方で、一九九〇年代半ばに、欧米の特殊機関はロシアの専門家といくつかの文書を借りて、英国、チェコ、スウェーデン、米国で研究が継続された。これらの国々は新たな毒物の開発に成功し、その力を借りて、何らかの理由により、「ノビチョク」、それらが欧米では、「ノビチョク」という共通の名称で分類されている。これは確認された事実であり、NATO諸国の二〇〇以上のオープンソース、または下記の一般ソースに反映されている：

https://en.wikipedia.org/wiki/Novichok_agent（«Novichok agent»）

ロシアは何を言っているのだ。条約を讃え、調査を受け入れ、英国の不実、化学兵器の廃棄、ソ連崩壊に伴う文書流失、西側の「ノビチョク」開発・製造を言っているのだ。

その「ノビチョク（ノヴィチョク）」とは欧米での共通の名称でありロシアが付けたものではない。わざわざ毒物の名称を製造国が公表するわけがないにしても報道はあたかもその名称がロシア発のように扱っている。

米国や欧州連合（EU）加盟国が二六日、相次いでロシア外交官の国外追放を発表した。今月四日に英南西部ソールズベリーでロシアの元スパイと娘暗殺未遂事件に関して、英国が駐英ロシア外交官二三人を追放したことに追随して、これまでに二〇カ国以上が国外追放を表明し、するもの。

対象者は一〇〇人超に上っている。EU加盟国の首脳は先週、この事件にロシアが関わっている可能性が非常に高いことで一致した。ロシアは事件への関与を全面否定しており、各国に対しても「挑発行為」への報復措置を取るとし（BBCニュース）

以上が一番目の化学兵器使用疑惑の概要である。対立を深める一方の最中に二番目のシリア疑惑が起きた。

四月一二日の毎日新聞は

「米、シリア軍事行動示唆化学兵器疑惑　仏英と対処連携」と題して以下の記事を載せた。

トランプ大統領は九日、自国民に化学兵器を使用したとみられるシリアのアサド政権への対応について「我々に軍事的選択肢は数多くある」「今夜か、その後短い間決断する」と、昨年四月以来となるシリア政府への軍事攻撃に踏み切る可能性を強く示唆した。

国連安全保障理事会は9日、緊急会合を開くが、米英仏とロシアが対立。しかし化学兵器禁止機関（OPCW）の現地調査にはロシアも同意した。

ロシアのネベンジャ国連大使は、化学兵器使用は確認できず、遺体もなかったと説明。

国連のデミストゥーラ特使（シリア担当）は「国連は化学兵器が使用されたか証明できない。事態はシリアを超えた『国際の平和と安全』の問題に発展した」と述べた。

にもかかわらず「毎日」は同日の社説で、

- 23 -

「シリアでまた化学兵器攻撃　ロシアも責任を痛感せよ」との主張をした。その趣旨は、

「ダマスカス近郊で化学兵器が使われ、呼吸困難で子供を含む多数の市民が死亡した。昨年四月には、猛毒の神経ガス・サリンが使われ約九〇人死亡した。米トランプ政権が政府軍の拠点を巡航ミサイルで攻撃し、今回もその可能性がある」と述べ

「アサド政権、ロシアは『でっち上げ』と反論するが、説得力がない。なぜ独立調査機関の設立を求める国連安保理決議案(米国提案)に反対するのか」「シリアでの化学兵器使用を調べる合同調査機関（ＪＩＭ）はロシアの拒否権で継続できなかった」としてロシア批判を展開するが米国が提案した「独立調査機関の設立を求める国連安保理決議案」はロシアとアサド政権からは到底受け入れられない一方的な内容であり、ロシアの拒否権を見越した上でのパフォーマンスといえる。また「合同調査機関（ＪＩＭ）」継続への拒否権行使についても公正な報道の姿勢に欠ける。

そうしておきながら、おためごかしに「今回化学兵器禁止機関（ＯＰＣＷ）受け入れ表明は前進」と付け加える。記事はさらに「ロシアは二〇一三年、アサド政権の化学兵器使用に対して米オバマ政権が空爆を予告した時、アサド政権に化学兵器放棄を約束させて空爆を回避させた」「安保理はシリアに化学兵器の完全廃棄を義務付ける決議採択した。（このことがＯＰＣＷのノーベル平和賞受賞につながる）」「国際人権団体は一三年八月から今年二月までシリアで八五件の化学兵攻撃器が確認され、アサド政権は五〇件以上に関与」と続き、「五年前の“保証人”のロシアに重大な責任」

一九八〇年代イスラム勢力蜂起に政府軍の弾圧で数千人とも数万人の犠牲者（ハマの虐殺）など自国民迫害の悪しき前例」と非難し「アサド大統領は迫害を重ねるべきではない」と結ぶ。しかしアサド政権の関与は証明されたのか。「毎日」はまたもや欧米の主張を並べただけである。「毎日」は当然の帰結として軍事攻撃を容認するのか。

今回は安倍政権は公正である。日本政府は「北方領土」絡みとは言え外交官を追放していないのだから。もちろん米国とは了解済みの上での行動ではあろうが。

これに対し一一日の東京新聞は違う視点に立つ。

「『口からアワ吹き死んだ』　シリア化学兵器疑惑　住民証言」と題する記事は、

「地元住民は本誌の電話取材に『樽爆弾が投下され、有毒ガスが発生したのは間違いない。人々は口から泡を吹き、目を開いたまま亡くなっていた』」「関与を否定するアサド政権やロシアが同地区をほぼ奪還、真相究明は困難必至」「政権側は一貫して否定、反体制派の『自作自演』と主張」「欧米は軍事攻撃も辞さない構えだが、実際の使用者を特定するのは難しい」と客観的である。そしてさらに、「七年に及ぶシリア内戦はアサド政権の軍事的優位が確定

し、化学兵器に頼る必然性は低い」「七日の攻撃は東グーダで唯一抵抗を続ける反体制派『イスラム軍』との交渉が決裂し、戦闘が再開されたタイミングで起きた」としてアサド政権の関与に疑問を呈している。しかしさらに、「反体制派の拠点だった東グータには二月下旬から政府軍が侵攻、市民一七〇〇人以上が犠牲」「反体制派を壊滅させる強硬姿勢を示す目的で、化学兵器を使用した可能性は残る」と公平を期す。

「イスラム軍は八日夜地区外への撤退を開始、政権軍の完全制圧は間近に迫っている」「東グータ地区から過去四週間に一三万人以上の市民が脱出。地下などの避難所に約四万五千人の市民が残っている。国連児童基金（ユニセフ）が水供給や医療支援　活動が制限され十分な人道支援が出来ない状態」と、危機を知らせる。

国内の二紙に限っても、「毎日」と「東京」は明らかに違う。国際政治は幾重にも絡まる思惑が隠されている。一二日の東京新聞は仏英の内情を伝える。

「対シリア　軍事行動示唆　仏　影響力拡大へ強硬」

「マクロン仏大統領は米国と協調、軍事行動も辞さない強硬姿勢」「化学兵器の拡散防止や人道上の理由を掲げるが、中東地域での影響力拡大を目指す思惑が透けて見える」「第一次大戦後、シリアとレバノンを委任統治したフランスは中東地域での影響力確保に努めてきた」「マクロン氏は『偉大なフランスの再興』を目指し、大国サウジとの関係強化」「今年三月末、過激派組織「イスラム国」掃討にあたるシリア反体制派への支援も約束」「野党『政治的解決を探るべき』との意見もあるが、大手メディアは軍事行動に好意的で大手紙ルモンド紙は、国際的な安全保障を理由に『化学兵器の拡散防止は必要だ』と強調、フィガロ紙も軍事行動を支持」と、フランスの人道主義は胡散臭いようだ。

メイ英首相の姿勢がもう一つ煮え切らない。十日、「アサド政権の行為であることが確認できれば」との前提条件付で対応を検討。メイ氏の慎重姿勢は議会の支持」が得られない可能性のためである。本来、空爆には議会の承認必要ないが、昨年の米国のシリア攻撃時、当時のファロン国防相が攻撃参加には議会の承認が必要との見方を示したためである。国防相の姿勢にはイラク戦争時の米国追従の失敗が背景にあった。　ここでイスラエルが加わる。

「犯罪がこのまま放置されることはない」

イラン最高指導者ハメネイ氏の最高顧問ベラヤティ氏は十日、こう怒りを表明した。この「犯罪」とはシリア中部ホムス県でアサド政権軍兵士やイラン人の軍事顧問十四人が死亡したイスラエル軍機によるとみられる九日の攻撃を指す。シリアを舞台にした米露対立に伴い、それぞれの同盟国であるイスラエルとイランの対立も深刻化する様相を呈してきた。

イスラエルは化学兵器禁止条約未締結国である。そのイスラエルが米Ｂ１爆撃機の露払いであろう「先制攻撃」を行ったのである。米英仏攻撃時のシリアの防空体制の偵察もかねたものであろう。そしてこの攻撃は当然、少なくとも欧米には了承済みであろう。ちなみに二〇一五年一〇月現在の締約国数は一九二カ国で、イスラエル（署名）、北朝鮮、エジプト、南スーダン未締結である。日本は、一九九三年に署名し、一九九五年の国会承認後一九九五年に批准した。（日本の自衛隊が中国で旧日本軍が遺棄した化学兵器の回収処理にあたっているのはこの条約によるもの）

混迷を極める国際社会。軍事行動が米国と英・仏さらにはイスラエルやサウジを巻き込んで行われれば戦争は地域にとどまらずロシアを含む欧米と中東全域、世界へと拡大する。「同盟国」を称する日本は無関係ではありえない。第三次世界大戦前夜……こんなことが許されてはならない。戦争しかないのか。

（四月十四日午前　攻撃前に）

追記（一五日午前）

シリア攻撃のあった翌日、一五日の朝刊は

毎日新聞は、「米英仏、シリア攻撃『化学兵器』3拠点　露要請、安保理開催へ」

『化学兵器』の『』は疑惑が残る事を示すのだろう。抑制気味だが、欧米寄りである。

東京新聞は、「化学兵器　証拠示さず　米英仏、シリア攻撃強行　トランプ氏命令　ミサイル一〇五発　正当性欠き報復連鎖も」と、米英仏への非難している。

「毎日」によれば標的は、ダマスカス近郊の化学兵器研究開発拠点▽中部ホルムスの貯蔵施設▽ホムス近郊の化学兵器作戦の司令部―の3ヶ所とのことである。

瓦礫と化した建物の写真。「毎日」は「化学兵器開発拠点」と記し、「東京」は「科学研究施設」と記す。「化学」と「科学」、文字一つの違いは大きい。国連の調査団が入る直前の攻撃、英議会開会直前の攻撃、「毎日」の逡巡はどこから来るのか。

攻撃は限定され、抑制されたものだったようだ。フランスはロシアに予告するなど、見え透いた「攻撃」であったようだ。

ロシア国防相は軍関係者や市民の犠牲者は確認されていないと述べた。シリア国営メディアは市民3人が負傷したと報じた。負傷が軽度であることを祈る。大国の間で翻弄される民衆。被害者は常に子供、女性、老人などを多く含む。

米英仏の攻撃は国際法に違反する。イスラエルの先制攻撃は破滅的である。日本がイスラエルと同様の役割を東アジアで担わされることを恐れる。

（東京・常任幹事）

お詫びと訂正

・郭可純さんの「忘会の交わり」は「忘年の交わり」です。
・沖松代表幹事の「出撃前夜」が目次から漏れていました。

今後は校正を重ね失礼のないよう心がけます。執筆者と会員の皆様にお詫びを申し上げます。

寄贈誌より

『中国研究月報』（社団法人中国研究所発行）
２０１８年３月号

▽論文　中華人民共和国建国に伴う宣教師のディアスポラ　冷戦初期台湾におけるキリスト教界の再編を中心に
劉　雯

▽論文　中国における中間所得層の高齢者福祉の行方
浙江省仙居県域の事例より　古川ゆかり

▽報告　関　智英
「民国史の中の陳独秀」シンポジウムの記録
矢久保典良

▽書評　小野寺史郎著　中央公論新社
『中国ナショナリズム　民族と愛の近現代史』
古澤誠一郎

▽書評　金貝著　東京大学出版会
『現代中国の医療行政「統制」から「予期せぬ放任」へ』
朱　珉

▽書評　菊池一隆著　集広社
『台湾北部タイヤル族見た近現代　日本植民地時代　から国民党政権時代の「白色テロ」へ』
服部　隆行

▽光陰似箭　出版が相次ぐ思想家の「全集」

▽眼光紙背　高官たちの「悪夢」
（高柳信夫）

▽中国日誌　２０１８年２月
（竹内健二）

三月の常任幹事会

日　時　三月二四日（土）
十四時〜十六時三十分

会　場　浦和・岸公民館　第一講義室

出席者　沖松・長谷川・加藤・小林・佐藤・熊谷・小川・秋山・長沼・山田・高橋・日森

［報告］

1．三月十日「元特攻隊長による戦争体験講演会」講師：沖松信夫
主催：鴻巣・憲法九条の会　一〇七人が参加。大変盛況であった。

2．戦争をさせない埼玉県一〇〇〇人委員会より「戦争法の廃止と憲法の改悪を許さないための『新聞意見広告』で訴えませんか」との要請あり。

3．島貫さんの友人が一年間の購読会員を希望しています。

［議事］

1．訪中団について
七月末か八月初め近辺の日程で行う。参加者は六名〜七名を予定している。現時点では五名の希望者がいる。

2．訪日団について
隔年で四泊五日、三ヶ所、二人の予定である。今年度に訪日する可能性があります。

3．編集委員会
・今月号は若干遅れたが、次号からは原稿を速達で送るなど対応したい。
・三月号の中味について報告や感想を述べ合った。
・今後の常任幹事会の予定について四・五・六・八月はすでに決定しているが七月は二一日（土）に決定した。

（加藤）

事務局月報

事務局月報

・文書の改竄・破棄された文書の発見（?）などのニュースが次々と流れ、A氏とB氏が片方はあの日会った、片方は（記憶に依れば）会っていない、などという不思議な話が聞こえてくる。自分の口から出る言葉は、全て自分の記憶に依るもので、（記憶に依れば）などという前置があること自体がおかしいのに、平然と言い逃れる〝こんな人達〟が続々。国有地を何億円もの割引をして売ろうとしたのは何故か。公平で有るべき入札への扉を一人だけ　開けて覗かせたのは何故か。という単純な疑問や怒りの解決がとても遠い。

そんな中で、ある日ガラリと変わった世界情勢。その蚊帳の外の日本。頭越にされる交渉を、米朝トップ会談は「日本が圧力をかけ続けたから」との安倍総理の虚勢。誰もがそしていつの時代の人もが、平等に平和に暮らしていける道筋を付けて行くのがまともな政治であるはずだ。化学兵器の使用の恐れのため、ホースの水をかけられ、解毒の処置をされるシリアの子供達の画像は見るに耐えない。

今年は日中友好条約締結四〇周年の年。これから何をしていかなければならないか、改めて考えて行きたい。

（小林）

『8・15』2018年四月号
二〇一八年四月一五日発行
定　価　500円（送料とも）
編集人　長谷川善夫
発行人　沖松　信夫
印刷所　（有）イワキ
発　行　日中友好8・15の会
〒125-0032
東京都葛飾区水元3-3-4
小林悦子方
TEL & Fax　03-3627-1953
郵便振替　00120・6・27415
日中友好8・15の会
HP URL　http://www11.ocn.ne.jp/~donpo/
落丁、乱丁はお取り換えいたします

会　　　則

(名称)　第１条　本会は、日中友好元軍人の会を受け継ぐ日中友好『８．１５』の会（通称日中友好『８
１５』の会）と称する。

(目的)　第２条　本会は、過去の戦争に対する反省に立脚して、あらゆる戦争準備の動きを阻止し、平和
希求するために世界各国とくに中国との友好に貢献するとともに、会員相互の親睦を深
ることを目的とする。

(会員)　第３条　本会は前条の目的に賛成する元軍人および賛同者をもって構成する。

第４条　本会の本部を関東地区に置く、支部を各都道府県に置く、また事務局を関東地区に置く

(事業)　第５条　本会は、第２条の目的を達成するために以下の事業を行う。

１．会誌『８．１５』の発行
２．講演会、研究会の開催（平和諸団体との共催を含む）
３．学習会の開催
４．中国からの留学生・研修生の受け入れ
５．訪中団の派遣
６．その他、本会の目的達成に必要と認められる諸活動・事業

(総会)　第６条　本会は、総会を毎年１回、原則として８月 15 日に開催する。総会は、委任状を含めて
員の過半数の出席により成立するものとする。総会は、幹事会から、活動報告、行動計
事業計画、決算、予算、役員の選出、その他、本会の運営に必要な事項について報告、
案を受け、出席者の過半数の賛成により　これを承認、決定する。幹事会が必要ありと
めたときは、その決議により、臨時総会を招集することができる。総会の決議に基き、
問を置くことができる。

(運営)　第７条　本会の運営は、幹事会が行う。ただし、幹事会は常任幹事会にその権限を委任すること
できる。

(役員)　第８条　代表幹事、副代表幹事、常任幹事、事務局長を本会の役員という。

第９条　役員の任期は１年とする．ただし、任期満了後も総会において新役員が選出されるまで
その職務を行う。役員の重任は妨げない。

第 10 条　本会の運営のために幹事会ならびに常任幹事会を置く。幹事会は幹事を以って構成し、
会の運営に必要な重要な会務を行う。幹事の互選により代表幹事、副代表幹事、常任
事、事務局長を選任する。常任幹事会は、原則として毎月 1 回開催し、幹事会の委任
うけて本会の運営に必要な一般会務を行う。

第 11 条　幹事は、会員の推薦により選任し、総会の承認を受ける。

第 12 条　幹事会は、常任幹事会の決議に基き、代表幹事が招集する。常任幹事会は、常任幹事 2
以上の発議により代表幹事が招集する。幹事会および常任幹事会の決議は、出席幹事
過半数の賛成により成立する。賛否同数のときは、代表幹事がこれを決する。

第 13 条　本会の会議の遂行上、下記の分科委員会を設け、常任幹事会が選出した委員長が運営の
に当る。

1. 組織・活動委員会
2. 会誌編集委員会
3. 財務委員会
4. 対外交流委員会

各委員会の委員は、委員長の推薦により委嘱する。

第 14 条　会計の監査は、会計監事が行う。会計監事は、幹事会の推薦により選任し、総会の承認
受ける。

(財政)　第 15 条　本会の経費は、会費、寄付金、その他の収入をもってまかなわれる。留学生・研修生受
入れのため、特別会計を設ける。

(会費)　第 16 条　会費は年額 1 万円とする。また、家族会員の会費は年額 2,000 円とする。購読会員
は 6,000 円とし、学生会員は 3,000 円とする。

第 17 条　本会の会計年度は、毎年 7 月 1 日に始まり翌年 6 月 30 日に終る。

(改正)　第 18 条　本会の会則は、幹事会の発議により、総会において、委任状を含む出席者の 3 分の 2
上の賛成により改正することができる。

(付則)　この会則は 2017 年 8 月 25 日から施行する。

過去の直視、これが歴史認識の原点

軍備亡国・反戦平和

２０１８年　５月号　No.　５８２

8.15

第五九巻　第五号　通巻第五八二号

日中友好元軍人の会ＨＰ　　http://www11.ocn.ne.jp/~donpo/

5

日中友好『８．１５』の会
（日中友好元軍人の会）

創立宣言

戦争の罪悪を身をもって体験した、わたくしども元軍人は、心から人間の尊厳にめざめ、戦争を否定します。

わたくしどもは、過去の反省に立脚し、戦争放棄と戦力不保持を明示した日本国憲法を順守し、真に人類の幸福と世界の平和に貢献せんがため、本会設立の趣意書ならびに会則にのっとり、同志相携えてあらゆる戦争を阻止し、戦争原因の剪除に努め、進んで近隣諸国とくに中国との友好を進めんとするものであります。

ここに終戦の記念日をトして本会を設立するにあたり、万世のため太平を開く決意のもとに日本の更正を誓った当時を追憶し、戦没の万霊に額ずき、ご遺族をはじめ戦争の被害者ならびに軍靴で踏みにじった戦場の住民各位に深く遺憾の意を表しつつ宣言します。

１９６１年8月１５日

日中友好元軍人の会

二〇一七年度　活動方針

われわれは、創立宣言に則り、次の活動を行なう。

一、平和憲法を守り抜くため、広く非武装中立・軍縮亡国を訴え、組織の強化・拡大に努力する。

二、過去の侵略戦争に対する反省に立脚して、中国をはじめ、アジア近隣諸国、さらには世界各国の平和を希求する人々との友好・提携に努める。

行動計画

一、違憲の安保法制を強行し、憲法改悪へ向かう安倍内閣のあらゆる策動を許さず、特に憲法9条を守るために活動している諸団体の運動に積極的に参加する。

二、戦争に直結する集団的自衛権の行使を認めず、名目の如何にかかわらず、自衛隊の海外派遣、多国籍軍への支援に反対する。

三、広島・長崎の被爆の歴史に基づいて、核の廃絶を広く世界に訴える。日本政府に核兵器禁止条約への参加を求める。エネルギー変換、脱原発をめざす。

四、沖縄の民意を無視した辺野古新軍事基地建設等に反対し普天間を始めとする全国各地の米軍基地の縮小・撤廃を求める。そのためにも日米安保条約の解消とそれに代わる日米友好条約の締結を提唱する。

五、日・中・韓・朝の障壁になっている歴史認識問題、戦後処理問題（従軍慰安婦、強制連行・強制労働などに関する訴訟・賠償請求）の早期解決を求めていく。

六、中国国際友好聯絡会研修生受け入れと公私訪中派遣を通じて、民間レベルでの友好・交流の強化を図る。

【巻頭言】

歴史の歯車が回った

日森　文尋

五月一〇日午前。トランプ大統領は、史上初めてとなる米朝首脳会談が六月一二日シンガポールで開催されることをツイートした。同時に「我々は双方とも世界平和に向けて非常に特別な時間になるよう努力する」と述べ、首脳会談への積極的な姿勢を示した。

また金正恩委員長も急遽訪朝したポンペオ国務長官との会談で、「(首脳会談に向け)満足な合意をみた」とし、会談に積極的にコミットする意志を明確にした。拘束されていた三人の米国人を解放したことも、金正恩委員長のこの会談に対する本気度を示すものといえる。

世界が注目する米朝首脳会談が、この数ヶ月間で一気に実現しようとしていることに驚きを禁じえないと同時に、この会談が朝鮮戦争の終結と米朝平和協定の締結、米朝国交正常化へと発展深化し、まさに金正恩委員長の主張する「核兵器を保有する理由がない」状況を生み出すことで朝鮮半島の非核化が実現されることを期待したい。

平昌オリンピックへの参加から四月二七日の南北首脳会談、そして米朝会談へとまさに「万里馬の速度」で進む事態に対し、日米政府は「制裁の効果」(特に日本政府は、対話を否定し制裁強化一辺倒の主張をしてきた手前そう言わざるを得ない)としているが、朝鮮民主主義人民共和国(以下共和国)の国家戦略なくして米朝首脳会談は実現しなかったことにも目を向けてみたい。

共和国の国家戦略

二〇一三年三月三一日。朝鮮労働党中央委員会はいわゆる「並進路線」を決定する。「経済建設と核武力建設」の並進路線である。ここで注目すべきことは、巷間流布されている「核武装最優先」路線ではなく、「(米国による核の脅威と威嚇に対して)自衛的核武力による国の防衛力を固めつつ経済建設にさらに力を入れ、社会主義強盛国家を建設する」とした経済建設(人民生活)優先路線であったことである。

金正恩委員長は、国連憲章からの逸脱ともいえる制裁強化の中でも、国内資源の活用に重点を置いた経済建設を進め、韓国の調査でも年三%の経済成長を達成したとされる。毎年訪朝するが、平壌をはじめ各都市の変貌ぶりに驚かされる。医療・教育・住宅なども年を追って充実しつつある。勿論原則無量である。

今年の四月三〇日。南北首脳会談開催直前の朝鮮労働党中央委員会は、「革命発展の新たな高い段階の要求に則した社会主義建設」が議題となり、以下の点が決定された。

「①核の兵器化が実現したことを確認し、②二〇一八年四月二一日から核実験とＩＣＢＭ試射を中止し、透明性確保のため北部実験場を廃棄。③核実験の中止は世界的核軍縮のための重要なプロセスであり、共和国は核実験全面中止のための国際的な志向と努力に合流する。④わが国に対する核の威嚇や挑発がない限り核兵器を使用しないし、いかなる場合も核兵器と核技術を移転しない。⑤国の物的・人的資源を総動員し、強力な社会主義経済を打ち立て、人民生活を画期的に高める闘いに全力を集中する。⑥社会主義建設のための有利な国際環境を整え、朝鮮半島の平和と安定を守るために、周辺諸国と国際社会との緊密な連携と対話を積極化する。

並進路線は苦難の5年間を経て大きな成果をあげたことを確認し、⑤⑥に明らかなように、人民生活の画期的向上を目指す社会主義経済建設と朝鮮半島の平和と安定のため、周辺諸国・国際社会と緊密に連携する新たな路線を確立した。

これに先立ち金正恩委員長は、昨年ＩＣＢＭ「火星１４号」の試射成功後の演説で、「米国の対北朝鮮敵視政策と核の脅威が一掃されない限り、核と弾道ロケットを協商のテーブルに置かないし、核戦力強化の道から一歩もひかない」と発言した。米国が敵対攻撃を続けるなら対抗するが、「朝鮮敵対政策と核の威嚇が根源的に一掃される」なら核も弾道ロケットも協商のテーブルに置く用意があるとのメッセージである。

並進路線が米国との対等平等の会談を行う条件を確立したことを前提として、米国の要求に応じる用意があることを明らかにしていたのである(浅井基文氏)。米国との軍事対決上の問題が除去された今、共和国が積極的に平和攻勢に舵を切ることは、既に想定されていたということだ。

余談になるが思い出されることがある。昨年八月訪朝の折、朝日国交正常化担当大使のソン・イルホ氏と会食した際、大使が唐突に「近い将来朝日関係は劇的に変化します。安倍さんではなく、金正恩委員長の指導で変わります」と。日朝関係は制裁強化を呪文のように唱える安倍政権下で最悪の時期でもあったため、注目に値する発言であったがその真意を確かめることなく帰国した。今回の一連の動きを見て「これか！」と今更ながら納得している。

金正恩委員長「新年の辞」と板門店宣言

今年の新年の辞で、金正恩委員長は「二〇一八年南でオリンピック、北は建国七〇年の意義ある年。民族の尊厳と気概を内外に示すためにも、凍結状態の南北関係を改善し民族の歴史に特筆すべき年にしよう」と呼びかけ、これに真摯に答えた文在寅大統領の周到な根回しで画期的な南北首脳会談が開催された。ここで合意された「朝鮮半島の平和と繁栄、統一のための板門店宣言」は、これまでの南北統一のための6・15共同宣言（2000年）とそのロードマップともいえる10・4宣言（2007年）の徹底的な履行を確認し、民族自主の原則に立って統一の未来を早めていくこと、軍事的緊張状態を緩和し戦争の危険を実質的に解消すること、朝鮮半島の恒久的で強固な平和体制を構築することを宣言した。特に、平和体制構築に関して、「北と南は、完全な非核化を通じて核なき朝鮮半島を実現するという共同の目標を確認した」「北側が取っている主導的な措置が朝鮮半島の非核化のためにとても有意義で、重大な措置であることに認識を同じくし」「朝鮮半島の非核化を目指す国際社会の支持と協力のために積極的に努力する」とした部分は、トランプ大統領に米朝首脳会談を即断させたキーワードと思われる。

米朝会談の成功を

先述した金正恩委員長の主張する「核保有の理由をなくす」という中身をトランプ大統領がどれだけ認識しているか、強硬派の説得など米国内の条件を整備できるのか予断を許さないが、中間選挙を控えたトランプ大統領にとって後戻りだけは許されない首脳会談であることは確かである。

金正恩委員長も周到な準備を重ねている。二度にわたり中国を電撃訪問し、習近平主席との会談を通して共和国の国家戦略について共通の理解を得た上で会談に臨むはずである。推測だが、中・韓・ロの周辺諸国とトランプ大統領が同一歩調を取ることができれば会談は大きな前進が期待できるが、周回遅れの日本の言い分に引きずられようなら厳しい結果も予想される。

さて、わが安倍政権である。「完全非核化まで制裁を緩めるな！」が持論であるが、朝鮮分断の主犯格がありもしない「朝鮮脅威論」を煽りたて、専守防衛の枠を超えて朝鮮もターゲットとする敵基地攻撃能力を確保し、憲法改悪へと突き進んでいる。安倍政権に臨むことはただ一つ。朝鮮半島の平和と安定を目指す流れを妨害するな！だ。

五月一二日記（埼玉・常任幹事）

沖松代表幹事講演会

私の特攻体験と戦争憲法

落合正史

去る3月10日（土）、本会の佐藤正八常任幹事が代表世話人を務める鴻巣・九条の会の主催により、埼玉県鴻巣市の吹上生涯学習センターにおいて〝私の戦争体験と戦争憲法〟と題して沖松代表幹事の講演会が行われた。

体調を崩して入院し前日に退院したにもかかわらず、ユーモアを交えて今年93歳であるという自己紹介の後、当時の社会的背景、時代の雰囲気などを説明しながらなぜ陸軍士官学校を志望しさらに特攻隊を志願したのか・・・当時の風潮は軍隊を志願するのは当たり前であり、士官学校では特攻隊を志願するのは当然という風潮であった・・・から講演会は始まり、特攻隊として出撃命令が出されたとき最初に浮かんだのは母親がなんと思うか、悲しがるだろうなどということ、さら出撃まで特別の食事が出されるが味などはまったくわからなかったこと、8月15日出撃直前に敗戦となり取りやめになった時の気持ち・・(助かった!)、さらに戦後何を学ぶために大学へ進んだか等々中学時代自分が書いた作文を紹介したりしながら話は進んだ。天皇主権の明治憲法と国民主権の現憲法を比較して、成田空港の滑走路が地主の反対によって一直線になっていないところがあるが、現在の国民主権の憲法下であるからこそ土地を守れるのであり、明治憲法下であれば土地は天皇の土地であるから直ちに没収されてしまう。さらに明治憲法と現憲法での天皇制の位置づけ、問題点などか語られ明治憲法は天皇主権で戦争のための憲法であり、現在の憲法では戦争はできない、だから改憲したいのだと述べた。

　講演終了後、会場からの軍国主義をどのように克服してきたか、あるいは一番悪かった者はどうなったかなどの質問があり、それに対して、大学へ進んだのは日本はなぜ負けたのかを学びたかったからであり、今までのことは何かちょっと違うのではないか、おかしいのではないかとは感じていた。そして戦争礼賛者は追放された。民主主義を学んだが10年くらいはなかなか理解できなかったが段々と変わってきた。また誰も責任を取らないようになっている。戦争責任の追及を怠ったのが大きな問題である。一番悪かった者はどうなったか、だれも責任を取らないようになっている。責任論を考えることは不愉快なことだが、責任の追及を怠ったことが大きな問題だと結んだ。退院直後にもかかわらず最後まできちんと話され、質問にもきちんと向き合い真摯に答えていた姿が印象に残った。

（埼玉・常任幹事）

語りつぐ戦争8

元特攻隊長が語る「出撃前夜」

本庄九条の会

沖松　信夫

十二　反戦活動家として

「八・一五」という機関誌を読んでいただいていますけれど、私は、「日中友好八・一五の会」の代表幹事をしています。その会は「日中友好元軍人の会」という名称で元軍人が戦争を反省して、もう軍備はやめよう、軍備は国を滅ぼすのだという運動から始まりました。今から56年前です。その中心になったのは、遠藤三郎という狭山に住んでいた元陸軍中将です。私が陸軍士官学校時代、陸軍航空士官学校の校長でした。この人はエリート中のエリートでしたが、戦争が終わってすぐに、「日本は軍備を持たなくていいのだ」ということを新聞で発表しました。それ以来ずっと憲法を守る運動を続けております。遠藤さんは、『力をもって勝つものは亡びる。徳をもって勝つものは栄える』という中国の言葉がある。力で相手を負かそうと思っては駄目だ。友好が最良の国防なのだ」ということを常に言ってきた人です。遠藤さんは山形の出身です。山形の毎日新聞から私の所に「遠藤さんの伝記を書きたいのでちょっと話をしてくれ」と言われたことがありました。

海軍の歴史に残る人物には水野広徳という人がいます。皆さんご存じでしょうか。水野広徳は、日露戦争における日本海海戦で活躍をした海軍の将校です。最終の階級は大佐でした。ところがその人は第一次世界戦争が終わったあと、「もう戦争をすべきではない」と言って、反戦運動家に変わったのです。水野広徳という人は海軍の歴史に残る人物です。陸軍で歴史に残る人物は遠藤三郎です。戦争を反省して「もう二度と戦争をしてはいけない」と。遠藤さんには一つのエピソードがあります。1972年に中国に行った時、周恩来と会い、周恩来に「中国も軍備をやめなさい。率先してやめなさい」と言ったそうです。周恩来は「そういうわけにはいかない」と答え、そこで論争になったそうです。最後に周恩来が「遠藤先生は私よりもっと左ですね」と言ったという話があります。遠藤さんは「もう絶対に日本は戦争してはいけない、戦争したら第二次世界大戦よりもっと被害はひどくなる」と言っています。なぜかというと、「第二次世界大戦時と今とでは、家にガソリンがあるかないかという違いがある。今は大体の家で自動車を持っている。あの自動車が燃え出したらどうなるか」というわけです。

ガソリン燃料もそうですが、原発はもっと重大です。原発が攻撃されたらどうなるか。それは東北の大震災の比ではありません。原発は攻撃されないという保証は全然ないわけです。それを、今守っているのは民間の警備会社です。そんなことで守りきれるものではありません。とにかく戦争は絶対してはいけない。「戦争に勝っても地獄、負けても地獄」ということを強調して私の話は一応終わります。

質疑に答えて

「中国が攻めて来るのではないかとか、北朝鮮はどうなるのか」という考え方があると思います。でも実際に日本の政府が朝鮮や台湾と本当に友好を考えているのかというと、そのように見えません。もっともっと相手の懐に入り、日本は絶対に戦争しない、友好をもって付き合っていく必要があります。北朝鮮の場合も、中国の場合もそうです。本当に仲良くするためにやらなくてはいけないことがたくさんあります。北朝鮮の問題では、北朝鮮は暴発しそうだといいますが、戦争を始めれば彼等自身も被害を受けるわけですから、その点はもっと友好を進めようという姿勢を見せないといけないと思います。もっと具体的に言いますと、中国と日本が仲良くするということは、中国の国民の中に日本の政府がもっと入って行くということです。私が中国に行きますと、中国には日本人が好きだという人がたくさんいます。若い学生もそうです。本当に「そんなに買いかぶられても困るよ」、「それほどの国じゃないよ」と言いたくなるくらい「絶対に日本が好きだ」と言う人がたくさんいるのです。

実際、日本政府の中に中国人を世話したという人がいるかというと、そんなにたくさんはいないのです。私たちは中国人を日本に呼んで大学に留学させるという事業をやってきました。そういう気持ちが政府に欠けているのではないかと、思います。

それでは「日本は絶対に侵略されない」と言い切れるかというと、それはできないかも知れません。しかし「侵略されたっていいじゃないか」とそこまで考える必要があると思います。石原莞爾という人がいました。満州事変を起こした人ですが、彼は戦後「日本は攻めて来られたら、降伏すればいいんだ」と言っています。戦争は政治の一種、降伏は戦略の一つです。ただ、降伏する前に、平和のためのあらゆる努力をするなら戦争にはならないでしょう。本当に平和を考える気持ちがあったら、あるいは、あらゆる手を使って仲良くしようとしたら、その心配はない。それでも仮に攻めてこられた場合について、遠藤さんは次のように言っています。「私たちは軍備では対抗しないけれども、抵抗はするよ。そういう抵抗する国を征服したって何になるかって。」そういうふうに考えればいいのではないかと私は思います。だから、「絶対に侵略しては来ませんよ」と言うことは私にはできません。誰も言えないと思いますがその確率は非常に少ないでしょう。仮に侵略されたらどうするかというと、「ああ、侵略結構です」というふうに割り切る。そういうことで私はいいのではないかなと思っています。これはいくら言っても仮定の話です。もっともっと努力すれば必ず効果はあると思っています。周恩来が尖閣諸島の問題について聞かれた時に、「やあ、私は今その話はしたくない」と答えました。要するに先に延ばす。鄧小平もそう言いましたけれど、「ずっと先の世代の知恵のある人が考えてくれることだ」と。それを、「攻めて来るんじゃないか」「攻めて来たらどうするか」というふうに考えるよりも、もっとやるべきことをやっておいた上で、そういうことを考えた方がいいのではないかなと思います。

平和の努力をしないで、侵略を恐れるのは問題だと考えます。

卒業生からのメッセージ
「60年前の沖松先生の思い出」

深谷市　塚越　敏弘

私は1958（昭和33）年に高校へ入学し、一年生の時に沖松先生の「一般社会」の授業を受けました。当時の高校の授業は先生が教壇から50名の生徒に向かって話をし、生徒はひたすら聞き、先生が板書すればそれを一生懸命ノートに写すというものでした。しかし、沖松先生の授業は時折ウソともホントともつかないようなジョークが出るので、それがなかなか楽しいものでした。例えばこんなことを覚えています。陸軍の若手将校が軍事クーデターを企て、政府要人を襲った二・二六事件の授業の時、先生はこんなことを言われました。「蔵相の高橋是清の部屋に押し入ってみると、高橋是清は裸で寝ていたんだよ。そこで一人の将校が浴衣を差し出し、タカハシコレキヨ！と叫んだんだ」。こんな話もされました。「要人が襲撃されたという報を聞き、昭和天皇は一瞬よろめかれたそうだ。予はジュウシンを失った、と言ってね」。生徒がどっと笑います。教室の空気が和やかになる。そんな授業でした。

先生にもいろいろな方がいました。怖くて一時間中緊張のしっぱなしの先生もいました。何が良い先生かは一概に言えませんが、とにかく沖松先生は穏やかで面白く、教室に春の空気を持ち込むような感じがありました。お世辞でも誇張でもありません。私にとっては非常に懐かしい先生で、できることならもう一度先生の授業を受けてみたい。七〇代半ばにしてそんな思いがします。

ところで、昭和33年という年は先生にとって特別思い出深い年だろうと思います。というのは、その年に分校の方で、学校会計の不正使用があったのです。それを糾明し、不正を正す運動の中心にいたのが沖松先生でした。この出来事は新聞にも出ました。先生の名前も出てくる。「沖松分会長の話」などと先生の談話が載る。当然生徒たちは関心を持って見ている。先生はどんな顔をして授業にやって来るかな、と思いながら待っている。すると、先生は特に気負った風もなく、いつもの顔をして教室に入ってきて、「ちょっとした、〝時の人〟になっちゃったからねえ」と、さらっと言って、いつも通り授業が始まる。そんな具合でした。考えてみると、先生は当時３３歳でした。高校生の目から見た印象ですが、年齢よりずっと落ち着いた雰囲気がありました。

　今日の先生のお話では、一日で運命の明暗が分かれ、先生はたまたま生きる側に身を置くことになったわけですが、当時の時代状況と先生の置かれていた立場を想うと、生き残ったことを率直に喜ぶ気には到底なれなかっただろうことは、戦後に育った私などにも十分に察しられます。そういう重い過去が先生の戦後の人生、戦後の生き方を決定したのだろうと、感慨深くお話を伺いました。

　６０年前の昔に一人の高校生が見た、昭和３３年当時の先生の思い出を紹介させていただきました。（了）

（埼玉・代表幹事）

原稿募集

会誌にご投稿願います。内容はや時事問題、身近なこと、本・映画・テレビ番組や詩歌・川柳等、会の趣旨に添ったものならどんなものでも結構です。会誌へのご意見、疑問、批判などももちろん歓迎です。

字数に制限はありませんが、多いものは何回かに分けて掲載されます。本文は1ページ1200字程度です。

編集の都合上、毎月　１５日を目途にお送りください。

送り先

Mail　yossi8putti@gmail.com

郵送　〒185—0032　国分寺市日吉町1-40-51

長谷川善夫

第三七次訪中団訪中団に参加するにあたり

笠原　博之

本年度も訪中する事になりました。昨年度は、北京、洛陽、嗣門に訪れました。今年度の目的地は北京以外は未定です。訪中日程は、七月二八日~八月三日の六泊七日の予定です。

さて、長い歴史を誇る中国、美しい景色や風景を楽しみたいです。また、建築物、史跡、名所、寺院、記念碑、像等々どこから見たら良いか分からないほどです。さらに、自然美景、世界遺産、歴史遺跡が点在していて、大変興味があります。

日中関係については、政府は安保の緊張が継続しているが、日中平和友好条約締結四〇周年にあたり飛躍的に日中関係を改善する事を目指している。

外務省は新たな時代の日中関係を築くとし、両国が未来志向で相互信頼しあった利益をもたらし合う関係の構築に不利な影響を与えている突出した問題につき率直、実務的かつ突っ込んだ話し合いを行った等々の見解を出している。

ただ、領土問題について尖閣諸島を国有化して以来日中関係は最悪の状況に陥っている。対抗措置なのか、中国の海洋進出は活発化している。南シナ海における領有権や海洋権益をめぐる争いを最大の要因としている。

おわりに、節目の年に訪中出来る喜びと期待を胸に楽しんで来ます。

（埼玉・会員）

「日中友好8・15の会」へのおすすめ

私たちの会は、かつて侵略した中国をはじめ、アジア諸国、さらには広く全世界に対し、「反戦・平和」と平和憲法の順守を誓い１９６１年に創立し、すでに５０年以上経過しました。会員は元軍人と趣旨に賛同した戦後生まれの人たちも参加しています。会員には会誌『８・１５』（月刊）を毎号お届けし、また年１回の中国訪問団（見学、友好交流）への参加や当会が隔年に受け入れている中国からの研修生との交流・意見交換への協力をお願いしています。

会費は年額１万円、学生会員は 3000 円です。会誌購読のみを希望される購読会員は年間 6000 円です。

皆さんの入会、会誌購読によって「反戦・平和」「日中友好」の声をますます大きくしたいと希っています。

≪申し込み先≫　〒１２５－００３２

東京都葛飾区水元３－３－４

小林悦子方　日中友好８・１５の会

TEL&FAX　０３－３６２７－１９５３

郵便振替口座００１２０－６－２７４１５

北朝鮮問題とは何か（5）　歴史が目の前で…

島貫　隆光

私は4月号の冒頭に世論の誤りについて述べたが、実はこれはアベシンゾー首相以下全閣僚が同じ誤った認識を持っていることが分った。わたしはこまかいことについていちいち目クジラをたてることはないが、これは重大なことなのでチェックせざるを得ないのだ。というのはこの誤った考え方のもとで政策を立案するということは国を危うくすることにつながるからだ。

日本では相変わらず北朝鮮が首脳会談へ方針を変えてきたのは制裁が利いたからだという考えが優勢である。たとえば産経四月五日の記事に「北の包囲網突破を許さず―これまでの戦略描いたのは日本―置き去りではない」として次のようなことが書かれている。

北朝鮮が対話を求めるほどに追い詰められたのは、日本が圧力路線を主導したからだ。

典型的な誤った考え方である。私は正恩が追い詰められたから首脳会談を始めたわけではないと何度も書いてきた。一月一日の声明にあるように、核ミサイルの完成によってアメリカと対話の立場で交渉することができるようになったからこれまでの方針とは一八〇度違う方向に向いてきただけなのだ。つまりここのところが分らないと誤った判断をしてしまう。その考えでは今後の方針のすべてが誤りとなるから私は強調しているのだ。

今正恩が考えているのは核ミサイル放棄とひきかえアメリカに体制保障をして貰い南北統一への道を開き、新しい朝鮮連邦を作る国生みの大仕事なのだ。このことが分らないかぎり正恩の行動原理は分らない。今の日本にこのことが分っている人がいるだろうか。

私は3月号であえて燕雀いずくんぞ大鳳の志を知らんや、と書かせていただいた。この場合の燕や雀は申し訳ないがアベ以下の閣僚、大鳳は正恩だ。全く情けない話だがやっていること見ればそういうことにならざるをえない。

四月十一日、正恩は国内で重要発表をした。正恩は米朝会談の準備が出来たと見て国内でこれを発表したのだろう。正恩の求めている体制保障とは何か。彼はこれさえできればせっかく作った核ミサイルを放棄するまで約束しているのだ。実はこれまでも幾度も同じ要求を出している。

一九九四年の米朝枠組み合意文書には米国が核兵器の威嚇もしくは使用しないとの公式の保証を北朝鮮に対して与えると明記している。〇五年の六ヵ国協議の共同声明には米国が「北朝鮮に対して核兵器または通常兵器による攻撃または侵略を行う意図を有しない」ことについて関係国が「意見の一致を見た」と明記。〇七年の南北首脳会談では朝鮮戦争終結と恒久的な平和体制構築を目指す方針を確認したが、これは実現しなかった。これまでの試みはいろいろ理由がそれぞれにあっただろうが、一言で言ってしまえば要するに機が熟していなかったと言うことなのである。今回はどうか。私は機は熟していると考えている。それはまず第一に核ミサイルがほぼ完成に近づいているということ。第二に正恩が本気でやる気になっていること。第三にトランプもこれにのってきそうなこと。以上である。第一の問題はこれまでにも述べてきた通りだ。第二の問題はすでに昨年の九月頃から北朝鮮ウオッチャーの言によれば正恩はその考えを示し着々とすすめており、それが今や実行に移され、国内的にも認知され始めていることだ。もう後戻りはできないだろう。第三の問題はトランプの気性である。変幻自在というか奔放というか、とにかくこれまでに全く見たことのないタイプのビジネスマンで、ツイッター政治家だから自分の思ったままをそのまま国家政策にしてしまうというタイプらしいのだ。その彼は今や瀬戸際に立たされていて一発逆転を狙うしかないところまで追いつめられている。その際唯一見通しが利くのがこの問題なのだ。彼はこれまで公約だった。メキシコの壁とか、TPP脱却とか、ことごとくうまくいかず、今回も中国に関税戦争をしかけたが、これもいつか来た道、それこそデジャビューの世界でしっぺ返しが来てうまくいかない。ロシア疑惑も健在だ。頼るのは北朝鮮問題だけなのだ。

私はここで正恩とトランプは気が合うのではないかと考えている。そして両方ともこれを成功させたいと考えているから成功するのではないかと考えるのだ。私は話が長引くことを考え用心して平和条約締結を二〇二一年にしておいたが、ヒョッとするとこれが年内にでもできるのではないかと思っている。それこそが今回の米朝会談のキーポイントとなるだろう。

つまりテンポが速まっているのだ。だからウカウカしていると本当に日本は置き去りにされてしまう。そこが問題になるのが政治家の現状認識の誤りなのだ。先に引用した産経の記事のような認識が今の日本の常識だ。だから現在すすめられている国外の変化が読めるわけがない。今述べたようにトランプと正恩が平和条約までいってしまったとしたら一体日本はどうなるのか。四月に日米首脳会談をやるアベの頭の中はモリカケの痛手を外交交渉で盛り返そうという考えしかない。制裁とラチだけで切り抜けられる問題ではない。日本が取り組むべきは日朝交渉による平和条約締結と賠償金の調達以外にない。ラチなどというのは本来日本と朝鮮との間でやるべき問題で、自力で出来ずやろうともしてこなかった日本は方々に頭を下げて回り関心もない他国の力を借りようなどさもしい考えを持つべきではない。田中均がいた頃のような外務省は一体どこに行ってしまったのか。

日本が北朝鮮と平和条約を結べば東北アジアにおける安保問題は大きく変化するだろう。以前述べたように北朝鮮の核はアメリカを対象にした交渉要件であり、脅威はないが、これがさらに大きく変わる。北朝鮮は今でも日本を対象にしていない。彼らが考えているのは、在日米軍なのである。米軍基地を叩くためには核ミサイルは必要だが、これが米朝の平和条約が出来ればいらなくなる。つまり、朝鮮半島と日本から米軍が撤退すれば北朝鮮は核ミサイルが必要なくなるのだ。だから北朝鮮は核ミサイルを放棄すると言っているのだ。

もちろん在日米軍は北朝鮮だけではなくて中国も対象にしているから日本から完全撤退することはないだろうが、少なくとも北朝鮮に対しては力を行使しないという約束を取り付けることは出来る。

その場合、北朝鮮は日本に対して核ミサイルを持つ必要があるだろうか。これは絶対にない。

四月号に書いたように、今朝鮮が各国との間で各国とのあいだで交渉をしてこられるのは安全保障だけで、金になるのは唯一日本だけである。いわば日本は北朝鮮にとってみれば唯一の金主なのだ。金のなる木を破壊するバカがどこにいるのか。つまり、日本の安全保障はミサイルではなくて経済力にこそある。私が正恩だったら日本に対してこう言うだろう。ミサイルなんか買うのに金を使うのは止めなさい。そんな金があるんだったら賠償金を積み増してくれ。

つまり日本は北にとって唯一の金ヅルなのである。これを安全保障に使わなくてどうするのだ。まず日本は賠償金の半分はゲンナマで払う。あとの半分は年債にする。そうすれば北にすれば安定して収入が確保されるし、日本はその間安泰だ。こういう取引をすればいい。それが日本の安全保障なのだ。

四月十八日、なにかと問題の多い国会から解放されてアベ首相はアメリカに飛び、トランプと首脳会談を行った。案の定、もちだしたのは制裁とラチ。それではダメだと私が言っていた問題だけだ。こんなことではものすごく速く展開している世界から取り残されてしまう。

米朝会談は着々とすすめられていて、今回の首脳会談はハッキリした結果が出そうだ。それは南北会談と米朝会談が連続して行われるからだ、と元韓国統一相、李鍾奭(イジョンソク)は言う。(「朝日」・四月十七日)これが七〇年間うまくいかなかったのは冷戦構造で南北と米朝という二重対立があったからで、これを今回は韓国が中に入って米朝を近づけたからだという。アメリカの求めていた非核化を北が受け入れたのが決定的だった。これは正恩の戦略的決断で、それが今年一月一日の方針決定だったのだ。そこから話が進みはじめ、今やほぼ完成の域に達している。トランプモマジメにやっていてすでに次期国務長官を北と交渉させているらしい。今回の米朝会談では間違いなく非核化と国交正常化はできるその後で合意を履行するロードマップは事務方の中で作られるだろう。

ただ米朝間に不信感がある。「本当に履行するのか」という疑問の声が双方から出るだろう。この不信感を拭うためには核実験場の閉鎖とか米国代表部をピョンヤン(平壌)に設置するとか具体的な行動を一つ一つ積み重ねていくほかない。北朝鮮は非核化と引き換えに国際社会との関係が正常化できれば、長期にわたって高い経済成長が期待できる。

これまで私が述べたように北朝鮮は平和的繁栄の道を選んだのだ。あとは国際社会が北を助けて相互繁栄の道を探し求め、アジアの安定と繁栄の道を求めることだ。

その時日本は一体どうするのか。私が今まで何回も言って来たように日朝会談をやって平和条約を結び、賠償金を払うことなのだ。もういつまでもラチと制裁だけではあるまい。私はそこを考えろと言っているのだ。今回もアベはゴルフをして制裁で一致し、ラチもミサイルも頼んだと言って成果があったと言っているが、そんなものは成果でもなんでもない。核ミサイルはトランプに任せておけばいい。日本は何も付け加えることなどない。日本は日本でやるしかないのだ。それぞれの国がそれぞれに自分の問題を相手と交渉する。それが外交の王道ではないか。日本はいつから自主外交が出来なくなってしまったのか。

四月二七日に予定されている南北会談でおよその見通しは立つと思うが、私は今回は最後まで完成させることは九九・九九％まで可能なのではないかとみている。それは各アクターがそれぞれの立場から成功させる必要性と必然性がそろってきているからだ。まさに機が熟しているのである。

大筋での合意はほぼ出来たようなものだが、これから一番難しいのは体制保証と核放棄の道筋をどうつけるかだ。ここは疑心暗鬼というのが出てくる。先にも述べたように果して本当にやってくれるのだろうかという疑心である。お互い全く信頼が無いのだからこれは当然のことだろう。昔よくザラミ・ポリティークという言葉を使ったことがある。ザラミをうすく切り少しづつやっていくという戦略である。これも同じように一つづつロードマップを作ってお互いに検証しつつすすめていくほかないだろう。このロードマップ作りに今年一年をあてて少しづつやっていくことになるのではないか。

四月二十一日、党中央委員会総会で正恩は国内向けにこれまでの経過を発表した。よく考えておかなければならないのは北朝鮮の特異性である。われわれ皆が知っていることが実は北朝鮮国内では知らされていない。方針の大転換について国民はついて行けるだろうか。ここで大反対にあったりしたら正恩の夢は消えてしまう。大きなハードルだ。

この発表について世界中が誤った反応を示している。新味がないとか、核放棄についてふれられてないとか。これが北朝鮮国民に対する発表であって、世界に対するものでないことを考えればそんなことは当然のことだというがすぐ分るだろう。何も知らない国民に対して核放棄などと言ったら猛反発をくらってしまう。正恩はそこのところをよく考えて少しづつ国民を誘導しているのだと考えればすぐ分ることだ。正恩の身になって考えればそれぐらいのことはすぐ分るはずだ。世間一般の人には分らないだろうがいやしくもコメンテーターでめしを食っている人たちにはそれくらいのことは期待したい。私の考えに近い人は武貞氏と田中均くらいの　ものでほかのコメンテーターはいまだに入口論にこだわっているクズばかりだ。

正恩は南北会談の見せ場をライブで放映するという。そのために必要最小限の知識を国民に知らせるために今回方針転換を発表したのだ。それ以上でもそれ以下でもないしごく当然のことだろう。

明治時代、中国浪人といわれる人達がいた。新生中国を夢見て中国で活躍していた人達である。私は今、新生朝鮮を夢見ているのだ。中国浪人は今でいえば右翼である。現在は右翼を中心に嫌韓、嫌中という輩が多い。時代の流れであろう。大体私は今でいうこれらの人々にはいじめの性格にも通底するものがあると思うし、今いわれているセクハラにも通底していると思われる。本当に嫌な時代になったものだ。

駐韓米軍をめぐって中朝のあいだに温度差があると朝日(四月二五日)が報じている。正恩が北朝鮮を訪れたポンペオＣＩＡ長官(次期米国務長官)に対して駐韓米軍撤退を強く求めなかったということで中国側が不満をもらしたというのである。これは正恩がアメリカにとってハードルの高い駐韓米軍撤退についてアメリカに配慮したものだろう。同日、北朝鮮で起きたバス旅行事故で中国人旅行客二五人が死亡したことについて正恩自らが謝罪し見舞いをするという前代未聞の異例な行動もありこれは中国に対する配慮とみられる。正恩も米朝会談成功に向けて努力している姿が透けて見える。とにかく今回は本気なのである。

四月二七日九時三〇分、テレビ画面に正恩の姿が見えた時、私は歴史が目の前で動いたのを実感した。それからの正恩ショーは普通の国のリーダーとしての行動を見せる圧巻の千両役者の舞台を見せられたようだった。娘があんなの単なるパフォーマンスだ。まただまされるだけだ、と言ったので私はどなりつけてやったが、日本では総理大臣以下同じような考えだっただろう。まさに世界の動きから取り残されているのだ。首脳会談はアッサリと終わったような印象がある。カンカンガクガクの論議というよりは、事前の打ち合わせ通りたんたんとしてすまされたように見える。面白かったのは湿地の上に架けられた橋の上で人払いをした上で二人だけで四〇分も身ぶり手ぶりで話し合ったこと。一日がアッという間に過ぎ去ったような気がした。

会話の内容についてはまたしても新味がないとか核放棄の道筋や日程が示されていなかったとかアラ探しがなされているが、そもそもこの会談は米朝会談の橋渡しであって、そんなことまで決められるわけがない。あくまでも花はトランプに持たせようという両者の考え方が出ているだけだ。

まず朝鮮戦争を終わらせること、それは年内に行うことがきまった。すべてはそこから始まるのだ。すでにトランプはやる気満々で五月中に会談をやりたいと言っている。0・0001％の失敗の可能性はあるが、もうすでにポンペオCIA長官との間でこまかいツメを行っており準備万端整っている感じだ。あとはトランプと正恩のサシの会談でどうなるか。抱き合う場面がみられるかもしれない。正恩には若くて優秀な戦略情報ブレーンがついている。おそらくトランプの性格までこまかく分析して戦略を立てているだろう。核放棄については相当大胆な計画を持ち出す用意ができているに違いない。

私は今回成功するのは機が熟していたからだと書いたが、今回は正恩も文大統領もトランプもそれぞれの理由で成功させたいと思いこの三人がそろったところに意味があるのだ。おそらくそのうちのどれ一つが欠けてもうまくいかなかっただろう。すべて必要な条件がそろったからこそうまくいった。天の利、地の利がそろったということだ。

五月一日早朝トランプが板門店を加えてもいいと言い出した。米朝会談の実施場所だ。実はここは私の考えの中では本命中の本命。というのは以前トランプが訪韓した時この近くまで来て立ち寄りたかったのだが時間が足りなくて行けなかったという話を聞いたことがあって、それならここに行ったらいいじゃないかと思ったからだ。おそらくトランプはゲンカツギなのだろう。南北がうまくいったからここでやればうまくいくんじゃないかと。

仙幼の大先輩石井さんから四月号の感想をいただいた。

「『北朝鮮問題とは何か』の論説は、正恩の考え方を適確に捉え、現今の「マスコミ」や評論家にない記事で、感銘を受けました」―これは私がもっとも欲しかったほめ言葉である。感涙のむせぶほどの有難さだ。

「金正恩氏は『マトモ』な戦略的政治家だと私は思っています。わが国の政治家で彼に匹敵する若き議員が見当たらないのが残念です」

これもまた私と同じ考えで実に有難い限り。

【参考文献】

・米朝会談裏で操る中国―韓日米は何ら成果を期待できない

『選択』五月号

・北朝鮮詐欺外交を担う主役たち

（埼玉・会員）

「中日ハイレベル対話」で報告して

佐藤　正八

はじめに

中国大使館の主催で「中国と日本のシンクタンク・メディアのハイレベル対話」が四月二四日に行われる旨の案内が四月一七日に本会の小林事務局長より届きました。その日が回答期限であったので、メディア分科会に参加する旨、中国大使館にＦＡＸしました。

ところが「対話」の前日、即ち、四月二三日（月）の十時過ぎに、中国大使館１等書記官の邵さんから、メディア分科会で発表してほしい旨の電話がありました。私は「嫌中観」のかなりの責任は政府とメディアにある、と思っていますが、さりとて調査研究しているわけではなく、不適任では、と話しましたが、強い要請もあり承諾しました。結果としては大変勉強になり、かつ名誉なことでもありました。

承諾したものの、当日は夕方から会議が入っている等で、時間がない中で「報告」の準備に取り掛かり、インターネット等で調べ始めました。二〇一五年六月の情報ですが、「九三％の日本人は中国が嫌い」という調査（この調査手法にも問題があるのではないか、とも思っていますが）が中国国内で起こした波紋が目に入りました。いずれにしても新聞で読んだ記憶がありました。

このようにしてインターネットで、「日本人の中国に対する理解・認識」という項目で、約４０ページプリントし、概況を客観的に捉えようと努めました。夕方からさいたま市で「安保法制の廃止を求めるオール埼玉総行動実行委員会」の会議に埼玉六区の代表として参加することになっていましたので、午後四時には家を出て、帰宅したのは午後十時過ぎでした。

帰宅してすぐに報告の骨子作成に取り掛かり、日中友好、反戦平和、憲法改悪反対、の活動を踏まえた「報告」のすることを基本の据え、簡単なレジメを作成しましたが、終了したのは午前三時を回っていました。

本「対話」のプログラムを最後に縮小して掲載しましたが、報告者は、中国、日本の双方共に、筆者以外は全て現役で、しかも幅広くご活躍されておられる方々ばかりでありました。「対話」の全体状況は長谷川さんが報告されますので、私はどんな「報告」をしたのか、に限定して書きたいと思います。

「報告の概要」

1.　「日中友好8・15の会」の佐藤正八です。「8・15の会」とは、元軍人の遠藤三郎さんらが元軍人に呼び掛けて、一九六一年八月に設立したもので、設立当初は、「日中友好元軍人の会」と言っておりました。五〇年を経て元軍人も少なくなり「日中友好8・15の会」と改称しました。現在は元特攻隊長で九三歳の沖松信夫先生が代表幹事をしています。会のモットーは「軍備亡国・反戦平和」であります。毎月こうした機関誌（提示した）を発行し、中国大使館にも届けています。

2. 本分科会は「中日相互認識の現状とメディアの責任」というテーマでありますが私はこのことに関し、調査・研究している者ではなく、「8・15」で活動している市民の一人であり、私見を述べ報告の責を果たしたい、と思います。

3. 中国と日本は隣国であったため、古代に仏教や文字を含め様々な文化・芸術が中国を経由して日本に伝来してきました。そうした歴史的事実は枚挙に暇がありません。

4. ところが日本は太平洋戦争で中国をはじめ、アジアの諸国を次々と侵略し、甚大な被害・損害や苦しみを与えてきました。この大罪、歴史的事実をしっかりと受け止めておくことが何よりも大切であります。

5. 戦後二七年目の一九七二年に、田中角栄内閣が、日本と中国との国交を回復させ、正常化し、両国の国民も和解の道のりを歩み出し始めました。戦後50年の村山富市首相の「村山談話」は国民レベルで、相互理解を深めるのに、役に立つものとなりました。

6. ところが、戦後の1時期を除いて、日本の歴代政府は、明治以降の歴史的事実、特に戦争の歴史を軽視し、それを熱心に取り上げる教育・教師を弾圧してきました。その上、中国などを敵国に見立て、軍備増強の政策を一貫して取り続けてきたため、日本人の中国に対する好感度は決して高いものではありません。

7. そうした中、安倍晋三氏が首相の座に就くと、「戦後レジームからの脱却」という思想を持っていることもあり、侵略の様々な歴史的事実に異論を唱える人々が増えてきています。こうしたことが国民の中国観に少なからず影響を与えています。

8. 国民の他国に対する認識の現状とメディアの相互依存の関係は、政治や社会の情勢により変わる、と思われますが、日本の場合はその相互依存の関係が非常に強いと思われます。

9. 国民の中国観形成に大きな影響を与えているメディアですが、私はメディアの存立基礎に次の2点を強く求めたいと思います。第一は、国家権力からの支配介入を受けない様に、自らを律すると共に、報道の自由を守る意志を強く確立することが非常に大切である、と思います。第二は常に歴史を自らの力で検証し、かつ歴史を鏡としメディアの礎を確立することが非常に大切である、と思います。

10. この2点を確立した上で、国民の現状認識を様々な調査で明らかにし、その上で平和と民主主義を護り発展させて行く観点から、国民に問いかけて行くことです。

11. 安倍首相は、放送法の4条を「改訂したい」意向を持っているようでありますが、これを絶対に許してはならない、と思います。これを許しますと、メディアの自殺行為になるように思います。

12. 即ち、平和と民主主義を発展させて行く観点に立ち、中国をはじめとするアジアの諸国の市民・国民レベルの交わり方、交流の在り方をメディア自身が追求して行くことである、と考えます。

13. それは、北東アジア共同体構想に繋がるものであり、市民・国民の相互理解・認識を深めた上で、軍備の拡大防ぐものでなければならない、と考えます。

ご静聴ありがとうございました。

自由討論及び分科会代表者の報告

プログラム通りに進行し、自由討論に入った。ところが、私の報告に関し、日中友好元軍人の会の元会員であったが、しばらくして分裂して設立された、日中友好交流の会の副会長の大類泰郎さんが発言された。発言の内容は割愛するが、私は「日中友好交流の会」の存在そのものを知らず、この会場で初めて知った次第でした。

そのことを、4月28日（土）の常任幹事会で申し上げたところ、沖松信夫代表幹事から、日中友好元軍人の会を設立してから間もないころ、「軍備亡国、反戦平和」をめぐって、意見が対立し、「日中友好交流の会」が設立されて行った旨の指摘がありました。

こうしたこともあり、本会のモットーである「軍備亡国・反戦平和」の重要性を改めて認識を深めた次第でありました。

最後の全体会で、各分科会の報告がなされたが、「日中友好8．15の会」の佐藤さんから、メディアの責任に関し、国家権力からの支配介入を受けないようにし、報道の自由を守ること、歴史を鏡としてメディアの礎を確立すること、という厳しい指摘がありました。との報告がありました。

私自身にとっては、学ぶことの多い会でした。

二〇一八年五月八日　記

（埼玉　常任幹事）

会議の概要

中国公共外交協会の胡正躍副会長が率いる中国シンクタンク・メディア代表団が24日午前、日本の東京で「中日シンクタンク・メディアハイレベル対話会」に出席した。中日両国のシンクタンクの学者、メディアの代表者ら数十人が出席し、新たな情勢を迎えいかに両国関係を改善し発展させるべきかについて、率直に意見交換した。

程永華駐日大使、丸山則夫外務報道官が開幕式に出席し、式辞を述べた。程氏は式辞の中で「中日両国は互いに重要な隣人だ。両国関係の健全な発展は両国民の根本的な利益のみならず、地域の平和・安定及び発展にとって有益だ。中日関係は現在、積極的な改善の流れを示している。王毅国務委員が訪日したばかりで、訪問期間中には8年間途絶えていた中日経済ハイレベル対話会を再開させた。これは両国間で広く注目され、影響を及ぼした。今年は中日友好平和条約締結40周年だが、中日双方はこのチャンスを利用し、実際の行動により両国関係改善を促すべきだ」と指摘した。

丸山氏は式辞の中で「シンクタンクとメディアによるこの交流が、中日両国関係のさらなる改善を促すことを願う。未来の中日関係の発展を促すため、多くの日本人による訪中旅行を促すことが重要だ」と表明した。胡氏は開幕式で「今年は中国の改革開放40周年だ。新たな歴史的条件のもと、中日関係は長期安定維持に尽力し、激しい変動を回避するべきだ。また協力のパイをさらに拡大し、相手をライバルではなくパートナーとするべきだ。他にも中日は食い違いを適切にコントロールし、大局を着眼点とし、積極的な意思疎通を実現し、国民感情の刺激を回避するべきだ。中日はさらに民意の基盤の改善に焦点を絞り、友好的な雰囲気を醸成し、民間交流を強化し、青少年の交流に注目するべきだ」と提案した。

中国海南改革発展研究所の遅福林副所長は、フォーラムの発言で「経済グローバル化という新たな背景の下、中日経済・貿易協力を実務的に推進することは、両国の経済発展の現実的な需要に合致する。また双方が世界の保護貿易主義の課題に共に対処し、アジアの地域経済一体化を推進することに対して、重大な現実的意義を持つ」と述べた。

新メディアを活用し中日両国関係の未来の発展をいかに促進するかは、今回のフォーラムで最も熱心に議論される話題となった。日本側の代表者は中日両国民の相互認識について言及した際に、両国民の間には「国民感情が冷淡」という問題があると述べた。しかし代表団メンバー、人民日報高級記者、環球時報英語版総顧問の丁剛氏は、新メディアが発揮する効果をより真剣に考えれば、両国の国民感情が「冷淡」と判断することはなくなるだろうと述べた。

丁氏はミュージカル『陰陽師』が中国で上演され、若い世代の間で好評を博したことを例とし、「新たな文化交流のレベルと範囲、特に若者の交流において、新メディアは大きな力を発揮している」と述べた。丁氏は「これらの若者が同じゲームをプレイする時に、どのような意思疎通と感情の交流が生まれるか想像してもらいたい」と話した。

丁氏はメディアサブフォーラムの議論を総括した際に「メディアは最も社会に近いため、メディア関係者が注目する上述した問題は、中日関係の今日の現場、昨日の今日への影響を反映した。これらの問題にいかに対処するかを考える際には、明日の中日両国関係のために何をすべきかを考えるべきだろう」と指摘した。

「中国網日本語版（チャイナネット）」2018 年 4 月 25 日

2018年4月24日(火) ホテルニューオータニ(東京)

プログラム

08:30－09:00	受付		
09:00－09:35	開会式		
	司会	霍　颖	中国公共外交協会副秘書長
	基調講演	胡正躍	中国公共外交協会副会長
		程永華	駐日中国大使
		丸山則夫	日本外務省外務報道官

シンクタンク分科会

テーマ:「初心忘れるべからず－中日平和友好条約の現実的意義」

09:35－10:45	司会	霍　颖	
	発表者	周明偉	第5回中日友好21世紀委員会中国委員・元中国外文局局長
		高橋邦夫	日本総合研究所副理事長
		遅福林	中国（海南）改革発展研究院院長
		進藤栄一	筑波大学大学院名誉教授
		楊伯江	中国社会科学院日本研究所副所長
		古谷浩一	朝日新聞社論説委員
		萨　蘇	在日中国人作家
		渡辺満子	テレビ番組プロデューサー
10:45－11:00	休憩		
11:00－11:20	発表者	李　纓	在日中国人映画監督
		伊藤洋平	東京都日中友好協会副理事長
11:20－12:00	自由討論		

メディア分科会

テーマ:「未来に向ける－中日相互認識の現状とメディアの責任」

09:35－10:45	司会	石　丁	環球網執行編集長
	発表者	丁　剛	記者・「環球時報」英語版総顧問
		神子田章博	ＮＨＫ論説委員
		白岩松	中央テレビCCTVキャスター
		坂東賢治	毎日新聞社専門編集委員
		解　炜	湖北放送テレビニュースセンタープロデューサー
		良知真次	俳優
		曽光明	「快手」首席プロデューサー
		吉川圭三	Dwango国际媒体合作总监
10:45－11:00	休憩		
11:00－11:35	発表者	董　璐	Sogouマーケティング副総裁
		五十嵐文	読売新聞社論説委員
		佐藤正八	日中友好8・15の会常任幹事
11:35－12:00	自由討論		

【今月の本】

『日本軍兵士 ―アジア・太平洋戦争の現実』
吉田 裕著 中公新書 二〇一七年 発行

『特攻 空母バンカーヒルと二人のカミカゼ』
マクスウェル・テイラー・ケネディ著 中村有以訳
ハート出版 平成二二年 発行

『きけ わだつみのこえ』 日本戦没学生の手記
日本戦没学生記念会 (光文社カッパブックス 昭和四四年五二版)

長谷川善夫

低く高くゆるやかに 海の音が聞こえてくる
長らく心に閉ざされていた
ひとつの声の言霊のようだ。
…………かつては、
あの声をもっていたお前は、
私のそばにいたのだ
S・クワジーモド(イタリアの詩人)

なげけるか いかれるか
はたもだせるか
きけ はてしなきわだつみのこえ
(『きけ わだつみのこえ』)

『日本軍兵士』は小川清、安則盛三という特攻隊員を登場させる。『特攻』がホラティウスに喩えるカミカゼと同じ二人である。

吉田は特攻攻撃についてこう指摘する。

「しかし、体当たり攻撃では、急降下する特攻機自体に揚力が生じ、いわば機自体がエアブレーキの役割を果たしてしまうため、機体に装着した爆弾の破壊力や貫通力は、爆弾を投下する通常の攻撃法よりかなり小さなものとなる。体当たり攻撃で大型艦を撃沈できないのは、この理由による」。

その例として八〇分間に二二回の特攻攻撃、特攻機六機と爆弾四発が命中、さらに機銃掃射を受け死者・行方不明三一人、負傷者七二人という損害を受けたにも関わらず、自力でグアムに帰投したレーダーピケット駆逐艦ラフェイを挙げる。

ラフェイは排水量一六五〇トン、全長一〇六、二㍍、兵員二〇八人。後出の大型空母バンカーヒルは排水量三六、三八〇トン、全長二六五、八㍍、兵員二六〇〇名に比すべくもない小艦艇である。ラフェイはこの後も朝鮮戦争・ベトナム戦争に投入され八八年に退役したという。

吉田に戻る。

「爆弾を装着したままでの体当たり攻撃の限界は、特攻隊員の中でも自覚されていた。スキップボミング(反跳爆撃)

〔爆弾を水切りの原理で海面をスキップさせて命中させる攻撃法〕により爆弾の重さによる慣性効果と徹甲弾の威力を発揮させ、自身は急転待避、さらに自爆もしくは空戦することにより、より効果を上げることを考えていた」

小川、安則の二人はまさにこの攻撃法をとったという。

「四五年五月一一日、エセックス級大型空母バンカーヒルに二機の特攻機（零式戦闘機）が連続して命中。同艦に四〇〇人近い戦死者を出す大損害を与えた。二機の特攻機は突入寸前に爆弾を投下してから体当たりした」（『特攻』）という。吉田はさらに、

「小川清、安則盛三という二人の特攻隊員がこの攻撃法をあえて選んだのは、できるだけ大きな損害を与えたいという戦闘機パイロットしての意地か、無謀な特攻作戦に対する無言の抗議か」と続け、「特攻機の中には、機内に爆薬を装填したものや爆弾を機体に固着させて投下できないようにしたものもあった」と終わる。

二人の見事な戦いを、私たちは、無情にも『特攻』で知るのである。ケネディはチャーチルをして語らせる。

「『橋の上のホラティウス』は、若き日のウィンストン・チャーチルのお気に入りの詩である。〔略〕　この勇壮な詩は日本の神道を信仰する人が書いてもおかしくないような内容で、神風の戦略をも連想させる。

『橋の上のホラティウス』

そして門の守りて、
勇敢なホラティウスは言った
地上のあらゆる人間に
遅かれ早かれ死は訪れる
ならば、先祖の遺灰のため
神々の殿堂のため、
強敵に立ち向かう以上の
死に方があるだろうか

かつて私をあやしてくれた
優しい母のため、
我が子を抱き
乳をやる妻のため、
永遠の炎を燃やす
清き乙女たちのため、
恥ずべき悪党セクストゥスから
皆を守るため以上の死に方が
あるだろうか。

執政官殿、なるべく早く
橋を落としてくれ
私は二人の仲間とともに
ここで敵を食い止める

道にひしめく一千の敵は
この三人によって
食い止められるであろう。

さあ、私の横に立ち
橋を守るのは誰だ

トマス・バビントン・マコーリー

ケネディの賛辞は特攻を命じた上層部にも及ぶ。

「一人につき一隻の船を食い止めようと命を捧げた神風特攻隊の若者たちは、従来の戦闘の中で千人が果たした以上のことを成し遂げた。

神風特攻隊は、侵攻してくるアメリカ軍の空母やその他の艦船を次々と撃沈し、日本軍が立て直しを計るため、もしくは、平和な日本を築くための時間を稼ごうとした。

ホラティウスの自己犠牲の最も注目すべき点は、彼が橋を守り切ったというところではない。重要なのは、何世紀にもわたり、幾多の西洋人たちが、ホラティウスや、彼のように勇敢な自己犠牲に勇気づけられてきたという事実なのだ。

日本の上層部が敗北を十分に認識したうえで大勢の若者を神風特攻隊に任命したのは、絶望的な大義のために命を捧げた若者たちの倫理規範が、以後何千、何万年と、人々の自己犠牲精神をかき立て続けるであろうと考えてのことだった。彼らの最後の望みは、未来の日本人が特攻隊の精神を受け継いで、強い心を持ち、苦難に耐えてくれることだった」(『特攻』)

強い違和感が湧く。なぜか。後にケネディも指摘する日本の上層部の悲劇的な自己保身を私たちは嫌というほど知っているからだ。しかし私たちは小川の絶唱に答えなければならない。

最後の便り

海軍中尉　小川清

父母上様

お父さんお母さん。清も立派な特別攻撃隊員として出撃する事になりました。思えば二十有余年の間、父母のお手の中に育った事を考えると、感謝の念で一杯です。全く自分程幸福な生活をすごした者は外に無いと信じ、この御恩を君と父に返す覚悟です。

あの悠々たる白雲の間を越えて、坦坦たる気持ちで私は出撃して征きます。生と死と何れの考えも浮びません。人は一度は死するもの、悠久の大義に生きる光栄の日は今を残してありません。

父母様もこの私のために喜んで下さい。

殊に母上様には御健康に注意なされお暮し下さる様、なお又、皆々様の御繁栄を祈ります。清は靖國神社に居ると共に、何時も何時も父母様の周囲で幸福を祈りつつ暮らしております。
清は微笑んで征きます。出撃の日も、そして永遠に。

小川も安則も学徒兵であった。

福中五郎は小川清と同じ早稲田大学第二高等学院生であった。彼は昭和一六年一月入営し二〇年二月ブーゲンビルで戦死している。二八歳だった。その彼は、

「・・・先週の日曜日、やはり便所の中で、母へ手紙を書いた時は涙が止まりませんでした。母には元気で張り切っているとは書きましたが、僕の気持ちは死人同様の悲惨なものです。こんな手紙を書いたのを二年兵にでも見つかれば、おそらく殺されるでしょう」(『きけわだつみのこえ』)

福中も小川も同じ学窓の有為の若者であった。生を全うできればどのような仕事をし、どのような人生を持つことができただろうか。

「はしがき」で末川博は、

「時がたつ。それは、このように、人の記憶を奪ったり、惨禍(さんか)を賛美したり、真実をおおいかくしたりする。だが、現在が過去につながり未来が現在につづく以上、人の記憶は生かされ、惨禍は惨禍として伝えられ、真実はどこまでもまもりつづけなければならない。 略

理性を無視し知性を否定する戦争に尊い生命をささげなければならないという矛盾、そして、聖戦といい忠君愛国という空虚なかけ声が本当に何を意味するかについての疑念、それを口にし筆にすることは、あの酷薄(こくはく)な軍隊組織のもとでは許されなかった。それをあえて「こんな手紙を書いたのを二年兵にでも見つかれば、おそらく殺されるでしょう」という厳しい現実の中で書きつづったのが、この書物におさめられている日記であり、手紙である」

また、渡辺一夫はその「感想(旧版序文)」の中で、

「・・・さらに、一時でも過激な日本主義的なことや戦争謳歌に近いことを書き綴らせるに至った酷薄な条件とは、あのきわめて愚劣な戦争と、あのきわめて残忍暗黒な国家組織と軍隊組織とその主要構成員と出会ったことを思い、これらの痛ましい若干の記録は、追いつめられ、狂乱せしめられた若い魂の叫び声に他ならぬと考えた・・・」

そして渡辺は末尾に以下の詩を捧げる。

「一九四三年にフランスで発行された「真夜中版」の『詩人の光栄』という詩集に収められたジャン・タルジューの短詩を拙訳して左にかかげ、若くして非業死を求めさせられた学徒諸君のために、僕は、心から黙禱を捧げたいと思う。

死んだ人々が還ってこない以上、
生き残った人びとは、何が判ればいゝ?

死んだ人々には、慨く術もない以上、
生き残った人びとは、誰のこと、何を、慨いたらいゝ?
死んだ人びとは、もはや黙ってはいられぬ以上、
生き残った人びとは沈黙を守るべきなのか?

一九四九年八月三一日」

吉田はアジア・太平洋戦争を四期に分ける。そして四四年八月からを絶望的抗戦期と名付ける。この戦争の悲劇のほとんどがこのわずかい年の間のしかも、年をはさんだ四五年に起こる。

「第四期　絶望的抗戦期

一九四四年八月から四五年八月の敗戦までの時期を指す。敗戦必至の状況にも拘わらずあくまでも抗戦に固執し戦争長期化させ絶望的な抗戦を国民に強いた。

・四四年十月、米軍、フィリピンのレイテ島上陸、四五年一月ルソン島上陸、主要部分を支配下に
・四五年三月昌笠原諸島硫黄島守備隊全滅
・四五年四月沖縄本島上陸、六月組織的抵抗終わる
・陸上兵力の圧倒的格差。大砲・迫撃砲・戦車・機関銃等において日本軍の優良師団の六~八倍の兵力・装備。
・フィリピン防衛線指導の朝枝・堀両少佐、「皇軍の編成・装備・戦法は日露戦争以来はたして、いくばく進歩せりや」
・一九四四年一一月　マリアナ諸島からB29による日本本土空襲開始。四五年三月を皮切りに都市部への無差別絨毯爆撃が本格化。中小都市も焼夷弾攻撃
・輸送船に徴傭された商船や民需用の商船の損失も深刻化四四年に入ると喪失数が激増　開戦時6,376.6千総トン、敗戦時1,526.9千総トン、開戦時の四分の1に。
・戦意の低下　四四年四月米軍南西太平洋軍司令部の調査。日本兵に自己犠牲を強いる歴史的、社会的心理的要因の分析の一方で「自己犠牲の強制に対する反発」がみられ、降伏し抵抗することなしに捕らえられている。生きたいという人間本来の願望、無能で無責任な将校への批判
・四期の全体にわたって中国が抗戦を継続　四一年から四三年には毎年六八万人、四四年には八〇万人、四五年には一二〇万人もの陸軍部隊が中国戦線(満州を除く)に釘付け
・大陸打通作戦四四年四月から四五年二月　中国大陸にある米軍の航空基地を占領して日本本土空襲の阻止と中国大陸を南北に連結、南方地域との陸上交通路の確保の為

二千万人を超えた犠牲者たち

・日中戦争開始以降中国本土(満州を除く)戦没した日本の軍人・軍属、民間人の総数465,700人
・満州とは異なり中国本土からの民間人の引き揚げ比較的順調、犠牲者のほとんどが軍人・軍属

・日露戦争における日本陸海軍の戦死者総数 88,133 人の五倍
・満州事変では靖国神社の合祀者で 17,174 人
・四一年十二月からのアジア・太平洋戦争の日本人戦没者数は軍人・軍属二三〇万人、外地の一般邦人三〇万人、空襲などによる国内の戦災死没者五〇万人　総計三一〇万人。朝鮮人・台湾人の軍人・軍属五万人を含む
・アジア・太平洋戦域での米軍の犠牲者は 9 万 2000 人から 10 万人、ソ連は張鼓峰・ノモンハン・対日参戦で 2 万 2694 人、英軍 2 万 9968 人、オランダ軍・民間人も含めて 2 万 7600 人
・推定で中国軍と中国民衆の死者、約 1000 万人以上、朝鮮約 20 万人、フィリピン 111 万人、マレーシア・シンガポール約 10 万人　その他ベトナム、インドネシアをあわせて 1900 万人以上

一九四四年以降の犠牲者が九割か
・日本人戦没者三一〇万の大部分がサイパン島陥落後の絶望的抗戦期の死没者
・日本政府は年次別の戦没者数を公表していない
・福井新聞社の問い合わせに対して厚生労働省は、「そうしたデータは集計していない」(『福井新聞』2014 年 12 月 8 日付)
・朝日新聞社が二〇一五年七月に四七都道府県にアジア・太平洋戦争中の『年ごとの戦死者の推移をアンケートしたところ、岩手県以外はすべて『調べていない』『特に必要がない』『今』となっては分らない』をその理由とした」(2015 年 8 月 13 日付)
・岩手県編『援護の記録』の四四年一月一日以降の戦死者の割合は 87.6%。日本軍全体の 230 万人に当てはめると 201 万人にも及ぶ。
・民間戦没者数人約 80 万人の大部分は絶望的抗戦期のもの。前者に加算すると 281 万人で四四年以降の戦没者が 91%に当たる
・政府・軍部・天皇ら宮中グループの戦争終結決意の遅れの悲劇である
・ジョン・ダワーによればア・大戦争での米軍の戦死者 10 万 997 人、絶望的抗戦期の死者が 5 万 3349 人で 53%に
・日本では基本的な数字さえ把握できない。アメリカは月別年別の死者数が分る。米陸海軍省の医務・統計関係の部局が作成・公表
・日米間の格差は、政府の責任で果たすべき戦後処理の問題にまで及んでいる。

以上が『日本軍兵士』の中で明らかにしている絶望的抗戦期における戦争指導者たちを擁した結果である。かくも愚劣な戦争を推し進め幾千万人もの、日本人を含むアジアの人びとを死に追いやったのである。「悠久の大義」で許されることではない。

ケネディの『特攻』はプロローグの中で、こう語る。

「戦後六〇年が経つが、現在ほどこの物語と密接な関連性を持つ時代はない。アメリカは再び、自らの命を賭けてアメリカに危害を加えようとしている人びとの脅威にさらされている。強大な軍事力を持つアメリカという国にもっとも効果的に打撃を与えられる方法として、自爆攻撃が選ばれているのだ」

9・11や中東での出来事を神風特攻隊と関連させる。アメリカにとってカミカゼは過去のことではなく現在に続く脅威なのだと説く。また、こうも言う。

「まるで死というものを軽んじているかのような攻撃は、アメリカ人の目には、目的を失った狂信的な行いとしか見えなかった。このことがアメリカ軍の、このような過激な国と戦争を続けるよりは、原爆を投下しよう、という決断に、少なからず影響を与えたと言えよう」

「太平洋戦争が私たちに示したのは、単に空母の存在がアメリカの対外政策を世界規模にまで拡張させた、というようなことではなく、何かの大義に身をささげる意志を持つ決然とした者が数名いれば、そうした政策が完遂されるのを阻止することもできる、ということなのかもしれない」

この言葉は中東や欧米で頻発する自爆するテロリストをも含むのであろうか。そのように思える。

あとがきで「調査のため三回来日し、一〇〇名を超す元神風パイロットやその家族に会い、日本戦没学生記念会（わだつみ会）の文書提示なども仰いだ」「日本の側では、特攻作戦に関するほとんどの軍の記録は、　略　日本人の手で意図的に廃棄された。多くの日本軍の幹部たちは、神風攻撃に関与した者はアメリカ軍に逮捕されるだろうと恐れていたため、神風の記録を破棄することは最優先事項になっていた」

「日本の防衛研究所では、直接的に神風攻撃について触れている文書は、ほんの一握りしか所蔵していない。防衛研究所で保管している蔵書や記録類は驚くほど少ないのだ。ドイツでは大量の記録が保管されていて、極めて罪深い内容の文書であっても廃棄するつもりは全くなかったようだが、それとは異なり、日本軍はすべてを廃棄するつもりだったようだ」

「マッカーサー将軍は陸軍将校に命じて日本の司令官たちに尋問を行い、日本軍の記録を再現する一連の研究論文（モノグラフ）を編集させた。このモノグラフはパトリック・クランシーのウェブサイト〝Hyperwar〟で見ることができる」「本書は、太平洋における第二次世界大戦についての小さな歴史書となるよう意図したものである」

戦勝国アメリカにも敗戦国日本にも「勇敢なホラティウス」と讃えられても、悲惨すぎる兵士の死と「我が子を抱き乳をやる妻」の孤独な苦難の生とが残される。生命の犠牲を強いるを超える「悠久の大義」とは何か。決して「大義」ではなく決して「悠久」ではなく為政者の利益や欲望や狂気にすら起こされる戦争が、永遠の奇跡とも言える生命と人生を奪うことは許されない。

「バンカーヒルでは、すべての者に戦闘配置が決められていた。戦闘配置というのは、艦が攻撃を受けている時には、各員がただちに向かわなければならない場所のことだ。…

アル・スカーレットの友人に、いつも救命胴衣を着用している男がいたが、その男の配置は兵員用トイレだった。一日の夜遅くそのトイレの場所に行った時すでに煙は消えていたが猛烈な煙が充満していたことはすぐに分った。友人は最後の最後までもがいたあげく、自身のため、妻や子供たちのためトイレの汚水管の断面に加えつき外気を吸い込もうとしたらしい。彼は汚物まみれの管をくわえたまま窒息死していた」

誰に言われてもいい
女一人生きれネェようにするの誰だったべス
小原さの

わたしは今Kさんの世話になっていあンス。世話になってる、というより、かかあ(妻)に亡くなられたKさんと助け合って生活していあンス。　略

世間の人達は、さまざまなことをいってると思うナス。…誰に何言われても私はいいモ。わたしはその人達にいってやりてエナス。

「それならお前達もオレのような身になってみろ。お前達、戦死されて一人女(ひとりおなご)になったオレに、一体どんなことしたったべ。オレのこと絶対一人で暮らして行けねエようにしたの、お前達でなかったでねエのか」ってナス。

〔岩手県生まれ。昭和九年一八歳で結婚。夫圭勇は二度目の召集で、昭和二〇年五月三〇日トラック島で戦病死。三二歳〕

(『あの人は帰ってこなかった』岩波新書一九六四年)

映画『チャーチル』が公開されている。「ヒトラーから世界を救った男」としてである。ナチス・ドイツの電撃戦の前に仏英主力の連合軍兵士40万がダンケルクに追いつめられる。ヒトラーとの和平交渉か徹底抗戦か、国王をも巻き込む融和・交渉派が多数を占める中で孤立するが救出作戦を断行し、連合軍を反攻・勝利へ導いたという。

実はこの映画を観た。ナチスの暗号エニグマを解読し連合軍を勝利に導いたとされる数学者アラン・チューリングを扱った映画『イミテーション・ゲーム』の展開に興味をかき立てられたからだ。EU離脱に向かう今のイギリスを鼓舞する映画との感想が残った。

そのチャーチルを、プーチンが語る。スターリンについてストーンに尋ねられての中で、

「いや、いま答えられる。過去の傑出した政治家にウィンストン・チャーチルがいる。ソビエト主義に断固反対の立場だったが、第二次世界大戦が勃発すると、ソ連との協力を強く主張し、スターリンを偉大な戦時リーダーであり革命家だと持ち上げた。そして第二次世界大戦後、冷戦を始めたのがチャーチルであるのは有名な話だ。その後ソ連が初めての核実験を実施すると、二つの社会体制の共存が必要だと声明を出したのは他ならぬウィンストン・チャーチルだ」

「ソ連がスペインをはじめ、ヨーロッパで吹き荒れていたファシズムについて世界に警告を発しても、アメリカとその同盟国は支援に動かなかった。むしろハリー・トルーマンを含めたアメリカの政治家の多くは、ドイツ人とロシア人に殺し合いをさせておけばいい、と言っていたぐらいだ。そして連合国の一員であったにも関わらず、スターリンはチャーチルやルーズベルトには支持されていないと感じていた。しかもソ連はドイツ軍との戦いで多くの血を流していた。アメリカとイギリスがドイツとの戦いに参戦したのは遅かった。ソ連から見れば遅すぎたぐらいで、しかも一九四四年までは大規模な部隊を配置していなかった。

チャーチル自身も認めるとおり、最終的にドイツの軍事機構を破壊したのはソ連だ。ドイツ兵の六人中五人は東部戦線で戦死した。ロシアは戦後物資がなく、貧困に苦しみ、ルーズベルトとイギリスには援助を約束された。二〇〇億ドルを米英で半分ずつ負担する、と。だが、一九四五年四月にルーズベルトが亡くなり、トルーマンが大統領に就任した。トルーマンのソ連に対する立場はルーズベルトとは異なり、その時期に冷戦が始まった。アメリカの歴史書や西側の諸国では一貫して、その責任はロシア側にあるとされた。そして昨晩あなたが言ったとおり、スターリンの暴虐がそれを正当化する材料や口実として使われてきた」

（『オリバー・ストーン　オン　プーチン』オリバー・ストーン文藝春秋　二〇一八年一月）

「北方領土」のプーチンにはこれだけの歴史と祖国と民族への自覚と責任がある。日米安保体制をそのままにしての、未熟な国の相手ではない。

『チャーチル』にはスターリンは、名前すら出てこない。ルーズベルトは声だけの道化役。チャーチルの独壇場だ。

末尾に各国の戦没者数を示す。いずれも最高値を表したものだがロシア（旧ソ連）と中国の圧倒的な犠牲者数に心が痛む。同じ連合国の米英とは比べるべくもない。

『特攻　空母バンカーヒルと二人のカミカゼ』の著者M・Tケネディは一九六五年ニューヨークに生まれた。六八年の大統領候補指名選中に暗殺されたR・F・ケネディ元司法長官の遺児であり、同じく六三年に暗殺されたJFK、第三五代米大統領の甥にあたる。検察官を経て現在は大学で海洋史の研究に携わる。私たちは、目の当たりに見たその父と伯父の悲劇を理解し切れていない。その真相には漆黒の闇がある。しかしいずれ明らかにされる。そのことが空母を廃し、カミカゼの悲劇をなくすことにつながることを信じる。（東京・常任幹事）

	全人口	軍人	民間人	合計	人口比
日本	7138 万人	212 万人	100 万人	312 万人	4.37%
中国	51757	400	1600	2000	3.86
米国	13103	41.7	0.17	41.9	0.32
英国	4776	38	6.7	45	0.94
ソ連	16852	1385	1800	2800	13.5
独国	6985	550	350	900	10.5
仏国	4170	20	35	55	1.35
世界	200000	3000	5500	8500	4.00

植民地の軍人・軍属と民間人の戦没者については国に含まれていたり別途にされたりしているが日本の軍人の中には朝鮮人や台湾人も含まれる。

四月の常任幹事会

日　時　四月二八日（土）
　　　　十四時～十六時三十分
会　場　生涯学習センター七階講座室（二）
出席者　沖松・佐藤・落合・加藤・笠原・小川・熊谷・秋山・長谷川・山田・長沼

［報告］

1. 鴻巣・憲法九条の会ニュース（二〇一八・四・一二発行）に沖松代表幹事によるの報告が掲載されている。
2. 中日シンクタンク・メディアハイレベル対話が四月二四日にホテル・ニューオータニで行われた。当会より佐藤・長谷川・山田・日森常任幹事が出席した。佐藤常任幹事がレポーターとして「未来に向ける―中日相互認識の現状とメディアの責任」というテーマで発表した。当会の参加者から感想が述べられた。
3. 会員の永井さんの逝去が報告された。

［議事］

1. 今年の訪中団について
・現在のところ5人が参加を希望している。あと一人か二人が参加するかもしれない。連休明けに参加者が集まり、打合せができるように検討したい。
・日程は七月二八日から八月三日まで
2. 訪日団について
・友聯会より連絡がありました。参加者は二人の予定、今後時期を検討する。当会で受け入れ体制を整えていく。
3. 沖縄の基地問題などに関わる意見広告の件。当会より1万円を支出して参加することに決定した。
4. ・〆切りは五月一五日
・巻頭言は日森さんにお願いしたい
5. 今月号の感想等について
・編集人より三月号のお詫びと訂正がなされた
・巻頭言で「政府の『明治一五〇年関連施策』から読み取るべきものは何か」というテーマで政府の見解に対する批判点が明確に出されていた。
6. 中国残留孤児・足跡展
中国残留孤児問題研究会主催
三茶しゃれなあど五階にて
五月四～七日　是非参加を

（加藤）

寄贈誌より

『中国研究月報』（社団法人中国研究所発行）２０１８年４月号

▽論文　「国語」教育の分断と連帯　１９００年代後半のシンガポール華人社会における初等学堂の設立に関する一考察　持田　洋平

▽論文　中国演劇におけるゴドーの造形　林兆華を中心に　榊原真理子

▽研究ノート　現代中国外交と「周辺」の関係性について　政府報告活動から見る「周辺」の曖昧化の進行　山崎　周

▽書評　倉田明子著　東京大学出版会『中国近代開港場とキリスト教　洪仁玕がみた「洋」社会』　手代木有児

▽書評　李文杰著　生活・読書・新知三聯書店『中国近代外交官　群体的形成（１８６１～１９１１）』　箱田　恵子

▽書評　〈治〉・〈癒〉のコペルニクス的回転に向けて　『古典のなかの〈治癒世界〉〈癒〉へのインサイド・アウト』（角屋明彦著　白帝社）　関　修

▽書籍紹介『中国対外行動の源泉』加茂具樹編著　慶應義塾大学出版会（矢久保典良）／『中

国の公共性と国家権力その歴史と現在』小嶋華津子・島田美和編　慶應義塾大学出版会(吉見崇)／『儒教が支えた明治維新』小島毅著　晶文社(竹内健二)／『なぜ，習近平は激怒したのか　人気漫画家が亡命した理由』高口康太著　祥伝社(竹内　翔馬)
▽眼光紙背　現実から目を反らす地政学　(竹内健二)
▽中国日誌　２０１８年３月
『不　戦』(不戦兵士・市民の会)　春季　ＮＯ　１８２
◇スリーベテランズ大集合！
アメリカＶｓＦＰｖｓ元日本兵ｖｓ元自衛官
講演・スピーチ・クロストークの記録
◇創立３０周年／各界からのメッセージ
◇「不戦大学」歴代講師とタイトル
◇鉄道部隊は侵略戦争の先兵だった　高野　邦夫
◇川柳　「ごまめのはぎしり」２　あまのじゃく
◇編集後記　高野　邦夫　森脇　靖彦

事務局月報

・４月２４日(火)ホテルニューオータニにて、

・日中シンクタンク・メディアハイレベル対話の会、が開かれた。各分科会に当会から各２名が参加。(本文参照)

・圧力，圧力と叫んでいるうちにアジアの首脳と言われる人達の交流(?)が激しくなった。それについての様々な論評があるが、物事を進める為にはそれなりの思惑や狙いがあるのは当然ではないだろうか。その先に，今よりは明るい未来が開けることを期待したいし、そこへの道筋がついて行くように多くの目で見続けていきたい。(小林)

『８・15』２０１８年５月号
二〇一八年五月一五日発行
定　価　５００円(送料とも)
編集人　長谷川善夫
発行人　沖松　信夫
印刷所　(有)イワキ
発　行　日中友好８・１５の会
〒１２５-００３２
東京都葛飾区水元３-３-４
小林悦子方
Tel & Fax　０３-３６２７-１９５３
郵便振替　００１２０・６・２７４１５
日中友好８・１５の会
HP URL　http://www11.ocn.ne.jp/~donpo/

会　　　則

(名称)　第１条　本会は、日中友好元軍人の会を受け継ぐ日中友好『８．１５』の会（通称日中友好『８
１５』の会）と称する。

(目的)　第２条　本会は、過去の戦争に対する反省に立脚して、あらゆる戦争準備の動きを阻止し、平和
希求するために世界各国とくに中国との友好に貢献するとともに、会員相互の親睦を深
ることを目的とする。

(会員)　第３条　本会は前条の目的に賛成する元軍人および賛同者をもって構成する。

第４条　本会の本部を関東地区に置く、支部を各都道府県に置く、また事務局を関東地区に置く

(事業)　第５条　本会は、第２条の目的を達成するために以下の事業を行う。

１．会誌『８．１５』の発行
２．講演会、研究会の開催（平和諸団体との共催を含む）
３．学習会の開催
４．中国からの留学生・研修生の受け入れ
５．訪中団の派遣
６．その他、本会の目的達成に必要と認められる諸活動・事業

(総会)　第６条　本会は、総会を毎年１回、原則として８月 15 日に開催する。総会は、委任状を含めて
員の過半数の出席により成立するものとする。総会は、幹事会から、活動報告、行動計
事業計画、決算、予算、役員の選出、その他、本会の運営に必要な事項について報告、
案を受け、出席者の過半数の賛成により　これを承認、決定する。幹事会が必要ありと
めたときは、その決議により、臨時総会を招集することができる。総会の決議に基き、
問を置くことができる。

(運営)　第７条　本会の運営は、幹事会が行う。ただし、幹事会は常任幹事会にその権限を委任すること
できる。

(役員)　第８条　代表幹事、副代表幹事、常任幹事、事務局長を本会の役員という。

第９条　役員の任期は１年とする．ただし、任期満了後も総会において新役員が選出されるまで
その職務を行う。役員の重任は妨げない。

第 10 条　本会の運営のために幹事会ならびに常任幹事会を置く。幹事会は幹事を以って構成し、
会の運営に必要な重要な会務を行う。幹事の互選により代表幹事、副代表幹事、常任
事、事務局長を選任する。常任幹事会は、原則として毎月 １ 回開催し、幹事会の委任
うけて本会の運営に必要な一般会務を行う。

第 11 条　幹事は、会員の推薦により選任し、総会の承認を受ける。

第 12 条　幹事会は、常任幹事会の決議に基き、代表幹事が招集する。常任幹事会は、常任幹事 2
以上の発議により代表幹事が招集する。幹事会および常任幹事会の決議は、出席幹事
過半数の賛成により成立する。賛否同数のときは、代表幹事がこれを決する。

第 13 条　本会の会議の遂行上、下記の分科委員会を設け、常任幹事会が選出した委員長が運営の
に当る。

1. 組織・活動委員会
2. 会誌編集委員会
3. 財務委員会
4. 対外交流委員会

各委員会の委員は、委員長の推薦により委嘱する。

第 14 条　会計の監査は、会計監事が行う。会計監事は、幹事会の推薦により選任し、総会の承認
受ける。

(財政)　第 15 条　本会の経費は、会費、寄付金、その他の収入をもってまかなわれる。留学生・研修生受
入れのため、特別会計を設ける。

(会費)　第 16 条　会費は年額１万円とする。また、家族会員の会費は年額 2,000 円とする。購読会員
は 6,000 円とし、学生会員は 3,000 円とする。

第 17 条　本会の会計年度は、毎年 7 月 1 日に始まり翌年 6 月 30 日に終る。

(改正)　第 18 条　本会の会則は、幹事会の発議により、総会において、委任状を含む出席者の 3 分の 2
上の賛成により改正することができる。

(付則)　この会則は 2017 年 8 月 25 日から施行する。

過去の直視、これが歴史認識の原点

第五九巻　第六号　通巻第五八三号

軍備亡国・反戦平和

2018年　6月号　No.　583

8.15

日中友好元軍人の会HP　　http://www11.ocn.ne.jp/~donpo/

6

日中友好『8．15』の会
（日中友好元軍人の会）

創立宣言

戦争の罪悪を身をもって体験した、わたくしども元軍人は、心から人間の尊厳にめざめ、戦争を否定します。

わたくしどもは、過去の反省に立脚し、戦争放棄と戦力不保持を明示した日本国憲法を順守し、真に人類の幸福と世界の平和に貢献せんがため、本会設立の趣意書ならびに会則にのっとり、同志相携えてあらゆる戦争を阻止し、戦争原因の剪除に努め、進んで近隣諸国とくに中国との友好を進めんとするものであります。

ここに終戦の記念日を卜して本会を設立するにあたり、万世のため太平を開く決意のもとに日本の更正を誓った当時を追憶し、戦没の万霊に額ずき、ご遺族をはじめ戦争の被害者ならびに軍靴で踏みにじった戦場の住民各位に深く遺憾の意を表しつつ宣言します。

１９６１年8月１５日

日中友好元軍人の会

二〇一七年度　活動方針

われわれは、創立宣言に則り、次の活動を行なう。

一、平和憲法を守り抜くため、広く非武装中立・軍縮亡国を訴え、組織の強化・拡大に努力する。

二、過去の侵略戦争に対する反省に立脚して、中国をはじめ、アジア近隣諸国、さらには世界各国の平和を希求する人々との友好・提携に努める。

行動計画

一、違憲の安保法制を強行し、憲法改悪へ向かう安倍内閣のあらゆる策動を許さず、特に憲法9条を守るために活動している諸団体の運動に積極的に参加する。

二、戦争に直結する集団的自衛権の行使を認めず、名目の如何にかかわらず、自衛隊の海外派遣、多国籍軍への支援に反対する。

三、広島・長崎の被爆の歴史に基づいて、核の廃絶を広く世界に訴える。日本政府に核兵器禁止条約への参加を求める。エネルギー変換、脱原発をめざす。

四、沖縄の民意を無視した辺野古新軍事基地建設等に反対し普天間を始めとする全国各地の米軍基地の縮小・撤廃を求める。そのためにも日米安保条約の解消とそれに代わる日米友好条約の締結を提唱する。

五、日・中・韓・朝の障壁になっている歴史認識問題、戦後処理問題（従軍慰安婦、強制連行・強制労働などに関する訴訟・賠償請求）の早期解決を求めていく。

六、中国国際友好聯絡会研修生受け入れと公私訪中派遣を通じて、民間レベルでの友好・交流の強化を図る。

【巻頭言】

朝鮮半島・東アジアの平和確立へ

鎌倉　孝夫（埼玉大学名誉教授）

朝米首脳会談・共同声明の意義

史上はじめての朝米首脳会談が行われ、朝鮮民主主義人民共和国の金正恩委員長とアメリカ合衆国トランプ大統領が署名した共同声明が発表された（二〇一八年六月一二日）。朝鮮休戦協定から六五年、朝鮮半島は平和関係形成どころか、核兵器使用さえ含む一触即発の戦争の危機が続いてきた。不倶戴天の敵といわれたアメリカと朝鮮の首脳が直接会い、握手し、話合い、共同意志を示す声明に署名する。このことだけでも画期的である。

両首脳は、「新たな米朝関係の確立と、朝鮮半島における持続的で強固な平和体制（Peace regime）の構築に関連する諸問題について、包括的で詳細、かつ誠実な意見交換をした。トランプ大統領は朝鮮（DPRK）に安全の保証（security guarantees―「体制」の保証ではない）を与えることを約束し、金委員長は朝鮮半島の完全非核化への確固で揺ぎのない約束を再確認した。あらたな朝米関係の確立が、朝鮮半島と世界の平和と繁栄に寄与すると確信し、相互の信頼醸成によって朝鮮半島の非核化を促進できることを認識する」、とした。

金委員長が「再確認」した「完全非核化」は、朝鮮半島全体（「南」を含む）であり、それは「信頼関係醸成」によって促進しうる―アメリカによる「安全保証」の約束履行の下で―ということである。トランプ政権のボルトン大統領補佐官や安倍首相などが言ってきた朝鮮に対する一方的なCIVID（完全、検証可能、不可逆的核廃棄―いわゆるリビア方式）ではない。アメリカの帝国主義的体制崩壊策動が、朝鮮の核武装化をもたらした原因であるから、非核化の実現は、この戦争策動を撤回し、「安全保証」を確定し、「信頼関係」を「醸成」することによって実現しうる。それは朝鮮側がこれまで明確に主張してきたことであった。その主張が「再確認」された、のである。

両首脳は、この認識に基づき、次の四点を表明した。①米国と朝鮮は、両国民が平和と繁栄を切望していることに応じ新たな朝米関係を確立することを約束する。②米国と朝鮮は、朝鮮半島において持続的で安定した平和体制を築くため共に努力する。③二〇一八年四月二七日の「板門店宣言」を再確認し、朝鮮は朝鮮半島における完全非核化に向けて努力する、と約束する。④米国と朝鮮は（朝鮮戦争の米国人）捕虜や行方不明兵士の遺体の収容を約束する。とくに重要なのは、「板門店宣言」の再確認である。

「板門店宣言」は、①「共同の繁栄と自主統一の未来を早める」こと—「民族自主の原則」の「確認」、高官級会談はじめ各分野の対話と交渉の早期開催、民間交流・協力促進のため、南北共同連絡事務所設置、各界各層の多方面の協力交流へ往来・接触の活性化等、②「朝鮮半島で先鋭化した軍事的緊張状態を緩和し、戦争の危険を実質的に解消するため共同で努力していく—相手方に対する一連の敵対行為の全面的中止、西海側の北側境界線一帯を平和水域に、相互協力・交流、往来・接触の活性化のための軍事的問題の協議・解決、軍事当局者会談の自主開催、③「朝鮮半島の恒久的で強固な平和体制構築のために積極的に協力する」「休戦状態を終息させ確固たる平和体制を樹立する」—武力を互いに使用しない不可侵合意の再確認、段階的軍縮を進める、休戦協定の平和協定への転換、恒久的で強固な平和体制構築のための南北米三者、南北米中の四者会談開催、「完全な非核化を通して核のない朝鮮半島を実現するという共通の目標を確認」、である。

「朝鮮半島の非核化」に関しては、「南北は、北側がとっている主導的な措置が朝鮮半島の非核化のために非常に意義があり、重大な措置だということについて認識を共有し、今後それぞれ自らの責任と役割を果たすことにした。南北は朝鮮半島の非核化に向けた国際社会の支持と協力を取り付けるために積極的に努力することにした」としている。

この「板門店宣言」を、朝米首脳会談で「再確認」するとしたことは、明らかに朝鮮民主主義人民共和国が主導して進める朝鮮半島非核化の道が、アメリカ大統領によって確認されたことを意味する。

朝鮮中央通信は、朝米首脳会談の合意に関し次のように伝えている(『毎日新聞』〇一八年六月一三日・夕刊)。「北朝鮮の金正恩朝鮮労働党委員長は会談で〈米国側が朝米関係改善のための真の信頼構築措置を講じていくなら、朝鮮側も引き続き、次の措置の追加的な善意の措置を講じていくことができる〉との立場を明らかにした。また、金委員長が朝鮮半島での平和体制構築において〈相手を刺激して敵視する軍事行動を中止する勇断を(先に)下すべきだ〉と提起したことに対し、トランプ大統領が理解を示した、と報じた。その上で、トランプ氏が対話継続中は米韓合同軍事演習を中止する意向を表明し〈北朝鮮に対し安全保証を提供し、対話と協議を通じた関係改善の進展に合わせて制裁を解除できる〉と述べた、と伝えた」。

金委員長が主導してきた朝鮮半島平和確立・非核化への道を、トランプ米大統領に全面的に認めさせた、ということができる。

朝鮮半島非核化は朝鮮が一貫して求めてきた

金委員長が核・ミサイル開発から非核化の道へと転換した路線の大転換は、制裁・圧力強化の効果を示すものだ、だからさらに圧力を強めることによって完全非核化を実現しうる・・・安倍政権はじめ、朝鮮に対し対話ではなく、圧力をさらに強めるべきだと主張し行動している人たちは、このように考えている。しかしこの考えは全く誤っている。むしろ圧力強化一辺倒の主張と行動こそが、朝鮮の核・ミサイル開発・保有をもたらしたのである。

対米関係を含め国家間関係で、敵対視をやめ相互の自主権尊重の上で信頼関係が築かれれば、核を含めて軍事力は不要である―朝鮮は一貫してこの考えを示しその現実化を追求してきた。その証拠を確認しておこう。

①「経済建設と核武力建設並進戦略路線」(二〇一三年三月三一日)。「われわれは、帝国主義者の核の威嚇が続く限り、経済建設とともに核武力建設を絶対不変の路線として堅持し、核抑止力をさらにしっかり打ち固めなければなりません」、「われわれの核抑止力は、国と民族の自主権を守り、戦争を防いで平和を守るための正義の手段です」、「われわれを核武力の強化へと後押ししていた根源である米国の対朝鮮敵視政策の反動性と不当性を明らかにし、われわれの選択と路線の正当性と不可避性を認識させるための対外活動を主導的に行い国際舞台でわれわれの支持者、賛同者の隊列を増やさなければなりません」「われわれは、責任ある核保有国としてアジアと世界の平和と安全のため積極的に努力し、国際社会に担った核拡散防止の義務を誠実に履行して世界の非核化実現に寄与するでしょう。」

この路線は、法令「自衛的核保有国の地位をさらに強固にすることについて」(一三年四月一日)で確定されている。第4.項「敵対的な他の核保有国がわが共和国を侵略したり、攻撃したりする場合、それを撃退し、報復攻撃を加えるために朝鮮人民軍最高司令官の最終命令によってのみ使用できる」、第5項「敵対的核保有国と結託してわが共和国に対する侵略や攻撃行為に加担しない限り、非核国に対して核兵器を使用したり、核兵器で威嚇したりしない」、第9項「核戦争の危機を解消し、積極的に核兵器のない世界を建設するために闘い、核軍備競争に反対し、核軍縮のための国際的な努力に協力する」。

朝鮮は国連の「核兵器廃絶の多国間交渉の前進」の決議に、核保有国中唯一賛成している。(米・ロ・英・仏・イスラエルは反対。中・印・パは棄権。日本は反対している)

②朝鮮労働党第七回大会中央委員会活動報告(一六年五月六日)「4,世界の自由化のために」。「戦争のない平和な世界を建設するのはわが党の闘争目標であり、地域と世界の平和と安全のために闘うのはわが党と朝鮮政府の一貫した立場です。平和は社会主義の本性的要求であり、恒常的に核戦争の危険の中を生きてきたわが人民が抱いている念願です」、「わが共和国は責任ある核保有国として、侵略的な敵対勢力が核でわれわれの自主性を侵害しない限り、既に宣明した通り先に核兵器を使用しないであろうし、国際社会に担った核拡散防止義務を誠実に履行し、世界の非核化を実現するために努力するでしょう」、「わが党と朝鮮政府は、かつてわれわれと敵対関係にあったとしても、わ

が国の自主権を尊重してわれわれに友好的に接する国との関係を改善し、正常化していくでしょう」。

③朝鮮労働党中央委員会第七期第三回総会(二〇一八年四月二〇日)。「金正恩委員長は…経済建設と核戦力建設を並進させるべきだというわが党の戦略的路線が提示した歴史的課題が立派に貫徹されたことを誇り高く宣言した。…核開発の全工程が科学的に、順次的に行われ、運搬打撃手段の開発もやはり科学的に行われて核の兵器化の完結が検証された条件の下で、今やわれわれにいかなる核実験と中・長距離大陸間弾道ロケット試射も不要となり、それによって北部核実験場も自己の使命を果たしたと強調した。/われわれの力をわれわれが求める水準にまで到達させ、わが国家と人民の安全を頼もしく保障できるようになった基礎の上で、人類の共通の念願と志向に合致するように核兵器なき世界の建設に積極的に寄与しようとするわが党の平和愛好的立場について明らかにした」。

これをふまえ、二〇一八年四月二一日から核実験と大陸間弾道ロケット試射を中止する。北部核実験場廃棄、核実験全面中止のための国際的な志向と努力に合流する。「わが国家に対する核の威嚇や核の挑発がない限り核兵器を絶対に使用しないし、いかなる場合にも核兵器と核技術を移転しないこと」、を明示した。」

韓国文大統領との二度に亘る会談、そして米大統領との会談は、この決定の実行の開始である。核保有国・朝鮮は核兵器廃絶に向けた具体的現実的行動を開始したのである。

アジア・世界の平和を確立するために

アジア・世界の核兵器廃絶をめざす朝鮮の現実的行動を理解し、支持し、国際的潮流にしなければならない。核保有国自身が自らの核廃棄によって、世界的核廃絶実現に踏み出したのである。核廃絶・核戦争阻止のこの道を私たち自身の課題として真剣に受けとめ、自らなしうる行動を実行しなければならない。もちろんこの道は決して平坦とはいえない。

①アメリカの帝国主義的な世界覇権支配は、アメリカ自身で積極的にやめようとはしない。アメリカの経済・社会を支配している金融大資本は、その利己的利潤の獲得を目的に、世界市場支配を支配し続ける—その支配のテコとなっているドルの支配を維持し続ける。

しかしトランプ大統領のアメリカ一国主義的利益追求に示されるように、いままで築いてきた国際的協調、他国への配慮を行う余裕は全くなくなっている。ドル体制維持にしても、世界的軍事・政治覇権支配にしても、アメリカ一国の実力でこれを維持することはできなくなっている。

その主要な原因は、アメリカ経済を支配する金融大資本が、証券・金融中心(擬制資本という)になり、産業の中心が軍需産業(死の商人)になっていることにある。証券取引で利権を獲得する—それは投機・ギャンブルの利益であり、軍需産業による利益は、経済と生産力を発展させるどころか、殺人と破壊に利得の根拠を求めるものであり、国の税金(人民からの税金収奪)によってしか維持しえない。証券取引も軍需産業も、それ自体の活動で価値・富を全く創造せず、人民大衆からの収奪による―人民大衆を貧困・生活破壊に陥入れることになる。

だからその世界的覇権支配は、他の国、とくに軍事的同盟国に負担を押しつけることによってしか維持しえない。日米安保同盟が、アメリカの帝国主義的支配を基本目的としているのに、それがなければ日本の安全は維持されないなどとして、同盟維持・強化を図る日本の政権・安倍政権は、アメリカ帝国主義にとって絶好の収奪対象なのである。

安倍政権をトランプ政権はとことん利用し、軍事費負担を押しつけ、軍隊派兵を要求し、日本をアメリカ製兵器市場にしている。それによって日本の安全保障が維持されるどころか、ますます戦争の危機に自ら陥ってしまう。

私たちは、戦争の危機を引き起こす根本原因を明確に認識するとともに、その原因をなくす行動を強めなければならない。

②中国・ロシアの朝鮮との協力・協調は、朝鮮半島・アジア・世界の平和確立、そして非核化実現にとって決定的に重要である。

とくに中国との協力・協調は重要である。金委員長は習近平共産党・国家主席と二度続けて会談を行なった。(一八年三月二六日北京、同五月八日大連)。朝鮮半島非核化・平和関係確立への朝鮮の積極的行動に、習主席は全面的に協力し、力を合わせて行動することを確認した。

習主席は、中朝両国は「運命共同体であり、変わることのない唇歯の関係」であること、朝鮮労働党第七期第三回総会の非核化推進・社会主義経済建設に総力集中という戦略路線全面支持を確言し、朝鮮社会主義偉業勝利の確信を表明した。

中国共産党自身、三〇年代までに社会主義現代国家建設の目標を明示し、目標達成に向けて前進している。

「平和は社会主義の本性的要求である」―私たちはこのことを確信し、社会主義確立をめざして進もう。

(なお、マルクス生誕二〇〇年を記念する集会が五月四日中国で開催され、習主席が現代のマルクス主義の意義について演説した。「人民日報」からこの点に関するインタビューの依頼があり、私自身コメントを出した。「人民日報」一八年五月六日号にこの記事が掲載されているので参照して下さい。)

二〇一八年六月一五日

永井洋二郎さんを悼む

沖松　信夫

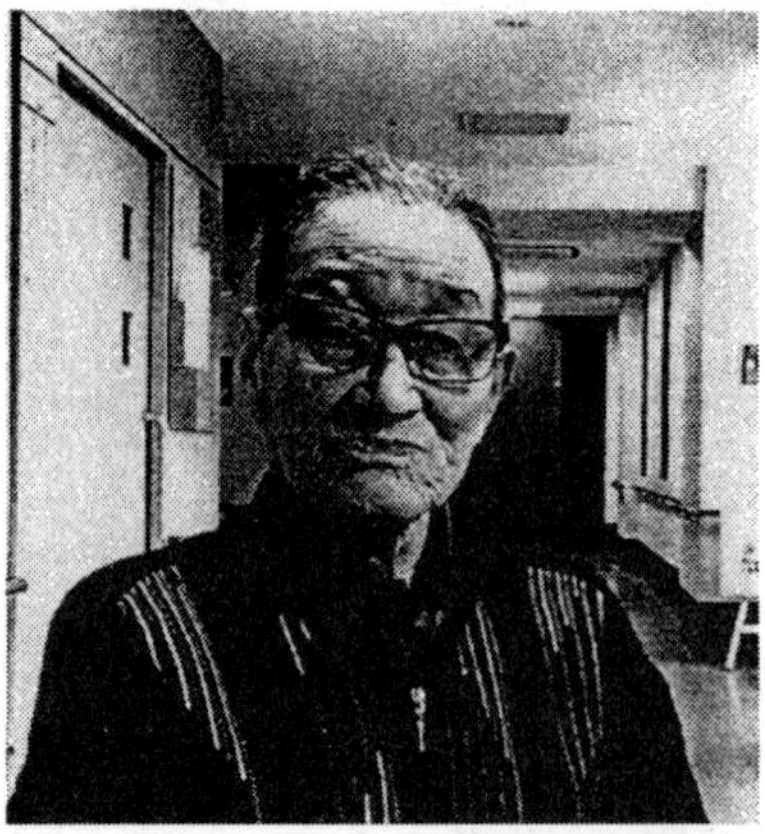

四月二五日、永井洋二郎さんが亡くなった。晩年は病魔に冒され、闘病生活が長くお会いする機会もなかった。永井さんには、長い間会のために献身的に働いてもらった。

特に八〇年代、会の変質を防ぐために、遠藤精神を守り抜くために大変努力して頂いた。私は、永井さんは会活動の最大の功労者の一人として、会の歴史に名を刻まれなければいけない一人だと思っている。

永井さんの反戦平和・日中友好の活動は、保阪正康著『昭和陸軍の研究・下巻』（朝日新聞社）や同『戦場体験者沈黙の記録』（筑摩書房）に詳しく紹介されている。これらの著書のおかげで、多くの日本人が永井さんの生き様を知り、勇気をもらい、次世代の人からも共感を得るだろう。

一　永井さんの信念

ここに、永井さんが病床に臥し再起不能を予感して、日頃の信念を披瀝し、会員各位にお別れの挨拶とも受け取れる文章がある。（創立四〇周年記念誌）

『四月初め頃から続いていた微熱が六月二十七日に急変、救急車で横浜市立脳血管センターに搬送され病床に在り、以来、抗生物質の点滴と流動食で、寝たきりの生活でした。突然の入院のため、八月十八日の創立四〇周年総会は欠席し、会には多大の迷惑を掛けてしまいました。十二月二十四日の創立四〇周年記念の集いも妻の同伴を頼む始末でした。こうして私の二〇〇一年は不本意な結果で終わってしまいました。

今年は歴史教科書問題と靖国問題という大きな出来事が起こり、私が入院中の九月十一日には更に世界の人々に衝撃を与えたニューヨークの貿易センタービルのテロ事件が勃発しました。「これは戦争である」と断言したブッシュアメリカ大統領はアフガンに対し、容赦ない空爆を行ない、多くの無実の人民が殺戮されましたが、未だに犯人は不明のまま。日本政府はこの戦争に積極的に参加し自衛隊はインド洋に出動、日本国憲法の平和条項は無視されました。そして戦争前の治安維持法よりも悪辣といわれる有事法制という悪法を準備するに至っております。既にソ連は崩壊し、日中平和条約が締結されてすでに三〇年、偉大な道を歩み進みつつあります。しかしながら日本国内には平和憲法を無視しようとする政治勢力が根強く存在し、戦争の危機は依然としてあります。会が創立された四〇年前より今がむしろ非常に危険な状態ではないかと危惧されます。いまこそ日本国民による憲法擁護、非武装中立の運動の必要を痛感しています。私は体調の許す限り遠藤三郎先生が四〇年前に遺された「日中友好元軍人の会」の発足にあたっての言葉を熟読玩味し、私は会の創立宣言に則り遠藤精神を次代の若者に伝える運動に微力を尽くしたいと願っております。』

『「日中友好元軍人の会」の発足にあたって（要約）

今日、日本国憲法を擁護し、再軍備に反対し、日中友好を説く者を非国民とし、中ソを仮想敵国として、日米安保条約体制を進めるものが愛国者と自称するのは、あたかも尊皇攘夷を愛国者とし、開国論者を反逆者とした幕末当時の短見者と相似たるものがあるのではないでしょうか。

世の中は変わっております。宇宙時代になった今日、「祖国愛即国防」「国防即軍隊」というような考えは是正されなければならない時代になりつつあると思います。とくに日本のごとき、年年歳歳来襲する台風禍に対処し国土を護ることこそ真の国防であり、予想さえ出来ぬ外国軍隊の来襲におびえ、軍隊を増強し、米駐留軍を許すがごときはナンセンスもはなはだしいといわねばなりません。日本こそ、率先して非武装の平和で、文化の香り高い中立国をつくり世界に範を示すべきだろうと思います。このような意味からも本会の使命は極めて重く、前途には幾多の難障もよこたわっているように思われますので同憂各位のご健闘を祈る次第であります。』

二　略歴と家庭での永井さん

永井さんの経歴をご子息の洋一様にお尋ねしたところ、次のようなお手紙を頂いた。父親を尊敬する気持ちが実によく表われているのに感動した。人を知る、子に如くはなしということかと思った。お許しを得て掲載させて頂く。

沖松様

二〇一八年六月一二日

永井　洋一

過日は父、洋二郎永眠に際し、お心遣いをいただき、ありがとうございました。以下、父の人生の概略です。生前、元気な時に折に触れて本人と語り合い、自身の人生を振り返ってもらいましたが、年月日など細かな部分は不明な部分がある点、ご容赦願います。

・大正十二年十一月三〇日、山形県鶴岡市生まれ。
・尋常小学校二年生ころ？家族で秋田市に移住。
・旧制秋田中学（現秋田高校）に入学。長兄が野球で活躍していたことから弟である父にも五年生部員から熱心な勧誘があり、本人は当初、望まなかったものの断り切れずに野球部に入部。
・旧制秋田中学は進学校として勉学に厳しく、運動部員であっても成績低下があると休部扱いになることから、部員は文武両道に精進。部員はわずか十数名であったが、努力して秋田代表を獲得、甲子園出場を賭けて山形代表と決定戦を行うことに。下馬評では秋田中勝利確実といわれていたが、太平洋戦争激化のために大会自体が中止となり、幻の東北代表となる。やりきれない気持ちを父は「試験を全部白紙で出して抗議の気持ちを表した」と語っています。
・秋田中学卒業後、本人は強く大学進学を希望しましたが、家庭の事情でかなわず、「入社すれば働きながら勉強もできる」という謳い文句を頼りに、占領下にあった中国・北京の「河北交通」に就職。単身渡航に際し、母親が秋田から陸路、九州まで見送りに。母親が秋田帰宅の際には家族が驚くほどやつれていたとの話も。
・河北交通に勤務中に成人を迎え、召集。内地配属か外地配属かを選べたようですが、「母の顔を見てから死にたい」と内地を希望、秋田歩兵第十七聯隊に入隊。自宅近くで訓練中、指揮官が自宅を訪れることを特別に許可してくれ、短時間だが母親と面会、その際、母親が「砂糖水」を飲ませてくれた、とのエピソードが印象に残っています。
・もともと真面目で学業成績も悪くなく、野球部で体を鍛えて動きが良かったからか、兵士としては優秀だったらしく「予備士官学校」への進学を指示され、中国・保定へ。訓練の後、小樽の部隊に配属。米空軍との数回の交戦があったものの、大きな被害なく終戦に。
・帰郷の後、一時、地元で仕事に就くが、人脈を通じて東京「中央工業」から社会人野球選手としての誘いがあり入社。その後、活躍が認められ、当時、社会人野球に注力し始めた「電通」に移籍。社会人野球大会で熊谷組と東京都代表を争うほどのチームになったものの、社長が方針変更で野球部強化を中止したため、戦力は低下。
・同時期（昭和二四年）に人脈（これは私の推測ですが）からプロ野球・巨人の捕手として誘いを受け入団、二年間、一軍で登録されるが、正捕手にはなれず退団。その後、再び電通に戻り、定年まで主に営業関係に勤務。労働組合結成に尽力、副委員長を務める。
・昭和四〇年代には一時、古巣の巨人に営業部長として出向したものの、電通に戻っています。
兵士時代、当時では極めて稀なリベラルな思想の上官・関山氏の影響を受け、反戦・平和の意識に目覚めたと聞いています。日中友好に関しては、私がものごころついたころから父は「北京放送を聞く会」などに関わっており、中国語を独学したり、中国の方々と交流していた記憶があります。まだ国交が回復していない頃（昭和四〇年前後だと思います）、中国の方々と国内の中国人ゆかりの地などを訪ねるツアーに連れられて行った記憶があります。互いの友好を誓い合う「東京・北京」という曲をよく歌っていました。そんな家庭環境でしたので、私は反戦平和、日中友好という概念はごく当たり前のこととして育ってきました。

父はご存じの通り、明るく豪放磊落で、細かいことを気にせず、何でもポジティブに捕らえる性格で、息子たちには優しく頼りがいのある父親でした。強く叱られたり、何かを禁止されたり、抑制されたりという記憶がほとんどなく常に息子たちの考えること、感じることを理解し、応援してくれる父親でした。

電通時代は高度経済成長期の真っ只中で母親が嘆くほど深夜帰宅もしばしばでしたが、早い帰宅の際には必ず子ども向けの手土産を買ってきてくれました。また、休日や長期休暇には家族をさまざまな場所に遊びに連れて行ってくれて、家族での楽しい思い出は数え切れないほどあります。

見栄や目先の損得ではなく、真偽でものごとを考える、常に真理を追求するという姿勢は、私が父から受け継ぐもので、私の人生観の根幹を為しています。父は無骨で不器用で、小賢しく立ち回る人に出し抜かれるようなところがあり、随分損をしていることもあったようです。しかし、人として後ろめたいこと、良心に恥じることは一切、行なわず、正々堂々とした人生を歩んでいました。その点に関して私は父を大変誇りに思っています。

旧制秋田中学は県下随一の進学校として有名だった。甲子園を目指して猛練習の毎日だったらしいが、朝日新聞社主催の中等学校野球大会は現在の高校野球大会に引き継がれて今年が百回大会になる。現在は、甲子園出場校は原則として一県一校で四九校、今年は特に五六校。ただし戦前は僅か二一校（昭和十五年）だった。だから、山形代表に勝たねば東北代表になれなかったということ。戦況激化の昭和十六年から昭和二十年まで中止になったという。

永井さんの戦友だったという人の話では、幹部候補生時代の永井さんは体力・学力抜群で、特に手榴弾の投擲ではその強肩振りが人の目を奪ったという。

巨人時代、アメリカの野球チームが来日し、手伝いを頼まれて行ったところ、いきなりボールを受けるよう言われた。永井さんの弁では、『不覚にも自分のミットを持って行かなかったので』、ちょっと格好悪かったが、相手チームからミットを借りてボールを受けたという裏話をしてくれたことがある。長い選手生活で、突き指で指が曲がっているとも話してくれた。

秋田中学での生徒としての評価を見せて貰ったことがあった。学業人物ともに最大の賛辞が書いてあったのを記憶している。永井さんの父君は、これを読んでこれは我が家の宝だと大喜びだったという話もしてくれた。純朴な田舎の優等生の少年時代が見えるような気がする。

三　永井さんの思い出

永井さんは、真面目で正義感が強く良心的な人だった。少年時代から、亡くなるまで、目の前にあるやるべきことをきちんとやる性格と姿勢は変わらなかった。

戦時中、模範的な兵士だった永井さんが、戦後、戦争を反省し反戦・平和と日中友好の運動に取り組むようになったのも、遠藤三郎の思想と運動に共感し心酔するようになったのは当然の成り行きだったのだと思っている。

月一回の役員会（常任幹事会）の後で、必ず飲んだ。一緒に飲んで楽しい酒だった。だが永井さんの口にする話題は、護憲であり平和であり日中友好であり政治批判であった。若い会員から、冗談に『いい年寄りが酒飲んで「青臭い議論してるんだから」とからかわれたことがある。私は、永井さんのことを、根っからの真面目人間だったと思っている。明るくて爽やかなスポーツマンでゼントルマンだった。謙虚で犠牲的精神に富んでいた永井さんは、人を押し退けることの出来ない人で、会の内外から信頼と尊敬を得ていたように思う。温厚で寛容で、議論しても激するところがなかったのにはいつも敬服していた。しかし信念だけは揺るがぬものをもっていた。

日中平和友好条約が締結されたのは一九七八年（昭和五三年）、日中友好は市民権を得て一種の日中友好ブームが生じ、日中友好団体が雨後の筍のように生まれた。会の中からも、いつまでも過去の戦争に拘るべきではない、戦争の反省を盛り込んだ創立宣言は時代遅れであり、会の性格を変更しなければ会は発展しない、中国も今後の経済協力を求めているのであって、過去の戦争に拘っていないのではないかという意見が公然と唱えられるようになった。

これに対し、会の一部、特に北関東支部と呼ばれた（群馬の竹田悦三、茨城の小山保夫、埼玉の沖松）らが、機関誌に論陣を張り、会の変質を許さない、戦争の反省なくして日中友好なしと主張し続けた。更に東京の金子広太郎、永井洋二郎の各氏が加わり奮闘の結果、会を日中友好元軍人の会と日中友好交流の会の２つに分離することにした。この間、幾度も会議を開き学習会をもち議論を重ねた。事務局にいた永井さんは少数派で想像出来ないくらい苦労されたと思うが、あくまで創立宣言（遠藤精神）を守り抜いた芯の強さに敬服した。

この会分離の事態で、良かったのは２つの会が友好的に分離したことで、両方の会に同時に参加できるようにしたことである。

その後は、下田昇代表幹事、永井事務局長のコンビで会の運営に当たった。

一九九五年（平成七年）夏、第二四次訪中団二十二名（永井団長、小沢一彦副団長）が訪中中、下田代表幹事が急逝された。それからは私が代表幹事となり、永井さんに事務局長として助けて頂いた。

永井さんは素晴らしい人だった。人に好かれる何かを持っていた気がする。失った今になってそう思うのである。こういう人物を友人に持ったことを誇りに思いたい気持ちである。謹んでご冥福を祈ります。

（埼玉・代表幹事）

晩年の様子

永井　洋一

平成十七年、認知症、パーキンソン氏病を煩った母が施設に入所して以来、父は実家で一人暮らしとなりました。当初は私がサポートしながら何とかやりくりしていたのですが、平成二〇年二月に母が他界してからは、父の老化も進み、自宅前で転倒、右肘を骨折してしまいました。

三ヶ月の入院の後、帰宅を許されたのですが、とても自立して生活できる状態ではないと判断し、施設入所を決めました。幸い、近代的な設備が整う、周辺環境の良い施設で個室を確保することができ、ヘルパーさんたちの親切な介護を受け、穏やかな日々を過ごせることになりました。

入所当初は足腰もまだ元気で、週に一～二回、私と外出し、施設周囲を二〇から三〇分散歩し、坂道も上れるほどで、簡単なキャッチボールも出来ました。しかし次第に加齢の影響が出て歩く距離も時間も短くなったので、公園まで車で移動し、公園内を散歩して車で帰る、という時期もしばらくありました。やがてそれもかなわなくなり、移動は車椅子で動ける範囲ということになりました。

車椅子移動になっても、移動先の公園で私が手を添えれば立って歩けるという時期もありましたが、やがて立ち上がることが精一杯となったので、車椅子のまま立ち上がり、座る運動（スクワット）を数回、という時期が続きました。亡くなる半年前くらいからは、車椅子から立ち上がることも出来なくなり、常時、車椅子の生活となりました。

私は基本的に週に二回、面会に行っていました。施設の近辺に春には満開の桜、秋には美しい紅葉が見られる緑の豊かな場所があり、そこに父を連れて行くことが常でした。面会時、父とは主に父の親兄弟の話、戦争の体験談、野球関係の話などをし、時には日中問題など時事の話題も取り上げました。ここ一、二年は父から積極的に発言する機会が減り、私の話を聞いているだけの時間が長くなりました。

父はあらゆる老化現象が現れていましたが、認知症が重くなることはなく、私が誰かを認識できないなどという事態には一度も至りませんでした。また、最後は車椅子生活になり、日中も横になる時間が長くなりましたが、常時「寝たきり」という状態になったのはなくなる前の数週間のみでした。亡くなる当日も「自分の部屋で寝たい」などと発言するなどきちんとした意思表示があり、最後まで「ただ命をつないでいるだけ」といった状態にはならず、とても尊厳のある最後だったと思います。

亡くなる数日前から医師からの助言もあり「いつ何があっても」という覚悟はしていましたが、当日は「まさかその日が」とは思わず、いつもどおりの面会に訪れていました。看護師の診察で「状態は落ち着いています」と言われ、看護師が席を外して私と父と二人だけになったときに、徐々に呼吸が薄くなっていき、私が見守る前で静かに息を引き取りました。まるで私の訪問を待っていたかのような最後でした。

永井さんのこと

小林　悦子

私が会に入会した時は、永井さんが事務局を担当されていました。事務局と言ってはいましたが、そのお仕事は、会誌編集用の事務から対外交流・会計・渉外等多方面わたっていました。その一つ一つのことを会誌の後ろの方に「事務局日誌」として二〜三ページをとり、ほぼ毎日の様に書かれていました。

○月▽日（火）
　Mさんと研修生の件で打ち合わせ。
○月◇日（水）
　N氏に会費領収書送付。
○月○日（日）
　O氏に新年会出席者表を送付。
○月▽日（月）
　◇の集まりに出席する。

等の他に、数行に渡る詳しい記述もありました。

ある時、その几帳面な記述をご本人に話した人がいました。それを聞かれて「実はね、本文は飛ばしても事務局日誌は必ず読む、という人がいてね…」と少しテレながら嬉しそうにお返事をしていらしたこともありました。私も会誌が来ると、表紙の目次の後に「事務局日誌」をまず読んでいました。

入会して少し経った時、これまでの事を知っておいて欲しいので、と創立記念誌三〇周年記念誌なども頂きました。一度だけでしたが、会員の木原伸男さんと木原さんが後援会長をされていた劇の会の公演を私の娘と四人で観に行ったことがあり、その後に食事をした時、戦争に行かれた体験を交えて木原さんとお二人で平和の大切さを熱く語って頂きました。

創立四〇周年記念式典の時に奥様とご一緒に参加されていたその後は、お話をする機会がぐっと減ってしまいました。けれど今頃は、先立たれた方々と久し振りに会われて話に花を咲かせているに違い無いと思っています。

（東京・常任幹事）

永井洋二郎さんの思い出

長谷川善夫

永井さんとの出会いは九七年の入会、訪中団参加の時だった。成田に見送りに来た小学一年の末子と四年生の姉と妻の三人を、永井さんは空港内のレストランで御馳走してくれたという。その時に息子に「けんかは強いか」と聞いたそうだ。「強い」と応えた息子を永井さんは大変おもしろがったという。

私はこの話をとても気に入っている。息子はその後もけんかは強いらしく、上級生が数人がかりでかかるほどに育った。勉強よりも何よりも、永井さんがけんかの強さを聞いてくれたことがおもしろかった。

今では「大切なのは度胸。気をつけるのは臆病であること」と親に説教する始末だ。確かにことにあたり怯まず立ち向かうことは大切だ。永井さんはそのことを教えてくれた。あの笑顔と大らかなお人柄が懐かしい。

中学の野球部の後輩を書いたものにも心を打たれた。不十分な訓練のままに、あり合わせの飛行機で出撃した後輩の、なぶり殺しともいえる、質量ともに勝る米軍機に囲まれての絶望的な最期を思いやりその心境を痛切なまでに綴ったものだった。

高校の剣道部の二年後輩に進学がかなわず大手の銀行に勤めたものがいる。その後輩と飛行兵をなぜか重ね合わせてしまう。大学卒業者が居並ぶ銀行の中では苦労もあったことだろう。二十数年前、中央線で偶然向かい合わせに座り、「先輩」と声をかけてきた。卒業以来の再会。紅顔の少年は長身白皙の偉丈夫に変わっていた。銀行でも剣道を続け五段になったという。

二十歳にも満たなかったのだろう。飛行兵は大空に散った。永井さんのやりきれない思い。その心情を少しでも自分に引きつけてみたいとでも私は思ったのだろうか。

永井さんとの会話は多くない。永井さんは見るだけでよかったのだろうか。言葉はいらなかったのだろうか。その少ない中でいつも出てくるのが、「けんかの強い息子」のことだった。顔を合わせると必ず消息を聞いてくれた。

永井さんはいかにも強そうな体つきの人だった。永井さんにはけんかはいらなかったろう。

その強さは野球に向かったのだろうか。巨人軍の捕手だったとうかがったが、もちろん、ご本人からではなかった。

永井さんの思い出がけんかの話で終始してしまった。

永井さんといあわせたころがなつかしい。

（東京・常任幹事）

第三七次訪中団に参加するにあたり

笹　勉

新疆ウイグル自治区が今回の主要な目的地である。そこには自治区の四分の一を占めるタクラマカン砂漠があり、日本にもやってくる黄砂の発生源になっている。日本までの距離約四千キロメートルを、北京経由とはいえ偏西風にさからって逆行する飛行機旅を思うと興味深い。

新疆ウイグル自治区では自治区首府のウルムチと天山山脈を挟んでその南側にあるトルファンに行くことになっている。ウルムチは標高九一九ｍの高原に位置し、内陸性のステップ気候に属し、年間を通して非常に乾燥し雨はほとんど降らないため、樹木のほとんどない草原になっているようだ。トルファンはタクラマカン砂漠の北東部、タリム盆地にあって非常に暑い。天山北路・南路のシルクロードの分岐点になってる。

私にとって旅行の目的は、旅先の土地の自然と文化に触れることにある。自然は気候や地形とそこに生育する植物や動物である。日本では見られないステップと砂漠という自然の中に、特異な地形や動植物を見るのは大いに興味をそそられる。また、シルクロードや数々の古代遺跡は文化の一端であり、これらを通してひとびとのくらしや歴史を考えるのもおもしろい。

《ウルムチ・トルファンで楽しみにしている見学地》

・火焔山 ー タリム盆地の北部、トルファン市の東部に位置する。長年にわたる降水による水の流れで砂岩が侵食してできた赤い地肌に、炎を思わせる模様ができている。

・交河故城 ー トルファン市街から西へ約10㎞、トルファン盆地西端の東西を流れる二つの河にはさまれた台地にある城の廃墟。トルファンで最も古い遺跡。

・カレーズ ー 天山山脈の雪解け水を堰き止めて、縦井戸と地下水道をつないでオアシスまで引き込み、生活水や畑の灌漑水として利用。

・新疆ウイグル自治区博物館　展示品の多くはタリム盆地周辺の出土品。シルクロードによって東西の文明が交差した証を垣間見ることができる。

旅行地に対する興味だけでなく、今回一緒に参加される方々や中国でお会いする方々との交流にも期待するものがある。これまでにない経験ができると思い、大変楽しみにしている。

長沼　清英

今回で、訪中団の参加は5回目である。最初は、07年の30次の北京・成都・広州の旅であった。余計なことを言えば、海外旅行は、今回で34回目であるが、記念すべき1回目のそれは、82年の中国旅行であった。いずれの旅も、「熱烈歓迎」「日中友好」を深く感じたものである。

その後、団として、旧満州、(故宮崎　繁樹元明大総長が団長)更には重慶(爆撃)方面、一昨年は貴陽(少数民族)方面。そして今回は、2回目の夏季の旅。沖松団長を含め、総員7名で6泊7日の旅である。この団の初参加は、3名。初めての中国旅行は1名と多彩なる顔ぶれである。逆に言えば、定点訪問地北京の中身をどうするかで悩むところである。おそらく、北京での複数のルート設定になるのではないだろうか。残念なことに、「終わりなきバトンリレー」としての、若者が参加しないのが、悔やまれる。(因みに団員7名の平均年齢は68歳)第24次訪中団では、20代の男女22名が参加。隔世の感がする。

井戸を掘った人々の労苦を肝に銘じ、民間交流の輪を広げよう！

北京では、日本語専攻の学生との「歴史認識」を巡っての交流。盧溝橋、抗日戦争紀念館見学を通しての「反戦平和」の深化。更には、ハードな日程の中での「歓迎宴」「答礼宴」を通じての「日中友好の絆」を更に、強めていくことにしたいと思う。

そして、今回初めて訪問する、シルクロードのトルファン、ウルムチ行である。（北京西方３０００k）古からの国際国家としての、大中国と、西域路を通しての、奈良、平安時代の結びつきを感じたい。具体的には、幾多の武将・仏法僧の歩みを辿ることで、仏教のなんたるかを、そして、多民族国家としての中国の歩みも体得してきたい。

併せて、この地域は現代版シルクロードといわれる、「一帯一路」（中国の21ｃ 国際貿易圏構想）最前線の拠点の１つでもあることから、過去から現在、未来に連綿と続く大中華の像をこの目に焼き付けてきたい。

遥か、ロンドンまで行く、貨物列車を見てみたい。

今次訪中のコンセプトは、「躍進中国・日中不再戦・日中友好」であると確信し、政冷経熱→「反戦平和・軍備亡国」「前事不忘・後事之師」で政冷交（流）熱を深めることで「井戸を掘った先人」に報いたいと。そのことが、今後の永遠の訪中団に繋がるものと思う。

（埼玉・常任幹事）

「七・七記念集会」

「盧溝橋事変から８１周年記念」

７月７日（土） 埼玉会館

○開場 １３時 参加費 500 円

DVD「盧溝橋事変」

○開会 １４時:

開会挨拶 関東日中平和友好会

来賓挨拶 中国大使館

記念講演 武吉 次朗 関東日中平和友好会顧問

パネル討論 日中友好８.１５の会、

撫順の奇跡を受け継ぐ会

不戦兵士・市民の会

関東日中平和友好会

閉会挨拶 関東日中平和友好会

○懇親会 同館２階 １７:００～１８:３０ 参加費 ３０００円

○参加申し込み ６月中 小林まで

北朝鮮問題とは何か（6）　歴史が動いた日

島貫　隆光

このところようやくトランプの意向も固まってきたようで、ほぼ予定通りに行きそうな形になってきたが、依然として制裁が利いたのだという考えが多い。私がその考え方の誤まちを厳しく追及するのは情勢判断の誤まりが日本を戦争に引きずりこみ、敗北に至った歴史を知っているからだ。情勢判断というものは、そのあとの政策判断に直結するから重要なのである。日本の制裁によって北朝鮮が変化したのだと考えると、北朝鮮には何の考えもないことになってしまう。つまり戦略情報において、もっとも重要な相手の意図というものが全く分らない状態になってしまう。何も分らずにただラチだ制裁だと叫んでいるだけでは北朝鮮に相手にされなくなる。

北朝鮮はこれまで私が述べてきたように、核ミサイル技術が完成したことを機に方向転換して南北朝鮮の統一を果たし、北東アジアに平和をもたらしてアメリカの圧力をはねのけてしまおうと考えている。これが今起こりつつあることの実態なのだ。

まず朝鮮戦争を終わらせ、平和条約を結ぶ。こうすれば現在対立している南北の軍事対決はなくなり、軍備もいらなくなる。それだけでも大きな経済効果があるが、さらに北東アジアでの安全が保証されれば対米中の軍備もいらなくなる。軍備亡国の教訓はここに生かされる。それだけのことがこの一、二年の間に完成されるだろう。

今直面している難関は核廃絶の道筋だが、これもおそらく今月中に大筋合意がなされるだろう。こまかい計画や実行には若干の時間がかかるが、正恩は大胆な歩み寄りを見せるはずだ。先月号にも書いたように正恩には若くて優秀な戦略情報のブレーンがそろっている。与正そのものが第一の助手だ。彼女は正日がこの子が男だったら後継者したいと言っていたほど聡明な子だったらしい。今でも正恩の身のまわりで細やかに気をつかっている。あらゆる政策が彼女の目をとおして決められているようなのである。おそらくこれからの五、六年の道筋が描かれているはずだ。今の日本とくらべてみればよく分かるだろう。

先の大戦では日本は思い上がった考えで甘い判断で戦争を始め、敗れた。今また日本の政治家は北朝鮮を甘く見て思い上がっている。しかし、現在の日本は政治家のみならず政官経すべてが末期症状でとても北朝鮮には及ぶべくもない。よほどしっかりした考えと戦略がなければ太刀打ちできるはずがない。

五月に入って動きがはげしくなってきた。朝日（五月十日）によるとアメリカはすべての核技術者数千人を海外移住させるとか、核兵器のみならずＣＢＲすべての放棄を要求しているという。これはまさに正恩がもっとも嫌っていたリビア方式そのものだ。正恩は四十日前に会ったばかりの習近平に再び大連で会った。おそらくこの厳しいアメリカの要求に対して泣きついたものとみられる。習はその夜トランプにそのことを伝えている。また同じ日にトランプはポンペオ国務長官をピョンヤンに派遣していることをあかし、三人のアメリカ人を連れ帰った。また三日以内に会談の日程と場所を発表するとツイートした。場所は板門店以外だというからおそらくシンガポールだろう。今回正恩は大連まで飛行機を使った。父と違って自らジェット機を操縦することもある三代目は、飛行機での旅行もOKなのだ。大連は父祖の因縁の深い土地柄であり、私にとっては始めて満洲に足を踏み入れた場所だ。

それにしてもポンペオの要求は単なる核放棄というよりは北朝鮮の武装解除に近いものと言わざるをえない。はたして北朝鮮はこれをのめるだろうか。そもそも武装解除というものは勝者が敗者に強制するものである。しかし北朝鮮は敗者ではない。対等の立場で交渉するために、北朝鮮はあれほど苦労して核兵器を持ったのではなかったか。もっともリビア方式を作った当の本人が交渉しているのだから、そういうことになるのはいたしかたないことかもしれない。しかし十日の北朝鮮メディアは正恩がポンペオとの会談で満足な合意を得た、と伝えている。（東京十一日）してみるとかなりツメの段階で進展があったのかもしれないのだ。

会談場所がシンガポールになったことはいろいろの憶測を生んでいる。たとえば習近平が会談に加わるのではないかというような考えだ。そうなると一気に平和条約の締結までいってしまうかもしれないのだ。

とにかく今トランプは成功を急ぎたいのだ。十一月の中間選挙までに支持率を上げなければならない。そのため今見込める措置はこれくらいしかない。しかもイラン問題との二正面作戦をかかえていては二進も三進もいかない。早く成果を出したいのだ。正恩はそこにつけこんで大胆な手法をくり出すだろう。そうすれば一気に平和条約締結まで持っていける見込みはある。それがこの一ヶ月の間におこりうる進展の全てだ。六月十二日に核合意、十三日に平和条約の締結ということはありうるかもしれない。

五月十五日、毎日新聞論説委員だった岸井成格が亡くなった。七十二才、昔なら天寿を完うしたといわれるだろうが、現在では早すぎる。リベラルの代表のような人だった。よい人がだんだん少なくなっていくのを見るのは淋しい。

今そのあとを継ぐ人はいるだろうか。私が目をつけているのはTBSテレビ解説員の龍崎孝だ。この人の解説は精細かつ的確で納得がいく。なにより考え方がリベラルだ。岸井の衣鉢を継ぐ人になるだろうと期待している。

十六日、北朝鮮の金桂官（キム・ゲグァン）外務次官は談話を発表し、ボルトン補佐官が見返りより核放棄を先行させるリビア方式を強制するならば、米朝会談はないという強硬姿勢を示した。武貞氏はこれは正恩の意思だという。ポンペオとの間では良好な関係が築けそうだったが、ボルトン外しを狙ったものかもしれない。先に述べたように北朝鮮は敗者としてアメリカと交渉しているわけではない。しかも尊厳を求める正恩がこのような立場に立つことはない。

トランプはあわてて体制の保証は行うと言い、ボルトンのリビア方式を否定した。政権内の路線争いだろうか。

五月二十五日、日大アメリカン・フットボール選手の暴行事件で記者会見が行われた。私は普通この種の問題には興味がないのだが、今回はこの選手の態度に感心したのでとりあげる。今の世の中スッキリしないことだらけでつまらないのだが、これは実にスカッとして気持ちよかった。道徳の授業の手本にしたいくらいのものだ。どこかの国の首相に見せてやりたいものだ。真実というものはこういうものなのだと。一方の違法な指示をした監督は姿をくらましたままで、姿を見せたと思ったら監督を辞任するとだけ言って、あとは文書で済ますという。要するにとても恥ずかしくて自分の口で話すことができないのだろう。皆におそれられているそうで、それは日本大学のナンバー2だからだという。しかも人事権を握っているという。どこかの国のシステムとよく似ているではないか。日本では官僚の人事権を首相の意図をソンタクして文書を隠したり、改ザンしたりするという。全く同じ構図なのだ。今回勇気ある記者会見を行った若者が、再び喜びをもってフットボールに熱中できるような国にしたいものだ。

ついでにふれておけば、近頃日本の政界もあわただしくなってきて、アベのウソもいよいよ化けの皮が剥がされそうだ。ウミを出すといってもウミのもとは本人なのだからどうしようもないだろう。誰かが王様は裸だというしかない。

北朝鮮問題はいよいよ最終段階を迎えて混沌としてきた。正恩の揺さぶりに対してトランプも揺さぶりをかけ最後のツメにかかっている。やはり予想されたように、核放棄の手順をめぐって最後のツメの段階に入ったということだろう。要は信頼関係の構築ということだ。両方とも全く信頼関係はないのだからこれは至難の業だ。体制保証といったって、トランプみたいに平気で国際協約を踏みにじる男に信頼関係など築けるわけがない。今までのところトランプがこわしているのは前政権が作った国際秩序で、まさか自分の約束までは破らないだろうとは思われるが、それもあやしいものだから厄介なのだ。

一旦取り止めた会談はやはり実行されそうだ。両者ともにやめるわけにいかない事情があるからだが、今回のドタバタ騒動を考えてみるといくつか考えるべきことがある。一つは、正恩がはじめて想定外という言葉を使ったことだ。私は正恩に想定外があるとは思っていなかったが、彼もやはり人の子だ。油断もあったのだろう。トランプの虎の尾を踏んでしまったらしい。

もう一つはもっとマジメにやれということだ。核実験場の爆破ショー。あんな猿芝居はすべきでない。ＩＡＥＡの査察も受けずに爆破するのは証拠インメツだ。ああいう子供だましの猿芝居をしてはいけない。

トランプはもう一つ、中国の介入を嫌がっている。尤もなことではあるが、これは如何ともしがたいだろう。もっと習近平をプラスの方向でとり入れる必要がある。

このところ両者の要人の往来がはげしくなってきた。本気度が分る動きである。われわれはこれまで見たことのないような外交交渉を目の前にしている。これはトランプ流の外交スタイルだが、決して悪いことではない。

つまり、普通は秘密に行われる外交交渉が衆人環視の中で行われているのだ。これは新しい経験だが決して悪いことではない。公明正大なやり方だと言ってもいいだろう。その分つまずいたり、踏み込みすぎたり失敗をくり返すから振り回されるということはあるが、それくらいは我慢するしかない。

五月三十一日、板門店、ニューヨーク、シンガポールで高レベルの要人による米朝交渉が行われた。三者それぞれ異なる任務をもつ首脳会談の最終準備である。

二転三転したが、結局米朝会談は予定通り行われることとなった。しかし相変わらずトランプ流は続く。あのサイン好きのトランプがサインはしないとか、会談は一度だけでは終わらないとか、言いたい放題でその都度世界中が振り回されるのも相変わらずだ。終わってみないと分からないということか。ただサインしないということは、何一つ決定されないということで、今回は単なる顔合わせに終るということかもしれない。そうなるとこれだけ仰々しく騒がせておきながら、何一つできない外交ショーに終わってしまうのかもしれないので、空しい感じもする。

ここでこれまでの制裁が利いたという説を否定してきたが、これまでの経緯をおさらいしてみよう。私はこれまで制裁が利いたという説を否定してきたが、これは情勢分析をする上で重要なポイントだからである。つまり制裁が利いたということは、北朝鮮が制裁に音を上げて白旗をかかげてきたと考える考え方であるから、それは違うと言っているのである。もしそうだとしたら正恩は敗残兵だということになり、それなら武装解除してもいいということになる。ボルトンのリビア方式を受け入れざるをえない立場にある。ところが先に述べたように正恩はこれに猛反発した。つまり自分は制裁に負けて白旗を掲げたのではなくて、自らの計画によって方針転換したのだというわけだ。このことはこれまで私が何度も書いてきたことだ。おそらくは制裁が利いたと言っている人達もそこまでくわしくは考えていないだろうから、仕方がないけれどもそういうことになるのである。

もともと制裁というものは戦前であれば宣戦布告と同じ違法行為なのである。それに耐え抜いた北朝鮮に対して制裁が利いて音をあげたと考える輩が多すぎる。それもそのことの意味も分からずにだ。

正恩はそういう輩に対して猛反発し会談中止をほのめかした。そこでトランプはあわててリビア方式は使わないと修正したのだ。つまりトランプは正恩の意志を理解し、正しく対応したから会談は修復したのだ。トランプは正恩を対等の交渉相手として正当に遇しているからこそ正恩もあえて異をとなえないのだ。それに対して日本は敗残兵並みの扱いをしているから、正恩から嫌われているのだということが分っていない。私がここまでくどいくらいに言うのは大事なことだからだ。敗残兵に首脳会談などできるわけがない。それが今や世界中の注目の中で行われようとしている。だからこそ制裁が利いたといっている人に反省してもらいたくてくどいくらいに強調しているのだ。

正恩は敗残兵ではない。自分の考えに従って、もっともいい時機にもっとも可能性の高い方法でここまでもってきたのである。そのことをよく理解すべきだ。

六月十日、会談の二日も前に正恩もトランプもシンガポール入りを果した。これまた異例のことであろう。多忙をきわめる首脳がなんで二日前から準備に入ったのか。これもまた両者の本気度を示すものだろう。

私が敗残兵問題をこれほどしつこく問題にするのは情勢判断の誤りにつながるからだ。私は日本敗戦の歴史を研究してきてもっとも大きい敗因は情報軽視と情報判断の誤りだと結論づけているからだ。たとえば日本が開戦したのは南進政策で、アメリカの石油禁輸にあい追い込まれて開戦した。昭和十六年、日本は南進か北進かで大揺れにゆれていた。南進とは南ベトナム進行のことである。そのとき南進すればアメリカがどう出るかについて判断が正しかったのはただ一人だけだった。

ミッドウェーの敗因は私の考えではサンゴ海海戦の敗因についての判断ミスで、日本は勝ったと思って反省しなかったのに対し、米海軍は情勢を分析して空母機動部隊構想をつくり出したことで不敗の陣形を作っていたことによる。私は五十年前にサンゴ海海戦で損傷を受けた艦艇のノンフィクションを翻訳した時に、この海戦の研究をしてそう結論づけたことがある。

歴史に学ぶことは多い。今一つ私が考えているのは条約のことである。不可侵条約などというものも、たとえばヒトラーは独ソ不可侵条約を結ぶとき、これは二年後には破ることになろうと考えていた。日本は日ソ不可侵条約をアテにして、昭和二十年七月ソ連にアメリカ大統領への仲介を頼もうとしてポツダム宣言受諾の時期を遅らせてしまった。

日本は今日米安保で大きな犠牲を払っているが、これで安全だろうか。歴史を見るとたとえば第二次世界大戦でヒトラーがポーランドに攻め入った時、イギリスもフランスも一兵だに動かさなかった。またヒトラーがフランスに攻め入った時、チャーチルは一兵も動かさなかった。同盟などというものはその程度のものなのだ。

今北朝鮮をめぐって非核化のためにＣＶＩＤということがいわれる。私は北朝鮮が政体保証のためにＣＶＩＧを論じるべきだと考える。要するに信頼関係がなければ何も進まない。

六月十二日午前十時、歴史が動いた。シンガポールのホテルで米朝の首脳が握手した。トランプは一分で分るといっていたが、おそらくこの握手で分ったのだろう。このあとは予定通りたんたんと進み、最初は固かった正恩もだんだんうちとけてきていた。ワーキングランチでは冗談も出てきたようで話がうまくいっていることをうかがわせた。なにしろボルトンをまじえての会食だ。うまくいっていないはずがないのだ。私の予測通り会談は成功したといっていい。最初はあのトランプがサインはしないと言っていたのでどうなることかと心配だったが、何のことはない素直に合意文書にサインした。これでもはや後戻り出来ない歴史の歯車はまわり始める。そこには明るい未来が見えてくるのだ。

五月号の読後感として、相変らず秀逸にして適確で感銘を受けましたとの言葉を寄せられた仙幼の大先輩石井豊善さんの手紙に心配なことが書かれていた。十一日に病院から瀬田にあるショートステイ・ホテルに移ったとのこと、九十五才だから何があってもおかしくはないが気がかりなことである。

大先輩は偕行6月号に「スターリン余話」というエッセーを寄稿しておられる。バリバリの現役なのである。


【参考文献】

・南北朝鮮「平和協定」の甘い罠　―「米国なき半島」を狙う中国の策謀
（米朝会談のゴタゴタのせいで中国の存在感が高まる展開。これで平和協定が年内にも実現となれば、習近平は在韓米軍への撤退圧力を強める。朝鮮半島の非核化で一番得するのは中国、損するのは日本だ）
・南北朝鮮「融和」の虚実　―脱北者を抑圧する文在寅の「裏の顔」
・日本は米朝関係にもっと割り込め　エヴァンズ・リヴィア（元米国務省朝鮮部長）
・朝鮮半島「終戦」に潜む落とし穴　『選択』6月号
特集朝鮮半島の歴史的転換点―日本外交の責任　『世界』7月号
・米朝核交渉と日本外交―理念と戦略なき迷走から脱するために　田中均、太田昌克
・米朝首脳会談―　何がはじまらなければならないか　和田春樹

（埼玉・会員）

原稿募集

会誌にご投稿願います。内容はや時事問題、身近なこと、本・映画・テレビ番組や詩歌・川柳等、会の趣旨に添ったものならどんなものでも結構です。会誌へのご意見、疑問、批判などももちろん歓迎です。

字数に制限はありませんが、多いものは何回かに分けて掲載されます。本文は1ページ1200字程度です。

編集の都合上、毎月　１５日を目途にお送りください。

送り先

Mail　yossi8putti@gmail.com
郵送　〒185—0032　国分寺市日吉町 1-40-51
長谷川善夫

「『私記　日中戦争史　年老いた幼年生徒は今何を思うか』志々目彰著」を読む(1)

長谷川善夫

既に会誌に連載された本書を再び取り上げることに何の意味があるのか、との問いが残る。

本書は８・１５会誌への連載をまとめたもので、２０１０年１月号から２０１２年３月号まで掲載された。２０１２年９月１８日に日本僑報社より発行されている。

「推薦の言葉」は本多勝一氏である。

「新聞で有名な百人斬りとは…降参した捕虜を切っただけという勇士本人の講演に、国家を信じ軍人に憧れていた純朴な軍国少年は『ひどいなあ、ずるいなあ』という疑問を抱く・・・幼年学校生徒になり　軍隊教育を受け入れてからもその疑問は持続、後に百人斬りについて証言。８０代半ばに達した著者の結論は，三度日中戦争の繰り返すなという切々たる訴え」と紹介する

「序にかえて」は沖松代表幹事による。

代表幹事は一九二五年（大正一四年）生まれ、著者は一九二八年（昭和三年）生まれの戦中派。当時は軍優越の国策に沿った軍国少年が普通であり、学校では教育勅語に従って、有事には君国に一身を捧げ、軍人になることは家紋の栄誉とする社会の風潮だった。

沖松さんは陸軍士官学校五七期、志々目さんは六一期と数年間の軍隊生活を体験。

「旧軍人の受けた敗戦の衝撃は強烈だった。不敗の神国日本の敗戦。日本軍に科学的精神が欠如していたことが最大の敗因であり、軍隊、戦争、国家とは何かとの哲学が欠けていた。唯我独尊の皇国史観が敗因の最たるものではないか。

日中友好8・15の会の前身、日中友好元軍人の会は一九六一年（昭和三六年）に遠藤三郎元陸軍中将（陸士二六期）を中心に創立された。遠藤さんは明治以来の陸軍軍人の中でも戦功・実績において比類なく、かつ誠実で責任感の強い人だった。戦後は深刻な反省から軍備亡国を訴え、護憲・反戦・平和の運動に挺身した。

フランスのメッツ防空学校・陸大に留学し、EUの父、クーデンホフ・カレルギの汎ヨーロッパ主義・欧州連邦の構想に啓発される。留学中の一九二七年（昭和二年）に日米英三国間の海軍補助艦艇の軍縮会議（ジュネーブ）に随員として列席した。会議は二ヶ月もの折衝の末、決裂。国家意識が偏狭かつ利己的すぎるからと感じる。軍隊・近代国家＝国家主権が絶対との観念に疑念が生まれる。

近代国家観の修正・東亜連邦の必要性を文書で陸軍大臣に報告する。人は理想を語るべき。最近の政治の劣化は理想を語ることが少ないことによる。

【著者略歴】志々目彰

１９２８年	鹿児島市生まれる
４２年	太平洋戦争の開戦直後に大阪幼年学校に入校
４５年	鹿児島予科士官学校（朝霞）で敗戦を迎える
同年	鹿児島青年師範学校に転入
４８年	同校を卒業する
	教職には定着せず労働運動・文化運度などに従事
５９年	東京労災（現全労済東京）職員となる
８８年	定年退職
	この間、1965 年から 2000 年まで自宅に子ども文庫を開設。子どもと子どもの本に人間深層の哲学を教えられる
２００２年	文庫の児童書 4000 冊を華中師範大学へ寄贈
２０１２年	政府指定後期高齢者。年金生活者。若干のボランティア

志々目さんの文章は遠藤さんの精神を受け継ぐ達意の文章であり、その志の高さと真贋を見分ける目の確かさを感じる。

昭和は遠くなりつつある。昭和史の一面として、一人の戦中派の平和への熱い願いが多くの読者の心に残ることを期待する。またそうであることを信じる」

「第一章　軍国少年の思い出」

第一講　旧軍人の思考方法に沿いながら（二〇一〇・〇二）

はじめに―

「少年時代の三年半の陸軍の学校で育つ。「国家への忠誠」（大阪陸軍幼年学校記念碑碑文）というスピリットが八〇余年の生涯を支えた。人生の終末を迎え、戦後考え続けたことは日中不戦の一語に集約される。その思いの一端を会誌に寄せた」

天に代わりて不義を討つ―

「いわゆる支那事変の昭和十二年（一九三七年）小学四年、

勝ってくるぞと勇ましく／誓って家を出たからは／手柄たてずに死なれよか／進軍ラッパ聞くたびに／瞼に浮かぶ旗の波（「露営の歌」）

歌のとおりに郷土連隊は出陣していく」

「露営の歌」は一九三七年（（昭和一二年）九月にコロムビアレコードから発売された軍歌。一九三七年、日中戦争が勃発、『東京日日新聞』と『大阪毎日新聞』に題号が分かれていた『毎日新聞』が戦意高揚のためこれにあわせて「進軍の歌」の歌詞を公募し、薮内喜一郎（一九〇五年～一九八六年。京都市役所に勤務）が傑作に入選した。それを北原白秋や菊池寛らが「露営の歌」と題し、古関裕而が作曲を手がけた。なじみのある名前が並ぶ。

「露営の歌」　（一、二　略　）

三　弾丸（たま）も　タンクも銃剣（じゅうけん）も
暫（しば）し露営の草枕（くさまくら）
夢に出て来た　父上に
死（しん）んで還（かへ）れと　励まされ
さめて睨（にら）むは　敵の空

四　思へば今日の　戦闘（たたかい）に
朱（あけ）に染まって　にっこりと

笑って死んだ 戦友が
天皇陛下萬歳（ばんざい）と
のこした聲（こえ）が忘らりよか

五 戦（いくさ）する身はかねてから
捨てる覚悟で ゐるものを
鳴いてくれるな 草の虫
東洋平和の ためならば
なんの命が 惜しからう

新聞が公募、制作過程には戦後も活躍した著名人が並ぶ。メデイアと世論が作った。時代と言ってしまえばそれまでだが果してそうなのか。兵士は最後にｖｃその母を呼び、その父は死んで還れとは言わない。死んでしまった、子であり、兄であり、弟であり、叔父であった兵士は帰ってこない。

銃後の著名人たちが無慈悲に作った歌でしかない。

「われら小学生は、声の限りにバンザイを叫び日の丸の小旗を打ち振る。軍隊と市民が祖国の危急に立ち向かう一体感。盧溝橋で発火した事変はたちまち拡大、父と一緒に、召集された従兄弟たちとの面会に。意気軒昂とした祝賀ムードの兵営。その頃は誰も負けるとは思っていなかった。従兄弟の上の兄は安慶付近で戦死した。

当時、「露営の歌」と共に日露戦争時期の『日本陸軍』は、天に代わりて不義を討つ／忠勇無双の我が兵は／歓呼の声に送られて／今ぞ出で立つ父母の国／勝たずば生きて還らじと／誓う心の勇ましさ

『天に代わって不義を討つ』。日本はよその国の『天』になるのだと思った。騙されていたとは言わない。すすんで『歓呼の声』をあげたのだから。

敵の塹壕では兵士を鎖でつないで戦わせ、後ろには督戦隊がいて脱走兵を射殺するなどと、『暴戻支那』のイメージを強め、蒋介石から中国民衆を解放すると聖戦論を補強した。炯眼な読者なら、近年の新聞報道にそのパターンの復活を見ているのではないか」

敵軍の評価

志々目さんは「嫌中」「嫌韓」を煽る今の政治とメディアに戦前と同じ軍国主義的なナショナリズムとポピュリズムの復活を見て取る。

「上海の戦闘は鎧集袖一触とは行かなかった。それが数ヶ月後の南京事件へとつながる」

「五年前の第一次上海事変（昭和七年）も苦戦だった。林連隊長戦死、肉弾三勇士、空閑少佐自決などの悲しい記録」

「幼年学校三年の頃か、同期生岩崎が『上海事変でわが軍に対して一番強かった一九路軍はどうなったろう』と話しかけてきた」

「一九路軍、国民党中央軍、八路軍と新四軍など、犠牲を厭わず死力を尽して抵抗する中国軍隊の存在を当時の日本人は知らなかった」

知られざる日中航空戦史

「昭和一四年（1939）年になるや戦局はやや安定したとみて、戦線整理と軍備再編に着手」「安定とは実は毛沢東の持久戦論の世界が現れ始めたことに他ならなかったが、大本営は負けると思っていない」「航空兵力で重慶を屈服させようとしていわゆる戦略爆撃を始めた」重慶市民の惨劇と後の東京大空襲の前例となる。

『中国的天空―沈黙の航空戦史』著者中山雅洋（サンケイ出版＝現・扶桑社）、日中双方の資料を精査・対照し空中戦の実態を明らかに。「わたしもそうだったが、日本はアメリカにはやられたが中国には負けていない。まして空中戦では圧勝したと思っている人が多い」「各国空軍に撃墜王とかエースと呼ばれる練達のパイロット・・・日中ともにエースがいた・・・そのことを日本人は想像できなかった」

戦闘詳報の欠落

「外圧と内戦という政治的軍事的要因によって、雑多な輸入品と一貫しない後方支援のまま七・七を迎えた中国空軍が、訓練の行き届いた日本陸軍の航空隊に苦杯を嘗めさせるのは当然」「問題はそこからである」「渡洋爆撃の海軍陸上攻撃部隊も中国軍防空戦闘機に迎撃され幹部と貴重な機材を喪失」「その後の重慶での空中戦うち鬼王（日本の天皇のこと）誕生日即ち天長節には、中国空軍は空襲を予期して待ち構え、大勝利、戦勝記念日に」しかし「日本海軍の戦闘詳報にはこの日の記録だけが抜け落ちている。予想以上の損害」「条件さえ整えばここの戦士と勇気に差はないと考えるのが公平」「チャンコロとか、ロスケとか、アメ公とかバカにして相手を研究しないから、太平洋で強大な敵に遭遇した時一方的に敗北」

共に祖国のために

「『中国的天空』に「重慶における日本軍航空隊員捕虜」と説明される集合写真がある。「何番目は山下七郎大尉」との注がある。海軍航空隊の山下大尉は昭和一二年九月二二日被弾してクリークに突っ込み人事不省、捕虜となる。撃墜した中国機の高志航大隊長と山下大尉との対談で互いの健闘を讃え合い、大尉は夫人の幼子の写真を見せたという。その後、山下大尉は集団脱走の責任を問われて死刑判決を受け、四六年に執行された。その他の航空兵捕虜はsika鹿地亘の反戦同盟に加わり犠牲になった新井田一等兵(海軍)を除き全員、戦後帰国しているようだ。『海軍空中勤務者士官名簿』の山下七郎(海兵五七期・艦上戦闘機)は一九・一二・五予備役とあり生存した同期生が中佐に昇進しているのに大尉のままで、戦死者や殉職者にも数えられていない。軍命を報じて闘い、不可抗力で敵手に落ちた飛行機乗りが絶望的な反抗を試みる…捕虜になると事情の如何を問わず抹殺した日本軍の慣習を考えると残念としか言いようがない」

軍人の一般通念の変遷

「第一次上海事変の空閑昇(佐賀県・金沢第七連隊第二大隊長)陸軍少佐は昭和七年二月二二日、負傷・意識不明で捕虜となりその後自決を図るが、かつて日本の歩兵学校に留学した中国軍の甘介瀾中尉の激励を受け、思いとどまる。その後捕虜交換で日本軍に引き渡され軍法会議で無罪判決を受ける。内地送還を拒否し戦線復帰を願うがかなわず、三月二八日、多くの部下を戦死させた戦場の塹壕で正座、ピストルで自決した。三日後に妻は次男を出産した。

以上は山口四郎編『将兵万葉集』からの引用である。軍人の通念の変遷の象徴として扱う。秦郁彦『靖国の祭神たち』によれば少佐の送還が報ぜられるや、自宅が投石され、自決となるや軍人の鏡として称讃されたという。無慈悲で短見な世論。陸士の同期生、参謀本部勤務の牟田口廉也中佐は自決勧告状を送り、傷心の空閑少佐を自決へと追いやった。牟田口は盧溝橋、インパールに歴史的汚名を残す」

総括されていない日本人の経験

「少年時代に耽読した『敵中横断三百里』(山中峯太郎)という日露戦争のノンフィクション。負傷・人事不省になった兵士が捕虜となるが戦後帰還、ほかの隊員と同様に勲章をもらう。命の限りに戦って不可抗力で捕虜になるのは不名誉ではないと思う。初版は昭和六年。志々目さんが読んだのが十二,三年頃。「生きて虜囚の辱めを受けず」と説いた戦陣訓は太平洋戦争開戦の一六年であり、この時期に捕虜への観念が変わっていく。軍法会議が無罪にしたのにマスコミと世論は自決した人を美談にする。『将兵万葉集』支那事変初期の作

道行けば我が戦友の手に書かれたる
支那無名勇士の墓あり
(伊戸一夫)

庶民感情の中にわずかに残っていた良識が消えていく過程と対外侵略に神憑り的な弾みがついていく過程が,同時に進行していたというべきか」

《ノート・感想》

・日露戦争時に与謝野晶子は『君死にたまふことなかれ』の三連目で「すめらみことは戦いに　おおみずからは出でまさね（天皇は戦争に自らは出かけられない）」とうたう。しかし批判はあったものの昭和の言論弾圧の比ではない。しかし後に四男の四郎の出征に際しては「水軍の／大尉となりて／わが四郎／み軍にゆく／たけく戦へ」とうたう。時代の結果であるならば時代を変えることで防ぐことができる。

・昭和の初期でさえ捕虜・帰還した兵士にも叙勲があった。「戦陣訓」（昭和一六年太平洋戦争開戦示達）からは厳しくとがめられるようになる。捕虜となれば家族にも累が及ぶため自決や玉砕の動機・誘因となった。わずか数年での政策による社会の激変と庶民の追従・熱狂。今に変わらない土壌。

・『露営の歌』『日本陸軍』の「死んで還れ」「生きて還らじ」「天皇陛下万歳」「天に代わりて不義を討つ」「東洋平和のため」と繰り返し歌い、歌わればおのずからからくちずさむ。理不尽な運命を受け入れるためには、「天皇陛下万歳」「靖国で会おう」と叫び、信じずにはいられなかったのだろう。

・「毛沢東の持久戦論」は、中国がいずれは勝利するという認識に基づく戦略。日本の侵略は二〇〇〇万人もの中国人の命を奪った。中国に対しても朝鮮に対してもなぜ蔑視や敵視をするのか、出来るのか。ロシアと米国も含む東アジアの平和がかつてない繁栄をもたらすというのに。

（東京・常任幹事）

五月の常任幹事会

日時　五月二六日（土）
十四時～十六時三十分
会場　生涯学習センター（大宮）
七階第一講座室
出席者　沖松・小林・小川・佐藤・高橋・長谷川・日森・長沼・秋山　（9名）

【報告】

1．七・七記念集会について
（担当団体：関東日中平和友好会）
日時　七月七日（土）受付：十三時、十四時～十六時三十分
場所　埼玉会館　7A
資料代として500円かかります
記念講演　武吉　次朗
（関東日中平和友好会顧問）
各団体代表者挨拶
中国大使館からも5～6名参加予定です。
集会終了後懇親会があります。
懇親会　会場　埼玉会館2F　時間：十七時～十八時三十分
参加費　三千円

【議題】

1．訪中団について
・日程　七月二八日～八月三日
（六泊七日）
・参加者　沖松・佐藤・長沼・小寺・笠原・塚田・笹（七名）
塚田、笹の両氏は新会員です。
・訪問地　北京の他は宿泊地など詳細を詰めています。

2．編集委員会より
・巻頭言は鎌倉さんに依頼する。
・故永井洋二郎さんの追悼文を数名の方に書いてもらう。
沖松、金子、小林、長谷川各氏に依頼する。
また、永井さんの御子息にも父親のことを書いてもらってはどうか。
・今月の本は志々目さんの書いた本を使って紹介してはどうか。
今月は七・七記念集会の件で時間がかかり、今月号の感想など話し合うことができなかった。

寄贈誌より

『中国研究月報』（社団法人中国研究所発行）
2018年5月号

▽論文
中国の国際関係における戦略認知と対日政策との関連性　張　雲

▽報告
（2017年7月26日　中国研究所・アジア調査会共催　第1回ユーラシアアジア動向セミナー）
米中関係の長期的な展望：競争関係へ　川島　真

▽書評　呉士存著　朱健栄訳　花伝社
『中国と南沙諸島紛争　問題の起源、経緯と「仲裁裁定」後の展望』
石井　明

▽書評　毛里和子著　岩波書店
『日中漂流　グローバル・パワーはどこへ向かうか』
兪　敏浩

▽書評　桃木至朗監修　藤村泰夫・岩下哲典編　勉誠出版
『地域から考える世界史　日本と世界を結ぶ』
吉田　久治

▽書評　菊池秀明著　汲古書院
『北伐と西征　太平天国前期史研究』

▽書評　趙興勝・高純淑・許暢・楊明哲著
南京大学出版社
『中華民国専題史　第八巻　地方政治与興村変遷』
鈴木　航

▽眼光紙背　廬山の真面目
（竹内健二）

▽中国日誌　２０１８年４月

事務局月報

・七・七記念集会（本誌中でも　出席のご案内）今年は４年ぶりに東京の中国大使館から浦和の埼玉会館に場所を移して行う。

今年の担当は、関東日中平和友好会。

多くの会員の方のご出席を願っています。

参加の方は、案内をご覧の上、出来るだけ　早く事務局にお申し出下を。

多くの皆様のご参加をお願い致します。

・沢山の人達が固唾を飲んでテレビの画面を見つめた１２日が過ぎ、世界のあちこちでその成否が述べられている。

様々な事案の実行がいつどんな風にされるのかはわからないし「茶番」と切り捨てる評価もあるが、両者の対面は、小さい小さいものであっても戦争回避への一歩になって欲しい。

（小林）

『８・15』２０１８年６月号
二〇一八年六月一五日発行
定　価　５００円（送料とも）
編集人　長谷川善夫
発行人　沖松　信夫
印刷所　（有）イワキ
発　行　日中友好８・１５の会
〒１２５−００３２
東京都葛飾区水元３−３−４
小林悦子方
TEL & Fax　０３−３６２７−１９５３
郵便振替　００１２０・６・２７４１５
日中友好８・１５の会
HP URL　http://www11.ocn.ne.jp/~donpo/

会　　　則

（名称）　第１条　本会は、日中友好元軍人の会を受け継ぐ日中友好『８．１５』の会（通称日中友好『８．１５』の会）と称する。

（目的）　第２条　本会は、過去の戦争に対する反省に立脚して、あらゆる戦争準備の動きを阻止し、平和希求するために世界各国とくに中国との友好に貢献するとともに、会員相互の親睦を深ることを目的とする。

（会員）　第３条　本会は前条の目的に賛成する元軍人および賛同者をもって構成する。

第４条　本会の本部を関東地区に置く、支部を各都道府県に置く、また事務局を関東地区に置く。

（事業）　第５条　本会は、第２条の目的を達成するために以下の事業を行う。

１．会誌『８．１５』の発行
２．講演会、研究会の開催（平和諸団体との共催を含む）
３．学習会の開催
４．中国からの留学生・研修生の受け入れ
５．訪中団の派遣
６．その他、本会の目的達成に必要と認められる諸活動・事業

（総会）　第６条　本会は、総会を毎年１回、原則として８月 15 日に開催する。総会は、委任状を含めて員の過半数の出席により成立するものとする。総会は、幹事会から、活動報告、行動計事業計画、決算、予算、役員の選出、その他、本会の運営に必要な事項について報告、案を受け、出席者の過半数の賛成により　これを承認、決定する。幹事会が必要ありとめたときは、その決議により、臨時総会を招集することができる。総会の決議に基き、問を置くことができる。

（運営）　第７条　本会の運営は、幹事会が行う。ただし、幹事会は常任幹事会にその権限を委任することできる。

（役員）　第８条　代表幹事、副代表幹事、常任幹事、事務局長を本会の役員という。

第９条　役員の任期は１年とする．ただし、任期満了後も総会において新役員が選出されるまでその職務を行う。役員の重任は妨げない。

第 10 条　本会の運営のために幹事会ならびに常任幹事会を置く。幹事会は幹事を以って構成し、会の運営に必要な重要な会務を行う。幹事の互選により代表幹事、副代表幹事、常任事、事務局長を選任する。常任幹事会は、原則として毎月１回開催し、幹事会の委任うけて本会の運営に必要な一般会務を行う。

第 11 条　幹事は、会員の推薦により選任し、総会の承認を受ける。

第 12 条　幹事会は、常任幹事会の決議に基き、代表幹事が招集する。常任幹事会は、常任幹事２以上の発議により代表幹事が招集する。幹事会および常任幹事会の決議は、出席幹事過半数の賛成により成立する。賛否同数のときは、代表幹事がこれを決する。

第 13 条　本会の会議の遂行上、下記の分科委員会を設け、常任幹事会が選出した委員長が運営のに当る。

1. 組織・活動委員会
2. 会誌編集委員会
3. 財務委員会
4. 対外交流委員会

各委員会の委員は、委員長の推薦により委嘱する。

第 14 条　会計の監査は、会計監事が行う。会計監事は、幹事会の推薦により選任し、総会の承認受ける。

（財政）　第 15 条　本会の経費は、会費、寄付金、その他の収入をもってまかなわれる。留学生・研修生受入れのため、特別会計を設ける。

（会費）　第 16 条　会費は年額１万円とする。また、家族会員の会費は年額 2,000 円とする。購読会員は 6,000 円とし、学生会員は 3,000 円とする。

第 17 条　本会の会計年度は、毎年７月１日に始まり翌年６月 30 日に終る。

（改正）　第 18 条　本会の会則は、幹事会の発議により、総会において、委任状を含む出席者の３分の２上の賛成により改正することができる。

（付則）　この会則は 2017 年８月 25 日から施行する。

過去の直視、これが歴史認識の原点

軍備亡国・反戦平和

2018年 7月号 No. 584

8.15

第五九巻 第七号 通巻第五八四号

日中友好元軍人の会ＨＰ http://www11.ocn.ne.jp/~donpo/

7

日中友好『８．１５』の会
（日中友好元軍人の会）

創立宣言

戦争の罪悪を身をもって体験した、わたくしども元軍人は、心から人間の尊厳にめざめ、戦争を否定します。

わたくしどもは、過去の反省に立脚し、戦争放棄と戦力不保持を明示した日本国憲法を順守し、真に人類の幸福と世界の平和に貢献せんがため、本会設立の趣意書ならびに会則にのっとり、同志相携えてあらゆる戦争を阻止し、戦争原因の剪除に努め、進んで近隣諸国とくに中国との友好を進めんとするものであります。

ここに終戦の記念日を卜して本会を設立するにあたり、万世のため太平を開く決意のもとに日本の更正を誓った当時を追憶し、戦没の万霊に額ずき、ご遺族をはじめ戦争の被害者ならびに軍靴で踏みにじった戦場の住民各位に深く遺憾の意を表しつつ宣言します。

１９６１年8月１５日

日中友好元軍人の会

二〇一七年度　活動方針

われわれは、創立宣言に則り、次の活動を行なう。

一、平和憲法を守り抜くため、広く非武装中立・軍縮亡国を訴え、組織の強化・拡大に努力する。

二、過去の侵略戦争に対する反省に立脚して、中国をはじめ、アジア近隣諸国、さらには世界各国の平和を希求する人々との友好・提携に努める。

行動計画

一、違憲の安保法制を強行し、憲法改悪へ向かう安倍内閣のあらゆる策動を許さず、特に憲法9条を守るために活動している諸団体の運動に積極的に参加する。

二、戦争に直結する集団的自衛権の行使を認めず、名目の如何にかかわらず、自衛隊の海外派遣、多国籍軍への支援に反対する。

三、広島・長崎の被爆の歴史に基づいて、核の廃絶を広く世界に訴える。日本政府に核兵器禁止条約への参加を求める。エネルギー変換、脱原発をめざす。

四、沖縄の民意を無視した辺野古新軍事基地建設等に反対し普天間を始めとする全国各地の米軍基地の縮小・撤廃を求める。そのためにも日米安保条約の解消とそれに代わる日米友好条約の締結を提唱する。

五、日・中・韓・朝の障壁になっている歴史認識問題、戦後処理問題（従軍慰安婦、強制連行・強制労働などに関する訴訟・賠償請求）の早期解決を求めていく。

六、中国国際友好聯絡会研修生受け入れと公私訪中派遣を通じて、民間レベルでの友好・交流の強化を図る。

【巻頭言】日本ではなぜ民主主義が育たないのか

天皇制を考える

沖松　信夫

(1)　安倍内閣の特徴

安倍内閣の特徴は、公文書の隠蔽、改ざん、廃棄という犯罪行為や答弁のすり替え、ごまかし、強弁や親しい友人への利益供与の公私混同や沖縄基地問題に見られる国民無視など、政権の座についておれる筈のない内閣である。安倍内閣の国民無視、傲慢と無責任は驚くべきものがある。西日本豪雨で警察庁は七月十二日、被災地での死者が十四府県で二百人に上ったと発表した。なお六十人が安否不明、約七千人が避難を余儀なくされていると発表した。

この水害に対する、安倍内閣の対応は鈍かった。これが安倍内閣の本質である。この間の国会の審議も、野党が反対し続ける、不急の「カジノを含む統合型リゾート施設（IR）整備法案」や「参議院の定数を6増とする公選法改正案」。

五日午前、近畿3府県で十六万人超に避難指示・勧告が出された。十四時、気象庁が大雨の警戒としては異例の臨時記者会見を開いて「記録的な大雨になるおそれ」と発表した。二十時、首相が自民党内の宴会「赤坂自民亭」に閣僚・党幹部らと出席。出席した自民党幹部がツイッターで宴会の写真を投稿している、その無神経さは理解できない。被災者の気持ちを逆撫でするこの行為は、国民をなめ切った自民党の誠意のない傲慢な態度の表われである。

六日、首相が出席する大雨関連の会議は開かれず。

七日、官邸で「五日からの大雨に関する関係閣僚会議」が開かれた。

八日、「非常災害対策本部」を設置。首相出席。

九日、首相、十一日からの外遊中止を決定。

このほか安倍内閣は、陸上イージスとよばれる、イージスアショアを二基購入して、秋田県と山口県に設置する方針だという。一基一千億円という。米朝・日朝の関係は緊張緩和の方向に向かいつつあるのではないかと指摘されれば、あらたに中国の脅威を持ち出す。

役に立つとは思われない子供の玩具のような設備に血税を使うのは要するにトランプ大統領の歓心を買うため。それだけではない。1機百億円のオスプレイを十七機購入ともいう。安倍首相は、この金額を被災地の復興に使う気持ちはさらさらないだろう。

最低の内閣だが、国民も野党も政権の座から引き摺り下ろすことが出来ない問題がある。およそ三十％ほどの固い支持基盤を持つからである。

(2)　日本人の長所、短所

サッカーW杯で日本チームのフェアーな戦いぶりが話題になった。ずる賢さは日本人のＤＮＡにないと評した外国人評論家がいた。試合後、観客席を清掃する日本のサポーターも賞賛された。日本人の生真面目さ、誠実さは日本人の美点として挙げられるが、反面自己主張のなさ、事なかれ主義、情緒的で非論理的な点は欠点として指摘される。

現在の非民主的な日本政治をどうにも出来ないのは日本人の欠点に根ざすものである。自公政権は日本人の欠点によって命脈を保っているといってもよい。日本人の非民主性は、長い歴史とそれによって育まれた国民性によるものと考えられる。

日本の民主主義は敗戦までなかった。実は明治初年、日本に民主主義が輸入される余地はあった。明治十二年、植木枝盛の民権自由論、明治十五年、中江兆民訳の民約訳解、明治十六年、馬場辰猪の天賦人権論、植木枝盛の天賦人権弁がいずれも当時のベストセラーになっている。

明治政府は言論の弾圧と統制で民主主義を封じ込め、明治二十二年（一八八九年）反民主主義の大日本帝国憲法を発布する。この歴史的事実を認めたがらぬ日本人が極めて多いのも問題なのである。現在の中高の歴史教科書は、日本の近代化の成功の観点から、東洋における初めての憲法という評価しかしていない。

日本政府は、民主主義を国体に反する国賊の思想として排撃してきた。大正デモクラシーの旗手吉野作造も、デモクラシーを民本主義と訳して批判をかわそうとした。

美濃部達吉の国家主権主義による天皇機関説は、天皇主権論に抗しきれなかった。大日本帝国憲法が、天皇主権の確立、天賦人権論の否定を　その基本的立場としていたからである。

日本人には、漠然と日本には民主主義が存在したとか、大日本帝国憲法は民主的な立憲主義と考えている人が少なくない。そしてその人たちは明治憲法が廃止されたのは、反民主主義憲法だったからではなく、新憲法を占領軍に押し付けられた結果とみる。

安倍首相は過去の侵略戦争を認めないことで有名だが、歴史を正しく見ない人は民主主義が正しく理解出来ないのかも知れない。

日本人に正しい歴史認識が求められているのである。

(3)　市民革命を経ていない日本の民主主義

一九四五年日本は、ポツダム宣言を受諾して降伏した。ポツダム宣言の趣旨は、軍国主義を除去して、民主主義国家として再生することであった。ところが敗戦になっても、東久邇内閣は「国体は護持された」とし、治安維持法違反の思想犯は依然として拘束されたままだった。敗戦の年の十月三日、山崎巌内務大臣は、ロイター通信の記者に「治安維持法も特高警察も健在で、これからも天皇制を批判するものは、今まで通り取り締まってゆく」と言明した。驚いたＧＨＱが、翌四日、日本政府に対し、治安維持法の撤廃と全政治犯の釈放を要求する指令（覚書）を発した。これによって、全政治犯が釈放、治安維持法撤廃、東久邇内閣は即日（五日）退陣。

この事件を見てわかるように、当時一部の民間人を除いて、内閣、政権に関わる政治家には民主主義を正しく理解する人は殆どいなかった。後を引き継いだ幣原喜重郎内閣も、ＧＨＱから民主主義憲法の草案を求められても大日本帝国憲法を手直し程度の草案しか作成できなかった。

明治以来、民主主義を我が国体にあだなす思想と決め付けてきたのだから当然のことだった。

人は生まれながらにして、自由であり平等であるという市民革命の思想は、日本人が敗戦後学んだものである。

(4)　日本に民主主義を定着させる方法はあるか

徳川時代は封建社会だから、民主主義の思想はなかった。封建社会の道徳の基本は「御恩と奉公」だった。忠孝、両者が矛盾すれば忠が優先し、忠は大義として最高の道徳とされた。主従の関係は、考えてみれば雇用契約関係に近いはずだが、日本人はそうは考えず、前世からの宿命的な繋がりと考えられた。

幕末には、忠の観念に矛盾と混乱が生じた。それは藩士の藩主への忠があり、藩は幕府への忠があり、新しく主張されるようになった朝廷への忠があった。そのため、色々な悲劇が生じている。しかし、結局明治政府はすべてを天皇への忠に収斂したのが、明治維新「成功」の基であり、明治以来の政治の誤りの基でもあった。

日本は、封建社会からいきなり近代的国家に変わった。ルネサンスもなく市民革命も経験せずに近代的国家に変わったのだから、日本人の精神には封建道徳が根強く残っていた。明治十年代の私擬憲法には共和国憲法案はないといことである。啓蒙思想家たちも天皇への忠誠心は抱いていたということである。大日本帝国憲法は、フランス革命からちょうど百年目に制定されたものだが、むしろ天皇主権の憲法が封建性の色濃く残る当時の国民に受け入れられたのは当然かも知れない。

要するに、封建思想に支えられた天皇制が、二十世紀という時代に合わなくなり、変更を余儀なくされたということであり、保守の勢力が依然として政権に影響を及ぼし続けているということである。

私たちは、安倍内閣を含めて保守勢力と対決する為には民主主義とは何か、民主主義の歴史、封建社会の実態、忠節の観念などを学び直さねばならない。私は戦争体験を話すとき、戦時中の死ぬために生きていた時代、死んでも悲しんではいけない時代、と比べて平和の時代がいかに幸せかを実感する。日本の保守勢力は間違いなく戦争準備の道を歩んでいるのだから、民主勢力は協力してあらゆる手段で対決せねばばと思う。

（埼玉・代表幹事）

２０１８年総会のご案内

本年の総会を下記のとおり開催いたしますので、ご出席くださいますようお願い申し上げます。

１．日時　８月２６日（日）　１４時００分～１６時３０分

２．場所　埼玉会館　５Ｂ会議室

ＪＲ浦和駅下車　西口から徒歩６分

〒330－8518　埼玉県さいたま市浦和区高砂3-1-4

（埼玉県庁に向かって歩くと右側にあります）

電　話：048-829-2471（代）

３．主要議題　①．１７年度活動総括（各委員会より）

②．１８年度幹事、役員の選出の件

③．１７年度決算報告、１８年度予算案承認の件

④．１８年度活動方針、行動計画の件

⑤．その他

総会終了後、１７時より埼玉会館内２Ｆレストラン宴会場で懇親会を行います。中国大使館、友好団体のみなさんをお招きしています。

会費は６０００円です。総会・懇親会の出欠席につきましては、後日ご案内いたします。

沖松先生に戦争体験を聞く

聞き手　山田正美

私の父はフィリピンのミンダナオ島で終戦を迎えた。父は折にふれ、自らの戦争体験を断片的に話すことはあった。しかし私はじっくり時間をかけて聞くことがなかった。父が他界して一三年たった今、なぜもっと父に話を聞かなかったのか、記録としてだけでも、なぜ残せなかったのか、悔いの感情が強くなってきたのである。そんなとき、私がかつて勤務していた高校で、平和教育の講演会に沖松先生をお願いしたことがあった。沖松先生とは組合運動を通じて知己を得てから三十数年になるのに、先生の戦争体験についてまとまった話を聞くのがこれが初めてであることに気づいた。またその時点では先生の戦争体験をまとめたものはあまりない、ということもわかった。それならば、私が沖松先生に聴き取って、できるだけ詳細な記録を残すのはどうか、と考え、先生にお伺いしたところ、快諾していただけた。今回、七回におよぶ聴き取りが実現したのは以上のような経緯である。

聴き取りは二〇一七年の八月から二〇一八年の六月まで七回行なった。二〇一八年になってから沖松先生が体調を崩され、入院などあって中断したが、驚異的な回復力で、

最後まで継続することができた。聴き取りは毎回、理路整然とした語り口、確かな記憶力など、九三歳の人物なのかと驚くことしばしばであった。

沖松先生には長丁場の聴き取りに最後までおつきあいいただき、本当にありがとうございました。この場を借りて謝意を表します。また本文中、内容を補足するため、『語りつぐ戦争8　元特攻隊長が語る出撃前夜』（本庄九条の会）を引用・参考させていただきました。

第一回

二〇一七年八月二二日(火)四時二〇分から八時熊谷駅前「永香閣」

●出生地の呉について

私は広島県の呉市の生まれなんです。呉市というのは軍港のあった町です。それ以外には特徴のない村だった。呉湾には半島が南に突きだしていて、その半島の西側が呉軍港、そして東側の付け根の阿賀村（あがむら）が私の出生地です。古くは呉村ですが呉と阿賀は別の村で半島を挟んでいる。明治になって軍港を作ることになって、呉が選ばれた、ということです。呉が選ばれた理由というのは、港というのは水深が深くなくてはいけない、遠浅では駄目ですね。また呉はわりあい平野部を広く持っていて、軍港に適しているということになったんでしょうね。宇都宮黙霖というお坊さんがいるでしょ、吉田松陰とも親交のあった、いわゆる勤王僧。彼は吉田松陰に「おまえの勤王は偽物だ」と叱って、吉田松陰が謝ったというやりとりをした手紙が残っているそうですが、その宇都宮黙霖が呉近くの仁方（にがた）という所に住んでいた。明治新政府にも知人を多く持っていた黙霖のところへ、仁方の人々が軍港誘致を頼んだ。しかし黙林は「仁方と呉を比べると呉の方が軍港として優れている」と言って、断ったそうです。

●家族について（名字と家業）

私は一九二五年（大正一四年）に生まれました。父の家は元々、阿賀村の商家で魚の仲買人だったのです。屋号が「枡屋」。「枡」を使う屋号は多いので分家となった父の家では「沖枡屋」といった。「沖」というのは広島では海岸のことを意味しています。本家が「枡屋」で、海岸の近くにあった分家が「沖枡屋」となって区別したわけですね。広島の呉ではたくさんある名前です。明治の初めに名字を決める時、「松」の字をつかって沖松になった。私は戦争中に熊本にいましたが沖松という名前がありました。

曽祖父は仲買人をしていましたが明治になって仲買人が何人か集まって「阿賀鮮魚問屋株式」を設立しました。祖父も父もその会社の役員を引き継いだのです。父は私が生まれたころから魚市場の会計役員をしていて、正式な肩書は「専務取締役」だった。魚市場の仕事は時間的には楽な仕事で、朝食をすませてゆっくり会社に行って、午前中でもう仕事が終わり、帰ってきて家で昼食をとる。魚市場は午前中のセリでおわりますから拘束時間の短い仕事だった。

母のテルノは広島市郊外の山間にあった浄土真宗の「最広寺」の娘だった。江戸時代以前の16世紀ころから続く古い寺。広島は安芸門徒といわれ浄土真宗の寺が多い。母親は信仰心が篤く、優しかった。叱られたという記憶がないくらいだ。いつも叱らないで「あなたはいい子だからそんなことはしないよね」という言い方でたしなめられた。

●兄弟のこと

兄弟は多くて、私は8人兄弟の末子になります。七人の兄と四歳年長の姉が一人。だから私は七男になります。父は私の母とは再婚で、前妻との間に長女がいました。前妻は若くして病死し、後添えに入った母はその従姉妹だった。全くの他人より従姉妹であれば子供を可愛がってくれるだろう、ということだったらしい。長男は早世したので、次男の正雄が実際上の長男でしたね。広島高等師範学校を出て戦前は中学校の教員をやっていて、戦後に高校の校長になりました。三男の定則は二六歳のとき結核のために死んでしまいました。四男は栄三は商人になり九六歳まで長生きしました。五男の忠は広島で被爆し、亡くなりました。広島郊外に住んでいたのですが、当日広島の「建物疎開」(空襲による延焼を避けるため家を解体する)勤労奉仕に出て広島で作業中だったのです。広島は原爆投下まで空襲はありませんでしたから。兄の忠は遺体も見つからないし、どこで死んだかわからない。ただ、兄が作業に使っていた荷車だけは原爆ドームの近くで見つかった。母親はよく言っていました。「兄さんがあなたの代わりに死んでくれた。もし戦争が長引いていたらあんたは特攻で死んでいたんだから」と。アメリカでは原爆投下により多くの命が損なわれるのを防いだ、という見方をしている。原爆投下を正当化するための理屈ですが、私としては母が言ったように、戦争が終わらなければ特攻に行っていたのは事実だから、複雑な思いがある。

原爆では友人も被爆しました。私の通った呉第一中学校の校長も広島一中に転勤してそこで朝会の時に亡くなった。八歳上の六男は広島高等師範から広島文理大学に進学して高校教員になった。私とは年が近かったせいで一番影響を受けた。中学も同じで色々教えてもらったし、士官学校に行くときもつきそいでついてきてもらいました。士官学校の卒業式のときもきてくれました。

●中学進学

母親の話では長兄が中学に行くときは父が猛反対して大変だったそうです。その頃は大正時代で、まだ中学進学率が二〇%くらい。進学なんかしないで仕事をしろ、という風潮です。小学校の先生が家庭訪問してくれて父を説得してくれてやっと進学がかなった、という。村で進学するのは一人か二人だったでしょう。

私が中学へ進学したのは一九三七年で盧溝橋事件の年だった。満州事変の時は小学生だったから、それほど関心もなかったが、軍国主義教育が強まる時期だった。しかし当時の世相としては「どこか遠いところで戦争をしている」という感覚で実感はなかった。（戦っている相手の）中国人も見たこともない。生活面では物資不足もそれほどでもなかった。甘いものなどまだあったしね。むしろ景気が良くなった。戦争の怖いところはね、戦争の初期の段階は軽度のインフレになる。国がカネを出して軍需産業を盛り立てるわけで、景気がよくなりますよ。それは支持する人がたくさんいる。実際、戦争の雰囲気はあまり感じていなかった。満州事変の時も戦争の思い出として残っているのは一九三二年の「爆弾三勇士」のこと。これは柳条湖事件が上海へ戦線が広がったのですが、日本兵三名が爆弾を抱えて敵の鉄条網に突っ込んだ。特攻隊の原型ですね。しかし実際は自分で抱えて爆破させたのではなく、失敗してつまずいて手元で爆破してしまったもの。軍部が美談として軍神だとして戦意高揚に利用したわけです。歌にもなって大変話題にもなったけれど、でも戦争としては戦死者も少ないしね。まだ実感はないですね。一九三六年の二・二六事件もそれほど関心がなかった。

この頃は呉第一中学進学のための受験勉強に集中していた。塾ではなく小学校の教師が必死に受験指導をしていた。小学校が塾なんです。教えるのは学校の先生。自分のクラスで何人が中学へ進学したかということが教師の評価につながっていたんです。もう毎日、受験組は正規の授業が始まる前に登校して補習を受け、昼休みも外に出ないで受験勉強、放課後も暗くなって字が見えなくなるまで勉強を続ける。教室に電灯がなかったですからね。

陸軍士官学校時代に書き取りをしていたのが『菜根譚』です。この書物の一番最初の所で「道徳に生きる人は一時的には寂しい。しかし権力におもねる者は永久に寂しい」と記してある。また『大西郷遺訓』も写した。「命もいらず、名もいらず、官位も金も望まざる者は御しがたし。こういう者でなければ艱難を共にできない」というところは良く覚えている。

教育勅語は何回も何回も聞いているうちに覚えてしまった。暗記の強制はなく、三一五文字しかなくて短いので自然覚えてしまう。ただし（そういう強制の度合いは）小学校によるし、先生にもよって違う。また教育勅語そのものによって考えが固まったわけではなく、その他の要素が大きかった。例えば登校下校時に必ず奉安殿にお辞儀し、天皇陛下に忠義を尽くしなさい、と教科書で繰り返し繰り返し教えますからね。それが身体にしみこんでいく。

●呉第一中学校から陸軍予科への進学

母の話では私は四～五歳の小さい時から呉一中へ行って陸軍士官学校へ行くんだ、と言っていたらしい。小学校に上がる前からね。軍隊に入るからにはエリートコースの方がいい。軍隊っていうのは上から下まであるでしょう。だから上に上がりたていうか、上昇志向ですよね。

母親のいとこの大本四郎という人物が陸士へ進学して少将にまでなった。大本氏は呉一中学時代に後に東大を卒業して駐英大使になる松本俊一氏とトップ争いをしていたという人物で地元では有名。そういう親戚でトップコースを歩んでいる人がいたから子供心に影響を受けた。普通の子供は軍人になるとか大臣になるとか言っていたけれど具体的な進学コースまで言う子はいなかった。呉なので実は海軍は珍しくない。陸軍の将校の方がはるかに目立っていた。陸軍と海軍をくらべると陸軍の方が上、という感覚がある。宮中の席次も陸軍が上だし、海軍を取り締まるのも陸軍の憲兵隊だったですからね。（続く）

昭和１７年１０月陸軍士官学校本科(座間) 入学前列右から４人目が沖松先生

日テレ　南京検証番組第2弾

長沼　清英

ホッ！？

南京虐殺に触れるたびに、登場する会津若松歩兵第65連隊。この連隊にはわが義父も入営。中国戦線で貫通銃創にあい、傷痍軍人となり、除隊となり、板橋の陸軍病院で義母と知り合い、我が妻の誕生となった。

生前、何度となく戦時中の話を聞こうとしたのだが、黙して語らず、いつも場の雰囲気が悪くなること必定であった。

よって、受傷の場所は、その経緯は、一切、娘にも語らず他界していった。今回、絶好の機会と思い、この間の「モヤモヤ」と、「ヒョット」するとの疑念を払拭しようと、福島県の担当課より兵籍簿を取り寄せた。

その結果は、1940年1月、軽機関銃歩兵として入営。同月大阪→塘沽経由で、山西省での戦闘に参加。そして、42年5月15日右前腕貫通銃創。太原・北京・大阪・東京（板橋）と陸軍病院を転院し、43年12月現役免除となった。

この軍歴で、長年抱き続けた「ヒョット」が「ホッ」へとなった。同時に、機関銃兵としての無辜の民を殺害した罪悪感と地獄を見た義父が貝のように口をつぐんでいた、「モヤモヤ」感の一端が解消したように思えた。

南京虐殺を巡る動き　①否定派の誕生

南京戦後、日本の外務省に南京事件が伝えられ。また陸軍の大幹部の畑俊六や岡村寧次大将のように事件の確認を示した人物もいた。しかし、軍人以外の一般国民には厳しい報道管制と日本軍部の宣伝によって、事件の内容は知らされていなかった。天皇ヒロヒトは「南京を陥れたことを　深く満足に思う」（12．14）と発言。同時期に、この虐殺を報道したのは『ニューヨーク・タイムズ』など米英の新聞だった。また芥川賞作家の石川　達三「生きている兵隊」（即日発行禁止処分）を出版。『中央公論』特派員として現地に行き、日本兵の虐殺の様子などを描写。これが原因で石川達三は検挙され、有罪判決を受けた。

その後、南京事件は、戦後1945年から46年の東京・南京両裁判において虐殺事件として取り上げられ日本大衆が知り大きな衝撃を与えた。

戦時中の外相であった重光葵は、「南京に入城した際の暴挙が主となって、世界に宣伝せられ国際問題となり、日本の名誉は地に墜ちた。」と。再び注目を集めるきっかけとなったのは、日中国交樹立直前の七一年十一月より朝日新聞紙上に掲載された本多勝一記者の『中国の旅』という連載記事で、これが単行本として出版され（拙者も学生時代購入）南京事件について戦後派一般的日本人に知られることなると同時に、南京虐殺論争の火ぶたが切って降ろされた。

「南京陥落」デパート
バーゲンセール

その論争の核は、ショッキングな「百人斬り競争」だった。否定派は『「南京大虐殺」のまぼろし』を出版。事件の事実自体は全面否定しない立場からの論考であったが、否定説の象徴とみなされるようになり、この書名に影響されて、否定派を「まぼろし派」とも呼ぶようになった。

「肯定派」「否定派」「あったとしても大虐殺はない＝中間派」との間で激しく

展開された＝第一次論争

次に再燃するのは、82年6月の「教科書問題」（「侵略」を「進出」との書き換え問題）で、中国側が猛攻撃したことからであった。松野国土庁長官は「南京戦では日本兵8000人、中国兵1、2万人が犠牲となったが、これは（戦闘の犠牲であって）『虐殺』とはいえない」と発言。さらに「韓国の歴史教科書にも誤りがある。日韓併合でも、韓国は日本が侵略したことになっているようだが、韓国の当時の国内情勢などもあり、どちらが正しいかわからない」と韓国からも猛反発を食らう。中国では「日本の高官が南京大虐殺を否定した」とショックを受け、戦時中の中国の苦難の記憶を復活させようという運動につながっていった。人民日報は日本で軍国主義が復活していると警告した。さらには、日本の戦争犯罪の初の展示として「日本侵略による南京大虐殺展覧会」が南京博物館で開催された。

時の文部大臣は「外交問題でなく、内政問題だ」と。

八二年八月、官房長官宮澤喜一による談話を発表し、日本が「韓国・中国を含むアジアの国々の国民に多大の苦痛と損害を与えた」と認め、近現代史に関する日本の教科書記述については近隣諸国に配慮しなければならないという「近隣諸国条項」が設けられた。外交問題的には、一件落着の感となった。しかし、日本政府の対応は逆に、否定派が支持の拡大を背景にこのような中、『南京虐殺の虚構』が発表され、中国や韓国など日本の近隣諸国との外交関係で歴史認識問題がもっともデリケートなものとなった。

一方中国では八五年に南京大虐殺記念館を建設し、南京事件の周知を進めた。

南京虐殺を巡る動き　②家永教科書問題発生

家永教科書裁判では南京大虐殺の記述についても争われた。80年家永教科書では「南京占領直後、日本軍は多数の中国軍民を殺害した。南京大虐殺とよばれる」と記述。文部省検定委員は「占領直後、軍の命令により日本軍が組織的に中国の民間人や軍人を殺害したかのように読み取れるが、南京事件に関する研究状況からして、そのように断定することはできない」と検定意見を出し、「混乱の中で」の加筆を求めた。

83年では「日本軍は南京占領のさい、日本軍将兵のなかには中国婦人をはずかしめたりするものが少なくなかった」と記述。検定委員は婦人の陵辱は人類史上どの戦場にも起こったことで日本軍だけ取り上げるのは問題があり削除を要求した。

司法判断では、東京高裁は80年度検定について、大虐殺には多様な説があり、また一面的な見解を配慮なく取り上げたり、未確定事象の断定的記述を除外するという検定基準をOKとした。

だが、83年度検定については「学界の状況に基づいて判断すると、南京占領の際の中国人の女性に対する貞操侵害行為は、行為の性質上その実数の把握が困難であるものの、特に非難すべき程多数で、残虐な行為として指摘され、中国軍民に対する大量虐殺行為とともに南京大虐殺と呼ばれて、南京占領の際に生じた特徴的事象とされているのが支配的見解であり」修正意見は違法と判決。

南京虐殺を巡る動き　③三竦みの状況

八二年、洞富雄が『決定版　南京大虐殺』を刊行すると、翌八三年には、まぼろし派の中心人物田中正明が虚構説を精力的に発表し論争も活発化した。

しかし、田中が虐殺否定の根拠として八五年5月に刊行した『松井石根大将の陣中日誌』は、600箇所以上の改竄を行い、南京事件虚構説の方向での注釈を付記していたことが判明し、更に、「論争」に火が付いた。

これに対し、「まぼろし」派は、不注意による誤植や脱落はあったが、松井の文は難解で仮名遣いを変更したと弁明し、意図的な改竄や、虐殺事件の隠蔽はしていないと、見苦しい弁解に終始した上に、朝日新聞や虐殺派は「ありもせぬ20万、30万の〝大虐殺〟がさもあったかのごとく宣伝し著述」することこそが歴史の改竄だと反論し、南京市の『証言・南京大虐殺』の被害者証言もでたらめがあるとして批判した。また洞、藤原彰、吉田裕らは中国共産党のプロパガンダ通りの主張であり、また秦郁彦は「東京裁判史観」を展開しており、4人は反面教師でその偏見と歪曲を徹底的に批判し反論することができたと述べた。

陸軍士官学校卒業生の親睦団体である偕行社は八九年に刊行された『南京戦史』では「不法殺害とはいえぬが」「捕虜、敗残兵、便衣兵のうち中国人兵士約1万6千、民間人死者も同数と推定した（30万の大虐殺は認めないが捕虜等の殺害を認めたという意味で）「中間派」の立場に立った。

90年代は、在米華僑からの南京事件追及の動きあり。90年10月、雑誌『PLAYBOY』で石原慎太郎が「南京大虐殺は中国の作り話」と発言。

九四年五月、永野法務大臣が「南京大虐殺はでっち上げだと思う」と発言し、更迭された。

「まぼろし派」は「南京大虐殺」は虚構で、「東京裁判史観」であると論じ、敗戦50周年の「不戦決議」阻止運動を始めた。

97年に「新しい歴史教科書をつくる会」が結成。教科書を作り、01年4月に検定合格したが、中国と韓国が猛烈な採択拒否運動を起こして、採択率は0.04％にとどまった。まだまだ、この3竦みのゴタゴタが。

97年11月発行の笠原十九司『南京事件』掲載の写真が誤用であると中間派の秦郁彦により指摘され岩波書店も謝罪。

動きに便乗した「まぼろし派」は、南京占領時の12月13日に発生した夏一家の強姦殺人事件も含む一家殺害事件（新路口事件）の生き残りとされる夏淑琴はウソをついてもデタラメであると主張した。

しかし、この誹謗中傷に対し東京地裁、高裁は「学問研究の成果というに値しないと言って過言ではない」と一蹴し、400万円の賠償を命令する判決を出した。

更に、南京虐殺の前哨戦と言われるいわゆる「百人斬り競争」裁判が始まり戦犯として処刑された野田・向井の遺族が死者への名誉毀損の訴えが裁判で却下。

中国・香港・台湾合作映画『南京１９３７』が98年5月日本での公開に際しては右翼団体による上映への抗議や妨害行動があり、上映期間を短縮して打ち切った映画館があったほか、上映を企画していた市民団体が自治体から上映目的の施設使用を一時拒否される事態も発生した。

もはや学術論争から、歴史認識を巡って法廷闘争も伴う政治的紛争へ移行しつつある段階に達してきた。

百人斬り'超記録'
向井106－105野田
兩少尉さらに延長戰
'百人斬り競争'の兩將校

両少尉とも　戦後　中国で処刑サル
12.5　句容～12.13 南京城までの「競争」
16 師団　第 9 連隊所属

南京虐殺を巡る動き　④そして今

中国政府は２０１４年一二月一三日を「南京大虐殺公祭日」と指定した。習近平総書記「南京大虐殺事件には動かぬ証拠が山ほどあり、改ざんすることは許されない。いかなる者が南京大虐殺という事実を否定しようとしても、歴史はそれを許さず、罪のない 30 万の犠牲者はそれを許さず、13 億中国人民はそれを許さず、世界の平和と正義を愛するすべての人民はそれを許さない」と述べた。

翌 15 年 10 月ユネスコは「南京虐殺」に関する文書をユネスコ記憶遺産に登録した。登録されたのは南京軍事法廷での検察側提出資料、証言、判決書、ジョン・マギーのフィルムなど 11 点。日本政府は中立公平な資料ではない、中国はユネスコを政治利用していると批判した。

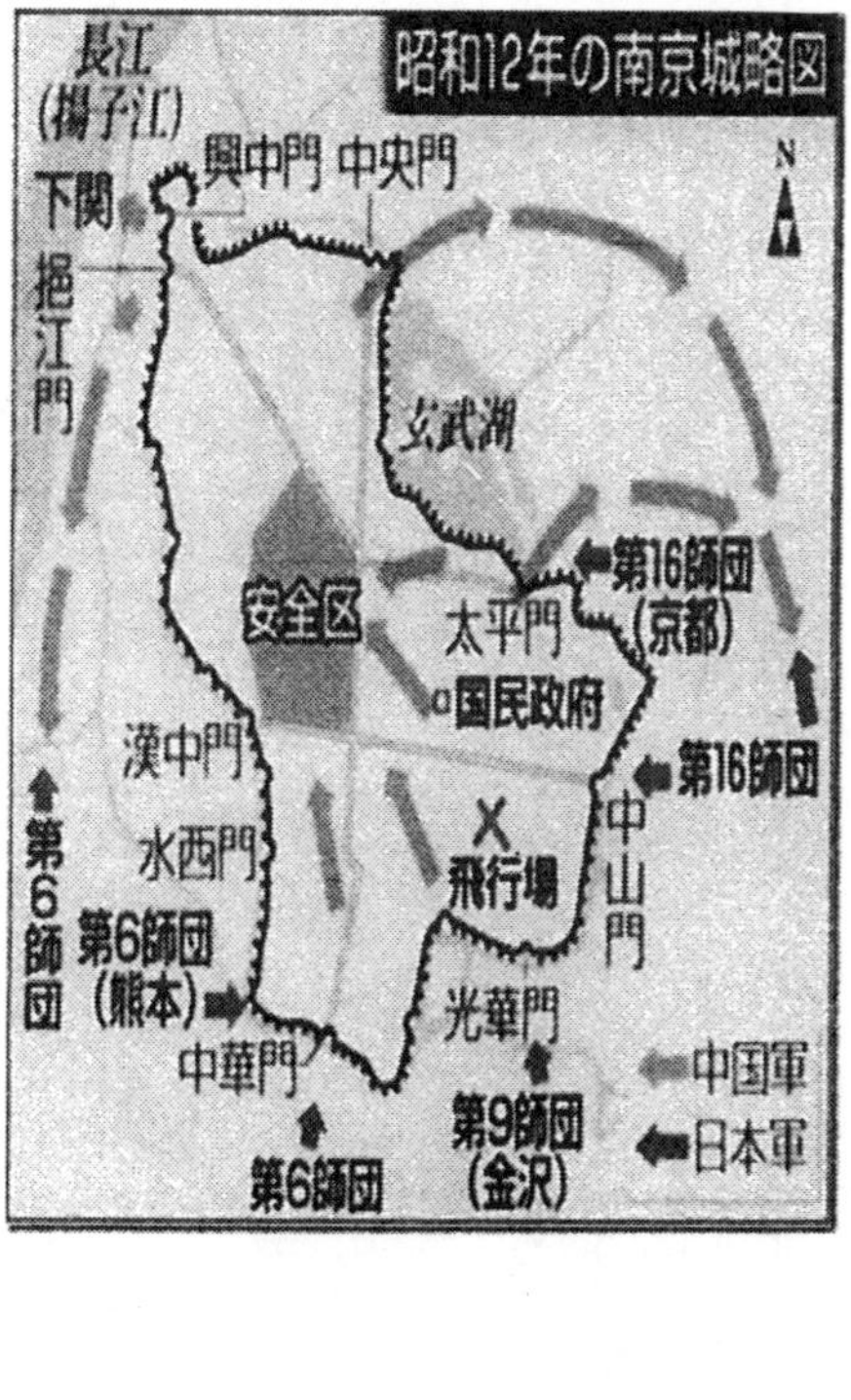

（埼玉　常任幹事）

北朝鮮問題とは何か（7）　歴史が動き始めた

島貫　隆光

　これまで私は米朝首脳会談が行われるかどうかを追うのに急で、北朝鮮問題とは何なのかについての本質的な問題追及をしていなかった。そこでこれからは本質的な問題について考えてまいりたい。これまでも私は折りにふれて、これは国生みなのだと言ってきた。つまり南北朝鮮の統一によって一つの朝鮮国となるということである。これによって南北の対立は解け、安全保障上の大きな変革が起こる。ひいては米朝、日朝間の対立もなくなる。これはアジア、ひいては全世界の安定にもつながるということで、非常に大きな動きなのである。

　またここで取り上げられる非核化ということは、北朝鮮のみならず当のアメリカその他の五大国を巻き込む非核化につなげていくということで、これも大きな進歩の兆しである。ＩＣＡＮの活躍に繋げていきたいものだ。

　今回のことはそれだけ大きなことなのである。相変わらずメディアはイチャモンをつけている。ＣＶＩＤが盛り込まれなかったとか、トランプは譲歩しすぎたとか、工程表が示されていないということだが、こんなことは誰にでも言えることであえて取り上げることもない。とにかく動いたことに意味があるのだ。おそらく歴史上これだけのことをやれるのはそういないだろう。これまでも私は正恩、文、トランプという性格の違う人が三人そろったことが、今回の成功に繋がったと書いたがまさにその通りだ。もともとトランプはアバウトな人だが、それがよかったのだ。

　日経（十五日）にコメンテーターの秋田浩之という人が「トランプ外交は使いよう」という記事をのせている。いわゆるトランプ流と言われる独善的な米国第一、ディール至上主義路線は彼のビジネスの修羅場で染みついた生存本能に近いもので今後も変ることはないだろうから、それを批判したり説得したりするのではなく、それを逆手にとって効用を活用した方がいいというのだ。確かに今回のことにしても、その他のことにしても、オバマとは違って実際に行動し成功を収めている。ただ、この「使いよう」という言葉はあまりよくない。バカとはさみはーという言葉が元になっているからだ。

　私は体質的にトランプとは合わないが、それは私がリベラルだからだ。

　政治は結果が全てだ。だから今回の件に関してはトランプの行動に満腔の賛意を表したい。

　ポンペオは非核化達成時期を二〇二一年とした。奇しくも私の作った年表と一致した。私の推理もあながちデタラメではないということか。

トランプはくりかえし在韓米軍撤退を口にする。私はトランプが軍事費をムダ金と考えているると思っているが、それは本会の軍備亡国に繋がる正しい考え方なのではないか。そもそも朝鮮戦争は在韓米軍が撤退した軍事力の空白から始まったことを考えると大変なことだが、当時はＩＣＢＭがなかったから仕方がないが、今は撤退してもＩＣＢＭがあるから北は動けない。全く問題はない。ムダは省くべきだろう。

私はこれまでくりかえし何度も正恩は敗残兵ではないと言ってきた。それは制裁が利いたという人達の認識が誤まっているということを言いたかったからだ。正恩はトランプと対等の立場で交渉しようとしてきたし、トランプも対等の相手として交渉に応じてきたのである。決して敗残兵として対応してはいない。実はこのことが重要な意味をもっているから、私はくどく言ってきたのだ。シンガポールでの会談を見て、あれが敗残兵と勝者の対話だったと考える人はいないだろうが、そういう人たちも制裁が利いたと言っているのである。私はその誤ちを厳しく追求しているのだ。

実際トランプは譲歩しすぎるほど正恩寄りに対応している。最初はリビア方式と言っていたのを訂正したし、正恩の段階的解決という条件をのんでいる。正恩が頼んでもいないのに在韓米軍撤退や演習中止まで持ち出す始末だ。

これはこの会談でトランプが求めていた信頼の醸成が出来たからだろう。おそらく最初の十二秒間の握手で分かったのだろう。あとはノリノリで、一年半ぶりという記者会見はテレビ司会者の時代を思わせる独壇場で、次々に指名してはそれに答えていた。ＣＶＩＤが書かれていないといわれれば忙しくて時間がなかったと、理由にもならない理由でかわす。今回の会談は正規の外交交渉ではおそらく全く不十分なものだったろう。しかし、それでなければ動かなかったことも確かだ。大事なことは動かすことであって形式上の外交ではない。トランプは二度も三度も会うと言っている。おそらく次はピョンヤンで、三回目はワシントンで行われるだろう。その度に形式的にも完成していくに違いない。だからこそ今回は自由に長広舌をふるったのだ。そもそも今度の会談は正恩が非核化を約束したことから始まった。したがって非核化は前提条件だ。一方、正恩はそれと引き換えに政体保証を求めている。どちらも一度に出来るものではないから、正恩の言う段階的解決というのは必須条件なのである。どちらが難しいかといわれれば私は正恩のいう政体保証の方が難しいだろうと思う。非核化というのは物理的に実証できるのに対し、政体保証は信頼関係であり、目に見えないものだからである。体制保証というのは具体的に平和条約を結ぶとか、大使館を置くとか目に見えるところから始める以外にないだろう。それに対して北朝鮮のやるべきことは兵器の一覧表を提示することだ。兵器の名称、数量、保管場所などの一覧表である。ここまでが第一段階だ。この段階で若干制裁の解除をしてもいいのではないか。私が前から言っているように、制裁というものはそのこと自体が違法なのだ。罰則としてやっているのだから、非核化の意志を示した段階ですべて解除すべき性質のものなのである。正恩の非核化への意志は明確なのだから、制裁は即時撤廃すべきなのだ。あまり無意味な馬鹿げた行為は美しくない。

本来私は正恩が交換すべきは、非核化と体制保証ではなくて、両者の非核化だと思う。つまり、アメリカも非核化すべきなのである。

アメリカは北朝鮮に対し、まず核計画の全容を提示するよう求めている。これが非核化への第一歩であり、それはこの数週間のうちになさなければならないとしている。ポンペオ国務長官は非核化措置の検証対象として核兵器の保有量、保管場所、核開発技術、核物質製造施設など、全容を一覧表にして提出するよう求めている。それが北朝鮮の本気度を見極める判断材料となるとしている。

そしてこの段階で制裁は撤廃すべきである。これには一銭の金も必要ないのだから、すぐさま対応できるはずだ。トランプは要するに金を出したくないのだからこれは可能だろう。

二十一日に日本でも動きがあった。二つの超党派議員連盟が開かれ、それぞれの対応を論じている。日朝国交正常化推進議員連盟（会長、衛藤征士郎）は、私の推奨する田中均を講師として呼んだから、まともな議論が出来ただろう。衛藤氏は国交正常化を交渉するにあたって、制裁は制裁は緩和すべきだろうと、語っている。それに対して古屋圭司・衆院議院運営委員長が会長を務める、ラチ議連は反撥し制裁を緩めるべきではないとし、あげくの果てに前のめり過ぎると批判した。こちらは加藤拉致問題相を招いている。私は政界七不思議として、この人は一体どういう仕事をしているのだろうと考えている。講師の選び方を見ただけでその会の性格が分かろうというものだ。そうでなくても周回遅れで世界の流れから外れている日本が、そのうち誰にも相手にされないようになりはしないかとおそれる。今世界は目まぐるしく回り始めている。正恩は三月から今月までの三か月間に習近平と三回も会談を行っているし、トランプも三回は会うと言っている。正恩は外交デビュー以来大忙しなのだ。今世界は北朝鮮を軸にしてまわっていると言っていいだろう。これが世界平和に繋がるように、日本は努力すべきであって、いつまでも制裁、制裁とバカの何とやらで叫ぶばかりでは世界から取り残されるばかりだ。

先に私はトランプが頼まれもしないのに在韓米軍撤退を口にしていると書いたが、この点に関して武村が面白いことを言っていたので紹介しておこう。彼はこのことでトランプを甘く見てはいけないと、言っている。つまり、トランプがこういうことを言うことで、正恩がトランプを甘く見て非核化のプロセスを怠ったりしたら、トランプは軍事行動も辞さないだろうということだ。一般にまだ正恩が核放棄を本当にやるのかという疑念が多く見られる。私もかつては正恩が核を手放すのはずがないとまで書いていたが、それはこれまでダマサレて来た人達にしてみれば当然のことかもしれない。デジャビューの世界だ。しかし何度も言っているように、今回は根本的に違うのだ。正恩は肚をくくっているのだ。

世界は目まぐるしく動き始めているが、やっと日本でも動き始めたかと思わせる動きがあった。二十一日の記者会見で菅官房長官はミサイルを想定した住民避難訓練を当面中止すると述べた。米朝会談によって危機的状態がなくなった以上必要がなくなったと判断したのだろう。一方小野寺防衛相はイージス・アショア設置の方針は変えないと言っている。要らなくなることが明らかなものに対して、二千億もの買物をするということは先月号でも書いたように、正恩からすれば勿体ないということになるだろう。小野寺は宮城県出身で、私は郷党の士として応援してきたが、このところアベの毒がまわって可笑しなことになっているのは残念だ。これから北朝鮮の方針転換によって北東アジアの安保状況は激変する。それを見極めるまではすべてを凍結して見守るべきだろう。少なくとも一年は凍結すべきだろう。すべての予算はこれからの一年間の推移を見て組み換えるべきだ。そのことを真剣に議論すべきだろう。

これからの一年、北東アジアの安保状況はどのように変化するか。まず南北統一によって、これまで敵対していた北と南の対立がなくなる。ところがその一つになった朝鮮はどうなるのか。日本はそれとどう向き合うのか。外務省は、今回、外務省に二つの課を新設した。逆ではないのか。これから日本は一つになった朝鮮と対決するのか、それともこれまでの韓国との間のような関係になるのか。そこが大問題になる。もし対決することになれば、それは大変なことになるだろう。これからの一年が大事なところだ。

このところアベ首相はトランプに言われたせいか、日朝会談に前向きになっている。おそきに失したが、このことは私が最初からそれしかないと言っていたことで、まあいいとしよう。核解体の費用も負担するという。そして北朝鮮が非核化すれば未来は明るいと、私と同じことを言い出した。

文大統領はロシアで講演を行い、将来の経済協力を呼びかけた。文氏は南北と中国、ロシアを鉄道やエネルギー供給網などで結ぶ「朝鮮半島新経済地図」構想を掲げている。

正恩もシンガポールを視察し、同国型の経済発展を夢見ている。それはすべて非核化によって達成される制裁撤廃の結果、外国からの投資をあてにしたものである。日本でいえば敗戦後に復員した兵士たちが、産業復興の原動力になって高度成長を果たしたあの現象が起ころうとしている。それが北朝鮮の明るい未来であろう。

今日本はラチと制裁一点張りだが、今考えなければならないのは、将来統一した朝鮮とどう向き合うかなのだ。これがこれからの日本とアジアの運命を決定づけることになる。国内政争にウツツをぬかしている場合ではない。小泉進次郎の提案している国会改革を超党派で進める必要があるだろう。

七月三日。ノモンハンで戦死した父の命日。茫茫七十九年。当時私は小学校二年、七才で何も分からなかった。それから六年たって何も分からないまま、仙台陸軍幼年学校入校、五か月で敗戦、酒を酌み交わして父を偲ぶ。本誌にもいろいろ書かせていただいたが、まだ書き足りない。ノモンハンの本質とは何か。私にはどうやら物事の本質を分析する能力に欠けるものあるらしい。それがこの北朝鮮問題についても言える。北朝鮮問題の本質とは何か。それは南北の統一ではないか。私は当てずっぽうで一国二制度などと書いたが、それしか無いのではないか。東西ドイツもそうだったが、二十年や三十年はかかるのだ。ともかく外交と防衛、経済は一つの省にまとめなければならないが、あとは何年もかけて少しづつやればいいのだ。

七月六日、麻原以下七名が処刑された。私の認識では坂本弁護士問題を最初に警告したのは江川紹子で、その時警察は彼女を黙殺した。あの時警察がマジメに対応していたならあれほどの大事件に発展することはなかった。警察は猛省すべきだ。テロというものは最初の小さな兆しを細心に分析することが大事なのだ。イジメの問題にしても公権力の対応はすべて後手後手だ。「選択」七月号の巻頭インタビューで武者小路公秀は「世界平和アピール七人委員会」で安倍内閣の退陣を求めたことに関し、総理からアメフト部に至るまで、日本人の道徳が地に堕ちた状況でウソと暴力がハビコッていると指摘した。七人の処刑も国会末期のドサクサにまぎれて強行した印象がある。おかげでサッカー選手の帰国の感動が吹っ飛んでしまった。

ポンペオ国務長官は七月六日、七日とピョンヤンで三度目の高官協議を行い、非核化の履行と検証に向けた複数の作業部会を設置したことを明らかにした。一方、北朝鮮外務省報道官は七日談話を発表し、アメリカは一方的に非核化要求だけを持ち出したとして、これでは非核化意志が揺るぎかねないと反撥した。双方の意見の食い違いが出ているようだが、これからが正念場だ。

世論調査によると、北朝鮮の非核化はあり得ないとする考えが９０％近くに達している。私からすればそれこそありえないことだが、これまでダマサレてきたという人達はそういうことなのだろう。しかしそれならば、一体米朝首脳会談は何だったのか。それを考えてみたことがあるのだろうか。武村ではないけれども、もし正恩がトランプをダマシたということになったら、一体どういうことになるか。第一正恩が考えている経済建設などは夢のまた夢、永遠に不可能になる。私は楽天的すぎるのかもしれないが、理論上そういうことになる。

そして南北統一。大先輩は「北と南は水と油。将来は不透明」と言われたがまさにその通りだと思う。私の言う国生みの大事業は、それらの困難な道筋をへて達成されるものなのだ。われわれはその事業を少しでも助けられるように努力し、協力しなければならない。私は今ただ祈るような気持ちで見守るしかない。

（埼玉　会員）

七・七記念集会「盧溝橋事変から八一周年記念」

今年の八一回記念集会（主催・四団体、後援：中国大使館）は埼玉会館で開かれました。今回は関東日中平和友好会がの世話人を務めました。集会は「盧溝橋事変」の上映で始められ、開会の辞の後、来賓の郭燕中華人民共和国駐日本国大使館公使から挨拶をいただきました。続いて行われた記念講演は武吉次朗関東日中平和友好会顧問の「日中関係を推進した国民の力」でした。後援の内容を資料をもとに報告します。

記念講演「日中関係を推進した国民の力」

（一）戦後中国で「留用」された日本人が果たした役割
○初期の状況と中国側の対応
敗戦で地位や職を失い家族を含めて二万数千人の日本人が中国に残された。
日本人の「職人魂」に支えられた働きぶりに中国側が注目。中国に留まり新しい中国の建設に協力するように依頼してきた。中国側は捕虜としてではなく友人として扱う。仕事の面では技術を尊重し政治面でも、一視同仁に扱う。

原稿募集

会誌にご投稿願います。内容はや時事問題、身近なこと、本・映画・テレビ番組や詩歌・川柳等、会の趣旨に添ったものならどんなものでも結構です。会誌へのご意見、疑問、批判などももちろん歓迎です。

字数に制限はありませんが、多いものは何回かに分けて掲載されます。本文は1ページ1200字程度です。

編集の都合上、毎月　15日を目途にお送りください。

送り先

Mail　　yossi8putti@gmail.com
郵送　　〒185—0032　国分寺市日吉町 1-40-51
　　　　長谷川善夫

努力を信頼する。生活面では同等に処遇し可能な範囲で配慮する。

○認識の変化の理由

四七年四月延安が蒋介石軍に取られたとき中国共産党の幹部の「心配ない」の言葉通り一年後には全東北部が解放された。

「留用」日本人への評価

周恩来総理の談話(一九五四年一〇月一一日)

「日本が降伏した後、中国の東北で中日両国の人々の間に友情が芽生えました。一部の日本軍人と居留民が残り、医師、看護婦、技術者、教員としての中国の同僚とともに働きました。昨日まで敵だったのが、今日は友人になったのです。日本の多くの友人が立派な仕事でわれわれを援助していただいたことに、たいへん感謝しています。

かつて戦火を交えたものが、互いに信頼しあったのです。多くの中国人が負傷したとき、日本の医師に看護してもらい、病気になったとき、日本の看護婦に看護してもらいました。信頼していたからです。工場でも、中国人は日本の技術者を信頼し、いっしょに機械を動かしました。科学院でも、中国の科学者は日本の科学者の研究成果を信頼しました。

これが友誼であり、真の友誼、たしかな友誼といえましょう。これこそがわれわれの友好の種子なのです」

後藤田正晴・元副総理が、武吉次朗訳『新中国に貢献した日本人たち』に寄せた推薦の言葉

「埋もれていた史実が初めて発掘された。日中両国の無名の人々が苦しみと喜びを共にする中で、友情をはぐくみ信頼関係を築き上げた無数の事績こそ、まさに友好の原点といえよう。登場人物たちの高い志と壮絶な生きざまは、今の時代に生きる私たちへの叱咤激励である」(二〇〇三年一〇月)

「この本に登場する人々は、戦争で破壊された日中両国の友好を、自らの汗と血で修復して、今日の礎を築かれた。両国関係が厳しい状況にあるとき、地道な草の根交流という原点に立ち返るよう、本書の人々は呼びかけている。」(二〇〇五年十一月)

「留用」日本人の事績が先駆けとなり、その後、国交正常化と友好協力を推進する中で、「民間の力で政府を動かす」ことが、日中交流の特色と伝統になっている。

「民間友好こそ中日関係の根である」(**李克強総理**)

(二) 日中国交正常化を推進した民間の力

「一九七一年七月のニクソン米大統領の訪中発表と同年一〇月の中国の国連議席回復により、日本側の風向きが一気に変わり、田中首相の決断で国交正常化が実現した」という俗説が流布しているがそうではなく、長年にわたる民間レベルの交流の積み重ねにより、せせらぎが奔流に成長して強大な世論を形成し、政府に国交正常化を迫る力となった

ことが明確になる。

戦後日本では、侵略戦争の反省から、広範な人々が中国との友好関係構築を決意し、交流を積み重ねてきた。

一九五二年、国会議員三人が初めて中国を訪問、民間レベルの日中貿易協定結ぶ。

一九五三年「留用」日本人が集団で帰国。

一九五四年「留用」日本人帰国実現に寄与した中国紅十字会代表団が来日。中国からの初めての日本訪問。

この後五五年には政界、漁業・農業などの産業界、芸術・スポーツ、学術、報道、宗教、労組、青年・女性など訪中、相互訪問が行われた。

武吉氏は一九六三年に日本国際貿易促進協会事務局に入り、日中国交正常化までの九年間とその後一九九〇年まで日中経済貿易交流の仕事にたずさわった。

具体的には中国での日本工業展覧会、日本での中国展覧会、技術視察団の相互派遣、文化大革命時の対応、「周四条件」の受け入れ促進、国交正常化直前の訪中団への現地協力など。

特筆すべきことは「中国物産展」である。中小商社、華僑商社が店頭や広場などで展示・即売。次第に評判になりついには銀座のデパートが相次ぎ開催するまでになった。当時の日本国民の対中感情が非常によかったことの現われである。

周恩来総理の評価

田中首相歓迎の宴会で（一九七二年九月二五日）
「中華人民共和国成立後、中日両国間で戦争状態の終結が公表されていないにもかかわらず、両国人民の友好往来と貿易関係はたえなかったばかりか、絶えず発展してきました。ここ数年来、毎年中国を訪れる日本の友人は他の国の友人よりも多く、平等互恵を基礎とした中日貿易の額も他の国とのそれを上回っています。これは中日関係の正常化に有利な条件をつくりました。」
田中首相の答礼の宴会で（翌二六日）
「われわれが成果を収めることができたその功労は、両国人民に帰するべきです。この歴史的な時点に、わたしは中国人民を代表して、長期にわたり中日友好の促進と国交正常化のために貢献され、はては自己の命を犠牲にすることさえ惜しまれなかった日本各界の友人に、心から感謝と敬意を表します。」

【周四条件】「中国は、次のいずれかに該当する企業とは貿易交流はしない。①台湾の『大陸反攻』を援助し、南朝鮮の朝鮮民主主義人民共和国に対する審判を援助する企業 ②台湾と南朝鮮に多額の資本投下を行っている企業 ③アメリカ帝国主義のインドシナ侵略戦争鈍き弾薬を提供している企業 ④日本にある米日合弁企業及び米国企業の子会社」 正しくは「中日貿易の四条件」といい、一九七〇年春に周恩来総理が日本側へ提示したもの。

後援の中では武吉さんの貴重なエピソードが紹介されました。すべてを正確に聞き取ったわけではないのではなはだ恐縮ですが、残したいかずかずでありましたので以下、列挙します。

「『終戦』は使わない。敗戦という。ハルピンにいたときソ連軍が侵攻してきた」

「(口論の末)殴ったわたしに殴られた中国人が幹部に諭され謝りに来た。‥‥一六歳で両親を失った。‥‥中国共産党が一番輝いていた時代」

「日本人医師・看護婦三千人を残した。(日本人)『ベチューン』と讃えられる。」

「八割の日本人が表彰された」

「国共内戦で負傷した解放軍兵士らの治療に、血液検査をしている暇がないほどの緊急時に日本人が『わたしはO型です。わたしの血液を使って下さい』と輸血に応じたことが中国人を感激させた」

「日本映画の上映や運動会も行われた」

「野球の試合も行われ、解放軍などと試合。中でも公安が強かった」

「日本への送金ができた。単身赴任者たちにとっては助かった。外貨が貴重な時代、中国政府がよくやってくれた」

「日本陸軍の林部隊の「隼」搭乗員三〇〇人が中国人パイロット・地上要員五〇〇人を養成するのに貢献した」

「調印前夜に、大きなビルを建てる一枚のレンガの役割を担いたいと思った。」

「魯迅：其实地上本没有路，走的人多了，也便成了路
実際、地上に道は初めからあるのではなく、多くの人が歩くから、それが路となるのだ」

◆

「休憩をはさんで主催四団体の代表からの紹介があった。団体は「日中友好八・一五の会(日中友好元軍人の会)」「関東日中平和友好会(中国帰国者友好会)」「不戦兵士・市民の会」「撫順の奇蹟を受け継ぐ会
それぞれの紹介が改めてなされた。
「日中友好八・一五の会」は一九六一年八月、元陸軍中将遠藤三郎を代表に、元軍人を会員として発足した。その後、元軍人に限らない人々も加入し、二〇〇四年「日中友好元軍人の会を受け継ぐ日中友好八・一五の会(通称　日中友好八・一五の会)」とした。創立前年の三五年は安保闘争、三井・三池闘争、社会党浅沼稲次朗委員長暗殺など戦後史に残る出来事があった。そうした中での創立は右翼の攻撃の対象になった。平和憲法を守り抜き、非武装中立・軍備亡国の下に活動してきた。
「関東日中平和友好会(中国帰国者友好会)」は戦後中国に残り、新中国の建国と建設に参加して帰国した人たちが一九七七年に結成した「中国帰国者友好会」が前身である。侵略戦争への反省を原点に互恵平等・相互支持の草の根交流

を進めるという理念の下に活動してきた。その後、名称を改め趣旨に賛同する人にも門戸を開いた。中国との太い絆を生かし多彩な活動を進めている。他地域にも同盟の会がある。

「不戦兵士・市民の会（不戦兵士の会）」は戦場体験兵士が、「生き地獄を見てきた数少ない証人」として、「戦争だけは二度としてはならない」「語らずに死ぬのは止めよう」と、一九八八年に「不戦兵士の会」が創立された。一九九二年、戦場・戦争体験を語り継ぐ活動が重要と考え「不戦兵士・市民の会」に改称。改憲・壊憲阻止のため奮闘する。

「撫順の奇蹟を受け継ぐ会（中国帰還者連絡会）」一九五〇年、元日本兵や民間人約一〇〇〇人が戦犯として撫順と太原の戦犯管理所に収容、六年間拘留された。管理所での人道的な処遇により、心から反省し罪を認め「鬼から人へ」変わった。五六年の軍事法廷では、四五人の戦犯以外は起訴免除・即釈放され、一人も処刑されなかった。有罪判決を受けた戦犯も刑期満了前に全員帰国できた。帰国後、五七年に「中国帰還者連絡会」を結成、反戦平和・日中友好のために活動してきた。高齢のため〇二年に駐機連は解散、その精神と活動を受け継いだ若者が本会を結成、証言集会・合唱団、映像を残す活動を続けている。どの会も数少なくなった軍人・兵士らの声を後世に伝えるために奮闘している。集会の後のレセプションには邵一等書記官夫妻も加わり親交を深めた。

（編集担当）

7日、日本埼玉県さいたま市で「7・7事変」81周年記念集会に参加する人々

【新華社埼玉7月9日】日本の4つの友好団体が7日、さいたま市で「7・7事変」（盧溝橋事件）81周年記念集会を開き、歴史を忘れず、戦争に反対し、中日両国の友好を促進する強い願いを表明した。（新華社記者／王可佳・楊汀）

「日中友好8・15の会」へのおすすめ

私たちの会は、かつて侵略した中国をはじめ、アジア諸国、さらには広く全世界に対し、「反戦・平和」と平和憲法の順守を誓い１９６１年に創立し、すでに５０年以上経過しました。会員は元軍人と趣旨に賛同した戦後生まれの人たちも参加しています。会員には会誌『８・１５』（月刊）を毎号お届けし、また年１回の中国訪問団（見学、友好交流）への参加や当会が隔年に受け入れている中国からの研修生との交流・意見交換への協力をお願いしています。

会費は年額１万円、学生会員は3000円です。会誌購読のみを希望される購読会員は年間6000円です。

皆さんの入会、会誌購読によって「反戦・平和」「日中友好」の声をますます大きくしたいと希っています。

≪申し込み先≫　〒１２５－００３２
東京都葛飾区水元３－３－４
小林悦子方　　日中友好８・１５の会
TEL&FAX　０３－３６２７－１９５３
郵便振替口座００１２０－６－２７４１５

私記　日中戦争史　『年老いた幼年生徒は今何を思うか』

志々目彰著」を読む(2)

長谷川善夫

「昭和は遠くなりつつある。昭和史の一面として、一人の戦中派の平和への熱い願いが多くの読者の心に残ることを期待する。またそうであることを信じる」

沖松代表幹事は「序にかえて」をこう締めくくった。

平成も三〇年、その平成も終わろうとしている。しかし今、あろうことか歴史を闇に葬り、戦争を肯定する勢力がまたその扉を開けようとしている。

後生は先生の志操を受け継がなければならない。

「第一章　軍国少年の思い出」

第二講　軍人の典型とは何だったのか（二〇一〇・〇二）

子どもたちに降りかかる戦争――

去年一二月(〇一一年)のＮＨＫＴＶ、「終戦直前大分県佐伯の沖合の小島が米軍艦載機の空襲を受け・・爆撃で倒壊した小学校から逃げ出した子どもたちをさらに機銃で掃射した。パイロットの顔が見えるほどの低空から何故子どもを撃ったのか」

「こちら側の事実もオ直視しなければならない」

墜落した海軍機の下士官たちが幼年学校生だった山本にした話、

「占領地で赤ん坊を捕まえてきて空中に放り上げ落ちてくるところに銃剣を突き立てて串刺しにする。兵隊がそうして遊んでいる」詳しく聞きたかったが同期会の数年後に癌で死んだ。「一つの記憶が闇に消えた」

高級軍人の体質―

「幼い頃私が一番好きだった六つ違いの長兄は海軍航空隊員として戦死し…今でも戦争の記録や小説を好んで読む」「深い感動にも出会うし負けて当然だろうと言うべき事例にも出会う」「卑劣の最たるものがフィリッピンから脱出した冨永恭次第四軍航空司令官の敵前逃亡だろう」

「象徴的な悲劇は万朶隊出撃の日に起きた。万朶隊は茨城県鉾田で九九式双発軽爆撃機による反跳攻撃（海岸での水切り遊びのように低空で爆弾を投下し、水面からの反跳力で敵艦の舷側に命中させる方法）を修練していた。隊長の岩本益臣大尉はこの方法に自信があって体当たりに反対だったという…冨永司令官は壮行式をしたかった。隊員の将校のみをマニラのニコルソン基地に呼び寄せる。約七百キロ。大尉らの九九双発機は敵の戦闘機に遭遇、撃墜されて全員戦死。数日後、万朶隊は下士官搭乗員のみで特攻を行う」

（九九式双発軽爆撃機 505Km/h、米 P51Mustang 戦闘機 760km/h）

〈冨永靖陸軍大尉は第５８振武隊員として一九四五年五月二五日、父から貰った日章旗を携えて四式戦闘機「疾風」爆装機に搭乗・出撃、特攻戦死した。父恭次はすでに任を解かれ五月五日、予備役に編入されていた〉

【注】冨永司令官の脱出(敵前逃亡)については、御田重宝著『特攻』(講談社文庫)が詳しい

軍人の資質を考える―

「冨永のような資質の人がずっと帷幄の中枢にいて、権勢をほしいままにした日本の軍隊とは何だったのか」「冨永が熊本幼年学校に入ったのが明治三九年」

「御田『特攻』には次のような一節もある。

『太平洋戦争を丹念に調べていくと、かならず指揮官の”異常“に突き当たる。その傾向は軍縮（大正中期―昭和初期）の時代をうまく乗り切り、栄達をとげた将官級によく見られる―武人らしくない軍人官僚が戦争を始め指揮を執ったのだから、戦いの行き先は決まっていたという分析は案外的を得ている』そこに冨永を含めた何人かの固有名詞がある」

「万朶隊には特攻史上まれな後日談がある。大本営発表で特攻戦死と布告された隊員の佐々木友治伍長は、爆弾を落として帰還していた。このあと何度も特攻を命ぜられるがそのつど帰還、戦後は北海道で暮らしていた」

「この人は岩本隊長の考えとその方法を実証したい強い意志があったのではないか」

「この人は…逓信省の航空乗員養成所で操縦士として育った人である。軍人のプロパーでもなくましてエリートでもなかった」

「そのことが実証しているものは何か…私はある仮説を考えているが未だ結論には至らない」


外国の軍人とその忠誠──

「潜水艦に乗り，辛うじて生き残った海軍さんが冗談交じりに『大英帝国が衰退したのは、二度の大戦で貴族階級が戦死したからだとイギリス人自身が言っている。否定しきれない歴史なのだろう』」

「…平時は狐狩りと女遊びに明け暮れている。いったん祖国に危急が迫ると進んで難に付く。それが貴族の使命であり，実際に多くの命が捧げられた。二度の大戦でイギリス階級社会の最良の青年たちは死んだ。そのために国の活力が涸れたと言う説には説得力がある。（イギリス帝国主義そのものへの批判はさておく）」

「ソ連崩壊の後、レーニン十月革命の評判は悪いがその記録を滅ぼすべきではない」

「私の青年時代に見たソ連映画に『チェバーエフ』というのがあった。…白軍と労農赤軍との衝突。帝政軍隊の将校団で編制された歩兵隊が、倒れても倒れても列を崩さず押し寄せてくる。兵士として素人の赤衛軍は浮き足立つ。この時『共産党員一歩前へ』という号令がかかる。将校たちよりも勇気に勝る共産党員が前列に出て、戦局を一変させる。…当時の私は深い感銘を受けた。『共産党員一歩前へ』という局面は二度も三度も繰り返された。ナチスドイツとの戦いで、ことにレニングラードやスターリングラード戦いで、ドイツ軍の捕虜となってガス室に送られる前の赤軍将校の中で。この号令をかけたのはナチスの将校だったろう。共産党員は一歩前へ出てまず犠牲となった。こうしてソ連もその最良の部分を失った」

「それを見ながら生き残った人達が、理想に伴う艱難辛苦を厭うようになったとしても，外部の傍観者に批判の資格があるか」

「軍人とはかくあるべしと今も私は思っている」


日本軍人の責任感、その真と偽──

「加藤健夫という人はビルマ方面で戦死した隼戦闘機の戦隊長である。軍神と言われ歌にもなった。飛行機乗りとして優れていただけでなく、人間としても情の篤い皆に慕われる指揮官だった。…整備兵を気遣って自分の休息は後回し…こういう軍人は他にもいた筈だが、戦争の基である国策が誤っていたために、日本人の良質な部分の忠誠と献身は徒労に終わった」

「一部では尊敬すらされている軍人に草地貞吾と言う人がある。終戦時に関東軍司令部作戦課長だった。シベリア抑留…決して屈伏しなかったとしてその節操を称讃されている。テレビでのこの人の戦争観に愕然とした。旧満州引き揚げ時の民間人の悲劇…当事者の婦人たちは置き去りにされた責任を問いただした。草地参謀は『軍の本務は作戦にある。民間人の保護は任務ではない。犠牲が出たとしても軍の責任ではない』と公言した。同胞の苦難に対するいささかの同情もなかった（足利事件で菅谷さんを取り調べた元検事と同じである）」

「幼年学校で前線帰りの教官から教えられて今も覚えている言葉がある。『勇気のないのを恐れることはない。要は責任感だ。責任感の有る無しが人を強くもし弱くもする』」

「一般国民は軍隊は君国のためにあると思っていたのに、高級軍人の潜在意識では軍は軍自体のためにあった」

「沖縄でもそんな意識で戦争をした。日米同盟の責任も国民以外ではなかろうか」

典型的状況の典型的人物―

「典型的状況の典型的人物とは、社会主義リアリズム文学が目指したものである。戦争や革命はそれを明確に析出するからだろう」

「理想の将校生徒像も、考えてみれば典型的人物になれという事だった。…至誠純忠、質実剛健…要するに「死を恐れるな、困苦欠乏に怯むな、毅然とした軍隊の中核になれ」という趣旨だった」

「旧満州で抗日民主連軍の楊靖宇軍長の胃袋には木の皮・木の根しかなかった。日本軍当局もさすがにその忠烈に感動との史実…我々の求めた理想は敵の側でこそ実現していた」

「家永三郎教授の『太平洋戦争』に〈北支方面軍の配布した文書に、『中共党員ヲ発見スル要訣』に、捕虜を食卓につけてみて『ソノ時、ツトメテ美味ヲ他ニ譲リ、自ラハ黙々ト粗食スル者アレバ、ソレハ、概ネ共産党員ト見ナスベシ』とあった〉との一節がある」

「自軍の若者に求めていた軍人の典型像が敵軍にあるという逆説。司令部は戦う以前に既に敗れたことを自覚しなかったのか」

語り継がれていること、語り継ぐべき事―

「一九五〇年前後に生まれた人達が六十歳になる。…若者の先輩として昔を語る。その中には驚くほど過激で荒唐無稽な戦争論があって一定の人気があるらしい。だが嘘を語り継がせてはならない。歴史修正派の意図的なナンセンス」

「ソ連崩壊後、ノモンハン事件（昭和一四年・一九三九年）の新しい資料が出てきた。日本軍の死傷者よりソ蒙軍のそれが多い、だから日本はまけていなかったとの説が振りまかれている」

「事件の直後、軍人出身の作家山中峯太郎は事件に材を取った『鉄か肉か』という小説を出版…中学に入る前後に読んだ…モンゴル独立を志す人民軍の中尉を主人公…表題通り相手の鉄量作戦が日本軍の肉弾戦を圧倒することに警鐘を鳴らしていた」

「軍国少年たちはノモンハンで我が軍が手痛い痛撃をこうむったという事実を素直に受け入れていた…復員してきた従兄弟から、ソ連戦車のキャタピラで塹壕が踏みつぶされる話を聞いた」

「ノモンハンで日本軍と戦ったソ連のジューコフ将軍は『日本軍の下士官・兵は頑強によく戦う。初級士官もいいが、上層部は無能だ』とスターリンに報告。日本海軍と戦ったアメリカのニミッツ提督も全く同じ事をいっている」

《ノート》

・「赤ん坊を串刺し」…日本兵はなぜこのようなことをしたのだろうか。吉田裕『日本の軍隊』で残虐行為や強奪を働いたのは既婚者に多かったとの記述を読んだことがある。妻子ある者がなぜそうなのか。

・日本は朝鮮をはじめ中国、アジアを侵略した。日本の人的被害は三百万、アジアのそれは数千万。侵略したのは日本である。歴史修正主義者がどう歴史を改竄しようともアジアの人々を欺くことはできない。朝鮮の人々が秀吉の侵略や明治の併合を正しいというか、中国の人々が日清から始まる日本の侵略を正しいというか、日本の人々が米国の都市爆撃や原爆投下を正しいというか。

・二次大戦での英国の死者数は４５万人、ソ連の死者数は２８００万人。人口比で英国0.94％、ソ連13.5％。

・つい先月、都立多摩図書館で「戦艦ポチョムキン」を観た。ソ連という国家は既にない。あの感動を「ロシア人」は共有できるのだろうか。

・ノモンハン事件は「日本軍が航空戦では常に優勢であったが地上戦闘は戦車火砲の力の差が甚だしく敗戦に近い結果に終わり、ソ連とモンゴル共和国の主張する国境線はほぼ維持された（日本の敗北）」という。下の表は両軍の戦力・戦死者数である。

日露戦争の戦没者（病死者も含む）日本側 11.5600 人ロシア側は 4.2600 人。日本軍の人的被害は約三倍である。歴史修正主義者によれば日露戦争は日本の敗北、ロシアの勝利と言うことになる。

　後に圧倒的な米軍の戦力差に置かれたフィリピン防衛線指導の朝枝・堀両少佐の「皇軍の編成・装備・戦法は日露戦争以来はたして、いくばく進歩せりや」との言葉が哀れだ。

・万朶隊（ばんだたい）は、陸軍初の特別攻撃隊である。一九四四年（昭和一九年）十月に編成された。装備機種は九九式双発軽爆撃機。一回目の特攻隊ということで海軍の「敷島隊」同様に、優秀なパイロットが選ばれた。

　岩本隊長は陸士出身の二八歳。操縦と爆撃の名手であり、「跳飛爆撃」（海軍では反跳爆撃。共にSkip bombing の和訳。一九四三年「ビスマルク海海戦」で米軍が採用、日本軍輸送船団八隻が全滅させられその有効性が実証された。岩本大尉はこの結果を踏まえていた）を積極的に進めようと研究と演習に励んでいた。飛行機自体を体当たりさせる攻撃法とは対極にある（詳しくは「8・15」5月号を参照）。

	日本	ソ連・モンゴル
総兵力	58,000	69,101・8,575
戦車	92 輌	438 輌
装甲車	—	385 輌
火砲	70 門	542 門
戦死	8.440	9.703

　陸軍指導部は意図的になのだろうか・岩本益臣大尉を初の陸軍特攻隊の隊長に任命した。彼はその特攻も果たせず、本文で触れたような非業の最期を遂げた。その無念さは想像することさえできない。

・草地貞吾は一九〇一年明治三四年生まれ、二〇〇一年平成一三年死去。陸士三九期・陸大卒（恩賜）、志那派遣軍参謀、関東軍作戦主任参謀、シベリア抑留、重労働二五年の判決。五六年に復員。日大歴史学科卒後、国士舘高校長、日本中剣道連盟会長などを務めた。

【不死身の特攻兵　軍神はなぜ上官に反抗したか】
鴻上尚史・講談社現代新書・2017・11・20 第一刷・2018・1・18 第七冊　作家・演出家一九五八年生まれ　早大在学中の八一年に劇団「第三舞台」結成　演劇賞・戯曲賞・TV司会者等日本劇作家協会会長

・「死なくてもいいと思います。死ぬまで何度でも行って、爆弾を命中させます」（陸軍初の特攻隊隊員・佐々木友次伍長二一歳　二〇一六年二月九日九二歳　札幌で死去）

・　当別町の墓の碑文

哀調の切々たる望郷の念と
片道切符を携え散っていった
特攻という名の戦友たち
帰還兵である私は今日まで
命の尊さをかみしめ

亡き精霊と共に悲惨なまでの
戦争を語り継ぐ
平和よ永遠なれ

鉾田陸軍教導飛行団特別攻撃隊
佐々木友次

・万朶隊隊員　（Wikipedia より）

・岩本益臣大尉（隊長、陸軍航空士官学校第 53 期
・園田芳巳中尉（陸軍航空士官学校第 55 期
・安藤浩中尉（陸軍航空士官学校第 56 期
・川島孝中尉（陸軍士官学校第 56 期
・岩間（中川）勝巳少尉（陸軍少尉候補者第 24 期
・田中逸夫曹長
・社本忍軍曹
・石渡俊行軍曹
・鵜沢邦夫軍曹
・久保昌昭軍曹
・近藤行雄伍長
・奥原英彦伍長
・佐々木友次伍長
・生田曹長（通信）
・浜崎曹長（通信）
・花田博治伍長（通信、陸軍少年飛行兵第 14 期

・『集められた遺書』ＮＨＫ「クローズアップ現代」（2012／8・28）　海自第一術科学校の倉庫から大量の特攻隊員の遺書が発見された。昭和二四年に特攻隊員の遺書を遺族から回収して歩く男がいた。その男は特務機関の一員と名乗っていた。『永遠の０』など、深い闇がまた広がりはじめている

（東京・常任幹事）

六月の常任幹事会

日時　六月三〇日（土）
十四時～十六時三十分
会場　生涯学習センター（大宮）
七階第二講座室
出席者　沖松・日森・小川・佐藤・高橋・落合・
長沼・小林・秋山・長谷川（１０名）

[報告]

1．・七・七記念集会について　小林
（担当団体：関東日中平和友好会）
・総会について
2　・沖縄意見広告について　秋山
総会の案内　7月号に掲載
3　巻頭言について　高橋

[議題]

1．訪中団について　長沼
・日程　七月二八日～八月三日
（六泊七日）
・参加者　佐藤・長沼・小寺・笠原・塚田・
笹（六名）沖松先生取止め
・訪問地　北京一泊、ウルムチ四泊、北京
一泊　熱中症対策
2　七・七集会　小林
・役割分担　受付　秋山
3　編集委員会　長沼
・巻頭言は武井さんに依頼する。
・七・七集会参加者の感想
・総会のお知らせ

会への寄付

竹田久枝さん　四、０００円
小田純市さん　四、０００円
新井　守さん　一０、０００円
報告が遅れまして誠に申し訳ございません。
（秋山）

寄贈誌より

中国研究月報』（社団法人中国研究所発行）
２０１８年6月号

▽論文
他者化への抵抗　「連環套」の霓喜像について
陸　洋

▽資料紹介
民国6年（１９１７）の京畿水害と善後河工対策
「河工討論会議事録」を中心に
森田　明

▽書評
「排外」と「需要」のあいだ土肥歩
『華南中国の近代とキリスト教』
東京大学出版会
山本　真

▽書評　宮古文尋著　汲古書院
『清末政治史の再構成　日誌戦争から戊戌政変まで』
八百谷晃義

▽書評　武田雅哉著　平凡社
『中国のマンガ〈連環画〉の世界』
瀧下　彩子

▽書評　田島俊雄・池上彰英編
東京大学出版会
『ＷＴＯ体制下の中国農業・農村問題』
大島　一二

▽光陰似箭
『中国年鑑２０１８』の刊行
（伊藤　一彦）

▽眼光紙背　マルクスはどこかで
（竹内　健二）

▽中国日誌　２０１８年5月

事務局月報

・7・7記念集会が既報のように開催された。この4年間は場所を中国大使館にお借りして行ってきたが、今年は地域にもどっての開催となった。以前の集会にいらして下さった方はご存じのように、4団体の活動を内外から後押しして下さるような方に講演をして戴くことが多く、貴重な時間をもてたが、場所や諸事情等で参加者も多くはなかった。

　来年は我が会の担当で開催を進めていくことになるが、今年の形をベースにして1人でも多くの方が参加されるように考えて行きたい。

・中米コスタリカの歴史を紹介する

「コスタリカの奇跡～積極的平和国家のつくり方」という映画が各地で自主上映されているという。元大統領の言葉

「私たちは世界に実例を示してきました。コスタリカにとっては軍隊を持つことが、経済的・社会的発展の妨げです。病院と学校、機関銃を取るかです。わが国は福祉国家になると決めました」

のように軍隊廃止70年になるという。　声高に軍隊制定を求める人達の言葉、

「攻めて来られたらどうする…」

と軍備を増強し、9条を葬ろうという政党の人達に治められる日本。

　映画は昨年日本でも上映されが、ごく短期間であり、有志によって自主上映会の支援がまた始まったという。

　是非、観たいものである。　(小林)

『8・15』2018年七月号
二〇一八年七月一五日発行
定　価　500円（送料とも）
編集人　長谷川善夫
発行人　沖松　信夫
印刷所　(有) イワキ
発　行　日中友好8・15の会
〒125-0032
東京都葛飾区水元3-3-4
小林悦子方
TEL & Fax　03-3627-1953
郵便振替　00120・6・27415
日中友好8・15の会
HP URL　http://www11.ocn.ne.jp/~donpo/

会　　　　則

（名称）　第１条　本会は、日中友好元軍人の会を受け継ぐ日中友好『８．１５』の会（通称日中友好『８．１５』の会）と称する。

（目的）　第２条　本会は、過去の戦争に対する反省に立脚して、あらゆる戦争準備の動きを阻止し、平和希求するために世界各国とくに中国との友好に貢献するとともに、会員相互の親睦を深ることを目的とする。

（会員）　第３条　本会は前条の目的に賛成する元軍人および賛同者をもって構成する。

第４条　本会の本部を関東地区に置く、支部を各都道府県に置く、また事務局を関東地区に置く

（事業）　第５条　本会は、第２条の目的を達成するために以下の事業を行う。

１．会誌『８．１５』の発行
２．講演会、研究会の開催（平和諸団体との共催を含む）
３．学習会の開催
４．中国からの留学生・研修生の受け入れ
５．訪中団の派遣
６．その他、本会の目的達成に必要と認められる諸活動・事業

（総会）　第６条　本会は、総会を毎年１回、原則として８月 15 日に開催する。総会は、委任状を含めて員の過半数の出席により成立するものとする。総会は、幹事会から、活動報告、行動計事業計画、決算、予算、役員の選出、その他、本会の運営に必要な事項について報告、案を受け、出席者の過半数の賛成により　これを承認、決定する。幹事会が必要ありとめたときは、その決議により、臨時総会を招集することができる。総会の決議に基き、問を置くことができる。

（運営）　第７条　本会の運営は、幹事会が行う。ただし、幹事会は常任幹事会にその権限を委任することできる。

（役員）　第８条　代表幹事、副代表幹事、常任幹事、事務局長を本会の役員という。

第９条　役員の任期は１年とする．ただし、任期満了後も総会において新役員が選出されるまでその職務を行う。役員の重任は妨げない。

第 10 条　本会の運営のために幹事会ならびに常任幹事会を置く。幹事会は幹事を以って構成し、会の運営に必要な重要な会務を行う。幹事の互選により代表幹事、副代表幹事、常任事、事務局長を選任する。常任幹事会は、原則として毎月 １ 回開催し、幹事会の委任うけて本会の運営に必要な一般会務を行う。

第 11 条　幹事は、会員の推薦により選任し、総会の承認を受ける。

第 12 条　幹事会は、常任幹事会の決議に基き、代表幹事が招集する。常任幹事会は、常任幹事 2以上の発議により代表幹事が招集する。幹事会および常任幹事会の決議は、出席幹事過半数の賛成により成立する。賛否同数のときは、代表幹事がこれを決する。

第 13 条　本会の会議の遂行上、下記の分科委員会を設け、常任幹事会が選出した委員長が運営に当る。

1. 組織・活動委員会
2. 会誌編集委員会
3. 財務委員会
4. 対外交流委員会

各委員会の委員は、委員長の推薦により委嘱する。

第 14 条　会計の監査は、会計監事が行う。会計監事は、幹事会の推薦により選任し、総会の承認受ける。

（財政）　第 15 条　本会の経費は、会費、寄付金、その他の収入をもってまかなわれる。留学生・研修生受入れのため、特別会計を設ける。

（会費）　第 16 条　会費は年額 1 万円とする。また、家族会員の会費は年額 2,000 円とする。購読会員は 6,000 円とし、学生会員は 3,000 円とする。

第 17 条　本会の会計年度は、毎年 7 月 1 日に始まり翌年 6 月 30 日に終る。

（改正）　第 18 条　本会の会則は、幹事会の発議により、総会において、委任状を含む出席者の 3 分の 2上の賛成により改正することができる。

（付則）　この会則は 2017 年 8 月 25 日から施行する。

過去の直視、これが歴史認識の原点

軍備亡国・反戦平和

2018年 8月号 No. 585

第五九巻 第八号 通巻第五八五号

8.15

日中友好元軍人の会ＨＰ http://www11.ocn.ne.jp/~donpo/

※本号は総会当日持参して下さい

8

日中友好『８．１５』の会
（日中友好元軍人の会）

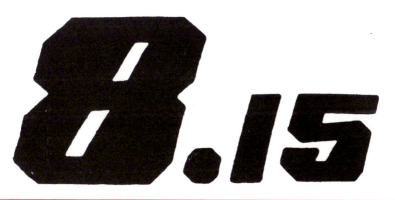

創立宣言

　戦争の罪悪を身をもって体験した、わたくしども元軍人は、心から人間の尊厳にめざめ、戦争を否定します。

　わたくしどもは、過去の反省に立脚し、戦争放棄と戦力不保持を明示した日本国憲法を順守し、真に人類の幸福と世界の平和に貢献せんがため、本会設立の趣意書ならびに会則にのっとり、同志相携えてあらゆる戦争を阻止し、戦争原因の剪除に努め、進んで近隣諸国とくに中国との友好を進めんとするものであります。

　ここに終戦の記念日をトして本会を設立するにあたり、万世のため太平を開く決意のもとに日本の更正を誓った当時を追憶し、戦没の万霊に額ずき、ご遺族をはじめ戦争の被害者ならびに軍靴で踏みにじった戦場の住民各位に深く遺憾の意を表しつつ宣言します。

１９６１年8月１５日

日中友好元軍人の会

二〇一八年度　活動方針
われわれは、創立宣言に則り、次の活動を行なう
一、平和憲法を守り抜くため、広く非武装中立・軍備亡国を訴え、組織の強化・拡大に努力する。
二、過去の侵略戦争に対する反省に立脚して、中国をはじめ、アジア近隣諸国、さらには世界各国の平和を希求する人々との友好・提携に努める。

行動計画
一、違憲の安保法制を強行し、憲法改悪へ向かう安倍内閣のあらゆる策動を許さず、特に憲法９条を守るために活動している諸団体の運動に積極的に参加する。
二、戦争に直結する集団的自衛権の行使を認めず、名目の如何にかかわらず、自衛隊の海外派遣、多国籍軍への支援に反対する。
三、広島・長崎の被爆の歴史に基づいて、核の廃絶を広く世界に訴える。日本政府に核兵器禁止条約への参加を求める。エネルギー変換、脱原発をめざす。
四、沖縄の民意を無視した辺野古新軍事基地建設等に反対し普天間を始めとする全国各地の米軍基地の縮小・撤廃を求める。
そのためにも日米安保条約の解消とそれに代わる日米友好条約の締結を提唱する。
五、日・中・韓・朝の障壁になっている歴史認識問題、戦後処理問題（従軍慰安婦、強制連行・強制労働などに関する訴訟・賠償請求）の早期解決を求めていく。
六、中国国際友好聯絡会研修生受け入れと公私訪中派遣を通して、民間レベルでの友好・交流の強化を図る。

【巻頭言】バトンタッチ

武井　誠（坂戸市議会議員）

七三回目の八月一五日。子や孫たち世代の平和な未来のために、全力を尽くす決意を新たにしています。沖縄の故翁長知事への思いもあります。広島、長崎、そして今日の安倍首相の心ないスピーチ、被爆者への失礼極まる立ち居振る舞い、核兵器禁止条約否定への怒りもあります。そしてさきほどの電話「八五歳になります。東京大空襲を経験。この頃、そのことを話しておきたいという思いが強くなりました。はじめてですが原爆絵画展の特別企画の中で証言する時間をいただきたい」とのこと。「ぜひ！」とお願いをしました。この方も、平和の危機を感じ、語り継ぐ重要性、必要性を痛感されているのではないかと想像しました。

「バトンタッチ」ということを意識しながら、私の行ってきたことを報告します。

「郡山の子どもたちと遊ぶ会」

原発事故から七年、「事故などなかった」とでもするかのように原発は再稼働し、補償打ち切り、避難解除・帰還が始まっています。事実の隠ぺいによって生まれた偏見が、避難家族の子どもたちへの「いじめ」の大きな原因であり、身の震えるような憤りを覚えます。直接的な脱原発の闘いのほかに、なにかできることはないか。地域の仲間と福島県郡山市の小学生を四泊五日坂戸に招く「保養」にとりくんできました。

五年前に結成された「郡山の子どもたちと遊ぶ会」の活動を坂戸市、市教委が後援し市の諸施設を無料開放。後援を受けた意味は大きく、坂戸市社協、連合埼玉地協など、幅広い団体からの後援・協賛を受け、市民カンパを中心に多くの賛同金が集まりました。小学生を含むボランティアスタッフは現在一〇〇人以上。特に、高校生、大学生、小学生の参加により、若い世代と原発や放射能の問題について、坂戸市内の高校、大学、学童保育所で特設授業を行い、話し合うことができました。

私は「遊ぶ会」の事務局長として若者や子どもたちと寝食を共にしてきました。プール、川遊び、キャンプファイヤー、食事作り、流しそうめん、子どもたちの「楽しかった！」という感想とともに今年も事故なく全日程を終了。大人も、子どももつながりの中で、遊びの中でこそ大きく成長するということを痛感しています。

私は、放射能の影響について非常に深刻だと考えています。健康の危ぶまれるところに住まざるをえない人たちがたくさんいます。いたたまれない気持ちです。意図的にそのことを覆い隠す欺瞞的・棄民的な国策は許し難い。一刻も早く予算措置をして、例えば「被爆者援護法」を原発事故被災者にも適用すべきです。国費を投じて広範囲の子どもたちを対象に長期間の保養に取り組むべきです。

しかしそのことと、当事者の子どもたちから、健康や将来の不安について問われた時にどう答えるかは別の問題です。事務局で頭の痛くなるほど考え、すべての参加者に参加のための必須条件として、以下の確認をしています。

1こちらから、この話題に触れることはやめましょう。相談を受けた場合は

2相手の気持ちになって「こう言われたら、この子やこの子の家族はどう思うか」を考えましょう。

3基本は、「わからない」という答え以外ありません。自分の見解を、押し付けるのはやめましょう

4親身になって話を聴き「担いきれない」と感じたら、事務局スタッフに相談してみようと提案し、スタッフのところに同行してください。

結果的に、そういう場面はまだありません。若者たちは「そんなことを考える暇もないくらい楽しくしましょう」と発言し実行してくれました。しかし、多くの人がこの問題に向き合い、考える機会が増えただけでも、意味はあったと感じます。

過去に参加した子どもたちとご家族と、秋に郡山市で同窓会を行います。率直に原発事故と放射能の問題について話し合い、これからの活動の方向を決める指針とする予定です。

子ども代表団とアオギリ2世の植樹

市内の全中学校と2つの小学校には、反核・平和の象徴として「被爆アオギリ2世」が植えられ、市教委によって、その由来についての表示板が設置されています。これからも市の事業として、順次、すべての小学校への植樹が進められる予定です。

県平和運動センターは、二四年前「ヒロシマに学ぶ埼玉子ども代表団」派遣を始めました。中学校教員だった私は、この結成と派遣に参画、一九九四年の第一回から第一三回まで、県内の小中学生一〇数人とともに、毎年八月四日から六日のヒロシマを訪問してきました。坂戸市の子どもたちも誘い、何人かが参加しました。

八月五日、子どもたちは平和公園でフィールドワークを行います。資料館の横に移植された被爆アオギリの前で「アオギリの語り部」と言われる故 沼田鈴子さんから、直接お

話を聴けたこともありました。被爆により左脚を失い婚約者も戦死、絶望に陥ったところを、被爆アオギリの新芽を見て生きる希望を取りもどし、被爆体験証言活動に心血を注いだ沼田さんのお話は、子どもたちの心に深く刻み込まれました。「原爆の恐ろしさをわかったつもりになっていたが、体験者でなければ本当の恐ろしさはわからないということがわかった。」「聴いて、伝える、の間に、考えるという時間を入れたい」「戦争をなくすために世界に友だちをたくさん作る。友だちの上にこんな残酷な原爆を落とそうなどとは思えなくなるから。」こういう子どもたちの感想に今度は大人が学ぶ、そういう取組を13年間続けました。

やがて、現地から被爆アオギリの種子をいただいて帰り「被爆アオギリ2世」を全国で育てようという運動が始まりました。これに賛同する「ヒロシマ市民の描いた原爆絵画展坂戸・鶴ヶ島地区実行委員会」メンバーを中心とする市民有志により、子どもたちの「おみやげ」の種子を育て、各中学校生徒会のみなさんと共に二〇〇一年から一〇年をかけて全中学校に「被爆アオギリ2世」の苗を植樹しました。三年前からは坂戸市の平和事業として引き継がれ、市長も会員である平和首長会議から苗を入手し、昨年までに二つの小学校に植樹されました。

数年前、ある中学校のアオギリが誰かに折られました。予備のアオギリを植樹し、折れた木は私の自宅に移植したところ、素晴らしい生命力で再び元気に育ちはじめました。自宅近くにある公園に移植し、今では地域の小学生たちと始めた夏休みの「ラジオ体操」のあと、この木の下で、私が、沼田鈴子さんのお話と平和の歌をギター弾き語りで披露しています。「戦争は絶対悪である」「核と人類は共存できない」。今こそアオギリに託した沼田さんの思いを、子どもたちに伝えていかなければなりません。同じような平和教育が各学校の「被爆アオギリ2世」の下でも行われるように、市議会議員として、議会の一般質問などで取り上げています。

◆

「遊ぶ会」の事務局を積極的に担ってくれている二〇歳の若者が、今年の「子ども代表団」に世話係として参加、費用は「原爆絵画展」実行委員会が負担、そして原爆絵画展2日目の特別企画で、参加報告を行ってもらいます。彼女のような子ども、若者は私たちの希望です。そして、彼らは私たちの想像を超えた力を持っています。

地域でのラジオ体操のあと、みんなでリレーをします。私の訓話(?!)。「速い遅いは関係ない。一生懸命走って次の人にバトンを渡すことが大事です。人生と同じです。」このことを常に意識していきたいと考える、私にとって六三回目の八月一五日です。(会員・坂戸市議会議員)

歓迎宴　北京五洲大酒店

第３７次訪中団の団長として

佐藤　正八

はじめに

私は中國のツアー旅行の経験はありましたが、今回が本会初の訪中団参加でありました。沖松信夫代表幹事が強い要請にも拘らず、夏季であること、烏魯木斉等遠隔地が入っている事により、先生自身が固辞され、図らずも団長の重責を担うことになりました。

中國國際友好聯絡會の皆さんの心温まる大歓迎と長沼秘書長等、団員仲間の支えもあり、大きな成果を上げ、訪中を成し遂げることが出来、ホットしていると同時に、関係者の皆さんに心からの感謝を申し上げます。

今次訪中のメンバーであありますが、長沼清英、笹　勉、塚田修、小寺研一、笠原博之それに佐藤正八の六名で、期間は七月二八日（土）～八月三日（金）の一週間で、訪問地は、北京の他は、新疆ウイグル自治区のウルムチとトルファンでした。

沖松先生が訪中直前の私に指摘されたのは、目的に関し、善隣友好の絆を深めることであって、単なる観光旅行にしてはならない、というものでした。その言葉を私なりに受け止め、団員の皆さんに、本会の機関誌『8・15』に訪中の報告を書くこと及び周りの人々に中国の目覚ましい発展の実相を伝えることを求めてきました。

こうした経緯を踏まえ、団員の打ち合わせの席で、各自報告の担当区域や内容等について、大まかに話し合って決めました。こうしたことを前提に、私は歓迎宴及び答礼宴の内容と、北京郊外にある『中国人民抗日戦争記念館』を見学した際の、私なりの感想等を書くことで、訪中の責の一部を果たしたいと思います。

1．中國國際友好聯絡會の皆さんによる大歓迎

七月二九日（土）予定通り北京空港に着くと、李大宇さん、王琪さんそれにスルーガイドの李の三人が出迎えてくれ、歓迎を受けるとともに固い握手を交わし、訪中が始まりました。

北京の旧市街地を人力車ならずの、自転車に二人一組で乗り、見学した後、北京五洲大酒店という高級ホテルに入り、そこの素晴らしい個室で、歓迎宴を行って頂きました。

個室の入り口には、中國國際友好聯絡會の皆さんが恐縮にも勢揃で出迎えて頂き、お一人おひとりと固い握手を交わし、熱烈に大歓迎して頂き、会場に入りました。中国側の出席者は、孫永剛アジア部部長、李大宇理事、周鵬亜州部處長、王琪亜州部、の四名でした。

歓迎の宴で、孫永剛アジア部長が以下の趣旨の挨拶をされました。「元軍人の会、現在は、８・１５の会の皆さんとの永い間の中日友好の礎の上に、今回皆さん方が訪中されたことを熱烈歓迎します。」というご高配に満ち

た歓迎の挨拶を受け、私は「中國國際友好聯絡會の皆さんによる心からの歓迎に心から感謝申し上げます。」という趣旨の挨拶をしました。

今回訪中団の三名は初めての参加であったのですが、友好聯絡會の皆さんの懐が広くかつ思いやりのある方々ばかりで、私たちもすぐに打ち解け、率直で飾り気を要しない懇談を重ねることが出来ました。二時間余に及ぶ歓迎宴はあっという間に過ぎ、最後に別掲の記念写真の撮影を行ない、とても楽しく充実した友好の宴となりました。

一方、訪中最後の夜、即ち八月二日（木）の夜、答礼の宴を有名なレストランで行ない、新たに、岑松常務副秘書長が加わりました。その席で私は挨拶の冒頭で、答礼宴の時間に遅れたことをお詫び申し上げた上で、以下の趣旨の挨拶を行ないました。

本会の第三七次訪中団に関し、岑松常務副秘書長さんをはじめ、中國國際友好聯絡會の皆さんによるご高配、暖かい歓迎に心から感謝申し上げます。ありがとうございました。特に今回は遠隔地の新疆自治区のウルムチ、トルファンを訪問させて頂き、大変に学ぶことが多く、とても楽しく、かつ美味しい食事の連続でありました。特に、王琪さんとスルーガイドの李さんには、一週間にわたり随行頂き、細心のご配慮を頂いたため、安心して研修することが出来ました。誠にありがとうございました。

私自身の率直な感想を申し上げますと、第一は、中國が大変なスピードで確実に発展していることを肌で実感しました。第二は、自治区には言語も文化も異なる幾多の民族が共存しており、幾多の課題も抱えているものと思いますが、遊牧民族等の少数民族を尊重している一端を垣間見ることが出来ました。

ところで、私ども訪中団の成果と任務についてでありますが、中國國際友好聯絡會の皆さんのご好意で訪中しましたので、それらの成果を様々な形で表して行くことが極めて大切であると思っております。第一は、参加者全員が『8・15』誌に訪中の感想を書くことであります。第二は、参加者一人ひとりが中国のすばらしさ、確実に発展している姿を友人・知人に語り伝えて行くことであります。第三は、『8・15』の会を強めるとともに、反戦平和の観点から、安倍内閣の戦争する国づくり＝安倍九条改憲に断固反対し、中國の人々との友好を深める政治を求めて行くことであります。以上の感想と所見を述べ、答礼宴における私のあいさつとします。

これに対し、岑松常務副秘書長から「歴史を鏡とし、今後も貴会との友好関係を増進させて行きましょう！」との主旨のご挨拶を頂きました。

2．『中國人民抗日戦争記念館』を見学して

ウルムチから北京に帰った、八月二日（木）の午後、北京郊外にあるこの『記念館』を見学しましたが、見学時間が日程の関係から限られており、四五分しかなかったことは誠に残念でした。即ち、見学場所の計画を立てる段階で、『記念館』の見学には最低二～三時間の時間を確保しておくべきでありました。その上で、見学しての感想の二～三述べようと思います。

第一に、日本人は、この『記念館』に積極的に来て、日中戦争の歴史的真実、事実をまずは正確に、かつ丁寧に学ぶ必要があることを、痛感しました。そうした事実・真実をとらえた上で、何故こうした細菌戦を含め、無謀極まりない蛮行が行われたのかを、我々自身が考えて行く必要がある、と思います。

第二は、日本の中学校、高校の近現代史の教科書の内容に、特に、日中戦争に関する部分には大いなる問題点がある、ことを痛感しました。

第三は、日本の国民・市民は、米国による戦争の被害の事実、例えば原爆とか、東京大空襲、と云った被害の事実は比較的多く語ってきていますし、マスコミも取り上げてきています。ところが、中國や朝鮮半島等を含めたアジアの諸国に甚大な被害を加え・与えてきた事実には、目を閉ざす傾向がありました。それは歴代の為政者がそうした政策を取ってきたこともありますが、市民・国民が関心を寄せて来なかった、ことも大いに関係しているように思います。

第四は、答礼宴の懇談でも触れたことなのですが、当『記念館』に要望したいことがあります。四ページ程度のフリーのチラシは置いてありますが、それ以外に、「抗日戦争」なのですから、日本人向けに、有料の大、小の冊子を作成頂き、是非とも販売して頂きたい、と思います。日中戦争の歴史的真実・事実を日本人自身が学ぶ資料・テキストにするためです。

尚、『記念館』見学の後、「盧溝橋事件」の現場を隣の橋から眺めて、後にしました。

八月十日　記　（埼玉・常任幹事）

中國國際友好聯絡會
　　岑　松　様
　　孫永剛　様
　　李大宇　様
　　周　鵬　様
　　王　琪　様

訪中団のお礼

人民に貢献する、と云う中国共産党の方針の基、貴国が目覚ましい発展を続けていることは大変喜ばしく思います。

この度の日中友好『8.15』の会の第37次訪中団に対し、中國國際友好聯絡會の皆さんによる、格別なるご高配により、大変に充実し、学ぶことが多く、かつ楽しく、各地で美味しい食事をさせて頂くなど、お陰様で充実した訪中を行うことが出来ました。歓迎して頂いた皆様に心から感謝申し上げます。誠にありがとうございました。特に王琪さんには私共の研修旅行に終始随行頂き、内陸のウルムチ、トルファンという極めて遠い所にも関わらず、安心して旅を続けることが出来ました。心から感謝申し上げます。お陰様で私ども訪中団6名は、充実した訪中を行い様々な成果を上げ、8月3日（金）の夜、羽田空港に無事帰国しました。

ところで、第37次訪中団の成果を、即ち今日の中国の素晴らしい発展と国際的に役割が増大した中国の実態を参加者一人ひとりが感想を本会の機関誌『8.15』に書き、その上で、周りの人々に伝えて行くことが訪中した者の責務であり、大切なことであると、思っております。

小生の場合、①鴻巣・憲法九条の会の役員会が8月中旬にあり、また多くの活動仲間がいますので、それらの皆さんに報告して行きます。②8月下旬に地域の囲碁サークルの例会があり、仲間に話そうと思います。③8月25日（土）は『8.15』の会の常任幹事会と総会があり、本会の重要な活動の一環ですので、丁寧に報告し、かつ質疑も受けて行きます。④9月初旬に、戦争に反対する埼玉県1000人委員会の呼びかけ人会議がありますので、活動家のリーダー達ですが、きちんと報告します。⑤友人・知人に文書で簡単な訪中報告をしようと思っています。

本会の創立宣言にあるように、中国との友好を増進するとともに、日本政府、特に安倍内閣の戦争する国づくり＝日本国憲法九条の「改憲」に断固反対して行くことを表明し、第37次訪中団のお礼とします。誠にありがとうございました。

2018年8月5日

『8.15』の会　第37次訪中団団長　佐藤　正八

沖松先生に戦争体験を聞く　第二回

聞き手　山田正美
二〇一七年九月三〇日　さいたま市大宮生涯学習センター

●中学生の時は進路には迷いませんでしたか

呉第一中学校の四年生の時の作文「吾が志望」という作文を書きました。次のものです。

「自分は幼い頃から『陸軍大将になる。』と口ぐせに言って居たそうである。小学生時代も自由画と云うと常に兵隊の絵を書いたのを今でもはっきり覚えている。自分の幼い目にはカーキ色の軍服、長いサーベルの陸軍将校が世に一番立派なものに映じたものらしい。

が、大きくなるに従ってこの考えも次第に薄らいで行く感じがした。或る時は外交官になって世界を飛廻り、外交界に名を挙げたいと思ったこともある。又、或る時は教育家になって貧しい不幸な子供を教育してやろうと教育報国を夢みたこともある。また慈善事業を起こしたいと思った事もあり、政治家、医学者になって世の為に盡くしたらと楽しい空想を描いたことも度々あった。或る時は本気になって一、二年、乞食でも遍路にでもなって諸国を廻り、美しい風景に接するのは、どんなに楽しい事だろうと考えたこともあった。

すべての職につくのはむつかしい。結局、その中から一つを選ばねばならぬが、一体どれだろうかと迷ったのも数度ではない。が、どうしても一つを選ばなければならぬとなればどれもよい。その道に大成すればいいと思う。どんな職業でも名人は尊いと思う。つける職が見付けかったら真直ぐに進めばよいと考えるように今ではなっている。小さい時には誰しも大きくなる希望を持っている。総理大臣、陸海軍大将、を夢みる者が大部分である。しかし夢みた数と同数の総理大臣、陸海軍大将が出来たであろうか。否、殆どすべては途中で終わってしまって、総理大臣、陸海軍大将はほんの数えるしか居ない。思う所に一直線に進むことの出来る人は偉いと思う。—ボーイズ・ビイ・アンビシヤス—青年よ大志を抱け—とは逆に、大望を抱くな、その日その日を着実に行けと云うことも大切である、と思う。今の自分の志望は別に定まってはいない。『只、思う所に真直に進み、世の為、日本の為に尽くしたい』と云うのが自分の志望である。」（現代仮名遣いに改めた）

こういう作文でした。そして最後に担任の先生が赤ペンでコメントを付け加えていますが、そこには「前進一路、陛下の前に死ね。それが君の唯一の道だ」とある。かなり過激なことを言っているように聞こえますが、当時として

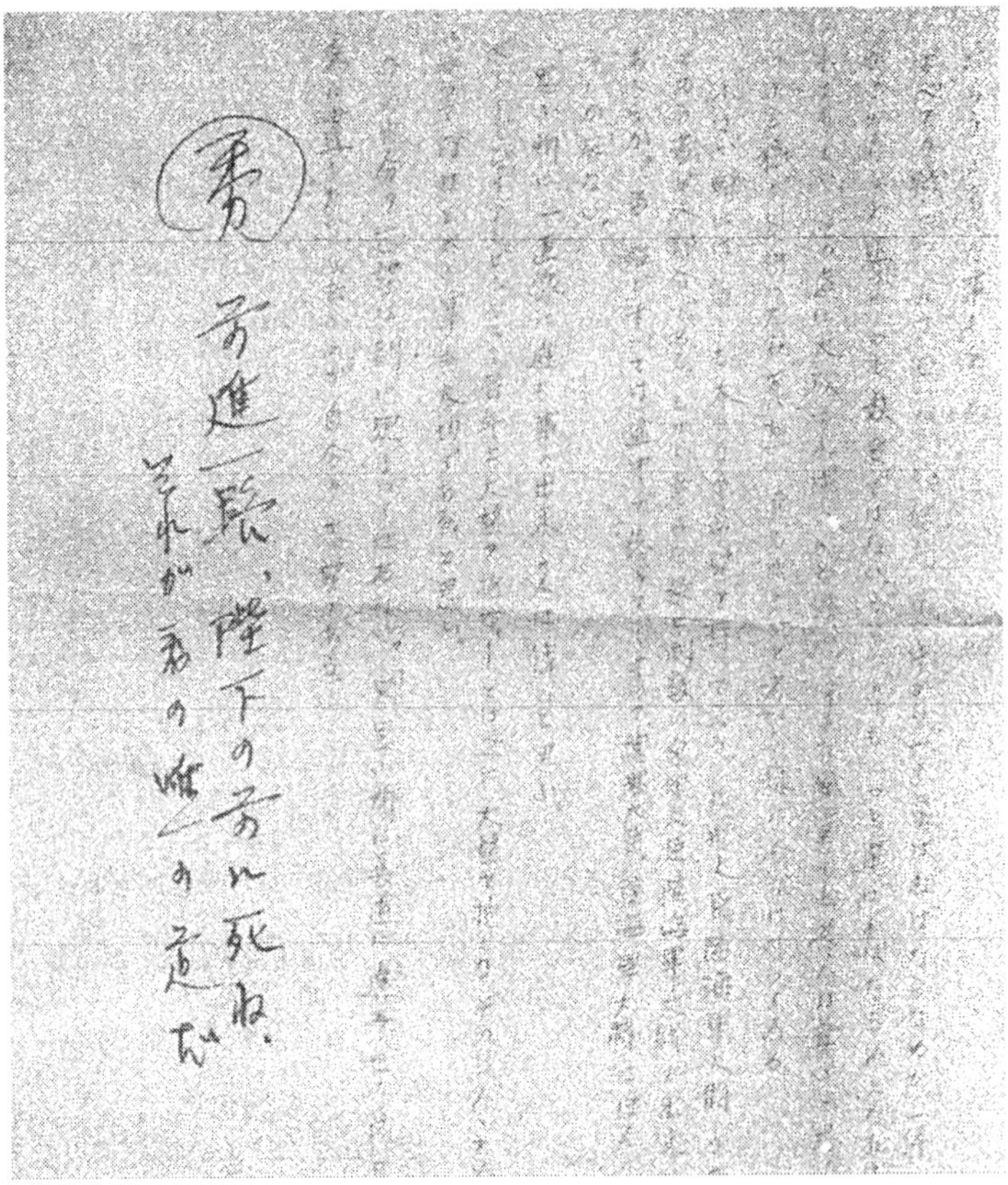

はこの先生はごく普通。四〇歳代くらいの国語の男性教員でしたが、ごくごく普通の先生ですよ。槙枝元文氏（元日教組委員長・総評議長）は戦中の教師として、優秀な生徒は軍人になるように、家庭訪問までして説得して回ったという。軍人として出征した生徒の中には戦死した人もあり、親からは「先生が軍人になれなんて言わなかったら」と恨まれたて辛かったと言っていました。

●最終的に陸軍士官学校への進学を決めた理由はなんだったのですか

進路に迷うところもありましたが、陸軍を目指したというのは家庭の事情もありました。中学三年の時に父親が病死しました。私が一五歳の時です。その時父は六七歳です。二月頃に風邪をこじらせて二〜三週間くらいで肺炎をおこして亡くなりました。平均寿命が四〇歳代だった戦前のことですから六七歳というのは長生きの方でしょう。平均寿命が五〇歳代になるのは戦後ですからね。

父親が亡くなって家計としてはきびしい。中学校の授業料は当時一学期一七円位だったと思います。でも教科書代や制服、靴など色々と経費がかかり、普通なら学校を辞めるところで、四番目の兄が二六歳で家を継ぎましたが大変だったでしょうね。すぐに生活が困るということはなかったですが、私としては上級学校に進学する上で学費がない学校を選ぶ必要があったわけです。当時学費がないのが陸軍士官学校、海軍兵学校、高等師範学校。その他視力の悪い人の場合は陸、海の経理学校がありました。入学が非常に難しい学校です。ただし中学四年で受験できるのは陸士、海兵です。高等師範は中学五年卒業しないと受験できません。旧制高校も四年で受験できるが学費がかかります。結局、選択肢としては市ヶ谷の陸士か江田島の海兵です。当時の少年のあこがれでもあり、社会的地位から言っても陸士を目指そうとなったわけです。

私が受験した一九四一年の陸士の受験科目は国語、数学、物理、化学、地理、歴史の六科目で、あと作文があった。六百か八百字だったと思います。作文は非常に重視されていた。私が受験したときは「努力」というテーマについて書けというものだった。私たちが受験した年から英語は受験科目にはなかった。これは農業・商業など実業学校にも受験機会を広げよう、という措置だった。実業学校は専門科目が多くて、英語の授業が少ないため不利になるからです。受験倍率は二五～三〇倍くらいと言われていました。受験資格は必ずしも中学四年以上ということはなく、「試験は中学四年修了程度の学力」という目安として示されているだけだから、社会人でも受験できる。年齢も二八歳くらいまで認められている。

呉第一中学校では五〇～六〇人が受験したと思います。四年生での合格者が五名、五年生での合格が九名。合格者としては多い方です。埼玉では浦和中学が一〇名くらい合格、熊谷、川越などで五名くらいの合格でした。一〇人を超える合格者を出す中学はそうそうはなかったです。

●そして昭和一六年四月、陸軍士官学校予科に入学したのですね。

陸軍士官学校は予科二年、本科二年で四年で卒業というシステムだったが私が入学した昭和一六年当時は予科一年半、本科一年半の三年卒業だった。予科はつまり大学でいえば教養課程、本科が専門課程ということでしょう。陸軍士官学校予科は当時、市ヶ谷が手狭になったため朝霞に移設されていました。四月に私が入学したのは市ヶ谷で、十月頃朝霞に移転しました。全寮制で、一クラス三十数名、一部屋十数名一〇人～一二人が暮らし、ベットと個人別の衣服、兵器手入れ用具等を入れる棚が設けられていました。学習内容は午前中は「学科」といって数学、国語、物理、化学、心理学、論理学など大学でいえば教養科目になります。午後は術科で体操、剣術、柔道、馬術です。

四：〇〇～五：〇〇頃で終業となり、夕食、入浴、自習時間をとり、一〇：〇〇消灯というのが一日の流れです。

部屋はベットで、毎日ベットメーキングをしなければいけない。一人ではできないから二人組になって寝台を整えていました。『寝台戦友』と呼んでいました。寮生活はトラブルもなくお互い世話になりながら協力していました。「陸士五七期生」という強い連帯感もあって仲間同士はいい思い出があります。

●日本では軍隊であっても学習成績が重視されていた、といわれていますが実際はどうだったのでしょうか

士官学校は点数がすべてのようなところがある。出世ははっきりと成績順です。まあある意味公平で合理的ともいえます。ただし人事は実際、情実が入る余地があります。その点成績であれば人事の決定に際して言い訳ができる。成績が悪いのに抜擢したというのは人事としては難しい。何千人いるなかでどうやって選ぶか。人格や人間性といっても難しい。だから点数ということになります。もちろん弊害もあります。軍隊でテストの成績が役立つのか。「日中元軍人の会」に宮崎繫樹元明治大学総長がいますが、その父君の宮崎繁三郎という人がいます。作家の半藤一利が書いていますが宮崎繁三郎は陸軍大学では成績が特に優秀というわけではなかったが、実戦においては不敗だった。ノモンハン事件やインパール作戦でも活躍した人ですが、こういう将軍を最高幹部にすれば戦争も負けなかっただろうと半藤一利が言っています。しかし日本陸軍では戦争が上手でも成績が悪ければなかなか出世できないのです。人事というのはむずかしいものです。

私は四月に陸士予科に入学して、翌四二年七月に卒業です。卒業式には三笠宮が出席しました。本科の卒業式は必ず天皇が臨席し、さらに陸軍三長官といって陸軍大臣、参謀総長、教育総監も出席します。私たちの卒業式では陸相と参謀総長は東条英機が兼ねていました。教育総監は軍の学校すべてを取り仕切っていますから軍の重要ポストです。二・二六事件で渡辺教育総監が射殺されましたが、彼は陸軍皇道派から統制派とみなされ狙われました。天皇機関説は正しいと言っていたくらい、よく勉強し本を読んでいた人物でした。

●予科を卒業後の「隊付き」というのはどういうものなのでしょうか

予科を卒業すると兵科が決まり、「隊付き」となります。これは（私たちの時は）三か月、実際に部隊に配属され、兵営の生活を体験し訓練を行うもので、それが終わってから本科（一年半）となります。「隊付き」ですが、これは希望もとりますが、その通りにはいかない場合もある。私は輜重兵第四連隊に配属となりました。輜重兵は日本陸軍で一番軽視された兵科で、まず出世はない。戦争をせずに輸送を専門とする兵科ですからね。輜重に配属されるとガッカリするわけです。しかし私は隊付になってその重要性を認識しました。戦わないから安全かというとそんなことはない。危険です。敵からは狙われやすい。日中戦争で中国の“平型関”で日本軍の輜重兵部隊が全滅したのが有名です。前線に武器弾薬食料など物資を送るのだから重要な兵科ですが、軽んじられていたのです。例えばこんなこと

があります。陸軍の兵科ごとに軍歌がありましたが、その歩兵の歌には「輜重はいらず　三日、四日　廣野千里にわたるとも　散兵線に秩序あり」という歌詞がある。また軍隊では一般に「輜重輸卒が兵隊ならば　トンボ蝶々も鳥のうち」なんていう言われ方もした。

昭和一七年一〇月に陸士本科に入学しました。予科士官学校二四〇〇名ですが、本科では座間にある陸軍士官学校本科（地上兵科）一六〇〇名と入間の豊岡にある航空兵科八〇〇名に分かれました。（続く）

原稿募集

会誌にご投稿願います。内容は「今月の本」、時事問題、身の回りのこと、映画・テレビ番組等どんなものでも結構です。会誌の記事へのご意見、疑問、批判などももちろん歓迎です。

字数に制限はありませんが、多いものは何回かに分けて掲載されます。

編集の都合上、毎月　１５日を目途にお送りください。

送り先

Mail　yossi8putti@gmail

郵送　〒185―0032　国分寺市日吉町 1-40-51

長谷川善夫

Tel 090-3435-2645

日テレ　南京検証番組第2弾

長沼　清英

第一弾「兵士たちの遺言」

僕の感覚ではあの日テレが！である。月曜の仕事始めの週の深夜、誰しもが深い眠りに入って、視聴が極めて悪い時間帯をあてがわれるも、日テレ系列の放送局が報道の「良心」をもって、放送している「ＮＮＮドキュメント」（恐怖でおびえる少女をいたわる米軍兵士の沖縄戦の映像がイントロ画面）という番組で、３年前の２０１５年５月13日の「南京事件　兵士たちの遺言」の続編＝第２弾である。第１弾を今回の続編を機に見直した。名もなき在野の一歴史家と担当ディレクターのタッグによるものである。元兵士の肉声と当時の第一次資料ともいうべき「日記」をベースに南京虐殺の実態を語ったものであった。大きな反響を呼び、ジャーナリズム・ドキュメントの賞など数々の賞を受賞。ある賞の授賞式で、ディレクターは、今はやりのコトバではないが、「忖度の“そ”の字もない番組を作りたかった」と報道記者としての気概を見せた。しかし、反響が強かっただけ、案の定、ネトウヨ、歴史捏造主義者を代表する「産経新聞」は、虐殺否定派の誰も相手にしない「学者」の言を借りながら「南京虐殺はゼロに等しい」として、この番組を「偏向番組だ！」と一大キャンペーンを張った。更には、「中国共産党に阿る番組」飽くまでも「自衛行為の結果」だと非難する。また、「南京百人斬り訴訟」）でことごとく敗訴し、「東京裁判史観の克服」を叫び、日本の戦争責任と戦後の国際秩序を完全否定している、極右政治家、スキャンダルの女王の稲田　朋美は「「外務省は目覚めよ！南京事件はなかった」という集会で、番組によるいわれなき非難や事実に対し断固として反論しよう」とのたまう始末である。（日本政府＝外務省見解　非戦闘員の殺害や略奪行為などがあったことは否定できない。被害者の具体的な人数については諸説あり、政府としてはどれが正しい数かを認定することは困難である）

「東京裁判史観を克服せよ」と息巻いている連中が何を主張しているかというと、「張作霖爆殺事件の首謀者は河本大作ではなくソ連特務機関の工作員だった」とかトンデモ陰謀論なのである。この歴史捏造の女王稲田は「東京裁判史観」批判だけではない。慰安婦問題について「謝罪を求められているのは、若い女性を強制連行して、慰安所に閉じ込め、無理やり慰安婦にした。それが日本の政府や軍の方針だったと。でも、そんな事実はどこにもありません」と主張。また、数年前には会見で「戦争中は慰安婦が合法であったのは事実だ」と発言までしている。更には、この一派は、ソウルの日本大使館前の慰安婦像の“爆破テロ”をも公言している。

だが、「国民の一人ひとり、みなさん方一人ひとりが、自分の国は自分で守る。そして自分の国を守るためには、血を流す覚悟をしなければならないのです！」と、心酔する戦犯天皇のヒロヒトの末弟である三笠宮崇仁の94年の発言「最近の新聞などで議論されているのを見ますと、なんだか人数のことが問題になっているような気がします。辞典には、虐殺とはむごたらしく殺すことと書いてありまず。つまり、人数は関係ありません。私が戦地で強いショックを受けたのは、ある青年将校から『新兵教育には、生きている捕虜を目標にして銃剣術の練習をするのがいちばんよい。それで根性ができる』という話を聞いた時でした。それ以来、陸軍士官学校で受けた教育とは一体なんだったのかという疑義に駆られました」また、56年の著書では、「わたしの信念が根底から揺り動かされたのは、じつにこの一年間であった。いわば「聖戦」というものの実態に驚きはてたのである。罪もない中国の人民にたいして犯したいまわしい暴虐の数かずは、いまさらここにあげるまでもない。かかる事変当初の一部の将兵の残虐行為は、中国人の対日敵愾心をいやがうえにもあおりたて、およそ聖戦とはおもいつかない結果を招いてしまった。

わたしがここで言いたいのは、聖戦という大義名分が、事実とはおよそかけはなれたものであったこと、そして内実

福島版
おてがらした兩角部隊
捕虜一萬五千とは
何と凄い武勳だ
縣下に又々歡喜爆發
敗殘の敵騎兵百
瞬く間に殲滅

が正義の戦いでなかったからこそ、いっそう表面的には聖戦を強調せざるを得なかったのではないかということである」と。戦犯皇族の方が「自由」「人権」についての見識があることに、我々は恥をもって対応すべきである。

第二弾「歴史修正を調査せよ」

戦犯を逃れるために、敗戦前後、戦中の軍の公文書が焼却されたことで、南京虐殺については、「数の問題」↓「あった、なかった」の問題へと、矮小化されてきた。そして、教科書では、「南京大虐殺」↓90年代には「南京虐殺」↓「南京事件」と記述が変容している。（外国では、南京虐殺＝massacreが一般的）また、南京虐殺の世界記憶遺産登録に対して、ユネスコ分担金の留保を策動した、（16年10月）現政権を代弁するものとなっている。

今回の第二弾は、この間の、南京虐殺否定派のさもしい「根拠」として後生大事にしてきた、一書物の「自衛発砲説」を否定する作品であった。

歴史捏造者が藁をもすがる「自衛発砲説」とは、多くの部隊が手柄を競うなかで、南京攻略の主力部隊であった歩兵65連隊（会津若松の郷土部隊）の「解放した捕虜が暴動を起こしたため」「捕虜が収容所を放火し、暴動を起こしたため」「対岸の中国兵が解放した捕虜の船を誤爆し、暴動を起こしたため」よって、「処刑は国際法上正当であり、偶発的なもので」虐殺には当たらないとの奇妙奇天烈な戯言への検証番組であった。因みに、この「自衛発砲説」なる珍妙なる説は、軍の公式記録には一行たるも残ってない。

朝香宮殿下・南京攻略戰に御參加
閑院宮春仁王殿下は北支戰線で御活躍

では、この「自衛」説とは？僕自身は極右の歴史改竄の本は読んだことはないが、番組によれば、近年の彼らの唯一無二のバイブル的言質だそうだ。そのルーツを辿れば、65連隊長の両角大佐（鳥取県出身）の言だそうだ。これが、表に出たのは、福島民友新聞の記者が連隊長を取材し、（1962年）新聞連載 ↓「郷土部隊戦記」（64年出版）で明らかにされ、近年、捏造主義者が、出鱈目本で引用することで、クローズアップされた。

この連載記事、単行本によれば、「12月15日、大量の捕虜、非戦闘員解放。残りの8000名の処置を実行部隊の旅団長が軍司令部（南京）に打診。結果は「みな殺せ」。夕食中に放火、暴動があり、その結果、約半数が死亡」「16日にも、司令部は〈捕虜全員を速やかに処置せよ〉」そして、問題の17日。いよいよ、両角連隊長の虚言＝ネトウヨの根拠のハナシである。つまり、両角善人説の虚構話。

司令部の残虐非道の命令を両角連隊長は蹴って、「部下の大隊長に〈今夜暗闇に乗じて、揚子江＝長江対岸に解放しろ〉指示。

〈思わぬ事態発生。真夜中の12時頃、小舟に乗って対岸へ解放した捕虜たちが、中程のところで、対岸の国民党軍が日本兵と見誤り発砲。対岸への解放を待っていた捕虜は、「日本軍が我々を江上に引き出して銃殺する」と大混乱となり、その中で、日本軍も6名が戦死。よって、暴発を食い止めるために機関銃で発砲するしかなかった。その数や千人程度。その他の多くが、江岸のアシを頼りに逃亡した結果の溺死。わが方の全員解放という意思が、突発事故の為、台無しになった〉これが、両角善人説、虚言＝保身の顛末である。両角は国際法上「逃亡する捕虜は射殺OKだが、それをもしなかったと。これが、「自衛発砲説」というのである。これは、右派リベラル系「学者」も援用している。

これらに対し、番組では、幾多の兵士の証言、日記という第一次資料を駆使して、反証していく。（証言者は現在全員が100歳以上で存命者はゼロ）

ある上等兵の16日の日記では、「捕虜せし支那兵の一部五千名を揚子江の沿岸に連れ出し、機関銃をもって射殺す。

その後、銃剣にて思う存分に突刺す。自分もこのときばかりと支那兵を三十人も突き刺したことであろう。

山となっている死人の上をあがって突刺す気持ちは鬼をもひがん勇気が出て力いっぱいに突刺したり。うーんうーんとうめく支那兵の声。一人残らず殺す。刀を借りて首をも切ってみた。」さらに、この上等兵は、今回の映像で、（94年取材）「機関銃を持ってきてババーッと捕虜に向かって撃っちゃったんだ。捕虜はみんな死んだけれども、『なかに弾に当たんねえみたいなのがいるかもしれないから着剣して死骸の上を突いて歩け』と。ザッカザッカ突いて歩いた。おそらく30人くらい突いたと思うが。何万という捕虜を殺したのは間違いねえ」と証言。（写真参照）また、〈一万七千二十五名の三分の一を引き出し射殺す〉（歩兵第65聯隊第八中隊少尉の日記）、〈揚子江畔にて銃殺〉（山砲兵第19聯隊第八中隊伍長の日記）

更に番組は、両角の17日の核心部分に切り込んでいく。

両角は17日に南京入城式に参加しており、虐殺現場にはいなかった。第65連隊の第四中隊少尉の映像ではこんな証言。

「現地には誰もこないですね」「そういう職業軍人はいないですよ」すなわち、両角は自分で銃殺現場を見ておらず、現場にいた責任者は別の大隊長だった。

そして、大隊長の護衛として現場にいた上等兵の日記には、16日に〈二千五百名　殺す〉とあり、加えて、両角が自衛のための発砲を主張する17日には〈今日は南京入城なり〉〈俺等は今日も捕虜の始末だ〉〈一万五千〉と記されていた。さらに、別の少尉はその大隊長から「箝口令がありました」と証言し、このようにも語っていた。「（捕虜を）解放しようなんてね、船もなしに。よくそんな偉い人はぬくぬく言うなあと思いました。戦後記事になったでしょう。捕虜を解放しろなんて言ったなんてね。とんでもない詭弁ですよ」

さらに、番組は、この一連の「自衛発砲説」の原点ともいうべき65年前、両角を取材し記事を書いた福島民友新聞の元記者にインタビューをして、その虚言を白日の下に明らかにした。つまり、連隊長は現場におらず、捕虜殺害を見ていなかったと答え。そして、連隊長によるメモは「戦後になって、昭和30年代になって書いたものである」と証言したのである。

現場の兵士たちの証言等と多く点で矛盾した連隊長の「自衛発砲説」は、もはや完全に崩れた。番組では、こうした裏付け取材を経て、否定派の唱える「自衛発砲説」の根拠は「軍の責任者たちが戦後に言い出した弁明だった」と結論づけたのであった。正に、歴史学としての常識である兵士たちの証言、メモの第一次資料が両角の第二次資料を完膚なきまでに圧倒し、真実を明らかにしたと言えよう。

因みに、歴史捏造主義者は黙しているが、陸軍元幹部の親睦団体である「偕行社」（共に行くの意味）発行で南京事件研究の基礎文献と位置付けられてる『南京戦史資料集』では、〈『両角業作大佐の日記』＝簡単なメモ　では、問題の幕府山で収容した捕虜の処置については、その全体像を明らかにすることはできない。〉〈戦後書かれたもので、他の第一次資料に裏付けされず、参考資料としての価値しかない。〉

ともあれ、時の政権に忖度し、委縮しているメディアを取り巻く状況下での今回の作品に対し、「日テレ、日本のパルムドール賞授与」と言いたいところである。

中国側の反応は

日本テレビは14日、ドキュメンタリー「南京事件Ⅱ　歴史修正を検証せよ」を放送した。制作チームは4年近くかけて集めた歴史資料を基に、南京大虐殺の史実の否認や改竄を試みる歴史修正主義に反論した。南京大虐殺は両国関係において極めて敏感な問題だ。戦後一貫して日本政府の公式の立場は、当時日本軍が軍人以外の市民を殺害したことを認め、かつ歴史問題についてお詫びと反省をするというものだが、中国の政府・民間には日本のお詫びは誠意が足りないとする声が常にある。

タイトルが示すように、番組は15年10月放送の同名ドキュメンタリーの続編だ。これと同時に、番組を非難し、史実の真実性に疑問を呈す声も上がった。今回の続編はこうした声への反論により焦点を絞ったものだ。

ドキュメンタリー全体は南京大虐殺で国内外を驚愕させた「魚雷営」殺戮の状況を再現した。日本兵の日記、証言、さらに当時新聞社に残った写真証拠を元に、制作チームは当時の血腥く残虐な虐殺シーンをCGで再現した。

次に事件を否定する見解に対して反論した。「魚雷営」事件に関しては、主に2つの弁護がある。1つの主張は、当時の捕虜には中国兵が多く、彼らは武器を隠して反撃する準備をしていたというものだ。だが制作チームの示した兵士の証言は、当時日本兵は捕虜一人一人に対して細かい検査をしており、押収した武器はその場で廃棄していたことを指摘した。

もう1つの主張は、当時日本側は実は捕虜を釈放するつもりだったというものだ。だが捕虜の乗る船が長江を渡ろうとした時、対岸から砲火の音がし始め、日本兵は自衛のため射殺を始めたという。制作チームはこの論理の出所を詳しく整理し、当時歩兵第65両角連隊隊長によるものだと確認した。両角の日記や他の兵士の論述を注意深く照らし合わせると、虐殺当日、両角は現場にいなかったことがわかった。彼の言う「捕虜釈放」という弁解も、戦後の自己弁明に過ぎない。その歴史的効力は実体験者の一次資料に大きく劣る。また、こうした見解は全く成り立たない。

番組放送後、日本の視聴者の間で広範な議論が巻き起こった。あるネットユーザーは、歴史を明確に認識するのは第一歩に過ぎず、省察を戦争再発を阻止する力に変えることが1人1人の使命だと表明した。

「人民網日本語版」　２０１８年５月16日掲載記事

（埼玉　常任幹事）

【今月の本】

アントニー・ビーヴァー

「第二次世界大戦 1939〜45—上巻　ノモンハン事件から真珠湾まで」

白水社　2015年6月10日刊

島貫　隆光

十二月七日、史上名高い「屈辱の日」演説をすませると、ローズヴェルト大統領はロンドンのチャーチル首相宛に公電を送った。アメリカ上下両院において、開戦が決定されたと伝えた後、ローズヴェルトはこう述べている。「本日この日は、われわれが、貴殿ならびに帝国の人々と同じ船に乗った日であり、そしてそれは決して沈むことのない、沈めてはならない船なのだ」と。英戦艦「プリンス・オブ・ウェールズ」と巡洋戦艦「レパルス」が護衛の駆逐艦を伴ってシンガポールの海軍基地から出撃した直後としては、何とも縁起の悪いたとえと言わざるを得ない。基地を離れる際、この戦艦戦隊—「Z部隊」—を率いるフィリップス提督のもとにもう一つの警告が届いた。戦闘機による直上支援はやはり、期待できず、また日本の爆撃が今やタイ南部に拠点を持ちつつあるとのこと。フィリップス提督はここで、大英帝国海軍の最良の伝統に改めて思いをはせた。ひとたび港を出たからには、あとは前進あるのみである。

海相在任中から、イギリス海軍が誇る偉大な軍艦たちに胸躍らせてきたチャーチル首相にとって、マレー沖の惨事は大きな衝撃であった。八月のニューファンドランド島行きに「プリンス・オブ・ウェールズ」を使ったこともあって、今回の悲劇は身内を失ったような悲しみを覚えた。今や大日本帝国海軍は、太平洋に並ぶものなき無敵の存在となった。この知らせを、ヒトラーは喜びをもって受け止めた。アメリカ合衆国に対し戦端を開くべきかどうか、かなりの議論になったけれど、結局、十二月十一日、ドイツは宣戦布告を行った。

ヒトラーは常々、アメリカとはいずれどこかで決着をつけるしかあるまいと考えていた。しかも現在、アメリカ陸軍の規模はいまだ小さく、太平洋戦域において危機的状態に見舞われており、あの国は向こう二年近くは、ヨーロッパで決定的役割を果たせないだろうとかれは考えた。複数のUボートからなる襲撃チーム、いわゆる「群狼」をを送り出し、アメリカの艦船を餌食にするという戦法はデーニッツの持論の具現化であり、こうした潜水艦を全面展開すれば、イギリスがその膝を屈する可能性は、いまだ消えていないとヒトラーは考えていた。

ヒトラーがドイツ議会で対米戦争について発表すると、ナチ党所属の議員たちは総立ちとなり、拍手喝采でこれに応じた。彼らはアメリカ合衆国という国を、西方のユダヤ系大国と考えていたからだ。だが、ドイツ軍の将校たちは、東部戦線で絶望的な退却戦を演じている最中であり、このニュースを聞いて、開いた口がふさがらなかった。先見の明をもった将校たちは、アメリカ合衆国、大英帝国、ソ連邦がわが国を標的に大連合を組むとなると、もはや勝利は望めまいと感じていた。モスクワまであと一歩のところで撃退され、しかも対アメリカ戦まで加わったのだから、一九四一年一二月というこの月は、まさに地政学上の大転換点と言えた。この瞬間、ドイツがこの世界大戦で勝利する目は完全に消えたのである。だがしかし、ドイツにはかなりの余力がいまだ残っており、途方もない損害と死をもたらすことは、まだまだ可能なのであった。

十二月二十四日、故郷を遠く離れたドイツ兵たちは、これ以上ないほど惨めな気分だったけれど、さすがにクリスマス・イヴである。聖夜だけは何とか祝いたいものだと、彼らは矢も盾もたまらなくなった。クリスマス・ツリーの木は簡単に手に入った。そこに飾る星は、たばこケースに入っている銀紙を使った、ちょっとした手づくりだった。ロシア人の農民からロウソクを進呈されたという話もいくつか伝えられている。いまだ炎上を免れている村々で、ドイツ兵は体を寄せ合って暖を取り、形ばかりのプレゼントをやりとりし、「シュテーレ・ナーハト、ハーイリゲ・ナーハト」と『きよしこの夜』の原曲であるドイツ生まれの賛美歌を唱和した。多数の戦友を亡くしたあとなので、ドイツ兵たちはわが身の幸運を改めて噛みしめたけれど、故郷にいる家族のことを思うと、堪らないほどの孤独感に襲われた。

この邪悪な戦争は、そもそも自分たちが始めたものなのに、そんな感傷にふけることがいかに矛盾をはらんだ行為か、そうした機微に気づいているドイツ兵は極めてわずかだった。クリスマスの当日にも、ヨーロッパ・ロシア中西部、カルガ近郊の捕虜収容所では、ソ連の捕虜たちが、零下三〇度を下回る気温のなかで、さらなる移動を強いられていた。捕虜たち──収容所内の共食いで若干、数を減らしていた──の多くは雪の上で倒れ、その場で射殺された。撤退の際置き去りにされたドイツの負傷兵を見かけると、追撃してきたソ連兵がその場で復讐に及んだのも宜なるかなである。捕らえたドイツ兵に燃料をかけ、火を着けたケースも、少なくとも一例、報告されている。

国際情勢における一連の劇的変化を、スターリンぐらい肌身に感じている国家指導者は、おそらくいないのではないだろうか。そんなスターリンでも、ドイツに対する復讐の念があまりに強かったため、ドイツ軍の撤退が生み出した好機に慌てて飛びついてしまった。全戦線において、ドイツ軍に大規模攻勢を仕掛けろと、スターリンは檄を飛ばし、かくして車輛も火砲も各種補給物資も、なかんずく兵士へのしかるべき訓練もないままに、ソ連赤軍は次から次へと、一連の軍事行動に着手するのである。これまでのところ、各作戦は予想を上回る勢いで、しかも順調に推移していたけれど、それを統率するジューコフ将軍自身は、常に薄氷を踏む思いだった。なにしろ、「スタフカ(大本営)から下りてくる計画は、どれもこれも常軌を逸するほど野心的だったから。ドイツの「中央軍集団」と「北方軍集団」の双方を壊滅させ、その勢いのままに、敵をウクライナまで押し返せ—という類である。

(以上引用)

このところ米朝間の舌戦が激化してきて危険な状態が続いている。私は六月号でこのことに警告しておいたが、あのときはまだトランプに一枚の希望を持っていた。しかし最近はそれも消え失せつつある。

昔よく聞いた話だが中国人と日本人のけんかの仕方で、中国人はいまにもつかみかからんばかりに悪口を言い合うが最後まで手を出すことはない。日本人は口より手の方が早い。というような話である。民族性というか朝鮮人はどうなのだろうと思われてくる。中国人と日本人の中間くらいで日本人に近いのだろうか。

私は北朝鮮は絶対に武力を使わないと断言しているが、まかり間違ってもしも口で言っているように実際に武力に訴えるということになったら世界は終りだ。

私は国際関係はほんのキッカケのくいちがいで戦争になるとも考えているので、細心の注意が必要だ。要するに意図と能力を読み違えないこと。これにつきる。

私はいまの国際社会=国連が機能していないという点でトランプと同じ意見だ。トランプの国連演説でジャパニーズ・ガールという言葉が聞こえたので何事ならんと思ったら横田めぐみさんの話だ。母親はこれを歓迎しているが、アメリカ大統領が国際会議で話したというのは効果絶大だろう。しかしこれも北朝鮮の非道ぶりの例としてあげただけだ。優秀なコピーライターが書いたものだろうが、シンゾーが耳打ちしたのかも知れない。

もう一つ最近驚いたのはヘンな取り合わせだがアベの解散を報じた紙面に同じ内容の週刊誌の広告が載っていたことである。私は情報源として週刊誌を愛用しているが、こ

れは担当の調査能力と先見性がなければできない技術ではないだろうか。（以下引用）

ソ連国民の気分もまた、大きく変わった。もう何ヶ月も苦しみに耐えてきた反動から、いまや皆、過剰なくらい楽観的になっていた。「春までにはすべてが片づくはずだ」と多くのものが口にした。だが、ソ連国民は、その指導者と同様、この先いくつもの衝撃的事態と遭遇し、勝つそれを乗り越えていかなければならないのだった。

一方、チャーチル首相は純軍事的観点から状況の推移を見ており、いかなる幻想もいだいていなかった。もし仮に日本が本当に攻めてきたら、「香港を守りきったり、あるいは香港に救援を送れる可能性は、万に一つもない」とチャーチルは判断していた。ただ、アメリカが圧力をかけてきたため、ともあれ香港に増援部隊を派遣することだけは決定した。日本軍の侵攻という同様の脅威にさらされた米領フィリピンへの連帯を示す、一種のポーズだった。かくして十一月十五日、カナダ兵二〇〇〇人が香港に到着し、これによって守備隊の厚みが増した。軍事的訓練はあまり受けていないカナダ兵ではあったけれど、もし日本兵がやって来たら、自分たちがどんな目に遭うかぐらいはさすがに見当がついていた。九〇日間必死に耐えろ。そうすれば真珠湾からアメリカ海軍が救援のため駆けつけてくるはずだから—というのが連合軍の目論見であった。だが、カナダ兵はどうにも確信が持てなかった。

そして一二月八日、日本軍の上海占領と呼応する形で、日本軍機がイギリス空軍の拠点のある啓徳飛行場に空爆を実施。その結果、香港駐留部隊は保有する軍用機すべて破壊されてしまった。酒井隆中将中将率いる「第二三軍」隷下の一個師団が中国との境界にあたる深圳河を越えて、新界側に入ってきた。イギリス軍の司令官、C・M・マルトビー少将と麾下のイギリスへイタチは不意を突かれ、浮き足立ち、橋を数カ所爆破しただけで、新界の地峡部を横切るように走る「ジン=ドリンカーズライン」（酔酒湾防線）と呼ばれる防衛戦までたちまち退いてしまった。軽装備の日本兵はみずからに偽装を施し、底にゴムを張った靴をはき、足音を立てることなく、田園地帯をすばやく移動した。対するイギリス兵は、底に金属の鋲を打ちつけた戦闘ブーツで、岩場の丘陵部を動きまわりつつ、しかるべき戦闘陣形を整えた。だが、日本兵は「三合会」のメンバーからなる第五列や、汪兆銘傀儡政権の支援者たちに適宜誘導されながら、イギリス側防衛戦の背後に回り込むことに見事に成功した。マルトビー少将は、手持ちの兵力のうち、わずか四分の一しか新界に展開していなかった。圧倒的多数の兵員は香港島内に留め置かれ、海からの敵襲来（とうとう来ることはなかった）に備えていた。

中国に駐留する日本陸軍の司令官たちは、自分たちにとってビルマ（現ミャンマー）こそ最重要目標であると考えていた。ビルマの確保は「援蒋ルート」、すなわち蒋介石の国民党軍に対する物資補給路を遮断する最善の方法であり、またここを押さえれば、南西アジア戦域の西側面がようやく安定すると見ていたからだ。大本営は当初、ビルマ南部のみを占領する計画だったが、開戦当初の快進撃もあって、この案は短期間で変更された。

ビルマ攻略戦は一九四一年一二月二三日、首都ラングーン(現ヤンゴン)に対する爆撃をもって開始された。繰り返される空爆は、市民たちをラングーン脱出へと駆り立てた。連合軍側の航空兵力は当初、「空飛ぶビヤ樽」こと、〈ブルースター・バッファロー〉を擁するイギリス空軍一個飛行中隊と、P―40〈カーティス・ウォーホーク〉を運用するアメリカ人の志願パイロット集団「フライング・タイガース」一個飛行中隊だけだったが、その後ほどなく三個〈ハリケーン〉飛行中隊がマラヤ戦域から応援に駆けつけてきた。

一九四二年一月一八日、飯田祥二郎中将率いる日本「第一五軍」がタイ側から国境を越えて、攻撃を仕掛けてきた。これに対し、インド「第一七師団」を率いるジョン・スマイス少将(ヴィクトリア十字勲章奉戴)は、強力な障害物となるシッタン川に沿って防衛戦を敷きたいと思った。だが、ウェーヴェル総司令官は、タイ国境に向け南東方面に進出し、可能な限り前方で敵軍と接触、もって日本軍の進撃を遅らせよと命じた。ウェーヴェル将軍はラングーンの防衛態勢を固めるため、少しでも時間がほしかったのだ。とはいえ、定員割れの一個師団をもって、日本軍の猛攻から南ビルマ全域を守れという命令であり、当然ながら悲惨な結果につながった。

四月五日、在コロンボのイギリス海軍基地を叩くべく、日本の強力な機動部隊がベンガル湾に入った。サー・サマヴィル提督は、敵の襲来に備えて、麾下の艦艇の大半を何とか脱出させたものの、その際に受けたダメージはきわめて甚大だった。五月はじめまでに、日本軍はマンダレイを確保し、さらには「ビルマ・ロード」を辿って国境線に迫り、中国国民党軍の一部を雲南省へと敗走させた。ただ、連合軍の北に向けた撤退戦における最大の犠牲者は、ビルマに数多く暮らすインド系の民間人だった。常日頃インド人を憎んでいたビルマ人によって、彼らは襲われたり、追いはぎにあったりした。連合軍の残存部隊も、インド国境に向けた撤退を余儀なくされ、およそ三万人が犠牲となった。日本軍による東南アジア征服は、ほぼ完成したかに見えた。

(以上引用)

しかし、ビルマは日本軍にとって悪夢と化した。日本軍のすべての欠点がここに現れているがこれがアジア戦線における敗退の始まりとなった。

参考文献

渡辺治　不破哲三「現代史とスターリン『スターリン秘史―巨悪の成立と展開』が問いかけたもの」新日本評論社　二〇一七年六月一五日刊

(埼玉・会員)

私記　日中戦争史　年老いた幼年生徒は今何を思うか』志々目彰著」を読む(3)

長谷川善夫

「第一章　軍国少年の思い出」

第三講　わが私小説的日中戦争史論（二〇一〇・〇二）

「……二十歳以上の男子にはすべて兵役の義務があった。家族を養わなければならなくても、手に職を付ける途中でも、有無を言わさず男は兵隊に取られた。軍隊を生業とした人達と、自分の根っこから切り離された兵士が同じであるわけはない。しかし軍隊に入ればみな同じ軍人だとして、兵士に将校よりも厳格な服従を要求したのは理不尽ではないか。そのことを突き詰めないと日本の戦争論は成立しない。私自身は……職業とする側にいたわけだから…連載の二回を書いてみて、これで万斛の涙を呑みながら死んだ兵隊さんたちに申し訳が立つのか」

　志々目さんは第三講でそう自問する。

在留邦人の中国体験―

「私どもの父親志々目栄蔵（一八九〇年・明治二三年生まれ）は鹿児島県庁の技手（技術系中級公務員）だったが一九四九年十一月五九歳で死んだ」

「父の死から三〇年たって母ヨミが亡くなり、両親を看取った次兄のところで父の未完の原稿を見つけた。二三歳で戦死した長兄への鎮魂記だった。私が預かってまた十年が過ぎ、退職してからワープロに転記しながら読んだ」

「父が中国にいて戦乱に遭遇し、顔を斬られたことは聞いていた……文中に『お前』とあるのは長男宜正のことである」

宜昌兵変

　それまで父を取り囲んでいた兵隊の後ろに一人の中尉が抜剣して立っていたが、これが父の前に立った。そして「殺すぞ」と言ったかと思うと剣を振り上げた。

　耳がむちで打たれたような気がした。「あ、耳が落ちた」まだ耳は顔にくっついていた。一人の兵隊が父の胸に突き付けて引き金に手を入れるのを見た。片隅にいた母が「漫々的」と言った。母は「漫々的」「快々的」の二つは覚えていたらしい。母は畳の下、火鉢の中を指さしたので日本人会の金も時計も指輪も取られてしまった。母の顔の傷はそのサーベルの跡だ。その時お前（宜正）は母に宿って

三ヶ月目だった。お前はその時から已に兵火の下をくぐるように運命づけられていたのだ

〔編者注　加登川幸太郎『中国と日本陸軍』に「民国十年（一九二一年大正十年）、王占元、軍隊の給料を着服したため。その部隊が反乱、宜昌、沙市、武昌などに飛火」〕

《ノート1》

中国の追憶

初代の満鉄総裁後藤新平氏一九〇六年〜一九〇八年）はロシアが旅順に大軍事基地を作ったのに反し日本はここを東洋文化の殿堂とし、日支は兄弟として文化的に手を結ぶべきだという大きな構想を持った。先ず第一着手として

・一大総合大学を作って日支の秀才を集めて教育し意思の疎通を図ること

・東洋の大博物館を作ること

・大考古学館を作ること

（旅順工科学堂（後の旅順工科大学）と博物館が実現）

《ノート2》

父も旅順の学堂に入った。帝国主義の先鋒だった。大阪曹達に就職、中国で一生を送る決心で漢口（武漢）に行く。

大正八年（一九一九年）三月の始めに上海に上陸、時あたかも桃の花盛りであった。

「中国人と犬はこの公園に入るべからず」という立て札がある話を聞いて義憤を禁じ得なかった。日清汽船の船で四日目に漢口に着いた。宜昌に行く前に湖南省洪江の調査を頼まれ、武陵桃源を経て急流を一週間遡った。洪江に三ヵ月滞在、調査復命。その結果この山奥に今でも電灯がついているはずだ。下りは三日しかかからなかった。

常徳に出てみると排日騒ぎで日本人は非常に痛めつけられたらしかった。英国汽船で漢字新聞を見てびっくりした。

宜昌での三年間の思い出

・会社の石炭代が払えず、三日三晩借金取り（石炭商）にせめられ領事館に頼んでやっと追っ払ったこと

・蘇東坡が遊んだという三遊洞に社長（陳重権）の子らと行ったこと

お前とは何等関係のないことだが、お前の名を宜正とつけた程中国とは縁のある父のことだから許してもらいたい。

帰国

母は中国語は分からんながらも領事館や各会社、医師の奥様達もおられたので寂しい目にはあわなかった。

社宅には李天福というまめまめしく働くボーイもいたし、何宜都というコックもいたのでそう立ち働く必要はなかった。しかるに(母が中国へきて)四ヶ月もたたんうちに兵変騒ぎで父は怪我をするし、町はおおかた焼けていつ復旧するか予想もつかなかった。それで父の治療のため重い家財を置いて帰国することにした。(注　筆者が幼いころ、我が家に両親の土産という天津緞通の掛け布団と真鍮のホーコー鍋があったのを記憶しているが、戦災と供出で父の記念品はすべて失われた)上海に一泊して長崎航路の船に乗ったときが中国と一生の別れになろうとは思わなかった。」

「お前は(長兄:宜正)は湖北省で運命づけられたので、それを記念したくて宜昌の宜と正月生まれだから正の字をとって、宜正と名付けた。お前は大きくなって海軍将校として上海まで行った(実際は青島)が宜昌を知らずにすんだ。宜昌は揚子江中流の貿易中継港である(注、現在は巨大な三峡ダムがある)。これから上流は小型汽船で四川省の重慶に通ずるのだが三峡の峪を通らねばならん。支那事変でも我が軍は宜昌まで進んだが、それから上がることは出来なかった。如何に飛行機を飛ばしても遂に四川省を陥れることは出来なかった。中国十八省のうち一省で独立しうるのは四川省だけと当時の中国人も言うていた。蒋介石を四川省に追い込んだことは支那事変を解決し得なかった最大原因だと父は思う。南京を追わるれば四川に逃れることは常識である。支那通の多い我が陸軍にして南京攻略を何故あんなに急いだか了解に苦しむ所である。」《ノート3》

庶民でもなく帝国主義者でもなく—

「この手記は一九二〇年前後の中国内陸部の動静についてのあるタイムカプセルとなり得ている。私どもの父親が何時これを書き始めたのかは判らない。恐らく死ぬ(一九四九年十一月五九歳で逝去)半年ぐらい前だろう。叙述は基本的には戦前の価値観に立っているが、全くの庶民でもなく意図的な帝国主義者でもない一エンジニアの感想であるために、中国への日本人のシンパシーの正反両面が示されているように思う」

「父は中国人について『一度人を信頼したなら裏切ることのない人達』とよく話していた。兵乱と負傷を意に介せずまた行きたかったとの告白どうり、中国に本当に心を許せるものがあったのだろう。一方、兵乱時の領事館との関わりは手記にもない。外交問題としてとらえる発想はもともとなかったと思われる。」

「この手記では五・四運動のことを知らぬが仏と軽く流している(湖南省洪江調査時)。その情報に触れなかったはずはない反帝運動の高まりの時代に、現地の人達と仲良く働けたのは何故か。引用では省いたが『湖南省は中国革命策源の地』という表現もある。中国通の軍人よりも具体的に中国を知っていたのかも知れない。南京攻略の愚であることを論じたところなども、当時の指導者とは違う感覚である。
父がもし生きていたらもっと聞いてみたいのが板垣征四郎との邂逅である。満州事変謀略の張本人であるこの〝中国通〟は現地の在留邦人と何を話したのだろうか。また何のために華中の奥地を歩いていたのだろうか。」

派遣軍参謀の胸中深くに―

「父のこの手記は、『海軍少佐志々目宜正の墓碑銘に』という副題をつけた長兄のための追悼録（私家版一九九〇年）に全文収録した。…兄についての本だが父の中国体験の部分に注目した人もあった。その一人が幼年学校生徒監（起居と教育の単位である訓育班の担当教官）だった本城大五郎さんである。…同期生仲間で昔語りをすると『大正デモクラシーだったのか、硬質の自由主義の雰囲気があった』という評の出る騎兵将校だった。戦後は軍人社会との交遊を断たれていたと聞く」

「新聞が『犬と中国人は入るべからずとの制令は存在しなかった』という論文が上海で発表されたと報じた。おびただしい流血と数えきれない慟哭を知らぬ世代が中国にも現れて、歴史を書き替えれば新時代と考えるようになったかと思った。直後に本城さんから手紙と朝日新聞の天声人語の切り抜きが入っていた。…『ご参考までに』とのあいさつ以外に何の説明もなかった。…もう一度気になることがあって手紙を出したが『私は老化のため当地でも一切の会合へは失礼しています』という謎めいた葉書を頂いただけであった。…本城さんはわれわれの所から陸大に行かれた。卒業後は支那派遣軍総司令部の参謀だったという。…前年の若杉参謀（三笠宮のコードネーム）の話題に触れる機会があったに違いない。

昭和一九年（一九四四）一月五日、三笠宮の教育講話が司令部全将校に行われている（以下要点）

○満州・支那両事変とも陛下のお考え、または御命令で戦闘が生じたのではなく現地軍が勝手に戦闘をはじめ、その後握手思想に感染し、で陛下にお始末を押し付けた。

○日本人としての十の反省点

・明治維新以後、欧米文化の輸入とともに日本人が覇道的、侵略的思想に感染し、欧米諸国と共に中国に対して『対支二十一カ条要求』のようなことを行った。
・日清戦争からの侮華思想（チャンコロ思想）
・欧米人と日本人の中国人に与える感触の違い
・満州事変に対する中国の疑惑
・満州独立と日本の華北に対する野心（華北を第二の満州国にしようとする）
・支那事変勃発以後、日本軍の暴虐行為による抗日宣伝の裏付け―略奪、強姦、良民の殺傷、放火等（中京軍の軍機、男女関係の厳正さに比べ、日本軍の放縦さを

指摘して、かくの如きでは到底中京軍に対抗することは出来ないとされている)
・中国独立革命気運に逆行し、日本の中国革命に対する援助の不足、あるいは妨害。
・日本人の売国的行為、日本内地における抗日ポスターの印刷等。
・米英の東亜政策。
・コミンテルンの中国に対する策動及び影響。
…講演資料は危険文書として焼却された。もちろん一般国民はもとより軍の内部においても極秘とされた。

…一九九四年の五月三笠宮は読売の記者に対して『日本軍の残虐行為を実際に見聞きしてこのままではいけない、戦争を終結させなければとやむにやまれぬ気持ちで書いた。昭和天皇の意向に沿ったものであり、皇族でなければ言えないことだった』、南京事件についても『むごたらしく捕虜を殺せば虐殺という、人数は関係ない』と明言…」

「…この講演の一年後に赴任した本城さんがそれを全く耳にしなかったとは考えられない。軍人生活から隠遁して戦後を過ごされた本城さんの胸中に何があったのか、もっと聞いてみたかった」《ノート5》

「…今回書いたいろいろなことは単なる昔語りでなく、今日起きつつあることである。…歴史を学ぶとはそれを知ることだが、年寄りはただ呼びかけるのみである」

[お断り　支那、日支などの表記は当時のままとした]

《ノート》
《1》民国十年(大正十年)宜昌兵変前後の出来事

1910 明43	大逆事件(幸徳事件、23年虎の門、25年朴烈、32年李奉晶事件)
1911 明44	青鞜社結成(平塚らいてう)
1912 明45 大元	友愛会結成(鈴木文治ら)
	吉野作造民本主義発表(「中央公論」)
1916 大5	東大新人会結成、黎明会結成(吉野作造ら)
1918	猶存社結成(大川周明・北一輝ら)
1919 大8	友愛会、大日本労働総同盟友愛会と改称
	森戸事件(東京帝大教授森戸辰男休職処分)
1920 大9	普選運動活発化
	新婦人協会結成、第1回メーデー(参加者1万人余東京上野公園)日本社会主義同盟結成　衆議院で普通選挙法案否決
1921 大3	赤瀾会結成(山川菊江・伊藤野枝ら)日本労働総同盟友愛会を日本労働総同盟に改称
	全国水平社結成、日本農民組合結成
1922 大11	治安警察法改正公布
	日本共産党、非合法に結成(堺利彦、山川均ら)
1923 大12	関東大震災　亀戸事件、甘粕事件、虎の門事件
1924 大13	婦人参政権獲得期成同盟会結成
1925 大14	治安維持法・普通選挙法公布

大正の社会運動関係史（『新詳日本史』浜島書店）

1914年大3.6　オーストリア、セルビアに宣戦布告　一次大戦勃発
　　7　日本、ドイツに宣戦布告(日英同盟に基づく)
　　10　日本海軍、赤道以北のドイツ領南洋諸島占領
　　11　日本軍、青島占領
15年大4.1　袁世凱政府に21カ条の要求（5.9　中国受諾）
16年大5.7　第四次日露協約調印
17年大6.3　露、3月革命(露歴で2月革命)
　　.4　米国、対独宣戦布告
　　.8　中国、対独・墺宣戦布告
　　.11　露、11月革命(露歴で10月革命)
18年大7.8.2　日本、シベリア出兵宣言→(米価急騰)
　　.8.3　米騒動発生
19年大8.11　ドイツ革命　独、休戦協定に調印　一次大戦終結
　　.3　三・一独立運動(万歳事件)死者7645、負傷者4,5562
　　.5　五・四運動(対21ヶ条廃棄、旧ドイツ権益の返還)
　　.6　ヴェルサイユ条約調印(大戦処理、国際連盟成立)
22年大11.2　ワシントン会議・九ヵ国条約（中国問題に関する条約）
　　.2　山東懸案解決条約（旧ドイツ権益を中国に返還）
25年大14.4　治安維持法公布・普通選挙法公布
　　.5　五・三〇事件（日英帝国主義打倒・租界回収）

《2》後藤新平　大正十二年（1923年）、東京市長時代に国民外交の旗手として後藤・ヨッフェ会談を伊豆の熱海で行い、成立せんとしていたソビエト連邦との国交正常化の契機を作った。一部から後藤は「赤い男爵」といわれたが、あくまで日本とロシアの国民の友好を唱え、共産主義というイデオロギーは単なるロシア主義として恐れず、むしろソビエト・ロシアの体制を軟化させるために、日露関係が正常化される事を展望していた。（Wikipedia）

《3》「松井石根司令官・武藤章同参謀副長らの拡大派は参謀本部の統制に従わずに当初の作戦計画になかった南京攻略戦を開始した。上海から南京へ補給や装備を無視した行軍が強行されたため、部隊は食糧を掠奪で賄い、民家を占領して宿営した。…戦時国際法の無視または無知から…不法行為が常習化。参謀本部は不拡大方針をとっていたために、上海戦には軍紀の劣る予備役・後備兵の兵士が多く投入され、上海戦からなし崩し的に強行された南京攻略戦に対して送られた補充兵も同様であった。…南京占領を急いだ中支那方面軍司令部は、麾下の軍隊に先陣争いをさせ、各部隊は強行軍、難行軍の代償として…とりわけ女性への性暴力を黙認、容認した…」（笠原十九司・吉田裕編『現代歴史学と南京事件』p16.）

《4》三笠宮　陸軍大尉時代の一九四三年(昭和一八年)一月から翌一九四四年(昭和一九年)一月まで南京市の支那派遣軍総司令部に勤務。三笠宮は「日本軍は中華民国との戦争が長引き戦闘が泥沼状態になっており、軍紀が乱れている者が一部いる事を深く反省すべきである」と畑俊六総司令官に言い、対中政策のブレーキ役となった。その後、大本営参謀に転出。日本帰国後、戦争終結を摸索し津野田事件に関与。（Wikipedia）

（東京・常任幹事）

二〇一八年度総会開催について

二〇一八年度総会が左記の要領により開催されます。この一年間の東アジア・朝鮮半島と国内における情勢は予断を許さない状態が続いています。

植民地支配による朝鮮人民に対する厖大な人的・物的被害を与えた侵略者としての反省も謝罪も賠償もなく、イージス・アショア配備に象徴される米国隷属とコインの表裏ともいえる中朝ロ敵視政策は国際的孤立と衰亡への道といっても過言ではありません。

こうした状況の中で会として何をなすべきか、何が出来るか、今後一年間の活動について話し合いたいと思います。炎暑との造語も現実味を帯びる中ではありますが、多数の皆様のご出席をお願い致します。

（出席の際は会誌八月号をご持参願います）

◆

○日　時　八月二六日(日)　総　会　一四時〜一六時半
　　　　　　　　　　　　　懇親会　一七時〜一九時

○場　所　埼玉会館　総　会　5B会議室
　　　　　　　　　　懇親会　同会館二階宴会場

（年会費一万円、懇親会費六千円を当日に頂きます）

総会次第

1、資格確認・総会宣言
2，議長選出
3，代表幹事挨拶
4，二〇一七年度活動報告及び決算報告（案）

組織・活動委員会

委員長　長沼　清英

⑴　会員個々の伝手で数名程度の組織拡大は出来ましたが、若年層のそれは未達成です。

⑵　若年層を軸とする組織拡大を定例の常任幹事会の議題として常態化し、追求していきます。

会誌編集委員会

委員長　長谷川善夫

⑴　原稿〆切りを一五日にしたことでその月の常任幹事会の資料として会誌を使えました。

⑵　会員の皆様のおかげで紙面が充実出来ました。

⑶　校正が不十分で誤字脱字等、ご迷惑をかけました。

⑷　記録を残し、記憶を風化させないために誌面を充実させ魅力あるものに、学習・討論の素材にできるものにするために会員の皆様の投稿を期待します。

財務委員会

委員長　秋山　博史

（1）17年度の年会費は574，000円（前年比マイナス1万円）、会誌購読料は12，000円（前年比マイナス6千円）、寄付金は2件8千円。当期収入計943，000円になります。当期支出計は850，633円（前年878，230円）です。当期残額は92，367円になります。今後支出は毎年87万円程度と見込まれます。

支出に関してはだいぶ切り詰めています。あとは年会費、購読料の安定した収入が必要になります。そのため未納の方には会誌とともに振込通知を同封させていただきます。

なにとぞご協力の程お願いいたします。

（2）17年、18年（7月現在）の新会員の方は3名、新購読会員の方3名です。会員の高齢化に伴う収入の減少の不安が常にあります。会員拡大で、学生に加入を呼び掛けやすくするため、新たに学生会員の会費は3，000円とすることにしました。

（3）18年度の予算は17年度と同様に立てました。

対外交流委員会・事務局長報告

小林　悦子

今年度も引き続き訪中団(第三七次)を派遣しました。

訪中団の詳細は順次会誌に掲載されます。

◇（17年）

・8／25(土) 総会・懇親会を、埼玉会館で開催。中国大使館から邵・潘・林の3人の書記官の方々をお招きし、活発な意見交換をし、親睦を深めた。

・9／28（水）ホテルニューオオタニで中国建国記念のレセプションが開催され、5人が参加。

・11／11（土）尾形先生を偲ぶ会が法政大学市ヶ谷校舎で開かれ、5人が参加。

◇（18年）

・1／27(土)新年会を埼玉会館で行う。大使館からの邵・範両書記官の他に訪中団と北京で交流した若者の郭さんも参加。

・2／8(木)中国大使館新年会に6人参加。

・3／8(木)中国大使館婦人デーに5人参加。

・3／10(土) 沖松代表幹事が、鴻ノ巣で講演。100人を超す人達が集まった。

・4／24(火)日中シンクタンク・メディアハイレベル討論会に2人が参加。

・7／7(金)「7・7事変80周年記念集会」を、今年は埼玉会館で中国大使館と共催。友好4団体から80数人、他に中国関係のメディアなど多数が参加。沖松代表幹事が、当会の成り立ちなどについて話した。

・7／26（木）中国大使館で建軍記念のレセプションが

開催され、５人が参加。
・７／２８（土）～８／３まで、６人の団員で訪中した。

5．幹事選出
（出席者全員に幹事になってもらい、役員について話し合う）
〈休　憩〉
（適宜休憩をはさみながら引き続き幹事会開催）
6．役員選出
代表幹事、常任幹事、事務局長、監事など
7．２０１８年度活動方針・行動計画（案）
会誌表紙裏面参照
8．２０１８年度予算（案）
別紙参照
9．意見交換
10．議長解任
11．閉会宣言・事務連絡

二〇一八年度の会費の振り込みをお願いします

新しい年度の始まりとなります。振込用紙を同封しますので、会費未納の方は振り込みをお願いします。
（会費は会則・第一六条を参照して下さい）

「日中友好8・15の会」へのおすすめ

私たちの会は、かつて侵略した中国をはじめ、アジア諸国、さらには広く全世界に対し、「反戦・平和」と平和憲法の順守を誓い１９６１年に創立し、すでに５０年以上経過しました。会員は元軍人と趣旨に賛同した戦後生まれの人たちも参加しています。会員には会誌『８・１５』（月刊）を毎号お届けし、また年１回の中国訪問団（見学、友好交流）への参加や当会が隔年に受け入れている中国からの研修生との交流・意見交換への協力をお願いしています。

会費は年額１万円、学生会員は3000円です。会誌購読のみを希望される購読会員は年間6000円です。

皆さんの入会、会誌購読によって「反戦・平和」「日中友好」の声をますます大きくしたいと希っています。

≪申し込み先≫　〒１２５－００３２
東京都葛飾区水元３－３－４
小林悦子方　　日中友好８・１５の会
TEL&FAX　０３－３６２７－１９５３
郵便振替口座００１２０－６－２７４１５

七月の常任幹事会

日時　七月二一日（土）
十四時～十六時五〇分

会場　生涯学習センター（大宮）
九階　第一学習室

出席者　沖松・落合・日森・小川・佐藤・高橋・長沼・山田・長谷川・加藤（１０名）

［報告］

１．訪中団について
北京二泊・トルファン一泊・ウルムチ三泊の予定

２　沖松代表幹事による戦争体験講演の予定
・八月五日　行田コミュニティセンター
・九月八日　小川町図書館
・来年八月頃　日教組平和集会

３　鴻巣・憲法九条の会
・九月二九日（土）鴻巣市クレアこうのす
伊藤千尋（国際ジャーナリスト）による講演など

［議題］

１．総会について
・八月二六日（日）埼玉会館５Bにて
一四時から一六時三〇分
・懇親会　一七時より
同じく埼玉会館二階「ビストロやま」
・総会次第の検討
・決算、予算について
・創立宣言・活動方針・行動計画
・今年度の総会のメインテーマは「軍備亡国・反戦平和」のバトンをいかにして次の世代につないでいくかになります。

２　編集委員会
・巻頭言は武井さんに依頼
・合計で三二ページ程度になる予定

３　来年度の「七・七集会」はわが会が担当になる。そのために今年度の「七・七集会」の総括をすべきである

４　今後の常任幹事会について
・八月から十一月までの予定を確認

寄贈誌より

『中国研究月報』（社団法人中国研究所発行）
２０１８年７月号

▽研究ノート
中華人民共和国における方言番組をめぐる政策の変遷　小田　格

▽報告　２０１７年１月２４日
「２１世紀シルクロード研究会」
エネルギーにおける中国・ロシア関係　木村　眞澄

▽書評
渡辺信一郎・西村成雄編　汲古書院
『中国の国家体制をどうみるか
伝統と近代』
島田　美和

▽書評
王冰著　明石書店
『中国共産党とメディアの権力関係
改革開放期におけるメディアの批判報道の展開』　山田　賢一

▽書評　藤原敬士著　東京大学出版会
『商人たちの広州　７５０年代の英清貿易』　村上　衛

▽書評　宮本雄二監修　日本日中関係学会編
『日中外交関係の改善における環境
協力の役割　学生懸賞論文集
（若者が考える「日中の未来」Ｖｏｌ３）』　大塚　健司

▽光陰似箭
近年の中国のテレビ番組考（孫　安石）

▽眼光紙背

国と資本とエピキュリアン　（竹内健二）

▽中国日誌　２０１８年６月

事務局月報

７・２６日（木）中国大使館にて開催された中国解放軍建軍レセプションに、５人が参加。

・熱い夏　異常に熱い夏…と毎日のように言われている。４０度越えも…。

異常ということは、次は平常ということなので、来年は今夏より涼しくなるということだろうけど、みんな本心から期待しているだろうか。今年より更に熱くなることを殆どの人は危惧しているに違い無いと思う。

増え続ける水害・風害は、ずっと警鐘を鳴らされてきたのにそれに耳を傾けて温暖化対策に取り組んだ人達はどれくらいいたのだろうか。五輪を〝成功裏〟に終わらせる為の暑さ対策ではなく、普通の人が普通に　暮らしていける〝暑さ対策〟はもう一時も　待てない…。　（小林）

訂正

六月号『私記　日中戦争史』(2)

略歴の「鹿児島予科士官学校」→予科士官学校、「文化運度」→「文化運動」

『８・15』二〇一八年八月号
二〇一八年八月一五日発行
定　価　５００円（送料とも）
編集人　長谷川善夫
発行人　沖松　信夫
印刷所　（有）イワキ
発　行　日中友好８・１５の会
〒１２５－００３２
東京都葛飾区水元３－３－４
小林悦子方
TEL & Fax　０３－３６２７－１９５３
郵便振替　００１２０・６・２７４１５
日中友好８・１５の会
HP URL　http://www11.ocn.ne.jp/~donpo/
落丁、乱丁はお取り換えいたします

会　　　則

(名称)　第１条　本会は、日中友好元軍人の会を受け継ぐ日中友好『８．１５』の会（通称日中友好『８．１５』の会）と称する。

(目的)　第２条　本会は、過去の戦争に対する反省に立脚して、あらゆる戦争準備の動きを阻止し、平和を希求するために世界各国とくに中国との友好に貢献するとともに、会員相互の親睦を深めることを目的とする。

(会員)　第３条　本会は前条の目的に賛成する元軍人および賛同者をもって構成する。

第４条　本会の本部を関東地区に置く、支部を各都道府県に置く、また事務局を関東地区に置く

(事業)　第５条　本会は、第２条の目的を達成するために以下の事業を行う。

１．会誌『８．１５』の発行
２．講演会、研究会の開催（平和諸団体との共催を含む）
３．学習会の開催
４．中国からの留学生・研修生の受け入れ
５．訪中団の派遣
６．その他、本会の目的達成に必要と認められる諸活動・事業

(総会)　第６条　本会は、総会を毎年１回、原則として８月 15 日に開催する。総会は、委任状を含めて員の過半数の出席により成立するものとする。総会は、幹事会から、活動報告、行動計事業計画、決算、予算、役員の選出、その他、本会の運営に必要な事項について報告、案を受け、出席者の過半数の賛成により　これを承認、決定する。幹事会が必要ありとめたときは、その決議により、臨時総会を招集することができる。総会の決議に基き、問を置くことができる。

(運営)　第７条　本会の運営は、幹事会が行う。ただし、幹事会は常任幹事会にその権限を委任することできる。

(役員)　第８条　代表幹事、副代表幹事、常任幹事、事務局長を本会の役員という。

第９条　役員の任期は１年とする．ただし、任期満了後も総会において新役員が選出されるまでその職務を行う。役員の重任は妨げない。

第 10 条　本会の運営のために幹事会ならびに常任幹事会を置く。幹事会は幹事を以って構成し、会の運営に必要な重要な会務を行う。幹事の互選により代表幹事、副代表幹事、常任事、事務局長を選任する。常任幹事会は、原則として毎月 １ 回開催し、幹事会の委任うけて本会の運営に必要な一般会務を行う。

第 11 条　幹事は、会員の推薦により選任し、総会の承認を受ける。

第 12 条　幹事会は、常任幹事会の決議に基き、代表幹事が招集する。常任幹事会は、常任幹事以上の発議により代表幹事が招集する。幹事会および常任幹事会の決議は、出席幹過半数の賛成により成立する。賛否同数のときは、代表幹事がこれを決する。

第 13 条　本会の会議の遂行上、下記の分科委員会を設け、常任幹事会が選出した委員長が運営に当る。

1. 組織・活動委員会
2. 会誌編集委員会
3. 財務委員会
4. 対外交流委員会

各委員会の委員は、委員長の推薦により委嘱する。

第 14 条　会計の監査は、会計監事が行う。会計監事は、幹事会の推薦により選任し、総会の承認受ける。

(財政)　第 15 条　本会の経費は、会費、寄付金、その他の収入をもってまかなわれる。留学生・研修生入れのため、特別会計を設ける。

(会費)　第 16 条　会費は年額１万円とする。また、家族会員の会費は年額 2,000 円とする。購読会員は 6,000 円とし、学生会員は 3,000 円とする。

第 17 条　本会の会計年度は、毎年 7 月 1 日に始まり翌年 6 月 30 日に終る。

(改正)　第 18 条　本会の会則は、幹事会の発議により、総会において、委任状を含む出席者の ３ 分の上の賛成により改正することができる。

(付則)　この会則は 2017 年 8 月 25 日から施行する。

過去の直視、これが歴史認識の原点

軍備亡国・反戦平和

2018年 9月号 No. 586

第五九巻 第九号 通巻第五八六号

8.15

日中友好元軍人の会HP http://www11.ocn.ne.jp/~donpo/

9

日中友好『8．15』の会
（日中友好元軍人の会）

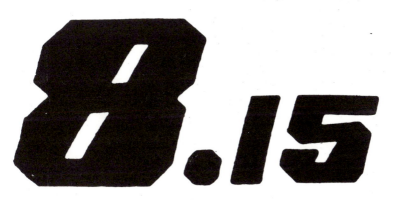

創立宣言

戦争の罪悪を身をもって体験した、わたくしども元軍人は、心から人間の尊厳にめざめ、戦争を否定します。

わたくしどもは、過去の反省に立脚し、戦争放棄と戦力不保持を明示した日本国憲法を順守し、真に人類の幸福と世界の平和に貢献せんがため、本会設立の趣意書ならびに会則にのっとり、同志相携えてあらゆる戦争を阻止し、戦争原因の剪除に努め、進んで近隣諸国とくに中国との友好を進めんとするものであります。

ここに終戦の記念日をトして本会を設立するにあたり、万世のため太平を開く決意のもとに日本の更正を誓った当時を追憶し、戦没の万霊に額ずき、ご遺族をはじめ戦争の被害者ならびに軍靴で踏みにじった戦場の住民各位に深く遺憾の意を表しつつ宣言します。

１９６１年8月１５日

日中友好元軍人の会

二〇一八年度　活動方針

われわれは、創立宣言に則り、次の活動を行なう

一、平和憲法を守り抜くため、広く非武装中立・軍備亡国を訴え、組織の強化・拡大に努力する。

二、過去の侵略戦争に対する反省に立脚して、中国をはじめ、アジア近隣諸国、さらには世界各国の平和を希求する人々との友好・提携に努める。

行動計画

一、違憲の安保法制を強行し、憲法改悪へ向かう安倍内閣のあらゆる策動を許さず、特に憲法9条を守るために活動している諸団体の運動に積極的に参加する。

二、戦争に直結する集団的自衛権の行使を認めず、名目の如何にかかわらず、自衛隊の海外派遣、多国籍軍への支援に反対する。

三、広島・長崎の被爆の歴史に基づいて、核の廃絶を広く世界に訴える。日本政府に核兵器禁止条約への参加を求める。エネルギー変換、脱原発をめざす。

四、沖縄の民意を無視した辺野古新軍事基地建設等に反対し普天間を始めとする全国各地の米軍基地の縮小・撤廃を求める。
そのためにも日米安保条約の解消とそれに代わる日米友好条約の締結を提唱する。

五、日・中・韓・朝の障壁になっている歴史認識問題、戦後処理問題(従軍慰安婦、強制連行・強制労働などに関する訴訟・賠償請求)の早期解決を求めていく。

六、中国国際友好聯絡会研修生受け入れと公私訪中派遣を通して、民間レベルでの友好・交流の強化を図る。

【巻頭言】

プーチン「年内に平和条約締結を」、について

プーチン氏の「提案」は、九月十二日、ロシア極東ウラジオストクで開かれた「東方経済フォーラム」の全体会合の席上、習近平国家主席をはさんだ形で跳びだした。百戦錬磨のプーチン氏の突然の「提案」にどんな意図が込められているのか。先ずは「提案」をみて見よう。

プーチン大統領発言（要旨）

簡単な考えだが今、思いついた。あなた（司会者）は1956年の（日ソ共同）宣言について触れた。それは単に署名されただけでなく、日本とソ連の議会で批准されたが、日本は履行を拒否した。そして70年間交渉している。（安倍）晋三（首相）はアプローチを換えようと言った。平和条約を締結しよう。今すぐでなくても、年末までいかなる条件もなしで。そしてこの平和条約に基づいて友人としてすべての係争中の問題に関する議論を続ける。このことが70年間乗り越えることができなかったすべての問題の解決を容易にするように思える。

【時事】

この発言は司会者が在日米軍の存在が平和条約の締結を妨げているのかとの問いかけに対して、「この問題を今後70年も話し合っていくのか」と自問した後、「考えが浮かんできた」と述べ、安倍首相の方を向いて平和条約締結を呼びかけたものという。

「司会者と事前に打ち合わせていたのではないか」というのが日本外交筋の声という。お粗末極まる。発言が計算尽くであることは当たり前ではないか。それではプーチンにどんな計算が働いたのか。（左記の表は『毎日新聞』）

日ソ共同宣言（56年）　日ソの「戦争状態」終了と「平和条約締結後、歯舞、色丹を日本に引き渡す」ことを明記。12月に発効し日ソが国交回復
東京宣言（93年）　北方領土について「択捉、国後、色丹、歯舞の帰属に関する問題」と明記し「法と正義を起訴として解決する」との原則を示す
クラスノヤルスク合意（97年）　「2000年までに平和条約を締結するよう全力を尽くす」と合意
川奈提案（98年）　橋本首相がエリツィン大統領に、北方四島の北側に線を引き、当面はロシアによる施政権を認めることを提案
イルクーツク声明（01年）　日ソ共同宣言の法的有効性を確認し、東京宣言に基づき、北方四島の帰属問題を解決して平和条約を締結する方針で合意
プレス向け声明（16年）　安倍首相とプーチン大統領が山口県長門市と東京で会談。北方領土での共同経済活動の具体化を両国の事務当局に指示

『毎日』はロシアの二つの狙いを挙げる。

一つ目は揺さぶりをかけて、大型の経済協力を引き出す狙い。

二つ目は文字通り平和条約締結を先行させ、中長期的に領土問題を棚上げにすることで事実上の決着を図る狙い。

二つ目の裏には、露政府関係者が平和条約交渉を語る際に例える、40年にも及ぶ中国との国境画定交渉（04年締結）に先立つ「善隣友好条約」（01年）がある。「互いに信頼を醸成し、国境画定交渉の決着に役立った」とされる。

任期中の平和条約締結の意向を繰り返す安倍首相の足元を見たのではともいう。「波紋」が広がる中、ペスコフ大統領補佐官は、「領土問題の解決のプロセスは時として数十年かかる」と言明、「棚上げの必要性を伝えたかった」との認識を示した。

役者が違う。安倍政権は総裁選の最中の「外交的大失態」を怖れて火消しに躍起、当初の戸惑いと批判的な評価から一変、つとめて肯定的に振舞おうとしている。

『東洋経済』On-line（9月19日）は薬師寺克行・東洋大学教授の解説を載せている。プーチンは、同時に「米国のミサイル防衛を含めたこの地域の軍事協力関係の多くの面を懸念せざるをえない。これらすべてが我々の交渉の議題だ」と述べたという。「オープンの場で日本の対応に具体的な批判をしたのだから、当然、安倍首相は日本側の見解を示すなど何らかの反論をすべきだった。日ごろ、国会では野党の質問にヤジを飛ばすほど元気のいい安倍首相だが、この時はなぜか黙ったままだった。それ自体、外交的にはお粗末な対応としか言いようがない」

「2016年12月の日本訪問時の安倍首相との共同記者会見では、日ソ共同宣言について、有名な『ダレスの恫喝』に言及した。『米国の利益に反することをすれば、沖縄は完全に米国の管轄権に属することになる』という最後通牒を日本がダレス米国務長官（当時）から突き付けられたことを紹介したのだ。つまり、日本が共同宣言では二島返還で合意したのに、その後四島返還を主張したのは（条約を無効にする）米国の企図に屈したからだということを示唆している。そして、日本の対応は共同宣言に反すると主張した」また、「ロシアのクリミア併合を受けて欧米諸国は米国主導でロシアに対する経済制裁を発動し、日本もそれに加わっている。制裁に加わりながら、一方で北方領土問題を解決するための経済協力を行うといわれても、とても信用できない、というのがプーチンの主張だ」とする。

ここまで来るとプーチンが語りかけていたのは実は習近平で、二人の間で「シンゾー」をコケにしたのが真相かと思えてくる。歴史を理解しない悲劇、情けないきわみ。

沖松先生に戦争体験を聞く　第三回（十一月十四日）

聞き手　山田正美

●士官学校本科ではどんな学習や訓練が行われていたのですか

昭和一七年一〇月一日、座間の士官学校本科へ入学しました。午前中は毎日授業です。戦術、兵器、戦闘に関連した衛生など学習です。戦術は『作戦要務令』という教科書に沿って行われました。午後は予科と同じように区隊ごとに剣術、体操で、又は兵科ごとの教練がある。士官学校時代の本科の場合、一区隊（区隊＝クラス）は三三人したが、歩兵科、戦車兵科、野砲兵科、輜重兵科の四兵科の生徒（士官候補生）がいました。私の区隊は歩兵科一三、戦車兵科五、野戦砲兵科六、輜重兵科九でした。私達は一個中隊が五個区隊で、教練の際には歩兵二、戦車一、野砲一，輜重一の五班に分かれて教練をおこなうのです。一日教練（終日教練と言っていました）の日などもありました。要するに日常生活は区隊ごとに、教練は兵科ごとに分かれるということです。それぞれの区隊ごとに区隊長が計五名、教練班ごとに班長が五名ですから区隊長は教練班長兼任です。五個隊で一個中隊、一〇個中隊で本科生一六〇〇名が組織されていました。

私の中隊には戦車兵科の区隊長（教練班長）がいました。自民党の外務大臣で日中平和友好条約を締結した園田直氏の弟です。生徒に敬愛された区隊長でしたが、よく殴りました。だけど、一人のペナルティーは連帯責任になるから、二〇〇人近くいる中隊全員を殴らなくてはいけない。殴る方が手が痛いから最後の方は形式的でさわる程度になってしまう。殴られても痛くも痒くもないので何とも思わなかった。それが当時の教育でした。

●生活上のストレスはなかったのですか？

当時の人間の気持ちはなかなか理解できないでしょう。陸士とか海兵とかは国民からみればエリート。誇りというか自負心が、非常に強いからいい気持ちになってる。戦後の人にはなかなかわからない。特攻隊になっても同じ。すぐ死ぬんだから陰惨な気分かというと、そうでもない。気持ちが高揚していて英雄気取りといったらいいのか、そんな感じです。軍人になって嫌でしょうがない、という人もいたでしょうが、社会的には尊敬されていましたからね。そういう誇りを持つように全体で教育されていました・・・

●戦況がだんだん不利になっていましたが、士官学校生の間ではそういう実感はありましたか

昭和一七年七月から九月に隊付きで輜重兵として大阪の第四師団の輜重兵第四連隊に隊付きしました。この師団は私たちが隊付きする直前にフィリピンのバターン半島の作戦に参加して日本に復員したのです。復員とは動員の反対の言葉ですね。第四師団はフィリピンで勝って帰ってきた、と思ったので、悲惨さはなく戦況も楽観していました。昭和一八年一月二月の頃はガダルカナルの敗退があり、ついで五月にはアッツ玉砕もあったので段々厳しくなるな、とは思っていました。昭和一八年は方々で玉砕があり厳しい情勢でしたが、一八年秋には「大東亜会議」が開かれアジア各国首脳が東京に集まったりしていた。

●負けるという意識はありましたか

尾形憲（法政大学名誉教授）氏は私の陸士で一期上にあたりますが、彼は「戦争に負けるとは思わなかった」と書いています。どうにかなる、悪くても五分五分とか思っていた人がほとんどです。同期生が偵察機で沖縄に行って、米軍の艦船がいっぱいだったのを見ても負ける気がしなかった、と言ってました。そういう精神教育というのが徹底していたかもしれないね。

●負けるということを想像することすらなかった、ということでしょうか

そうでしょうね。もちろん中にはこの戦争は負けると言っていた者もいた。浜松の航空学校でもね、「いやあ、この戦争は負けだよ、これは。勝てるわけがないよ」って言ってたのがいましたよ。でもこれは少数派でしょう。

なぜこんな無謀な戦争をしたのか、生産力から言っても米軍の百分の一、何十分の一しかない。なぜ戦争をしたのか、と疑問に思う人がいる。私は思うんだけど、当時は日米の国力を比較しても、日本が勝つんだから、意味がないと思っていた。日本人全体が軍人だけでなく政治家も含めて「日本は特別なんだから」「勝つんだから」と、そういう精神構造になっていたということじゃないでしょうか。科学的に冷静に彼我の戦力を比べるということがないんだよね。明治維新から欧米文明を取り入れてきたけれども、それは鉄道や電信とか物質文明で、精神文化は日本の方が上だから、手をつけなかった。

藤原正彦という数学者がエッセイを書いている。一月の週刊誌にこんなことを書いていますよ。明治維新になって日本は欧米のものをどんどん取り入れていたが、福沢諭吉のような天才は気づいていました。「文明開化なんて言って調子に乗っているが西欧の悪いところは取り入れてはいけない。とくに精神的なものは」と言っていた。精神的なところは日本の方が上、という皇国史観ですよ。そこでもう科学的な分析をやめちゃったんですよ。

士官学校の同期生にもね、日本の敗因はなんだと思う、と聞いても的確に答える人はいない。敗因の分析がない。

●降伏できない、降伏できないように自ら追い込んでしまったというのは分かる気がしますが。

日本特有の美学というか、恥の文化とかね。もっと早く戦争をやめれば被害が少なくてすんだとか、といわれるけれどね。どうしようもないところまで、即ち完膚無きまで、というところまで行かないと降伏できないんですよ。降伏というのは相手の要求をすべて受けいれるということです。そういう屈辱はなるべく避けたいと思う。政治家が止めようっていったって、国民がやめさせてくれないですよ。なぜやめるんだ、ここまでやったのになぜ最後までやらないんだ、という人はたくさんいた。ポツダム宣言が出たから降伏しようなんていう政治家がいたら殺されてますよ。原爆が落ちないとやめないですよ。特攻隊であれだけ死ななければやめないですよ。ギリギリのところまでいって、やっと降伏したわけです。日本人が科学的に計算できない国民になっていて、そういう政治しかなかったということでしょう。私は若い人が敗因をどう思っているのか、逆に聞いてみたいですけれどね。

●士官本科入学が昭和一七年ですが、戦争の行く末に不安を覚えたりしませんでしたか。玉砕なども伝えられていましたよね。

不安に思っていた人もいたけれど、いけいけ、という人が多かった。昭和一七年はだいたい戦勝ムードです。一八年初めにガダルカナルがあって、だんだんと玉砕が増えてくる。玉砕というのも負けたことは負けたんだけど、敵に損害を与えたとか、心胆を寒からしめた、とか、負け惜しみがついていた。

●卒業後の進路で航空兵科へ進んだのはなぜですか。

日本の軍隊は精神主義なので兵士の命を粗末にする。航空兵もそうで、捕虜になるな、という教育です。面白かったことが一つあります。同期生と話していたら、彼がこんなことを言っていました。彼は戦争中にアメリカの戦闘機の操縦席を見た、と言うのです。広くてきれいだった、と。なぜ彼が米軍のＰ５１という戦闘機を見ることができたか、というと、故

障で日本の飛行場に不時着したからです。日本軍では考えられない。米軍はエンジンの不調があれば太平洋へ飛んで水上に着水して救助を待つ米兵は多かった。多くの日本兵は故障したら自爆してします。それが日本軍の美学です。捕虜にならないで自殺する、という美学です。ですから飛行機も少なくなるしパイロットも減っていくわけですよ。それでパイロットを補うために地上兵科一六〇〇名の陸士卒業生のうち、四〇〇名が航空兵科にまわって、一二〇〇ずつということになったのです。二四〇〇名卒業で陸上、航空一二〇〇ずつ、とちょうど半々になったわけです。私は昭和一九年四月、地上兵科卒ですが、航空兵科へ転科する四〇〇名のうちに入ったので、また一から学び直しになったのです。

●せっかく陸士を卒業したのにまた学生に逆戻りですか？

士官学校在学中は「生徒」という身分でしたが、卒業して航空兵科の「学生」という扱いになったのです。地上兵科卒業なら隊へ行けば「見習士官」として、将校の一番下の位に就ける。ところが航空兵科へ転科となったので、「せっかく卒業したのにまた勉強か」、という雰囲気だった。

●大学を卒業したら別の学部でまた大学へ行け、というようなものですね。どれくらいの期間、航空科で勉強したのですか。

航空の勉強もそう簡単にはいかないです。まず入間の豊岡の航空士官学校に入り、だいたい、五か月間くらい練習機で何百時間も基礎練習をしました。でもそれだけではだめで、分科といって、戦闘機は水戸、軽爆撃機は鉾田、重爆撃機は浜松、偵察機は千葉の下志津など実用機に分かれて、七か月くらい訓練をしました。こうして一年後、つまり敗戦の昭和二〇年三月に訓練が終わって、やっと一人前、いや半人前の重爆撃機のパイロットになったのです。

●航空学校時代はかなり戦況も厳しくなっていたのではないですか？

いや、訓練していた頃は空襲がなかったですからね。サイパン陥落が昭和一九年の夏、練習機で基礎訓練をしていた時で、それから秋に浜松に行きましたが、そのころは爆撃はそれほどなかった。空襲があると、飛行機に乗って、空中で待機してやりすごすので、それほど被害もなかった。戦争というのは意外と呑気なところも、悲惨なところもあるんですね。そういうのが戦争の本質かな。昭和２０年になって硫黄島が陥落すると、Ｐ５１など戦闘機が来るようになり、そうすると飛行訓練が出来なくなりましたけれどね。

●「重爆撃機」というのはどういうものですか。

重爆撃機は昭和一二年（紀元二五九七年）製の九七式と昭和一五年（紀元二六〇〇年）製の百式の二種類あります。九七式は戦闘機に後ろから攻撃されると弱いので百式はそこを改良し、後尾に銃座をつけた。九七式は銃座がなく後尾が狭まっているのですぐわかる。

百式重爆撃は「呑竜」という別名があります。中島飛行機の太田工場で作られもので、近くに呑竜上人開基の寺院大光院（呑竜様）があり、それに因んで名づけられた。操縦士二名、航法（ナビゲーター）、通信手、機関士、射手三人で八名が乗組員。爆弾は八〇〇キロを搭載します。アメリカは自動照準装置があって、それに合わせれば投下できる。日本は爆撃手が照準器を見て、「もっと右、もっと左」と言って投下する。実際は重爆撃機は狙って中てるわけではない。一個戦隊二七機の編隊を組んで網をかけるように一斉に落とすから目標を破壊する。だからそんなに正確でなくてもいい。この他、四式重と呼ばれる四式重爆撃機がありました。これは最新鋭の重爆撃機で飛竜とよんでいましたが、機数は少なかった。

操縦の訓練は、戦闘機の場合はG（重力）がかかるので身体を使う訓練ですが、重爆撃は海の上など正しい方角に間違わずに飛ぶ、あるいは雲の中や夜間に計器だけを見て飛ぶ、といった訓練が中心になります。事故もありました。私達の訓練生では二名が訓練で死にましたね。していない。

昭和二〇年の二月に熊本県の隈ノ庄飛行場へ、それから四月には福井県の三国飛行場で訓練をしました。これらの飛行場はみな、浜松飛行学校の分遣飛行場なのです。

（続く）

原稿募集

会誌にご投稿願います。内容は「今月の本」、時事問題、身の回りのこと、映画・テレビ番組等どんなものでも結構です。会誌の記事へのご意見、疑問、批判などももちろん歓迎です。

字数に制限はありませんが、多いものは何回かに分けて掲載されます。

編集の都合上、毎月　１５日を目途にお送りください。

送り先

Mail　yossi8putti@gmail

郵送　〒185—0032　国分寺市日吉1-40-51

長谷川善夫　Tel 090-3435-2645

野営の夜、降るような星空の下で

山邉悠喜子

『8・15』七月号拝読しました。ありがとうございます。各位の説得力ある主張に、改めて教えられ、感動しています。

私は、東北民主連軍（後の第四野戦軍）一兵士です。七・七当日の武吉講演にある衛生部隊の一員です。この問題は其の後私が「731部隊」に注目した、いわば原点です。部隊に参加したのは十六歳、日本敗戦の直後でした。

当時の学生は「わが命は天皇に」と教育され、何の疑いもなく戦時体制の中を生きてきました。

敗戦後、眼前のすべてが一瞬の間に変化し、昨日の侵略者は権力を失った流浪の民でした。しかし、私たちを人間として「共に生きよう」と手をさしのべた中国人と共に、私は請われるままに東北（抗日）民主連軍の一員となりました。わが天皇は？……、「国籍は如何様にも…」、天皇とは、国民を放棄したのです。では、何故私たちはこの満州に？　疑問の余地はありません。「侵略者」の事実を実感するのに時間は不要です。眼前の変化の中で生きることに成りました。

私の所属部隊は後勤衛生隊でした。東北一帯は新しい戦場となりました。急激な自身の変化をどう理解するのか？迷っている暇はありません。部隊の指導者も永遠の戦友となった同僚たちも、私に軽蔑するような発言をしたことはありませんでした。「昔の敵も今は志を共にする同志、戦友だ」私たちは苦難の日々を共に分け合い、日本軍の侵略跡を辿りながら、住民の訴苦を聞き、時に涙し戦友たちの解放への熱い思いに感動しました。軍隊と言っても兵器があったわけでは有りません。彼らの日本軍との戦いは奪われた祖国への「抵抗」であり、「寧為戦死鬼　不做亡国奴」、暇があれば農作業を助ける彼らは、故郷に残した父母兄弟への想いそのままと思われました。

白山黒水、実りを生む大地に生きた彼らに反抗の武器を持たせたのは、一体何故だろう？　これまでの侵略の歴史に無知であった私にも、眼前の展開は自然に共感することになりました。

私の所属は衛生部隊ですが、医療器具や薬品が揃っていたわけでは有りません。部隊構成も、だんだんに各地から集まってきた、旧満鉄病院の医師、看護婦、更には地方の漢方医まで様々、医薬品は元より医療器具など、揃っていたわけでは有りませんでした。時に私たちは関東軍が残した倉庫で赤チンキや鎮痛薬などを見つけましたが緊急な外科手術に必要な機材、麻酔薬などはありませんでした。しかし、緊急を要する傷兵には時機を待つことは許されません。苦痛に耐える人々を眼前にして輸血はごく自然の自発行為でした。時には旧日本軍が遺棄した化学兵器や砲弾に犠牲が多発しました。救急処置にも効果なくまだ幼い兵士が私たちに感謝しながら他界していきました。侵略者が敗退しても残された多くの遺棄弾による被害が出ました。後年日本の元兵士が「腹いせに井戸や畑に捨ててきた」と誇らしげに言うのを聞きました。戦争とは、誰が何のために、命じた天皇はこの事実をどう考えるのか？「天皇の為に死が名誉」「名誉の戦死」殺人も又名誉ですか？本来侵略を国民に命じた当時の政府は、何を求めたのでしょうか？戦後の日本の侵略行為を受け継いだ現政府の行動を見れば一目瞭然です。

新中国建国により、新しい国つくりに国中が沸き返っていた一九五三年私は父母の待つ日本に帰りました。想像した日本は？卑屈なほどにアメリカ賛美の日本を見るほどに、異質な現実に戸惑い、ここは私の住むところではない、との思いが募りました。

父母の他界を見送ってから、再び東北へ、私が知らない歴史の真実を求めて。八〇年代、７３１部隊遺跡陳列館。社会科学院の研究者と侵略の跡も生々しい現地を訪れました。調査部隊を統率した故歩平先生は一同に告げました。「被害者体験者は年々少なくなる、我々は貴重な彼ら被害者・英雄たちの残した一言一句を後世に残そう、これこそが我々の使命だ」

若い彼らの想いが今の私の原点です。

地元発行の記録を元に体験者を訪ね、記録の再確認を始めました。各地に累々たる被害者の山、炭鉱に、日軍要塞跡に。

これが戦友たちの言うあの「日本鬼子」の仕業か？改めて眼前に広がった事実に、過去の反省も知識もなく、只、戦友たちの温かい環境に甘えた愚かさを改めて思い知らされました。戦友は何故麗しい故郷を捨てて、なれない手製の武器を手に強大な鬼に立ち向かったのでしょう。戦いの中に……、野営の夜、降るような星空の下で、わが故郷を歌う低い歌声が思い出されました。

私はまぎれもない侵略者の娘、現代日本で安楽を享受し、依然として日本の現政府による他国侵略を米国と共に武力容認する限り、犯罪の加害者と何処が違うのか？

時代は愚かに昔を依然として固執する日本政府を放棄して、新しく平和へと動いています。

古来、中国・朝鮮・ロシア各隣国三国は、兄弟であり、敵ではありません。現実は中国へ、朝鮮へ一歩率直な目で足を入れれば、平常な人なら誰でも感じることです。

東北ハルビン郊外、滔々と流れる松花江の流れは、幾千幾万の抗日戦士の抵抗ゆえに殺害された思いを飲み込んだまま流れています。

歴史を背負っているはずの国会議員ら各位が、この事実をどう考えているでしょうか？歴史は終わっていないのです。「へーそうだったの」「でも信じられない」若い方々からの或る日の講演会でした。　繰り返します。

「知った」「判った」……、では私たちは今何をしなければならないか？　大企業の利益優先で兵器産業に尽くすことがいかに愚かなことか……、各位と共に改めて考えてみたい。そして行動しよう。と最早老骨、動けないわが身を恥じながら御礼の筆を執りました。

山邉悠喜子　拝　八月四日

◆

山邉様、ありがとうございます。

七月号掲載の七・七集会の武吉次朗関東日中平和友好会顧問の講演の中に、

「国共内戦で負傷した解放軍兵士らの治療に、血液検査をしている暇がないほどの緊急時に日本人が『わたしはO型です。わたしの血液を使って下さい』と輸血に応じたことが中国人を感激させた」と、ありました。

そして今回、山邉様のお便りの中の、

「私は、東北民主連軍（後の第四野戦軍）一兵士です」

「七・七当日の武吉講演にある衛生部隊の一員です」

「緊急を要する傷兵には時機を待つことは許されません。苦痛に耐える人々を眼前にして輸血はごく自然の自発行為でした」と、あります。

何という巡り合わせでしょう。武吉講演の「輸血の日本人」と「衛生部隊」の山邉さんとの重なり・・・・

書くこと、訴えること、知らせること、伝えること、手渡すことの力に驚愕さえ覚えました。

◆

言葉は、形はなく、力もないものに思えますが、人の心をつかむや、たび重なる敗北にもかかわらずついには正義を打ち立ててきたように、その力はあらゆる暴力をしのぐことができます。ファシズム、天皇制、軍国主義、帝国主義は大きく人々の前に敗退していきました。

確かに、パレスチナや難民に象徴されるように、暴力は依然として力を持ち、猛威を振るっています。しかしナチスがユダヤ人虐殺のゆえに裁かれたように虐殺者はいずれ同じように裁かれるでしょう。

この項を終えようとしている昨日、図書館の『日本軍の毒ガス戦』（共著者に山邉様）の傍らに旧知の北村小夜さんの著書があり、その中に『再び住んでみた中国―長春（旧新京）で日本語を教える』の紹介がありました。「救護看護婦として中国（旧満州）で終戦を迎え、八路軍と共に大陸を歩いた後復員した」との記述・・・・、邂逅、僥倖・・・・。

「魯迅：其实地上本没有路，走的人多了，也便成了路
実際、地上に道は初めからあるのではなく、多くの人が歩くから、それが路となるのだ」

（編集係）

その夢の地に今回旅することが

第三七次訪中団　塚田　修

はじめに

小学校の図書館で見つけた「さまよえる湖　ロプノール！」私がシルクロードに興味を抱いた始まりである。その後「NHK特集シルクロード」が夕日を背にした砂漠のキャラバンと石坂浩二のナレーションで評判となり一大ブームとなった。敦煌・莫高窟・河西回廊・天山山脈・西域南道・トルファン・タクラマカン砂漠・楼蘭そしてロプノール。その夢の地に今回旅することができた。

シルクロード

7月28日早朝羽田を発ち北京へ。1泊した後いよいよ新疆のウルムチへ。世界で一番海から遠い都市、北京から2000㎞、普通、高度10000フィートを飛ぶ飛行機は雲の上であるが、砂漠地帯の上空は雲が薄く草木一本もない茶色の山肌が見えた。年に数度の雨が何万年も掛けて山を削って谷を作る。その奥には山頂付近に雪を抱いた天山山脈。谷の出口から流れ出る川、その周りの緑。まさに鳥瞰図。期待通りであった。ウルムチ着、135万人の大都市、高層ビル群と渋滞と地下鉄工事。「砂漠のオアシスの町」とのギャップに驚愕。これはトルファンでも同じであった。昼食後は新疆ウイグル自治区博物館見学。歴史の解説と出土品の見学等で明日以降の見学に備える。

3日目は160㎞離れたトルファンへ。途中ゴビ砂漠には1万本を越えるかと思われる風力発電の風車群。日本でも伊豆半島の突端と北海道で見たが多くて10本。文字通り桁違いである。また、新幹線と高速道路の建設工事も着々と進んでいた。都市のビル群と併せて、日本の高度成長期のような勢いである。カレーズ（地下水路）は天山山脈の雪解け水を砂漠の下にトンネルを掘ってオアシスまで運んだもの。もちろん手掘りである。莫高窟とも併せて考えると、この地域の地盤は比較的掘りやすいものと思ったが、ガイドの話ではかなり堅いとのこと。専門家の意見を聞きたいところである。その後、交河故城。

4日目の高昌故城と同じく5世紀に成立した漢族の国の城跡。当然宗教は仏教である。つまり、この地は、古代よりウイグル族・漢族・モンゴル族等の諸族が盛衰を繰り返していたのである。そして現在はウイグル、近隣の中央アジア諸国と同じイスラムである。この点がこの地域の政治的な困難さと同時に、経済的な可能性を生んでいるように思われる。　中央アジアのイスラム諸国を通ってヨーロッパに繋がる「一帯」一路。ウルムチとカザフスタンのアルトマイを結ぶ線路上に、優に50両を越える貨車列車が見られたのはその象徴である。4日目は前述の高昌故城、西遊記で有名な火焔山、そして千仏洞。ここは悲惨なものであった。イギリスのヘディンと日本の大谷探検隊と偶像崇拝を否定するイスラム教徒によって、運び出され、あるいは破壊されていた。

この時かつて海外旅行経験豊富な英語の教員と大英博物館について議論したことを思い出した。「大英帝国時代の負の遺産」である。という私の指摘に対して、彼は「博物館に保管することによって保存された。あの時代彼らにその力はなかった。」と、ならば、保存も保管も可能になった今こそ、元の持ち主に返すべきである。と私は言ったが、これに彼は明確な返答ができなかった。これについては、ガイドの楊さんも大いに賛同。

5日目は中国のスイスとも呼ばれる天池、日本の蓼科(夏、一番過ごしやすいところ。と私は思っています)のような気候で景色はそれ以上、写真で見たまさにスイスのようでした。

6日目北京に戻り中国人民記念館・盧溝橋見学。(ここの感想については他の団員に譲ります。)7日目帰国。

おわりに

今回の旅、新疆であったことが二重の意味でよかった。一つ目は当然シルクロードである。40年前あこがれた頃は、テレビで見るだけで将来訪問できるようになるとは思ってもいなかった。そんな夢が今回図らずも叶ったわけである。二つ目は新疆。北京や上海のような完成した街でなく、至る所でクレーンが林立し地下鉄工事がすすみ、一歩郊外に出ると新幹線や高速道路工事がすすんでいる。そして風力発電。経済発展の途上を直に見ることによって、そのエネルギーを感じることができた。脅威すら感じた。私が為政者ならこの国と軍事的に対立することの無意味さを理解するだろう。それは対米戦争の二の舞、反省しないのが我が国民の特性、ではあまりにもむなしい。「決められる政治」を標榜する以上「大局観」を持って欲しい。彼らが非難する中国にはそれがある。新疆で正にそれを見た。

伝統的な家族制度に固執し少子化対策に手を打たない。複数のノーベル賞受賞者の進言にも拘わらず教育予算を削り、基礎研究は無駄と言う。人口を減らし、科学力を進歩させない国に、経済大国も軍事力強化も画餅である。確かに今回の旅で共産党政権に批判的な人とふれあう機会はなかった。貧富の差もかなりのもののようである。人権問題も抱えている。

しかし私自身は草の根レベルの人の交流が両国間の友好に一番有効であると信じる。ある程度の理性と知性を持った人たちは民族・宗教・体制を越えて理解し合える。日韓の間の島に上陸した大統領を熱狂で迎える韓国人とそれに反発して在日韓国人にヘイトスピーチを仕掛ける日本人は同類である。大統領は間違っていると言う韓国人と、ヘイトは絶対に許せないという我々は絶対に理解し合える。次の機会には人的交流を期待します。(埼玉・会員)

中国の風力発電

出典：フリー百科事典『ウィキペディア（Wikipedia）』

中国の風力発電では中華人民共和国における風力発電の事情について述べる。中国は風力発電の分野で世界をリードしており、世界最大の設備容量を持つのみならず、発電施設建設数の急成長を維持している。広大な陸地と長大な海岸線を有する中国は、きわめて豊富な風力資源を持っている。利用可能な発電容量は陸上で2,380 GW、洋上で200 GWと見積もられている。2015年には中国の風力発電の設備容量は30.5 GW増加して総計145.1 GWとなり、発電量は国内総消費の3.3%にあたる186.3 TWhを記録した。同年、中国は風力発電の設備容量と導入容量のいずれについても世界の首位に立ち、設備容量74.4 GW、導入容量8.6 GWであった2位のアメリカに大差をつけた。しかし設備利用率で中国は大きく後れを取っており、発電量ベースのランキングでは発電量190.9 TWhのアメリカが僅差で首位を占めている。中国政府は2020年までに風力容量を250 GWに引き上げ、全消費電力の15%を再生可能エネルギーで賄うと公約している。2015年末の風力発電の設備容量ランキングは1位中国、2位アメリカ、3位ドイツ、4位インド、五位スペイン、六位イギリスの順である。中国は風力発電を経済成長の重要な要素とみなしてきた。ハーバード大と精華大学の研究者による試算では、2030年には風力発電で中国国内の電力需要を完全に満たすことができる。しかしこれまでの実情としては、中国における風力エネルギーの活用は、風力発電能力の著しい充実ぶりに必ずしも見合ったものではない。

新疆の風力発電所

韓国旅行記

関口　賢

台湾旅行が好きな友人に誘われて台湾には4回出かけ、いつの間にか台湾を一周していました。台北をはじめ都市には日本語表記と日本のキャラクター商品があふれていて台鉄（台湾鉄路）にはキティちゃんが全面に描かれた列車まで走っていました。

一方、台湾と同じく日本の植民地支配を受けた韓国はどうなのか？興味は持ちながら韓国に行く機会がありませんでした。今回、韓国語を学習し何度も韓国を訪れている本会会員の秋山二三夫さんからお誘いを受け、秋山良子さん（二三夫さん以上に韓国語が堪能）夫妻、会員の茂木厚子さん、同じく会員の須永規彦さんと一緒に首都ソウルに行ってきました。ソウルに単独行されていた会員の長沼清英さんとも現地で合流しました。8月27日（月）から29日（水）二泊三日の短い旅でしたので、多くを語れるほどの経験はできませんでしたが、日韓の過去と現在を考える機会になりました。

日本女性に人気の韓国旅行

「冬ソナ」からはじまった韓流ブームが過ぎても、韓国に興味を持ち渡航する女性が多いようです。JTB総合研究所の実態調査によると、韓国を訪れる日本人旅行者の約6割は女性で、近年は特に20代女性が急増中とのこと。また、20代女性は7割以上が女性だけで出かけていると報告しています。報告通り、往復の機内は若い日本女性のグループが多く、ソウルでも多く見かけました。

（チマチョゴリで市内を散策していた日本女性のグループ）

無臭の東京、異臭？の台北・ソウル

東京都内では、どの街に行っても臭いを感じることはありません。でも、台北もソウルも大通りから路地に入ると、様々な臭いが混じった不思議な香りがしてきます。東京は自分に嗅覚があることさえ忘れそうなくらい「無臭」の「清潔」が当たり前になっています。しかしその分、台北やソウルの持つ「多様性」やバイタリティを失ってしまったような気がします。

タプコル（パゴダ）公園

ソウル駅から近い地下鉄チョンノサンガ（鐘路3街）駅の近くのインサドン（仁寺洞）にあるホテルに宿泊し、そこから徒歩数分の公園を見学しました。パゴダの名は李氏朝鮮王朝の王室の護寺だった円覚寺の遺跡

である石塔から来ています。三・一独立運動の発祥地で、独立宣言書が読み上げられた場所として有名です。三・一独立運動を記念するため１９８０年に建てられた記念塔に漢字・ハングル・英語で独立宣言書が刻まれています。また、１９１９年３月１日、この公園から始まり韓国全土に広がった独立万歳運動の様子を刻んだレリーフが並んでいます。独立宣言書を朗読する場面や、チュンチョンナムド（忠清南道）・チョナン（天安）市で万歳運動（独立万歳と叫びながら行なうデモ）を計画・指揮したとされるユ・グァンスン（柳寛順）などが描かれています。

西大門刑務所歴史館

日本が植民地時代に独立運動家らを収監し、第二次大戦後は韓国政府が使った獄舎などを保存公開しています。ソウル市の北西、地下鉄独立門駅近くの西大門独立公園内にあり、植民地時代の監獄や死刑場、独立運動の取り調べの様子を史料や人形で再現しています。２０１０年の改修後は凄惨な拷問描写は減らして、韓国の民主化運動の展示をしたそうです。私たちが見学した時には、韓国軍の若い兵士と思われる人たちが研修に来ていました。

ソウル日本大使館前の「平和の少女像」

日本政府は「慰安婦像」と呼び、韓国政府に撤去を申し入れている像は今も置かれています。２０１７年９月に像のあるチョンノ（鍾路）区が像を区の公共造形物に指定し、区では一方的な撤去・移転ができなくなる法的根拠が整ったとしています。

（埼玉・会員）

北朝鮮問題とは何か（8）

歯車はゆっくり回ればいい

島貫　隆光

ポンペオ国務長官の三回目の訪朝では正恩と会うことが出来ず、トランプのサイン入りのリトル・ロケットマンのCDを手渡すことができなかった。正恩は何をしていたのか。このところ正恩は中朝国境近くの農場まわりに注力しているという。

八月、四回目の訪朝を予定していたポンペオ国務長官に対してトランプは中止を命じた。このところ北朝鮮の非核化の進展がみられないからだという。六月十二日の米朝首脳会談から二カ月たつが、いまだに非核化の道筋はつけられていない。さすがのトランプもカンニン袋の緒をきらしたのだろう。しかしそれでもなおトランプは正恩を名指しで非難してはいない。代わりに習主席のことを非難している。とんだトバッチリだが、トランプはどうしても正恩を非難するわけにはいかない事情がある。それは中間選挙を目前にして米朝会談が失敗だったとは言えないからだ。

この二カ月間何があったのか。アメリカは北朝鮮に非核化の行程表を提出するように求めており、北朝鮮は朝鮮戦争終結宣言をするように求めていた。ここで両者がガチンコ対決で一歩も引かぬ状態になっていたのである。要するにメンツ張りあいだ。両方一緒にやればすむことを先にやろうとするからダメなのだ。入り口論で二カ月を空費したのだ。これはどちらが悪いということではなくて、メンツの張り合いだからどう仕様もないのだ。

しかしここに来て若干動きが出てきた。九月六日文大統領の特使として訪朝した鄭義溶国家安全保障室長は記者会見で正恩がトランプの一期目の任期（二〇二一年一月）内に朝鮮半島の非核化を実現したいと述べたと発表した。又、九月十六日〜二十日にピョンヤンで南北会談を行うことも発表した。東京（九月七日）には大統領ブレーンの文正仁・外交安保特別補佐官とのインタビューで南北会談で終戦宣言に関する具体策が練られるとの指摘があり、APECなどの機会を利用して年内の可能性もあると述べている。

私は現在の状況について七月号で、もし非核化できないということになったら正恩の夢は永遠に達成できないと分析した。非核化ができない限り制裁の解除はなく、制裁の解除がない限り経済活動はできないからだ。日経で、六月十二日の米朝首脳会談の時に、シンガポールで投資家の会合があり、そこで話題になったのは北朝鮮の豊富な地下資源の開発に関する投資の問題だった。投資家にとっては、政治はどうでもいいから、もうけ話があればどこへでも食らいつくということだ。しかしこれにもひとつ疑問があって、モンゴルにも豊富な地下資源が眠っているという話があるが、ここで経済発展がみられるという話はあまり聞かない。あそこは、国土は日本よりも大きいけれども、人口は横浜市の人口より少ない。北朝鮮は人口は多いから、あるいは経済発展の余地はあるかもしれない。

私が七月号で述べたのは、あくまでも私の理論上はそういうことになるということであって、現実がその通りに行くとは言っていない。ただ道筋としてはそういう方向に行かなければならないし、行くだろうと言っているだけだ。つまり非核化への道は遠いが多くの苦難を乗り越えて、そういう方向に向かわざるを得ないということなのである。正恩は二〇二一年までと言ったのだからそれを待つしかないだろう。歯車はゆっくりまわればいいのだ。おそらく九月の三回目の南北会談で、そのあたりの道筋がある程度明確に示されるのではないだろうか。文大統領は米朝の動きは同時にやればいいという考えで、私と同じ考え方をしているから、その方向でトランプと正恩の仲を取り持つことになるだろう。いつもながらこの三者のタッグが重要になってくる。

九月九日、朝鮮独立七十周年記念大会では中国がナンバー3を送り込み、ICBMの展示は控えるという気配りをみせた。これはトランプに対する明確なメッセージである。大体正恩の考えが透けて見えるだろう。

トランプも早速これを歓迎する言葉を述べているが、いずれにしろこれは単なる表面的なパフォーマンスであって、実質的な進展には関係ない。一刻も早く実質的な進展につながる仕事を始めるべきだ。本当はここで日本が一枚かむことができればいいのだが、これまでラチと制裁しか言わない日本に出る幕はない。

大体日本の政治家は今一体何を考えているのだろう。アベ3選をむかえて今国内では意味のない総裁選が行われようとしている。八割以上の議員がアベ支持を表明し、お祭り騒ぎを演じているが、アベは三選して一体何をしようというのか。細川は疑問を呈している。「選択」九月号の巻頭インタビューで次のように述べている。

いったい、何をやりたいのでしょうかね。安倍首相からは、総理在任歴代一位とか、東京五輪をやりたいとか、私的名誉欲しか見て取れない。西郷隆盛のいうリーダーに最も必要な「無私」を感じない。

「無私」は謙虚さに通じ、人を見る目も培われる。首相の周りに忖度する人ばかりが集まり、率直に意見具申する人がいないのも、このためだろう。

私が安倍政治に最も欠けていると思うのは、「情がない」ということだ。

憲法改正については次のように分析する。

首相は「戦後レジームからの脱却」と言うが、先の戦争と敗戦をどう位置づけるかという、指導者として最も重要な歴史観となると、明確には語っていない。国策の歴史評価について「専門家等により議論されるべきだ」として、逃げている。自衛隊の憲法への明記という、形だけの改正は、憲法改正を歪曲化するものだ。

アベノミクスの効果については否定的だ。景気や雇用、企業収益はいくらかよくなったが、それは、日本銀行の金と年金の資金で（株価を）膨らませているだけで、財政はとんでもない状況に陥っている。国民はそのことに懸念を持ち始めている。それだけに、財政規律重視の岸田文雄政調会長の総裁選不出馬は、残念だった。

私は経済のことは全く分らないが、アベが国の借金を二００兆増やしたということだけは分る。今の企業のもうけは、この借金そのものなのだ。私は今、日本が第二の敗戦を迎えていると考えている。それは敗戦後、日本が借金をチャラにしたことを記憶しているからだ。新円という形で日本政府は国民の資産を凍結し奪ったのである。今、日本の借金は千二００兆、利払いだけで国は破産状態なのだ。これが私のいう第二の敗戦だ。いずれ国は国民の資産をチャラにするしかなくなる。アベノミクスはその時期を早めただけなのだ。私はこのことを枝野に話したことがあって、彼はその時、それはネライ目だと答えた。私は野党がこれを徹底的に追及すべきだと考えている。今国民は赤ん坊にいたるまで八００万円の借金を背負っているのだ。安穏として生きているわけにはいくまい。若い人達にこれを負わせるわけにはいかないのだ。そして若い人は大いにがんばっている。私はアメフト問題を取り上げた時、胸がスカッとしたと言ったが、その後、ボクシング、今回は体操協会とスポーツ界の問題が取り上げられている。私はこのことをアベ政治のアナロジーとみて取り上げている。すなわち権力は腐るという考えである。いたるところにプチ権力が現れて問題が出ているのだ。ここにみられるのは、人事権を握った権力者がすべてを牛耳るという構図なのである。現在内閣が官僚の人事権を握っているのが、諸悪の根源だ。もともとこれは橋本行革によって、それまでの官僚天国にメスを入れたものだったが、官僚主導が内閣主導に変っただけで、権力者が悪ければその構図は変らないということなのだ。

それにしても、アメフト部といい、今回の体操協会といい、十八才という若者が権力者に一人、立ち向かう姿はアッパレというほかない。これを見て内心ジクジたるものを感じる政治家はいるだろうか。おそらくいれば今のアベ一強はない。やる前から結果の分かっているような総裁選。これを支えているのが議員だ。ガン首並べてアホウ共がうごめいている。まあ日本の政治について、私はとうの昔にアイソをつかしているが、改めてこういう姿を見せられると十八才の少女が光って見えるのだ。体協のドンたちは最初これを無視していたが、メディアでわれに利あらずと見ると一夜にして態度を変えた。おそらくここには大きな変化が見られるだろう。

体操に比べるとボクシングのドンは、私より一回り若いというのに明治時代の日本人のように古めかしい御仁で、可愛げがある。アッサリ身を引き後腐れがない。

私はつくづく参政権を十八才に引き下げてよかったと思っている。そこらの議員にくらべて判断力もあり、第一に勇気がある。私はこれからの日本を若い力に任せたい。その光が見えてきた。

報道によれば、正恩はトランプに書簡を送り二回目の首脳会談を要請したという。文大統領が仲介したものだろうが、アメリカもこれには積極的で、年内には実現するだろう。おそらくここで一段と具体的な非核化への道筋が見えてくることだろう。

アメリカが求めているのは核兵器の現状に関する情報の開示であるが、これは国家機密に属する情報であってオイソレと開示することのできる性質のものではない。北朝鮮の言い分としては、それだけの情報を開示するためには、アメリカ側もそれに見合うことをしてくれるべきだということだ。たとえば朝鮮戦争終結宣言とか、大使館の設置など、具体的な行動をして欲しいということだ。これが共産圏特有のザラミ・ポリティーク、小出しにする交換条件だ。私の言う対等の交渉というのはこのことなのである。これまで言ってきたように、正恩が制裁に負けて白旗を掲げた敗残兵ならば、ボルトン方式でやられても仕方がないが、これまで私が言ってきたのは、正恩が核兵器を持つことによって、対等の立場でアメリカと交渉する権利を得たとする考えからは、こうした交渉がなされるべきなのだ。トランプもまたそのことは認めているはずだ。

いずれにせよ、おそらく年内には二回目となる首脳会談が行われることになるだろうから、それを待ちたい。

九月十二日ロシアでプーチンがアベに対して日ロ平和条約の締結を年内にもやろうじゃないかと、サプライズ発言をしてきた。ただし前提条件なし。つまり北方領土問題を棚上げにしようということだ。私はそれでもいいのではないかと考えている。なぜならば棚上げにしない限り永遠にできないからだ。菅は相変らず日本のスタンスは不変だと言っているが、それは外交の無力さを表明しているだけだ。日中も尖閣を棚上げして結ばれていることを考えるべきだろう。

日本は外交のみならず、この二年間内政も経済もガタガタだ。すべてモリカケとソンタクのせいだ。日本中が機能マヒに陥っている。野党もダメだし、どうしようもない。これはリベラルの衰退とも期を一にしている。私は岸井の死について書いた時に述べたが、「選択」の記事によると長年続いた日曜朝の政治番組が年内でなくなりそうだという。トップの交代によるものらしいが、これまたソンタクなのだ。そういえばこの番組にはアベは出たことはないが、石破はしょっちゅう出ているし、アベ批判の論者が多いのだ。

もう一つ、私がリベラルと考えている日曜のＴＢＳサンデーモーニングの司会者関口宏について「北朝鮮との"友好"を愛する名司会者」として紹介されている。

（埼玉・会員）

【参考文献】

・「シリーズ　日本虚人列伝　関口宏」（中宮崇）
　正論　八月号

・「巻頭インタビュー　細川護熙」
　西郷隆盛の「無私」がない安倍総裁
　選択　九月号

【今月の本】エルネスト・チェ・ゲバラ著
『モーターサイクル南米旅行日記』
棚橋加奈江訳　現代企画室１９９７年初版

著者は、あのゲバラ。とは言っても二三才から二四才にかけて「ボデローサⅡ号」（ノートン５００型のモーターバイク。「ポデローサ」はスペイン語で「強力」の意味。今回の同行者、アルベルト・グラナードが購入した中古バイク）に跨がるも、すぐに涙の別れ、野宿、ヒッチハイク、いかだで南米大陸を縦断した時の日記。

一九二八年、アルゼンチンの裕福な家に生まれ、四一年に高校入学、父の書斎のボードレールやマラルメなどに熱中する。喘息に苦しみつつもラグビー、サッカーを愛し、四八年にはブエノス・アイレス大学医学部に入学する。

同行者アルベルト・グラナードは数年年上で、ハンセン氏病を専攻、急進的な考えを持つ医師、かつダンスの名手。

二人はロシナンテよろしく「ボデローサⅡ号」を駆って一躍旅に出るが…。筏「マンボ・タンゴ」号でアマゾンを下り…。生硬で真摯で詩的な文、揺籃期の、若きチェがそこにいる。（「数多くのベトナム」を目指しボリビアで処刑。享年三九才）

実は映画化された『モーターサイクル・ダイアリーズ』(2004年) をたまたまNETFLIXで観たのが先だ。

美男のチェ、色男アルベルト、二人の俳優に魅せられる。

そしてまたまた、図書館で本書を見つけ、思わず小躍り。

「（バスクア島への密航船に）僕らは何食わぬ顔で入り込み、トイレに閉じこもった。それから先の僕らの仕事は、誰かが近づいてきた時に、ただ鼻声で『駄目です』とか『ふさがってます』とか言えばよかった」

「（チリの）政治情勢は混沌としており元首の座を狙う者が四人いるが…最後に続くのはサルバトーレ・アジェンデという人民戦線からの候補者」（後の、あのアジェンデ大統領だ）

子を友人に託し銅山に向かうチリ人労働者夫婦は、失踪し海に沈められた共産党仲間たちを語る。一転、宴会で誘われた女性の夫と怒り狂ったその仲間からの遁走。

思索と悪戯を綯い交ぜにグラナードとの二人旅は続く。

二〇一八年度総会及び懇親会報告

加藤富士雄

八月二六日(日)二時より浦和の埼玉会館にて総会が開かれました。

沖松代表幹事は挨拶で「政府主導で明治一五〇年の祝賀を行おうとしているが、これは基本的にまちがいである。敗戦後、日本は平和憲法を前面に出して行動してきた。しかし、安倍政権は戦争のできる国にしようとし、さらにアメリカがらみの戦争にも加担しようとしている。戦争はいかに無意味なものか、いかに人を不幸にするかを学んだはずなのに。今こそ一人でも多くの人に戦争の悲惨さを伝えるべきである」と述べました。

続いて自己紹介に入りました。その中で印象に残っている言葉を列挙します。

・「父は生前『俺も戦争で二〇人くらい殺してしまったなあ』と言っていました」

・「『カネにならない仕事ほどいい仕事はない』とよく言われています。そういう意味からも『日中友好八・一五の会』の活動はとても大切だと思っています」

・「子どもを通して社会を見ると知らなかったことが見えてきます」

・「次世代に伝えていきたいものがあります。私の場合は『クリーンな環境』です。そういう意味からも反原発の運動は大切だと思って行動しています」

・「これからも平和運動のバトンをつないでいきたい、と考えています」

次に二〇一七年度活動報告及び決算報告に入りました。組織・活動委員会、会誌編集委員会、財務委員会、対外交流委員会、事務局長報告がなされました。

続いて幹事選出・役員選出に入りました。沖松代表幹事をはじめ各役員が承認されました。その後、二〇一八年度活動方針、行動計画が承認され、二〇一八年度予算も全員一致で承認されました。(尚、二〇一八年度活動方針と行動計画は会誌「8・15」の裏表紙に掲載されています)

　そして、いよいよ意見交換の時間に入りました。今年は二本の柱で討論しました。

　一本目は「七・七集会の総括と来年の集会の方針」です。来年の「七・七集会」は、わが「『8・15』の会」が主催になります。その為この柱が立てられました。「ぜひ来年の集会は二〇〇名以上が参加するようなものにしたい。そのために準備実行委員会をつくり、きめ細かな計画を立て、成功させたい」という結論に達しました。

　二本目の柱は「平和運動の大切さを次世代へバトンタッチできるように！」です。いろいろな意見が出されましたが、その中でも講演会をはじめわれわれのいろんな活動に若い世代を誘うこと、その流れの中で大学で沖松代表幹事の講演会を開いたらどうか、という提案がありました。

　その後、議長解任、閉会宣言・事務連絡があり、閉会しました。

　総会終了後、午後五時に同じ埼玉会館の中にある“ビストロ・やま”にて懇親会が開かれました。

　代表幹事の挨拶の後、中国大使館の邵宏偉一等書記官より挨拶をいただきました。

　その内容は、「現在、中日関係は少しずつよい方向に進んでいます。以前は厳しい状態の時がありました。そういう時も、そして現在も「日中友好『8・15』の会」の役割はとても大切であります」というものでした。このように評価していただき、われわれ『8・15』のメンバーの一人としてとても嬉しく思っています。

　また、中国大使館・友好交流部の王暁瑩さんより自己紹介の挨拶がありました。その後、乾杯の音頭があり、懇談に入りました。和気あいあいとしたムードはとても好感が持てました。
　そんな中、参加者の一人である埼玉大学名誉教授の鎌倉孝夫さんの挨拶が心に残りました。
　「私は以前から代表幹事である沖松信夫先生を尊敬し

ておりました。一貫して平和運動をなさっています。今、こういう時代だからこそ「日中友好『８・１５』の会」の活動が大切であります」と、いうものでした。

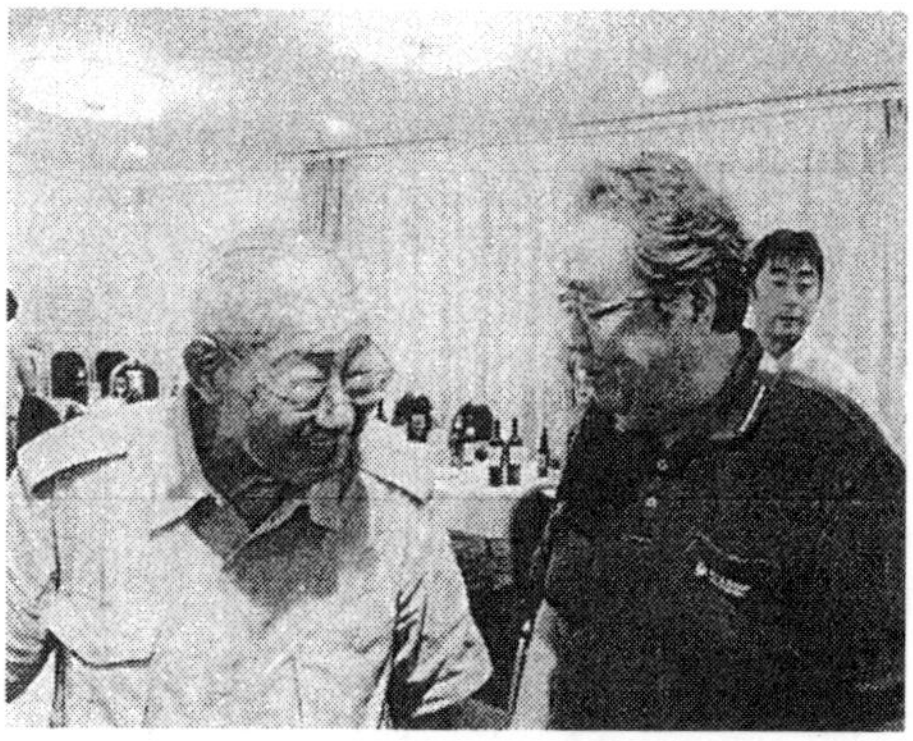

その後もとても有意義な挨拶を何人かの参加者にしていただきました。このような和やかな雰囲気の中で会は終了しました。

（埼玉・常任幹事）

会員近況 （総会出欠の返信です）

相変わらず何とか農業をやっています。皆様によろしく

寄居町　青木美恵子

8／21～29と軍隊を捨てた国、コスタリカを訪問します。

平和外交でノーベル平和賞をもらったアリアス元大統領や関係する方々との懇談が入っています

久喜市　折原利男

昨年の総会ではお世話になりました。企画実現へ向け頑張ります

大阪市　映像記録

体が思うように動かなくなり、出かけることができなくて申し訳ありません。でも、がんばろうと思います。

熊谷市　山川重雄

体調を崩し療養しております

東京北区　安藤喜生

盛会をお祈り致します。元気でやっております

熊谷市　谷　俊夫

欠席申し訳ありません

所沢市　小池　眞

毎回お声がけしていただきありがとうございます。今回も申し訳ありませんが会議が入っており欠席させていただきます

行田市　山本喜久治

現在は、一口で歳のせいでしょうか？　目が耳が言うことをきゝません。同時に歩行困難、申しわけありませんが、浦和まで行くことは出来ません。

只一言、過去の犯罪に反省のない現政権に同意できません

八王子市　山邊悠喜子

今七〇です。アコーディオン、ピアノ、ボーカル、狂言を習ってます。

最近テレビ見過ぎです。いろいろな所に社会の劣化が見られうんざりです。特に大学入試の不正は日大(四〇数年前)で終わっていたと思ってました。高校教員にとって入試での不正入試、男女差別は大問題です。大学の先生に問いたい。不正入試やってますか

足立区　横山憲夫

川越市　高橋正平

残念ながら浦和までは体がきつく中々行けませんので宜しくお願いいします。

入間市　日比章湖・将人

章子は章湖と改名致しました。登録をし直して頂ければ幸いです

鶴ヶ島市　川村訓史

ご盛会をおいのりしています

水戸市　日野　詮

夫婦二人で元気に暮らしていますが、家内の認知力が低下し、長時間一人にすることに不安を感じています

熊谷市　荻野一郎

自治会役員として地域活動に奮闘しています

熊谷市　闞　慎

日々の生活は何とか独りでまかなっておりますが、遠出は控えて居るので不悪。会の益々のご活動を祈り上げます

群馬吾妻　湯本里子

元気に動いております

さいたま　倉持光好

申し訳ありません。当日他の用事があり参加できません。よろしくお願い致します。

熊本市　上村文男

角膜手術をして最近読み書きがやっとできるようになりました

深谷市　宮嶋　敏

8／25、26と組合の合宿のため参加できません。盛会を祈念します

坂戸市　武井　誠

坂戸・鶴ヶ島地区のヒロシマ市民の描いた原爆絵画展と重なってしまいました。すみませんが欠席します。

宮城・登米　三上良喜

散歩　晩酌１合

熊谷市　磯部雄二

とくに変わりなく元気です。週の大半は、ステンドグラス制作に励んでいます

熊谷市　小川美穂子

残念ですが、他用あり、申し訳ないです。７／７、お世話になりました。魂の八月、心してと期しています

水戸市　榎戸吉定

元気ですがまもなく八〇才になります。いつものこと欠席で申し訳ありません。
皆さんによろしくお伝え下さい。総会の御盛会を祈っております

川越市　日置　登

元気ですが、家事などで、あまり外出できない状態です

世田谷区　金子広太郎

当年九十歳。余命を数えながら読み残した本の山を一冊づつ崩している毎日です。盛会を祈ります。

川口市　羽田良介

高教組の合宿と重なっており申し訳ありません。

小川町　富岡和朗

九月八日(土)平和のための小川町「戦争展」で沖松信夫様に戦争中の体験談をお話ししていただくことになりました。期待しています。

高崎市　竹田久枝

ご案内をありがとうございました。お陰様で周りに助けられながら何とか一人暮らしを続けております。ご盛会でありますように

足立区　小鍛治格

胆管炎、胆管結石で入院中です

深谷市　柴崎葦津子

お世話になります。楽しみにしています。

熊谷市　安倍正剛

熊谷平和市民連絡会を組織して活動しております

狭山市　遠藤十九子

変わらず過ごしております。皆様のご活躍をお祈り申し上げます

熊谷市　石橋肇・咲子

熊谷はとても暑くてひっくり返りそうですが、何とか、熱中症にもならずに過ごしています

無事に中国から帰国しました

深谷市　笠原博之

毎度の事ですが小原庄助《グウタラ》さんしてますが先日の四一・一度あきれてます尋常じゃ御座いませんそれで庄助さんしながらひばりさんになり「酒よどうすればいいのこの暑さ」とうわごと言ってますが熱中症でしょうか。暑さお大事に

深谷市　浅田英治

翌日早朝より旅行のため、総会のみで失礼いたします

熊谷市　関口　賢

寝込んではいませんが歩行困難のため欠席します

武蔵野市　谷口末廣

大腿骨折の後、現在療養中です。沖松先生にどうぞよろしくお伝えを！

さいたま市　沖　唯夫

「日中友好8・15の会」へのおすすめ

私たちの会は、かつて侵略した中国をはじめ、アジア諸国、さらには広く全世界に対し、「反戦・平和」と平和憲法の順守を誓い１９６１年に創立し、すでに５０年以上経過しました。会員は元軍人と趣旨に賛同した戦後生まれの人たちも参加しています。会員には会誌『８・１５』（月刊）を毎号お届けし、また年１回の中国訪問団（見学、友好交流）への参加や当会が隔年に受け入れている中国からの研修生との交流・意見交換への協力をお願いしています。

会費は年額１万円、学生会員は3000円です。会誌購読のみを希望される購読会員は年間6000円です。

皆さんの入会、会誌購読によって「反戦・平和」「日中友好」の声をますます大きくしたいと希っています。

《申し込み先》　〒125－0032　東京都葛飾区水元３－３－４

小林悦子方　日中友好８・１５の会

TEL&FAX　０３－３６２７－１９５３

郵便振替口座００１２０－６－２７４１５

私記　日中戦争史　年老いた幼年生徒は今何を思うか』

志々目彰著」を読む(4)

長谷川善夫

第四講　私小説的日中戦争史論の続き（二〇一〇・〇二）

「親父」の背中

「陸軍幼年学校では生徒監を密かに親父とよぶ伝統があった。初期の幼年学校で生徒の父親年代の人が生徒監だったかららしい」（志々目さんは一九二八年生、四二年入校）

「戦争末期は生徒との年の差が十年程でしかなかったが、その背中に見たものは今も鮮やかである」

「私どもの三年間には四人の親父が交代して、どの人にもそれぞれの印象がある」

「最初は進藤生徒監だった。一七期違うから実年齢が三〇歳そこそこながら親父に見えた」

「在任は四月から夏休みまでで、熱血こめて『明治天皇み論しの　わが陸軍の健男児』という軍歌を教わったのと『二・二六事件の将校たちは最も優秀で最も純粋な人達だったが、命令なくして軍隊を動かしたことは許されない』との訓話だけを覚えている」

「生徒たちには『昭和維新の歌』（五・一五事件の三上卓の作詩、今でも右翼の街宣車が流している）

「進藤親父は転出し五歳若い青木さんになった。この人も冬休みまでで陸大へ行った。身近な生徒監で戦後の自衛隊に奉職した唯一の人。謹厳と刻苦精励に軍服を着せたような人。それ以外の印象は薄い」

（「親父」、天皇を頂点としたパターナリズム？　将校さえも独立した人格としては育てなかったのだろうか）

《パターナリズム（英 paternalism）とは、強い立場にある者が、弱い立場にある者の利益のためだとして、本人の意志は問わずに介入・干渉・支援することをいう。親が子供のためによかれと思ってすることから来ている。日本語では家族主義、温情主義、父権主義、中国語では家長式領導、温情主義などと訳される。語源はパトロンの語源となったラテン語の pater（パテル、父）である。実力が無い、または劣ることが判明しても即解雇にはならない雇用制度や、成果よりも企業への在籍期間で出世や給与が決まる年功序列制度の企業のように労働者を子として面倒を見ているような企業運営を経営パターナリズム、経営家族主義とする：Wikipedia》

（次ページは志々目さん御誕生以降の出来事）

28 昭3	**2.第一回普通選挙**（無産政党８人当選） 3.三・一五事件（共産党員大検挙） 4.第二次山東出兵 **6.張作霖爆殺事件（満州某重大事件）** 治安維持法改正（死刑・無期刑） 8.不戦条約
29	**3.山本宣治刺殺** 4.四・一六事件（共産党員大検挙） 10.犬養毅立憲政友会総裁
30 昭5	4.ロンドン海軍軍縮条約 統帥権干犯問題 9.桜会の結成 **11.浜口首相、狙撃され重傷**(31.8没)
31 昭6	1.血盟団結成(井上日召) 3. 三月事件(「桜会」・大川周明ら軍部内閣樹立の陰謀) 3.中村大尉事件 7.万宝山事件 **9.-18 柳条湖事件(満州事変)** 10.十月事件(再度の軍部クーデター計画) 12.金輸出再禁止(管理通貨制度に移行)
32 昭7	1.第一次上海事変 2.血盟団員、前蔵相井上準之助射殺 リットン調査団来日 3.-1「満州国」建国宣言 -5 血盟団員、三井合名理事長団琢磨射殺 5 **五.一五事件(政党内閣崩壊)** 9.日満議定書
33 昭8	2.国際連盟、撤兵勧告案を42対1で可決 **3.連盟脱退を通告** 5 塘沽停戦協定 6 日本共産党佐野・鍋山獄中で転向声明
34	3.「満州国」帝政実施(皇帝溥儀) 4 帝人事件 12.ワシントン海軍軍縮条約廃棄通告
35 昭10.	**2.美濃部達吉の天皇機関説問題化** **6 梅津・何応欽協定** 8 国体明徴声明 11.冀東防共自治委員会
36 昭11.	1 ロンドン軍縮会議脱退 **2-26 二・二六事件** -27 東京に戒厳令(-7.) 5 軍部大臣現役武官制復活 6 帝国国防方針の改定 8「国策の基準」決定
37 昭12.	**7.-7.盧溝橋事件** 8 第二次上海事変 政府、国民政府断固膺懲の声明 10 国民精神総動員 中央連盟設立 **11.日独伊三国防共協定** 大本営を設置 12.-13.南京占領(南京大虐殺)~38-2
38 昭13.	1 国民政府を対手とせず声明 3.「黙れ事件」 **4 国家総動員法公布** 5 徐州占領 7.張鼓峰 事件 10 広東占領 武漢山鎮占領 11.東亜新秩序建設を声明 12.近衛三原則声明
39 昭14.	2 海南島上陸 4 立憲政友会分裂 **5 ノモンハン事件** 7.米、日米通商航海条約廃棄通告 8 平沼内閣、独ソ不可侵条約締結について欧州情勢は複雑怪奇と声明し総辞職 9 大本営、関 東軍にノモンハン作戦中止を命ず **9 第二次世界大戦勃発** 政府、欧州戦争に不介入を声明 11.日米国交調整につき野村外相・米グルー大使会談開始
40 昭15.	**2 斉藤隆夫、軍部批判演説** 3.汪兆銘(精衛)、南京に親日政府樹立 **6 新体制運動** 7 社会大衆党・立憲政友会解党 8 立憲民政党解党 **9 北部仏印進駐 日独伊三国同盟** 10 大政翼賛会発足
41 昭16.	3.治安維持法改正公布 **4 日ソ中立条約調印** 日米交渉開始～12.-7. **7.南部仏印進駐** 8 米、対日石油禁輸の措置 **9 帝国国策遂行要領を決定** 11.-26 ハルノートで回答 12.-1 御前会議で開戦決定 **12.-8 マレー半島奇襲上陸、 真珠湾奇襲攻撃 対米英宣戦布告**
42	2.シンガポールの英軍降伏 4.米機日本本土を初空襲 **6.ミッドウェー海戦で敗北**
43	2.ドイツ、スターリングラードの戦いで敗北 **5.アッツ島守備隊全滅** 9.伊、無条件降伏
44	**7.サイパン島守備隊全滅** 7.東条内閣退陣 **10.神風特攻隊の出撃** 10 レイテ沖海戦敗北
45	3.硫黄島守備隊全滅 **4-1 米軍、沖縄本島上陸** 5.ドイツ、無条件降伏 **8-6 広島に原爆投下** 8-8 ソ連、対日宣戦布告 **8-9 長崎に原爆投下** **8-14 ポツダム宣言受諾** 8-15 天皇、終戦の詔書放送

「青木さんの後はその一期後輩の本城さんだった。幼年校は東京だけで一期五〇人だった頃の人達である。この人については前号で書いた」

「本城さんの後の一年三ヶ月はその同期の鶴川道美さんだった。戦車兵で剣道の達人」

「戦争の話題は滅多になかった。一度何かのついでに、米軍は軽戦車でも我が軍の対戦車砲弾をピンポン玉のように跳ね返すと聞いた」

「ある日曜日に「親父」のお宅に遊びに行ったとき(幼年校では生徒が生徒監の支度へ行ってくつろぐ習慣があった)「ヨーロッパの戦場だよ」と言って何枚かの独ソ戦の写真を見せられた。今考えるとクルスクの大会戦(１９４３年初夏、キエフ西方のクルスク付近における戦闘)だったのではないか。両軍共に何百という戦車の縦列が対峙している壮大な情景だった。日本の戦車が非力であることを誰よりも知っていたはずなのに論評も批判も一切なかった。


玉砕とか特攻とかいうようなことについての訓話も記憶にない。予科士官学校に進んでからは「ここは死ぬことを教える学校である」という説教に溢れていたと多くの同期生が証言する。

《クルスクの闘いの独ソ両軍の戦力と損害。下はノモンハンでの日ソ・蒙軍》

力〉 ドイツ	ソ連
(擲弾兵)開戦時	歩兵(狙撃兵)
00	1,910,361
2,928	戦車 5,128
機 2,110	航空機 2,792〜3549
砲、大砲等 9,966	迫撃砲、大砲等 25,013
の反撃時 912,460	赤軍反撃時 2,500,000
3,253	戦車 7360 迫撃砲、大
砲、大砲 9,467	砲 47,416

害〉 ドイツ	ソ連
	初戦 177,847
	戦車、大砲 1614〜
戈 54,182	1956
工 323	航空機 459〜1,000
軍反撃時 戦死・戦	合計戦死・戦傷・捕虜
捕虜 364,000	863,000
工 600〜1612	戦車 6,064
空機 618	航空機 1626〜1961
	迫撃砲、大砲 5,244

	日本	ソ連・モンゴル
総兵力	58,000	69,101・8,575
戦車	92 輌	438 輌
装甲車	—	385 輌
火砲	70 門	542 門
戦死	8.440	9.703

（クルスクの戦いの規模はノモンハンの戦いの比ではない。兵力・死傷者共に桁が違う。後に圧倒的な米軍との戦力差に置かれたフィリピン防衛線指導の朝枝・堀両少佐の「皇軍の編成・装備・戦法は日露戦争以来はたして、いくばく進歩せりや」の無念さ。

ノモンハンで、全滅寸前に撤収した井置連隊長に敗北の責任をかぶせ自決させた参謀本部に生徒監は絶望し、哀れみをもって志々目さんたち生徒に接したのか。

志々目さん入校の翌年四三年は、前年のミッドウェー海戦敗北、クルスクの闘いのドイツの敗北、イタリアの無条件降伏、アッツ島全滅。迫りくる破局の中で幼年学校生を前にした鶴川生徒監の心境はいかに）

既に戦力差は十倍以上となっていたが、それでも井置捜索隊は弾薬尽きるまで戦い続けた。その頑強な抵抗は戦後にソビエト連邦共産党中央委員会附属マルクス・レーニン主義研究所が編纂した『大祖国戦争史（1941～1945）』に記述されるぐらいであったが、24日には800名の兵員の内戦死182名、負傷183名で半分の兵員が死傷しており、食糧・弾薬も尽きかけていた。指揮官の井置は拳銃で自決しようとしたが、部下に制止されると、24日の16時には日本軍としては殆ど前例がない独断での撤退命令を出した。残存兵269名は奇跡的にソ連軍の重包囲を掻い潜り、オポネーまで撤退した。散々ソ連軍を足止めし大損害を与え、「ジューコフが指揮官なら井置に勲章を授けていただろう優秀な指揮官」とも賞された井置は、独断撤退を荻洲や小松原から責められ、ノモンハン戦停戦後9月16日に自決している(Wikipedia)

「私は幼年校生徒になってからも夢見る少年で課業中でもボーッとしていることがあった。鶴川親父に『オイ、何処をみている』と言われてハッとする。そんなことが一度ならずあった。といってどやされたことはなかった。

この生徒監はある時『相手の身になって考えろ』という訓戒をされた」

「鶴川さんも戦後の自衛隊には行かず、亡くなる十年ほど前、『生徒監殿はなぜ自衛隊に入らなかったのでありますか』との問いに『ああいうのは一度ご奉公すればよい』とだけ答えた。質素な暮らしだった鶴川さんの、その何気ない口調も忘れられない」

（『ああいうのは一度ご奉公すればよい』「質素な暮らし」「その何気ない口調」、何という潔さ）

『秘史・東条英機暗殺事件』

「平成十一年、鶴川さんの葬儀で生徒一同を代表して私が弔辞を読んだ。鶴川さんたちの東京幼年三五期からは大本営参謀だった久米五郎さんが弔詞を述べられた」

「そのご縁で暫くして久米さんから『秘史・東条英機暗殺事件』という原稿のコピーを頂いた」

「久米さんは昭和一五年、同期生津野田知重と共に陸士50期の先陣として陸大に入る。津野田さんは恩賜(優等生に天皇から銀時計または軍刀が授与された)で卒業。石原莞爾の同志であった今田新太郎少将の影響を受ける

(以下、その要約)

「津野田は今田から東條批判を聞き、この戦争に勝ち目はない、余力を残す今和平の手を打つべきで、その限度はサイパンである。東條はこの難局を器量はないので、東久邇宮首班による強力内閣の実現を図る。東條が肯んじない時は暗殺もやむを得ない」

一九年六月、南京で知遇を得ていた三笠宮の賛同の賛同を取り付けた後石原将軍を訪問する。

「石原は熟慮の後同意したが宮様への過大な期待を戒めた」

この訪問が貞明皇太后の耳に入り、問い詰められ三笠宮は書面を差し出した。津野田は憲兵により勾留される。昭和二〇年一月軍法会議、民間人は不起訴、釈放。津野田のみ懲役二年・執行猶予二年、官位剥奪。一兵士としての徴兵は免れた。

父は日露戦争乃木第三軍の津野田是重参謀。母は長野の名門小坂家の出。小坂善太郎、徳三郎代議士とは従兄弟。その縁で戦後は財界首脳の顧問などを勤めた。

陸士や陸大の集まりには遂に出なかったが、鶴川生徒監が事業に失敗して苦境にあった時、電源開発へ就職を斡旋。昭和六二年七月脳溢血で逝去。

(津野田の処分が軽いのは出身・閨閥、三笠宮、東條辞任、敗戦必至などが理由か)

「日中友好」の生徒監

「親父の中には戦後を日中友好に捧げた人もあった。となりの訓育班担当であった笠時乗さんである。中国大陸で野戦兵団参謀としての経験から、日中は共存共栄すべきとの信念を強め現役自衛官を含む「旧友会」を結成して度々訪中、周総理などとの知遇も」

私の「遠藤三郎閣下と同じですか」との問いに「違う、遠藤さんは完全非武装だが私はそうではない」

「笠さんの人脈は宇都宮徳間代議士や自民党の日中友好派に近かったようだ。しかし公安警察には永く監視されていたし、偕行会からも疎外されていた点で遠藤三郎さんと同じである」

以下は大阪幼年の最終四九期生の酒井大蔵『笠時乗―その人と足跡―日中友好人士小伝』から

粛清作戦の中で

旅団長が「味方地区の住民は徹底的に可愛がれ、敵地区の住民は徹底的にやっつけよ」何と無謀なことを言うのか。敵の優勢な地区は住民もろとも一気にやっつけてしまえとは肯んじられない。笠参謀は真っ向

から反対した。『それでもKD(カデット:士官候補生:ここでは幼年学校出身者)ですか』とまで旅団長に反問したという。

(日中戦争の特徴である戦時国際法無視の旅団長の言動・行為への難詰と告発。この頃の幼年学校出身者には公正な資質・知識共に備わっていたということか)

太原残留

「終戦直後の折衝や引き揚げ手配　中国側の第一戦区司令部が進駐『あなたのことは十分承知している。何事もあなたの思うままに実施してよい』　前線での対峙や工作の中で笠参謀の姿勢がよく知られていたからだという」

「澄田賚四郎司令官以下の第一軍首脳は、日本の再起のためと称して山西の帝王閻錫山に協力し大本営の指令を黙殺した。命令によって多くの将兵を残らせ、その半数近くが人民解放軍に殲滅される。澄田らは陥落の直前に脱出。数年後帰国した兵士たちは国に補償を求めて裁判に訴えるが、未帰還は自己責任と見なされて敗訴する。残留の経過は映画『蟻の兵隊』に詳しい」

(撫順、太原戦犯管理所や中国帰還者連絡会との関係、『蟻の兵隊』の内容、澄田司令官と大本営、さらに米国・GHQとの関わり)

戦争を私物化した軍人たち

「大阪幼年五期の酒井隆中将について『日本の戦史別巻・陸士・陸幼』(毎日新聞社一九八一年刊)に〈陸軍の"中国通"の一人だがその中国観が他と変っていた。…昭和十年六月の梅津・何応欽協定は一切口頭で行なわれ、交渉に当たったのが駐屯軍参謀長酒井少将で、その独断的な強硬態度が反感を買い戦後、中国・国民政府側に銃殺刑に処せられた〉とある。…出張中の司令官に報告もせず勝手に進めたと記録されている。戦争の私物化ではないか」

「幼年校五期生は明治三七年の入校で、まさに日露戦争の申し子である。日露戦での勝利がアジアの覇者を以て自任する奢りを生み、漢民族の操縦という高慢な意識もこの世代の軍人が育てた。明治はよかったと言い切れないし、後の世代もそれに従属した責任から逃れられない。

戦後、陸士出身者の間で東京幼年のドイツ語班が国を誤ったという説があるらしい。一理ある解釈だが、私は幼年学校出身者の"中国通"に大きな責任があると思う。『わが国の戦争は義戦』と教えられた少年たちが、なぜ一方的な中国蔑視論者になっていったか。現代のネット右翼の歴史認識とも関連するが解明されてない課題だと思う」

(破滅的な頭脳、田母神統幕長しかり。安倍首相ら改憲オタク、メディアの反中国・朝鮮煽動、小池都知事の朝鮮人虐殺の否定。亡者としか言いようがない。中国も朝鮮も歴史を忘れるはずはない。日本の若者や哀れ)(東京・常任幹事)

八月の常任幹事会

日時　八月二六日（日）　十三時～十四時
会場　埼玉会館（浦和）５B会議室
出席者　沖松・落合・高橋・長沼・秋山・加藤・佐藤・日森（八名）

［報告］

1　訪中団について
・六名で無事行ってきました。大変な歓迎も受けました。
・移動が長いのと暑さのため体調維持がむずかしかったです。

2　小林事務局長の怪我について
・左手首と大腿骨付近を痛め入院中です。
今後の『８・15』の発送作業をどうするのか検討が必要。

［議題］

1．本日の総会について
・役割分担の再確認と意見交換の柱について

2　編集委員会
・巻頭言は金子さんにお願いする。
・37次訪中団報告記など

3　常任幹事会について
・次回は九月二九日(土)生涯学習センターにて行なう予定。

◆

編集を終えて

今月号も皆様のお陰で豊かな誌面を組むことができました。ありがとうございました。

寄贈誌より と 事務局月報 はお休みです。

「トリチウム水の海洋放出」が進められようとしている。そもそもがメルトダウンした原子炉への地下水の流入が原因なわけで、小出裕章氏などが主張していた、鋼鉄で囲い流入を防ぎ空冷・浄化してしのぐという方法をとらずに、識者が不可能と警告していた凍土壁方式を強行したのに端を発する。

希釈して放出するとしているが2011年12月28日のNHK『追跡！真相ファイル』でも報道されたように米国の原発周辺では脳腫瘍や白血病死が多発しており、国内でも玄海泊両原発でも同様の報告がある。

海水のトリチウムは海産物から、海水から水蒸気になれば雨となり飲料水や農作物から体内に取り込まれ、DNAにも入り込む。

自然界にもある、濃縮しない、内外の原発で既に放出と、謬論・暴論を政府・新聞・御用学者・東電・原子力規制委が流している。

福島県漁連や公聴会出席者のほとんどが反対し(44人中42人)、タンクでの貯蔵を提案している。

半減期が短いのであればなおさら貯蔵すればいい。つい最近、近畿大学が成功したトリチウム水の除去法も進めればいい。（毎日新聞018・8・27）

汚染水は今も増え続けている。無謀な凍土壁固執の裏にリニア新幹線の長大なトンネル建設で採用される破砕帯掘削の凍土方式との関連を見るのは半可通の穿ちすぎだろうか。

『８・15』二〇一八年九月号
二〇一八年九月一五日発行
定価　５００円（送料とも）
編集人　長谷川善夫
発行人　沖松信夫
印刷所　（有）イワキ
発行　日中友好８・15の会
〒125－0032
東京都葛飾区水元３－３－４
小林悦子方
Tel & Fax　03－3627－1953
郵便振替　00120・6・27415
日中友好８・15の会
HP URL　http://www11.ocn.ne.jp/~donpo/
落丁、乱丁はお取り換えいたします

会　則

（名称）　第１条　本会は、日中友好元軍人の会を受け継ぐ日中友好『８．１５』の会（通称日中友好『
１５』の会）と称する。

（目的）　第２条　本会は、過去の戦争に対する反省に立脚して、あらゆる戦争準備の動きを阻止し、平
希求するために世界各国とくに中国との友好に貢献するとともに、会員相互の親睦を
ることを目的とする。

（会員）　第３条　本会は前条の目的に賛成する元軍人および賛同者をもって構成する。

第４条　本会の本部を関東地区に置く、支部を各都道府県に置く、また事務局を関東地区に置

（事業）　第５条　本会は、第２条の目的を達成するために以下の事業を行う。

１．会誌『８．１５』の発行
２．講演会、研究会の開催（平和諸団体との共催を含む）
３．学習会の開催
４．中国からの留学生・研修生の受け入れ
５．訪中団の派遣
６．その他、本会の目的達成に必要と認められる諸活動・事業

（総会）　第６条　本会は、総会を毎年１回、原則として８月15日に開催する。総会は、委任状を含めて
員の過半数の出席により成立するものとする。総会は、幹事会から、活動報告、行動
事業計画、決算、予算、役員の選出、その他、本会の運営に必要な事項について報告
案を受け、出席者の過半数の賛成により　これを承認、決定する。幹事会が必要あり
めたときは、その決議により、臨時総会を招集することができる。総会の決議に基き
問を置くことができる。

（運営）　第７条　本会の運営は、幹事会が行う。ただし、幹事会は常任幹事会にその権限を委任するこ
できる。

（役員）　第８条　代表幹事、副代表幹事、常任幹事、事務局長を本会の役員という。

第９条　役員の任期は１年とする．ただし、任期満了後も総会において新役員が選出されるま
その職務を行う。役員の重任は妨げない。

第10条　本会の運営のために幹事会ならびに常任幹事会を置く。幹事会は幹事を以って構成し
会の運営に必要な重要な会務を行う。幹事の互選により代表幹事、副代表幹事、常
事、事務局長を選任する。常任幹事会は、原則として毎月１回開催し、幹事会の委
うけて本会の運営に必要な一般会務を行う。

第11条　幹事は、会員の推薦により選任し、総会の承認を受ける。

第12条　幹事会は、常任幹事会の決議に基き、代表幹事が招集する。常任幹事会は、常任幹事
以上の発議により代表幹事が招集する。幹事会および常任幹事会の決議は、出席幹
過半数の賛成により成立する。賛否同数のときは、代表幹事がこれを決する。

第13条　本会の会議の遂行上、下記の分科委員会を設け、常任幹事会が選出した委員長が運営
に当る。

1. 組織・活動委員会
2. 会誌編集委員会
3. 財務委員会
4. 対外交流委員会

各委員会の委員は、委員長の推薦により委嘱する。

第14条　会計の監査は、会計監事が行う。会計監事は、幹事会の推薦により選任し、総会の承
受ける。

（財政）　第15条　本会の経費は、会費、寄付金、その他の収入をもってまかなわれる。留学生・研修生
入れのため、特別会計を設ける。

（会費）　第16条　会費は年額１万円とする。また、家族会員の会費は年額2,000円とする。購読会員
は6,000円とし、学生会員は3,000円とする。

第17条　本会の会計年度は、毎年７月１日に始まり翌年６月30日に終る。

（改正）　第18条　本会の会則は、幹事会の発議により、総会において、委任状を含む出席者の３分の
上の賛成により改正することができる。

（付則）　この会則は2017年８月25日から施行する。

過去の直視、これが歴史認識の原点

軍備亡国・反戦平和

２０１８年　１０月号　No.　５８７

8.15

日中友好元軍人の会ＨＰ　http://www11.ocn.ne.jp/~donpo/

10

日中友好『８．１５』の会
（日中友好元軍人の会）

創立宣言

戦争の罪悪を身をもって体験した、わたくしども元軍人は、心から人間の尊厳にめざめ、戦争を否定します。

わたくしどもは、過去の反省に立脚し、戦争放棄と戦力不保持を明示した日本国憲法を順守し、真に人類の幸福と世界の平和に貢献せんがため、本会設立の趣意書ならびに会則にのっとり、同志相携えてあらゆる戦争を阻止し、戦争原因の剪除に努め、進んで近隣諸国とくに中国との友好を進めんとするものであります。

ここに終戦の記念日を卜して本会を設立するにあたり、万世のため太平を開く決意のもとに日本の更正を誓った当時を追憶し、戦没の万霊に額ずき、ご遺族をはじめ戦争の被害者ならびに軍靴で踏みにじった戦場の住民各位に深く遺憾の意を表しつつ宣言します。

１９６１年8月１５日

日中友好元軍人の会

二〇一八年度　活動方針

われわれは、創立宣言に則り、次の活動を行なう

一、平和憲法を守り抜くため、広く非武装中立・軍備亡国を訴え、組織の強化・拡大に努力する。

二、過去の侵略戦争に対する反省に立脚して、中国をはじめ、アジア近隣諸国、さらには世界各国の平和を希求する人々との友好・提携に努める。

行動計画

一、違憲の安保法制を強行し、憲法改悪へ向かう安倍内閣のあらゆる策動を許さず、特に憲法9条を守るために活動している諸団体の運動に積極的に参加する。

二、戦争に直結する集団的自衛権の行使を認めず、名目の如何にかかわらず、自衛隊の海外派遣、多国籍軍への支援に反対する。

三、広島・長崎の被爆の歴史に基づいて、核の廃絶を広く世界に訴える。日本政府に核兵器禁止条約への参加を求める。エネルギー変換、脱原発をめざす。

四、沖縄の民意を無視した辺野古新軍事基地建設等に反対し普天間を始めとする全国各地の米軍基地の縮小・撤廃を求める。

そのためにも日米安保条約の解消とそれに代わる日米友好条約の締結を提唱する。

五、日・中・韓・朝の障壁になっている歴史認識問題、戦後処理問題（従軍慰安婦、強制連行・強制労働などに関する訴訟・賠償請求）の早期解決を求めていく。

六、中国国際友好聯絡会研修生受け入れと公私訪中派遣を通して、民間レベルでの友好・交流の強化を図る。

【巻頭言】「ストップ・ベゾス法案」

Stop Bad Employers by Zeroing Out Subsidies

(BEZOS)「補助金をゼロにして悪い雇用主を阻止せよ」

『8・15』編集係

十日の毎日新聞のコラム『水説』〈sui－setsu〉に面白い記事が載っていた。以下、多くなるが紹介。

〈「ベゾスを阻止せよ」＝福本容子

サンダースさんをご記憶だろうか。前回の米大統領選予備選で民主党候補の座を、ヒラリー・クリントンさんと競った、熱血バーニー・サンダースさんのことだ。

インターネット通販大手、アマゾン・コムの最高経営責任者、ジェフ・ベゾスさんをベタ褒めしていた。ベゾスさんといえば、世界一のお金持ちで億万長者ならぬ兆億長者。経営者ならベゾスさんを見習いなさい、とまでたたえた。

富裕層を常々攻撃してきた格差是正論者に一体何が。

サンダースさんらの非難を受けたベゾスさんが、米国内の自社最低賃金を、時給11ドル前後から15ドル（約1700円）に引き上げると発表したのだ。連邦政府が法に定める最低賃金は7・25ドルだから、15ドルといえばその倍以上になる。

大統領選前から「最低時給15ドル」を訴えてきたサンダースさん。とうとう先月、ある法案の議会提出を果たした。その名も「ストップ・ベゾス法案」。食料支援など公的補助を受けている低賃金労働者のいる企業に、補助金と同額の税金を新たに支払え、という過激な内容である。

ストップ・ベゾスは、「補助金をゼロにして悪い雇用主を阻止せよ」の英文の略語というが、アマゾンのベゾスさんを思い浮かべるのが普通。

政治圧力の無視は危険、と直感したのだろう。最低時給15ドルをのんだのだった。大喜びのサンダースさん。矛先をマクドナルドに移し、15ドル要求を続けている。

賃金上昇なき経済成長のなぞ――。好景気が続き、失業率は歴史的低さなのに、なぜか賃金が上昇しない。先進国に共通した悩みだ。

経済協力開発機構（OECD）の報告書が挙げた背景の一つが気になった。労働組合など集団による賃金交渉の弱体化。サンダースさんはそれを補完する存在なのだろう。

アベノミクス6年目の日本も、賃上げなき成長の代表だ。かつて55％を超えた労組の推定組織率は昨年最低の17・1％まで下がっている。

今月、最低賃金が引き上げられ、東京都では27円アップの985円となった。どう見るべきか。今の為替レートで8・7ドルほど。1ドル＝100円で計算しても9・8

ドルだ。一方で高収益をたたき出す企業。財務省の統計によると、利益を賃金などに回さずため込んだ内部留保は、昨年度４４６兆円にもなった。６年連続の過去最高更新である。

なのに「〇〇を阻止せよ」運動は起きない。この国に足りないもの。それは労働者の怒りとそれを束ね、形にする政治家だ。（論説委員）〉

この記事のままではよく分からないところがあるのでネット検索。すると、以下引用で恐縮。

〈Ro Khanna 議員（民主、カリフォルニア選出）とともに、Stop Bad Employers by Zeroing Out Subsidies（BEZOS）という名称の法案を提案した。Sanders は今日ワシントンで記者会見し、彼が考える"今日の米国における大きな経済危機"に的を絞った法案を発表した。

「失業者率は低いものの、何百万という国民が家族を十分に養うことができないような低賃金で働く事態に終止符を打つ」。Sanders は記者団に対しこう述べた。「今日、米国には下50%よりも多い富を持つ最も裕福な人が３人いる」。この法案は"従業員が500人以上の企業に、低い賃金で働く従業員が受け取っている連邦補助金と同じ額を課税する"ためのものだ。

法案名、そして最近の Sanders の言葉からもわかるように、Sanders は特に Amazon のトップ、Jeff Bezos を標的にしている。

「Amazon の創業者 Jeff Bezos は地球上で最も裕福だ。今年の初めから、彼の資産は毎日２億6000万ドルずつ増えている」と Sanders 事務所が出したリリースにはこう書かれている。「一方で、何千という Amazon の労働者は賃金があまりにも安く、フードスタンプ（食料品購入のための公的補助）に頼っている」。

これについて、Amazon は Sanders の主張が「不正確で人々の誤解を招く」とし、「Sanders 議員が策を弄する間に、我々はキャリアチョイスプログラムを通じて従業員のスキルアップを図るのに実際にお金を費やしている」と反論した。

今回の件について Amazon はコメントを拒否している〉

おもしろいので、またまた引用で恐縮至極。

〈民主社会主義を標榜するバーニー・サンダース上院議員（無所属、バーモント州）は先週、「Stop Bad Employers by Zeroing Out Subsidies Act」（通称 Stop BEZOS）と呼ぶ、新たな法案を議会に提出した。

法案は従業員数が500名以上の企業に対し、低所得の従業員が政府から受給している公的扶助と同等の金額を、税金として政府に納めることを義務付ける内容となっている。

対象となる従業員の契約形態は、フルタイムからパートタイム、インディペンデント・コントラクターまでを含み、公的扶助の範囲は、補助的栄養支援プログラム（通称フードスタンプ）、メディケイド、児童給食制度や住宅法第８条に規定される補助費用などが含まれる。

法案は、一部企業の従業員に対するこれらの支出を市民の税金で賄う代わりに、企業に負担を求めるものだが、実質的に企業に対して賃金の上昇を迫るものとなる。

「Stop BEZOS」の名前にあるとおり、法案は、サンダース氏がここ数ヶ月間にわたり非難を展開してきたアマゾン社などの企業が念頭に置かれている。

サンダース議員は会見で、アマゾンのジェフ・ベゾス最高経営責任者（CEO）について「今年初めから、資産が毎日26億ドル増加しているが、ベゾス氏が数千人の従業員に支払っている賃金はかなり低く、彼らは生き抜くためにフードスタンプやメディケイド、住宅助成制度に頼らなければならない」と述べたほか、アリゾナ州のアマゾン従業員の1/3、ペンシルバニア州とオハイオ州の従業員2,400名がフードスタンプを受給者であることや、アマゾン倉庫の従業員の賃金が産業平均と比べ９％低いなどの調査結果を発表。

「ベゾス氏、ウォルマートのウォルトン家、その他の億万長者に、最低の生活賃金を労働者に支払うことをやめさせる。」「この国の納税者はもはや最富裕層を援助することはない」と狙いについて語った。

◆　◆　◆

引用だらけになってしまったが世の中は持ちつ持たれつ世は情け、たりないものは貰い、あまるものは回す。

バーニーは1941年９月８日生まれ。当年七七歳。あの「大東亜戦争」開戦の年だ。再婚、互いの連れ子四人と七人の孫。興味がわくがまた後日。

米国の状況は日本の何年か先の姿だ。当たり前だ。サッチャリズム=レーガノミクスをパクったアベ（ホ）ノミクスなる亡国の政策を布いているのだから。この悪政は国民の責任などでは決してない。世間はみな人をそれほどワルとはおもわない。相身互い、助け合い、信じ合って暮らしている。泥棒や詐欺師や乱暴者ばかりだったら世は成り立たないからだ。

しかし、そこにつけ込むワルはいる。人の裏をかき金儲けを企み、あげくは戦争を起こして人を死なせる凶悪な連中だ。人はどうなろうが滅びようが自分とその係累さえ生き残れば、それでいいと思っているヤカラだ。しかし、誰もいなくなれば自分もいられないことに気付かない。

沖松先生に戦争体験を聞く　第四回（十一月二五日）

第四回聴き取り　大宮　生涯学習センター

聞き手　山田正美

●航空科へ転科してからどんな訓練が行われたのですか

「昭和一九年四月に陸士を卒業して四〇〇名が航空科に転科しましたが、その中では戦闘機が一番多く、その他に比較的近い場所を偵察する「軍偵」（襲撃機）、遠いところを偵察する「司偵（司令部偵察機）」、軽爆撃機、重爆撃機と、五つに分かれます。戦闘機が二八〇名であとはそれぞれ三〇名。爆撃機三〇名は九七式と百式で一五名ずつに分かれて訓練しました。

昭和二〇年二月まで「乙種学生」という身分で浜松で訓練してから、熊本の隈ノ庄飛行場に移りました。名古屋が盛んに空襲されるようになったので危険だったのです。九州はまだそれほどでもなかった。三月末に訓練が終わり、4月初めから福井県の三国飛行場で訓練開始となった。

●いつ頃、特攻隊への配属が決まったのですか

「昭和二〇年の二月頃、浜松から熊本の隈ノ庄へ移りました。浜松飛行学校時代の身分は「乙種学生」で、それが終わる頃だったか、特攻志願をするかどうか、の調査がありました。部隊によって調査のやり方は違っていたようです。私たちは白紙を渡されて、「志願せず」、「志願」の二つの中から選ぶ、という形でした。士官学校を出て志願せずとは書けない。その場にいた仲間たちは「志望」か「熱望」と書いたと思います。もう戦局から言っても特攻しかないだろうと、思っていました。

通常の爆撃の訓練もしましたよ。例えば「跳飛爆撃」という訓練があった。上空から爆弾を船に落としても中々船は沈まない。そこで船の横っ腹に中てるために低空で飛んで爆弾を投下し、爆弾は水面を跳ねて真横から敵艦に命中させるものです。しかし非常に難しいし、爆弾を投下した後、敵艦の上空を飛び越えなければならないので、そこで撃ち落とされる可能性が高い。それなら最初から体当たりした方が戦果があがる、というわけです。

昭和一九年の一二月には浜松から四式重爆撃機九機でサイパンを爆撃したことがありました。硫黄島まで行って一泊し、サイパンを攻撃してからまた硫黄島へ戻り、それから浜松へ帰還するというコースです。でも帰ってきたのは一機だけでした。美濃大地震の日だったから、よく覚えています。飛行場で帰還を待っていたら大きな地震がきたので。硫黄島までは一〇〇〇㎞くらい、それからサイパンまでがまた一〇〇〇㎞くらい。飛行機はだいたい二二〇〇～二五〇〇位しか飛べない。サイパンまで行けないことはないが、片道だけになる。硫黄島が陥落した後でも、浜松

からサイパンを直接攻撃しようとした計画もあったんですよ。それは挺身隊というのです。サイパンへ行って敵前に胴体着陸して戦闘用員を送り込む。全員死ぬ覚悟です。操縦士も降りて一緒に戦う。まあ実際にはやりませんでしたが。重爆撃機の訓練を受けた者は三〇名いたけれど、二つに分かれました。特攻隊か、挺身隊かどちらかです。

●「特攻を熱望する」と三月末に書いて、それから四月末に命令がきた時には特攻とは分からなかったのですね。

「特攻隊」とは言われていませんでした。三月末から福井県の三国飛行場へ移り、四月いっぱい、一か月は訓練を続けました。ようやく四月末には命令がきました。「熊谷飛行学校第二四錬成飛行隊の中で、新しい部隊をつくるので赴任せよ」、というものです。三〇人の中から陸士五七期生から三人、五三期生から一人、全部で四人が選ばれ、列車でいったん浜松へ行き、飛行学校の師団長に報告してから熊谷へ向かうことになりました。浜松駅に着いたのはもう夜中だったのですが、飛行学校の同期生たちがたくさんいた。彼らはこれから特攻隊として赴任する仲間を見送りに来ていたのです。浜松で一緒に訓練を受けていた三人で、西那須野飛行場へ行け、と命令を受けていました。見送りに来ていた仲間達が私達にも「しっかりやれよ」と声をかけてきた。何のことか、と思っていたら「なんだ、知らないのか。お前たちも特攻隊だぞ」と言われ、そこで初めてわかったのです。

●重爆撃機の操縦訓練を受けてきたのだから、特攻になることはないと?

「いや、そうではないです。爆撃機は特攻しない、というのは特攻のことを理解していないからですね。陸軍の最初の特攻隊「万朶隊（ばんだたい）」は昭和一九年の秋、茨城の軽爆撃機の飛行学校から選んだ。二番目は「富嶽隊」で、これは重爆撃機の特攻隊で浜松の飛行学校で編成されました。

隼などの戦闘機も特攻しましたが、実際には戦闘機は二五〇キロの爆弾を積んだらフラフラになって飛ぶのがやっと。たとえば隼は時速三五〇キロですが、二五〇キロの爆弾をつけたら速度は出ません。一人乗りなのに四～五人乗っているのと同じですから。九七式戦闘機のように車輪が引っ込まない旧式のものや、練習機を使った特攻もありましたが、爆撃機の方がはるかに特攻には良いのです。

●命令を受けるまで特攻隊員になるという実感はなかったということですか？

「というより、四月末に命令を受けた四人の中に古参大尉が含まれていたからです。その人はすぐに少佐になりましたが、そんな人が私達と同じように特攻隊長になるなんて考えられなかった。実際に赴任してみると、その大尉が第261振武隊、私は262振武隊の隊長で同格だった。だからまったく予期していなかったのです。まさか、そんな少尉三人と同格の隊長になるとは考えられなかった。だから特攻とは思えない。新設部隊をつくるのだろうと、勝手に思いこんでいたわけです。

●実際の特攻隊となり、自分なりの納得の仕方とは

確かに希望調査で「特攻を熱望」と書いたのですが、実際に命令されるのとは全然違う。後悔しました。簡単には納得できないが、どうにか自分なりにも気持ちをまとめなければならない。運が悪かった、時代が悪かった、なぜ特攻を熱望なんて書いたのか、とかなぜ士官学校なんか入ったのかな、と。いろんなことを考えた。そんなことを考えてなんになる、みんな死ぬんだから、とも考えた。

●士官学校に入ったこと自体も後悔したのですか

私は士官学校に中学四年生で一年早く入った。同級生で中学五年で受験して士官学校に入った五八期生は一人も戦死していない。私は戦争を始まる前に士官学校に入ったけど、五八期生は戦争に間に合わなかったのです。私は一級早く士官学校に入学したことで戦死の多かった五七期生になったということです。ただ、私は士官学校に合格した時のことを思い出してみると、このために命を捨てることになるのでは、という予感のようなものがあったようです。母親がこんなことを言っていました。「姉さんはあなたが小さい時から士官学校に入りたいとずっと言っていたのに、いざ合格してみると、そんなに喜んでいないようだ」と言っていたと言いました。

人生塞翁が馬ということわざがあります。そういう考え方をしていたのかもしれません。普通なら大喜びすることですが、大変なことになるかもしれないよ、と。同期生がたくさん戦死した中で、なぜ私が特攻隊で死なずに長生きしたのか。なぜ死ななかったか考えてみると、色々な理由がありました。重爆撃機の操縦士だったということもある。重爆は操縦技術の習得に時間がかかる。戦闘機の場合は訓練期間が短いので、すぐに特攻隊で死んだ。

●つまり操縦技術の習得に時間がかかったから、その間に戦争が終わった、ということですね。

「私が士官学校の成績が悪くて、航空科へ転科したのも幸運だった。地上兵科へ配属された人はすぐに戦場へ出て行ったから戦死しますよね。言葉を変えると私はモタモタしていた。地上兵科から航空科へ転科したり、重爆撃機の操縦訓練を時間かけてしていたり、戦場へ中々出なかったことが関係していたかもしれないですね。だから有頂天になってはいけない。何が落とし穴になるかわからないですね。

（続く）

戦後70年

1945年8月15日　特攻出撃の日だっ

今だから　私は語る

……に出撃を命じられたが、終戦を迎えて命拾いした90歳の元特攻隊員が、長い沈黙を破り、自らの体験を若い世代に語り始めている。命が軽く扱われるのが戦争だという意識が、多くの人から薄れてきたと感じるからだ。

命・平和「重く受け止めて」

埼玉県熊谷市の沖松信夫さん(90)。日中全面戦争のきっかけとなった盧溝橋《ろこうきょう》事件から78年を迎えた今月7日、東京都内の中国大使館に講演者として招かれ、こう語った。

「日本国民として生まれたからには、死にたくないと言えば非国民とみなされた。特攻隊員は、命を惜しんではいけなかった」

「平穏な生活が一番幸せなんだと、特攻を命じられて初めてわかった」

同期が「戦果」

広島県呉市生まれ。静岡県の浜松陸軍飛行学校で重爆撃機の操縦士になった。終戦の3カ月前、埼玉の熊谷陸軍飛行学校に新設された特攻隊「第262振武隊」隊長に任命された。

「怖くはなかったが、お袋が泣くだろうなと思うと眠れなかった」と振り返る。

重爆撃機は8人乗りだったが、800㌔分の爆弾を積むと想定して4人だけ乗り、米艦船に見立てた船に体当たりする感覚を訓練した。同期が特攻として「戦果」を上げたという記事が新聞に載ると、「俺もすぐ行く」と心の中で叫んだ。

8月10日ごろ、上官から15日午後3時に沖縄へ出撃することを命じられた。いよいよ自分の番か。死を覚悟した。「自分の一撃が米軍の本土上陸を遅らせられるなら」と、言い聞かせた。

「明日でこの世ともおさらばだ」と考えながら昼食をとっていた14日、延期の知らせを受けた。理由は伝えられなかった。翌15日、待機を命じられていた民家でラジオから流れる玉音放送を聴いた。死なずにすんだ。

安堵と怒りと

こんな助かり方があったのか――。でも、喜べなかった。何のために戦争したんだろう。体当たりしていった仲間の命は何だったのだろう。安堵《あんど》と怒りで、ラジオを聴き終えた後も一人、立ったまま泣いた。

どうして日本は戦争に突き進んだのか知りたいと思い、戦後、東京大に進んだ。近代国家としての日本の歩みを学ぶほどに、領土を広げるために武力で近隣諸国を圧迫するやり方は間違っていたと思い知った。

その後、熊谷市の定時制高校で社会科の教員を務めたが、自らの経験は、生徒場を見ていない自分に何が語れるのか、という気持ちがあった。

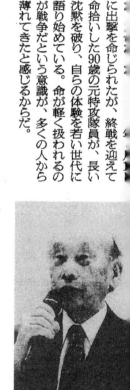

「繰り返さぬ」

話すようになったのは、軍国主義の痛みを知る同世代が減り、命を軽んじる過ちは繰り返さない、という教訓がないがしろにされていると感じたからだ。「戦中は食糧がなくても攻撃を続け、バンザイと叫んで銃剣で相手に突っ込んだ。特攻ばかりでなく、死んで当然という考え方がはびこっていた」と沖松さん。「ただ、70年間の日本の平和は仲間が命を捨てて築いたのだ。それを重く受け止めてほしい」と憤る。

2年ほど前から、地元の中学や高校で講演するようになった。「先生に『天皇のために死ね』と言われるのが当たり前だったんだよ。何が正しくて、何が間違っているのかを判断するために、しっかり学んで」と話すと、生徒は真剣なまなざしを向けてくれる。

沖松さんは言う。「あの日生き延びたから今の私はある。命が続く限り、反戦を訴える」

（今村優莉）

北朝鮮問題とは何か（9）

歯車を回すためには段階的解決のシナリオが必要だ

島貫　隆光

私が先月号で紹介した廃止の運命にある政治番組で、元中国大使が段階的解決の必要性について述べ、小泉訪朝を実現した元外交官がシナリオが必要だと述べた。

七月号で述べたように現在非核化交渉は膠着状態にあり一歩も進まない。メンツの張り合いであるが、これはもともと、トランプと正恩の会談を開くことに意義があるとして、細かい外交交渉をすっ飛ばして、綿密なシナリオなしで進められたことのツケが今回ってきているということであって、別に驚くようなことではない。事務方がこれから細かいツメを行えばいいだけのことなのだが、これが難点だ。事務方といってもアメリカにはまだ必要な人員がいないし、考え方もバラバラで、全く意見が統一されてはいない。北朝鮮側も正恩の考えが、軍部の中に完全にしみこんでいるとはいえない。双方に準備不足があるので、なかなか進められないだろう。

一方、トランプの方は絶好調だ。九月二十四日ニューヨークの国連本部で記者団に対して、正恩との二回目の首脳会談を近く行うと発表した。十八日にピョンヤンで行なわれた三回目の南北会談の結果を、その日文大統領から直接報告を受けることになっていたが、その前に首脳会談に対する強い意欲を示したものだ。正恩との関係はとてもうまくいっているとも言った。例によって予定時間に遅刻して行われた国連総会での演説で、同盟国であるドイツや中国に対して不満をブチまけた論調とは正反対の態度だ。もちろんそれには十一月の中間選挙をにらんで失敗を許されないという事情はあるにせよ異例の待遇である。シンガポール以外のところと言っているから、おそらく今度はソウルで行われるのではないだろうか。もしそうなれば文大統領や、場合によっては習近平まで加わって一気に終戦宣言まで行ってもおかしくはない。（朝日25日）

ポンペオ国務長官は北朝鮮の李外相と会談し、十月にピョンヤンで会談を行うと言い、さらに第二回目の首脳会談は、早ければ十月半ば、おそくても十一月には行われると言っている。いずれにせよ中間選挙には好材料としてブツけてくる。いい宣伝材料だ。トランプは十二分にこの好機を利用するだろう。おそらくここで非核化の行程表が作成されるのではないだろうか。というのは工程表なら、紙と鉛筆さえあれば一時間もあれば作れるからだ。核兵器の保管場所の一覧表などは、七月号にも書いた通り国家機密だからオイソレと出すわけにはいかないが、今回は匂いくらい嗅がせてくれるかもしれない。それはアメリカ側の出方次第だ。

九月十九日の南北首脳会談では、朝鮮半島での戦争の危険除去と、根本的な敵対関係解消に繋げていくことで同意した。朝鮮戦争の最前線に位置する両国が、米国はどの関係国に先んじて事実上の戦争終結宣言をしたに等しい。この延長線上に米朝間で終戦宣言をやりさえすれば、正恩も核施設の開示をしやすくなるのだ。第二回となる米朝首脳会談では、是非ともそこまでもっていってもらいたいものだ。雰囲気的にはもはやそこまで近づいているのだから、あと一歩の努力でそれは可能なはずである。

私はこれまで世界の常識と私の考えの違いとして、制裁が利いたのかどうかということばかりあげてきたが、ここに来てもう一つ違いがあることに気付いた。それは東京（2 3日）の「新聞を読んで」というコラム（目加田説子、中央大学総合政策学部教授）にヒントを得たものである。

非核化（完全かつ検証可能で不可逆的な非核化＝CVID）が重要課題であることは論をまたない。だが、これまで、自力で核武装した国が交渉で非核化した例は世界に一つもない。ましてや、中国やロシアも含めた大国の思惑が交錯する朝鮮半島で、非核化を終戦宣言の絶対条件にする限り、事態の打開は難しい。「『終戦宣言』で起きること」（16日5面社説）では、「朝鮮戦争を、一日も早く完全な形で終わらせ」ることの意味について詳しく論じた。せっかく会談の前触れでこうした視点を提供しているのだから、会談を受けた報道でも戦争終結に向けた南北の「決意」について、より多角的に報じてほしかった。

ちなみに、目加田はサンデーモーニング（略称サンモニ）の常連である。つまり関口宏一家の一員。

世界の世論は非核化のことにしか関心がないが、それがどんなものなのか分っているのかということだ。一般には北朝鮮のいう非核化とは、体制保証と引き換えに行われると考えている。私は以前書いたことがあるが、非核化の対価は、アメリカの非核化しかない。つまり、体制保証はアメリカの非核化によって、はじめて得られるものだ。しかし、これは難しいから、体制保証というようなあやふやもので、満足するしかないかというところにきている。しかし、本来はそうではない。だから、あまり安易に非核化にばかりにとらわれてはいけないのだ。アメリカの非核化とは、朝鮮半島における非核化ではない。本国を含めての完全非核化のことだ。

十月七日、ポンペオ国務長官が訪朝することになった。前にトランプから中止命令が出たものである。若干進展があると考えられる。ポンペオは、非核化に時限を設けないと言っている。要するに、正恩の考えるように、やりたいということなのだろう。

一方、南北の関係は着々と進められつつある。これは九月十九日に行われた南北会談で決定されたことを、実行に移しているにすぎないが、これは制裁に反する行為でもある。そこが、日米との溝だと言われるゆえんである。しかし、韓国と日米は、もともと立場が違っているのだから、これは溝ではない。あくまでも制裁にこだわる日米が、誤っているだけの話で、南北はすでに制裁など抜きにして、統一に向けて走り始めているのだ。私は一年前の十月号に、初めて北朝鮮問題を取り上げた時から、制裁など無意味だと言い続けている。文大統領は、日米韓三国の間では意見の違いはないとしているが、彼の心の中に制裁の二文字は無い筈だ。

私は制裁がある限り、非核化はこれ以上進むことはないと予測している。非核化をいうなら制裁を解くべきだ。解かない以上北朝鮮が非核化を進めることはできない。

私はこのところ、スポーツ界における様々な出来事については、あくまでもアベ政治のアナロジーとして取り上げているのだが、その最初の事件が貴乃花の問題だった。その時から、私はずっと貴乃花のやることに違和感を覚えていて、扱いにくかったのであるが、ここへ来てやっと終わりが見えてきたようなので触れておきたい。これもまた暴力問題なのだが、私は必ずしも暴力に絶対反対しているわけではない。たとえば、十八才の少女はコーチの暴力については納得しているとして、問題にしなかった。彼女が問題にしたのは、体協の権力者のパワハラだった。

話は少し飛ぶが、暴力問題については、例えば昔の幼年学校で暴力問題があったか、ということが問題になることがある。私自身の経験では、五か月間でただ一度だけ二、三発くらったことがある。子どものケンカと違って、かなり強力なパンチだったが、ただそれだけだ。

ところがすごい話を取材したことがある。幼年学校は軍縮のあおりで、六つあったものが一つだけ残して廃校になっていた。それが昭和になって復興した。仙台も昭和になって復活したが、その一期生を復興一期と言っている。通しでいうと四十一期生、本会でいうと浜口さんがいる。それから私が、よく大先輩としてひきあいに出す石井さんも四十一期生だ。そして四十四期に大仏賞作家、日向康さんがいる。私の姉と同年で、戦後一時復員局で机を並べて仕事をしたと言っているが、私は直接お目にかかったことはない。平成十八年十月に仙台ワシントンホテルで行なわれたお別れ会には、一緒に出席した。

私は戦後作られた仙幼会の会報担当幹事として、日向さんに原稿を依頼した時には、電話と手紙で連絡しただけだ。その中で、「百発までは数えたが、あとは分らなくなった」という、すごい証言が飛び出したのである。幼年学校は三年間で一年から三年まで。現在の学制からいうと中学二年から高校一年までにあたる。不思議なことに一年と三年は仲が良いが、二年と三年は仲が悪い。日向さんが二年の時、三年生を相手にして事件が起こった時の話である。普通は編集コードのようなものがあって、こういうことは掲載しないものらしいが、私はそんなことは知らないし、知っていても載せただろう。ただ、当然のことながら、殴った方の三年からクレームがついた。反論を載せたいというのだ。ただ、載せた後退会すると言ってきたので、私は慌てた。そうなると大事件になってしまう。その時どうなったか忘れてしまったが、往生したことは確かだ。

編集担当幹事の時、もう一つ、遠藤誠が天皇制批判の詩を掲載したことがあって、これまた問題になったが、そのとき遠藤三郎さんが手紙をくれた。それまで仙幼会から疎外されていた遠藤さんだったが、これを契機に仙幼会復帰を果した。

十月一日やっとのことで貴乃花の退職が決まった。最後までくだらない手続きで、ゴタゴタしていたが、私は一言で言えば唯我独尊だといえると思う。貴乃花には、協会の改革という大きな理想があったようだが、協調性に欠けていたがために、結局自滅したのである。

事態が一変したのは、貴乃花の弟子による暴力事件の発生だった。それまで、被害者の立場だったのだが、逆に加害者になった。これは政治のアナロジーでいうと、ラチ問題では日本は被害者面をしているが、戦前の婦女慰安婦問題になると、加害者になるのと軌を一にしている。

これで、貴乃花の態度は一変した。それまで攻撃一本槍で日馬富士を退陣に追い込んだものが、今度は自身の退陣に立ち至った。今回のことでいろいろの回想場面がテレビで流されるが、日馬富士の断髪式の映像は印象的だった。あれほどの横綱を失った代償はどうしてくれるのだ。

私が今回の報道で、一番肚に据えかねたのは、辞任会見の時間だ。午後五時から始まった会見は、二時間近くに及んだ。五時から七時というのは、夕方の報道番組のゴールデンタイムだ。それを独占してしまったのである。一体何様だと思っているのか。どこの局も皆同じ。私はチャンネルを回した挙句、パニックに陥って、ついにテレビを消してしまった。その日にあった貴重なニュースは失われてしまったのである。

たとえば、午前十時とか、午後一時くらいにやっていれば、二時間でも三時間でもやればいい。しかし、午後五時という時間をなぜ選んだのか。そこにも、不遜な態度が透けて見える。八角理事長は一度じっくり話をしたかったと、語った。二人の間に、どういう関係があったのか分からないが、話さえしないで、全部一人で勝手に行動するということがどういうことなのか、貴乃花にはわかっていないらしい。私には不可解としか言いようがない。

これで一件落着かと思っていたら、貴の岩が民事訴訟を起こしたというニュースが飛び込んできた。まあこれはこれで勝手にやってくれと言いたい。

そこで、これとアベ政治との関係だが、アベも唯我独尊。絶大な自信を持って総裁選に挑んだが、沖縄の敗北と相まって足元が揺らいだ。石破の善戦というよりはアベ敗北。終わりの始まり。いずれにせよ三期目はすでにレームダックだ。来年の参院選の敗北でアベ政治は終りにしよう。

内閣改造も全く新鮮味のない滞貨一掃内閣。細川も言っていたが、アベは一体何をしようとしているのだろうか。与党さえ首をひねる改憲か。バカの見本のような改憲案など誰も見向きもしないだろう。九条二項には触らず自衛隊を明文化しようという、これまでアベのやってきたミエミエの改憲。国民を甘く見てはいけない。これまでのように、自分の言うことなら何でも通る議員相手とは全く違うということが、全く分かっていないアホウだ。

十月六日、ポンペオ国務長官は日本に立ち寄り、アベ、河野と会談した。

十月七日、ポンペオ国務長官はピョンヤンで正恩と会見し、三時間も話し合ったにもかかわらず、二度目の米朝会談の場所も日時も決めることができなかった。これはアメリカがどこまでも制裁の旗を降ろさないからだ。私は一年前から、制裁などやるべきでないと言っていたが、ここへきて色々なことの阻害要因になっていることが、明らかになってきた。まず第一に非核化だが、そもそも非核化には二年も三年もかかる。これが終わるまで、制裁を解かないというのであれば、従来から折りにふれて北朝鮮が言ってきたように、非核化する気持ちになれない。阻害要因なのだ。第二に南北統一も制裁などがあったのでは、一歩も進まない。ここはアメリカもこのことに気付いて、これまでの方針を改めなければ、いつまでもこの状態を抜け出せないことを理解すべきだ。

北朝鮮外務省のチェ・ソニ次官は、本来はポンペオとの会見に立ち会うべきところ、逃げ出すかのようにロシアに向かっている。この日、モスクワでは北朝鮮と中露の会合が行われた。正恩はアメリカに対抗するため、中露を後ろ盾にせざるをえないのだ。

また、プーチンにしてみれば、中朝首脳会談が三回も行われているのに、朝露会談はいまだに行われていないので、多少焦り気味のところもあるらしい

このところ、中露と北朝鮮の動きが激しいのもその表れだろう。正恩は年内にロシアを訪問することが決定されている。また、習近平は四度目の中朝会談を行うことが決められた。韓国はすでに北朝鮮に寄り添って、アメリカより北朝鮮に近づいている。日米韓と中朝ではなく、日米対韓朝中露という構図が出来つつある。しかも、アメリカの中も、一枚岩ではなくて、トランプ対それ以外という構図が出来つつあるようだ。どうやら、二回目の米朝会談は中間選挙後ということになりそうだ。トランプは目に見える成果を早く出すように、側近を急がしている。終戦宣言に前のめりになっているトランプは、非核化の進展が不十分のまま、終戦宣言に乗ってしまう危険がある。

日経(10日)のＤｅｅｐ Ｉｎｓｉｇｈｔに、日経コメンテーター、秋田浩之が書いている「南北共演、極まる危機」によれば、文大統領の立場からすれば、ポンペオ国務長官や強硬派のボルトン大統領補佐官が、いくら抵抗し

ても、トランプ氏を取り込みさえすれば、終戦宣言に持ち込めると映るようだ。そうなれば構図は「日米VS中朝韓露」よりも厳しくなる。正恩が年内にソウルを訪れ、トランプ氏が合流する。北朝鮮から核リストが提示されないまま、米国と南北が終戦宣言に署名する・・・外交関係者の間でこんな筋書きがささやかれる。

（埼玉・会員）

【参考文献】

朝鮮半島が動く！　非核化だけではない

エコノミスト10月16日号

七・七記念集会「盧溝橋事変から八一周年記念」

『さきたま新聞』発行人　小川美穂子

七月七日といえば、軍国日本へ突き進むスタートライン「盧溝橋事変」の日だ。今年は中国大使館の豪奢なホールから身近なさいたま市に会場が変更になった（四年ぶりに元に戻ったそうだ）こともあり、春に入院されていた沖松信夫先生のお元気な顔を確かめたく、三度目の参加を果たした。

この集いは、一九八八年に第一回を開催。他の三団体、「関東日中平和友好会」「不戦兵士・市民の会」「撫順の奇跡を受け継ぐ会」が持ち回りで世話人となっている。この日の記念講演は「関東日中平和友好会」の武吉次朗顧問だ。題して「日中関係を推進した国民の力」。武吉さんは敗戦時ハルピンで中学一年生だった。姉婿が電気技師で一家揃って残留。二年生の時鋳物工場で働いた。当時を知る最年少の体験者だ。

戦後初期、中国側は「留用」する日本人を捕虜でなく友人として扱った。関東軍の残した建物鉄道は無論、武器、医療、航空学や工学、映画、科学研究とそれぞれの職人魂に支えられた働きぶりで解放軍を支えた。外貨が貴重だった時代、日本への送金は特別に許された。

その上に日中国交正常化がある。民間の力が「友好」を押し上げた。武吉さんは1963年から日中経済貿易交流に携わった。「一九七一年のニクソン米大統領訪中、中国の国連議席回復により風向きが変わって田中首相が日中正常化を決断というのは誤り」で、一九五三年に留用日本人が集団帰国し、これに全面的に協力した中国紅十字会との交流など、民間団体が友好関係構築を階層別に進めた。国会議員団や総評代表団の訪中が一九五五年、民間漁業協定締結、農業代表団や日本学術会議訪中、元戦犯帰国により中国帰還者連絡会結成他、列挙にいとまがない。

「外交は寛容と妥協の産物」と言った大人物、周恩来は農村や漁村に降り立ち、新しい日本事情を聞いて回った。晩年は摂南大学教授として生涯を中国に捧げた武吉さんの口から、右翼のトラックによる抗議行動を若者達がスクラムを組んで阻止など数々のエピソードが語られた。特筆すべきは「中国物産展」。中小商社と華僑商社が行っていた展示即売が次第に評判となり、銀座のデパートが相次いで開くまでになったという。生き字引のような方の口からはじめて知る戦後史が熱く語られ、改めて中国と共に歩いてきた我が国の歴史を振り返る一時だった。

その訳書「新中国に貢献した日本人たち」。後藤田正晴元副総理は「埋もれていた史実が初めて発掘された。日中両国の無名の人々が苦しみと喜びを共にする中で、友情をはぐくみ信頼関係を築き上げた無数の事績こそ、まさに友好の原点といえよう。登場人物たちの高い志と壮絶な生きざまは、今の時代に生きる私たちへの叱咤激励でもある」と推薦の言葉を寄せた（二〇〇三年）。

来年、集会の世話役担当は「日中友好8・15の会」だという。沖松さんはこの夏も学校などで講演に立ったが、会場には高齢の方が多い。定年まで熊谷高校定時制で教壇に立った沖松先生の教え子など、第二世代の方々とご一緒に少しでもお役に立てたらと意を新たにした。

（埼玉・会員）

【今月の本】

吉田裕 「日本軍兵士―アジア・太平洋戦争の現実」

中公新書 2017・12・25

凄惨な体験は何を語るか 彼らが直面した戦争と軍隊

吉田裕著の『日本軍兵士』がベストセラーだという。今も店頭に平積みされる本書に、ある種、驚きを抱く。読者の「世代」、「職種」、「動機」がわからないからだ。講義の指定図書なのだろうか、恐らくそれでは覆いきれない、学生だけではない読者が控えているはずだ。

一体何が起きているのか。求めているのか。

ナショナリズムが世界を席巻し、極右勢力が世界を牛耳ろうとしている。日米しかり、欧州しかり、世界中で同様の今にである。

その中でのこの売れ行き。何かを渇望しているようだ。現状に不安と危機感を抱き、その解決の方策を歴史の検証に求めているのではないか。昨今の世界の破滅的な元凶はあの戦争とその戦後処理にあると考えているのではないか。あの戦争がなぜ始まり、どう戦われ、どう終り、戦後はどう作られたかが今こそ問われ、総括されなければならないと。米国の衰退とポツダム体制の崩壊の兆しが根底にある事は間違いない。冷戦の勝者を誇った米国もソ連と同様に体制変革を迫られている。それが平和的にか、暴力的にか、猛烈なビル風の中の超高層ビルの間の綱渡りのように世界が固唾を呑む中で行なわれようとしている。

パレスチナ、北朝鮮、イラン、沖縄は私たち自身が立たされている位置である。

私たちは現実を見定め、暴力と破壊と破滅に対し抗わなければならない。

そのための有力な手立てがここに示されている。

著者は厖大な資料の下に堅固な主張を構築する。読者はその上に足場を築き現実を理解し変革を目指すことができる。以下著述をもとに進める。算用数字のままで失礼。

はじめに

まずは犠牲者の比較から始まる。
・戦没者数　軍人・軍属230万人（日中戦争期を含む）民間人が80万人　計310万人
・日露戦争の戦死者9万人

何故日露戦争か。それとの比較があの戦争の姿を浮き彫りにするからだ。前線の指揮官が絶望したように軍中央は「日露」の戦術と軍備のままにこの戦争を戦った。「日露」の裏に英米の煽動があり、「勝利」ですらなかったものを誤信してこの戦争を戦ったからだ。

本書の三つの目的が示される

一つ目―戦後歴史学を問い直す
・戦後歴史学の原点　悲惨な敗北に終わった無謀な戦争への反省、戦後歴史学は戦争を正当化したり美化することとは無縁の存在
・第1世代は戦争の直接体験者、平和意識がひときわ強い半面軍事史研究を忌避する傾向も根強かった
・ある時期まで軍事史研究は、防衛庁防衛研修所（現・防衛相防衛研究所）などを中心とした旧陸海軍幕僚将校グループの「専有物」
・1990年代に変化　戦後生まれの研究者、空白の軍事史に関心　社会史や民衆史の視点から戦争や軍隊を捉え直し、本格的に取り組みはじめる　軍事史研究は大きな進展
・東アジア地域で歴史認識問題が国際的にも大きな争点侵略戦争の実態の解明が戦争犯罪を中心にして急速に進んだ　戦後歴史学の大きな転換点
・開戦と終戦の間、戦争そのものを取り上げる研究者は少ない。

二つ目「―「兵士の目線・立ち位置」からとらえ直す
・凄惨な戦場の現実、金子兜太のいう「死の現場」を再構成
・戦後の代表的な戦史研究、防衛庁防衛研修所戦史室編纂『戦史叢書』全102巻（1966~80年）。当時は部外者がほとんど見ることは出来なかった
・『戦史叢書』は旧陸海軍の幕僚将校だった戦史編纂官が書いた戦史　軍中央部の立場からみた戦争指導史という性

格が色濃い

・勇敢に戦った『帝国陸海軍』の将兵の顕彰という性格

・実際、第一線で戦った将兵から見れば一方的で恣意的な叙述　戦場の現実を反映していないという批判が刊行中から存在した

・「戦史叢書」の限界克服に二つの方法　一つは連合軍側の記録と突き合わせ旧軍関係資料を相対化する方法　中国や朝鮮・台湾の記録との突き合わせの立ち後れ、近年急速に進んだ

・戦史部を改組した戦史研究センター自身が最近では海外の研究者との研究交流を重視

・もう一つは「兵士の目線」を重視、「死の現場」に焦点をあわせて戦場の現実を明らかにする

　三つ目―「帝国陸海軍」の軍事的特性が「現場」で戦う兵士たちにどのような負荷をかけたのかを具体的に明らかにする。

　こうした設定の下に本書は展開される。まずは、

序章　アジア・太平洋戦争の長期化

行き詰まる日中戦争

・1937年7月に始まった日中戦争　40年には行き詰まりの様相を呈してきた　日本軍による大規模な進攻作戦はほぼ終り　占領地を防衛するための(高度分散配置)に移行

・高度分散配置　小兵力の多数の部隊を広範な地域に分散して警備に当たらせる　40年の段階で中国戦線(満州を除く)約68万人の陸軍部隊

・抗日ゲリラの活動が活発な華北　配備の兵力は25万人、警備地区1平方㌔あたりの兵力数はわずか0・37人、歩兵一個大隊(800人前後)で平均2500㎢を警備(『兵士たちの戦場』)

・1939年5月から山西省　第37師団1万4347人の兵員、駐屯地数105ヶ所、陣地数129ヶ所、合計234ヶ所　8万9800人とみられる中国軍と対峙

　単純割りで一ヶ所に六十人足らずの日本兵。そこに置かれた兵士たちの絶望は想像に余りある。対するは七倍を超す中国軍。圧倒的な兵力不足。戦略の誤り、国策の誤り、軍国主義・帝国主義の誤り。毛沢東の持久戦論・人民戦争論が勝利する由縁であろう。

・支那派遣軍総司令部報告書「中支那における軍人軍属思想状況　半年報」(1941年8月20日付け)

「思想動向は一般に穏健かつ士気旺盛」としながらも「厭戦思想」「即ち犯罪、通信、言動等を通じて考察するに軍隊生活を厭忌しあるいは慕郷の念に駆られて逃亡離隊し、或いは出征当時の堅き決意を忘却して○凱旋希望○戦争(軍隊生活)倦怠、嫌忌○進級給与に対する不平不満○上官誹謗等の要注意言動、通信を成す者等を散見す

・1940年10月12日、昭和天皇「また、支那が案外に強く、事変の見通しはみなが誤り、特に専門の陸軍すら観測を誤れり。それが今日、各方面に響いて来ている」(『小倉庫次自重日記』)

第1・2期―戦略的攻勢と対峙の時期

・開戦後の戦局は次の四期に区分

・第一期　開戦から42年5月までの日本軍の戦略的攻勢期

・開戦時の日本の戦力は太平洋地域では陸海軍共にアメリカのそれを上まわっていた。

第二期　1942年6月から43年2月まで

・第一期の勝利に眩惑された日本　戦線をさらに拡大　米軍を中心にした連合軍が反撃に転じ、激しいつばぜり合い、戦略的対峙の時期

・1942年6月のミッドウェー海戦　日本海軍の正規空母四隻を失う　米軍8月ガダルカナル島に上陸　激しい争奪戦

43年2月日本軍撤退

・多数の艦船と航空機、熟練した搭乗員を失い地上戦でも完敗

・新型輸送船の喪失　戦争経済に大きなダメージ

・日本の劣勢が明確になるのはミッドウェー海戦よりガダルカナル島攻防戦の敗北によって

・不十分な米軍の戦力を支えたのは　ニューギニアなどで日本と交戦したオーストラリア軍

第3期―戦略的守勢期

１９４３年３月から４４年７月　米軍の戦略的攻勢期、日本軍の戦略的守勢期

・アメリカ、戦争経済が本格的に稼働　エセックス級正規空母の就役、新鋭戦闘機の開発・量産・ガダルカナル島撤退(1943年2月6日)から海軍の総合力の日米格差急速に拡大

1943年9月御前会議「絶対国防論」千島・小笠原・内南洋・西部ニューギニア・スンダ・ビルマを連ねる内側「絶対確保すべき要域」

・1944年6月　米軍、サイパン島上陸開始　日本海軍の機動部隊(空母を中心に編成された艦隊)サイパン防衛に出撃、完敗(マリアナ沖海戦)日本海軍の機動部隊壊滅

・7月サイパン島守備隊全滅、8月グアム・テニアン両島守備隊全滅　サイパン民間人　1万人死亡、島民の死者約900人

・8月サイパン・テニアン両基地　日本全土が新型爆撃機B29の行動圏内に

第4期　絶望的抗戦期

・1944年8月から45年8月の敗戦まで

・敗戦必至の状況　あくまでも抗戦　戦争長期化　絶望的抗戦期

日米海軍戦力の推移

		日本隻数(千トン)	米国隻数(トン)	対米比%
ハワイ開戦時	攻撃直前(41年12月8日)	237(1101)	345(1439)	69
	攻撃直後(41年12月10日)	236(1100)	341(1313)	76
ミッドウエー海戦	海戦直前(42年5月末日)	235(1100)	368(1471)	75
	海戦直後(42年6月7日)	230(1004)	366(1449)	69
ガダルカナル戦	直前(42年7月末日)	232(1030)	393(1595)	64
	直前(43年2月6日)	212(1007)	457(1810)	56
	米軍総反攻期(44年1月末日)	208(996)	661(2850)	35
マリアナ沖海戦	直前(44年5月末日)	186(982)	734(3188)	31
	直前(44年6月21日)	182(902)	734(3188)	28
	フィリピン作戦直前(44・9末)	165(879)	791(3522)	25

・44年10月フィリピンのレイテ島上陸、45年1月ルソン島上陸、主要部分を支配下に
・45年3月小笠原諸島硫黄島守備隊全滅
・45年4月沖縄本島上陸、6月組織的抵抗終わる
・陸上兵力の圧倒的格差　大砲・迫撃砲・戦車・機関銃　日本軍優良師団の6～8倍
・フィリピン防衛線指導の朝枝・堀両少佐「行軍の編成、装備、戦法日露戦争以来はたして、いくばく進歩せりや」
・1944年11月　マリアナ諸島からB29による日本本土空襲　45年3月を皮切りに都市部への無差別絨毯爆撃が本格化
・中小都市もB29による焼夷弾攻撃
・輸送船に徴傭された商船や民需用の商船の損失も深刻化
・44年に入ると喪失数が激増　開戦時6,376.6千総トン(100)　敗戦時1,526.9千総トン(24)
・戦意の低下
44年4月米軍南西太平洋軍司令部　日本兵に自己犠牲を強いる歴史的、社会的心理的要因の分析　一方で「自己犠牲の強制に対する反発」　降伏し抵抗することなしにとらえられている　生きたいという人間本来の願望、無能で無責任な将校への批判

東京大空襲・原爆投下に際しても迎撃の戦闘機すらなく「皇民・皇軍」、「天皇の赤子」を米軍の大量殺戮に任せた天皇

制軍国主義体制。米国はこの戦術を朝鮮、ベトナム、中東など世界中で実践し、今も捨て去ることはない。

戦争は始まったら、破滅するまで終わらない。あの戦争は戦争ですらなく殺戮だった。彼我の圧倒的な生産力、科学力、軍事力の差。旧式の、悪質な、それさえも行き渡らない装備で裸同然に放り込まれた兵士たち。筆者はその「目線・立ち位置」からあの戦争を検証する。それは「国家」と個人の並立できない関係をも示唆するものと感じた。

何故にこのような惨めな戦争をしなければならなかったのか。この総括は今に続く原発、沖縄の暴力性をも解き明かす。あの戦争を指導した上層部は戦後も米国の庇護の下そのままに生き残りあの思想のままに今を動かしている。だからこそ私たちはあの戦争がどうだったのか明らかにして責任を追及し罪を償わせ残滓を払拭して次代に手渡さなければならない。それにしても罪は重く。罰は正しく下されていない。あの戦争がいかに罪深く傷跡を今に残し償われていないことが明らかにされなければならない。アジアの人々をどれだけ死傷させ、財産を奪い、破壊したのか。それを知らずしてこの国の若者は決して他国の若者に相手にされないだろう。著者は向かい合うべき歴史を提示する。

・四期の全体にわたって中国が抗戦を継続　41 年から 43 年には毎年 68 万人、44 年には 80 万人、45 年には 120 万人もの陸軍部隊が中国戦線(満州を除く)に釘付け

・大陸打通作戦 44 年 4 月から 45 年 2 月　中国大陸にある米軍の航空基地を占領して日本本土空襲を阻止と中国大陸を南北に連結して南方地域との陸上交通路の確保

2000 万人を超えた犠牲者たち

・日中戦争開始以降中国本土(満州を除く)戦没した軍人・軍属、民間人の総数 46 万 5700 人
・満州とは異なり中国本土からの民間人の引き揚げ比較的順調、犠牲者のほとんどが軍人・軍属
・日露戦争における日本陸海軍の戦死者総数 8 万 8133 人の 5 倍
・満州事変では靖国神社の合祀者で 1 万 7174 人
・41 年 12 月からのアジア・太平洋戦争の日本人戦没者数軍人・軍属 230 万人、外地の一般邦人 30 万人、空襲などによる国内の戦災死没者 50 万人　総計 310 万人　朝鮮人・台湾人の軍人・軍属 5 万人を含む
・米軍 9 万 2 千人から 10 万人、ソ連　張鼓峰・ノモンハン・対日参戦 2 万 2694 人、英軍 2 万 9968 人、オランダ軍・民間人も含めて 2 万 7600 人
・推定で中国軍と中国民衆の死者、約 1000 万人以上、朝鮮約 20 万人、フィリピン 111 万人、マレーシア・シンガポール約 10 万人　その他ベトナム、インドネシアをあわせて 1900 万人以上

1944 年以降の犠牲者が 9 割か

・日本人戦没者 310 万の大部分がサイパン島陥落後の絶望

的抗戦期の死没者
・日本政府は年次別の戦没者数を公表していない
・福井新聞社の問い合わせに対して厚生労働省は、「そうしたデータは集計していない」(『福井新聞』2014年12月8日付)
・朝日新聞社が2015年7月に47都道府県にアジア・太平洋戦争中の『年ごとの戦死者の推移をアンケートしたところ、岩手県以外はすべて『調べていない』。『特に必要がない』『今』となっては分らない』をその理由とした」(2015年8月13日付)
・岩手県編『援護の記録』44年1月1日以降の戦死者パーセンテージ87.6% 230万人に当てはめると201万人
・民間戦没者数人約 80 万人の大部分は絶望的抗戦期のもの　加算すると281 万人　44 年以降の戦没者が91%に当たる
・政府・軍部・天皇ら宮中グループの戦争終結決意の遅れの悲劇
・ジョン・ダワー　ア・大戦争での米軍の戦死者10万997人 絶望的抗戦期の死者が5万3349人　53%
・日本では基本的な数字さえ把握できない　アメリカは月別年別の戦死者数が分る　陸海軍省の医務・統計関係の部局が作成・公表
・日米間の格差は、政府の責任で果たすべき戦後処理の問題にまで及んでいる。

「日中友好8・15の会」へのおすすめ

私たちの会は、かつて侵略した中国をはじめ、アジア諸国、さらには広く全世界に対し、「反戦・平和」と平和憲法の順守を誓い１９６１年に創立し、すでに５０年以上経過しました。会員は元軍人と趣旨に賛同した戦後生まれの人たちも参加しています。会員には会誌『８・１５』（月刊）を毎号お届けし、また年１回の中国訪問団（見学、友好交流）への参加や当会が隔年に受け入れている中国からの研修生との交流・意見交換への協力をお願いしています。

会費は年額１万円、学生会員は3000円です。会誌購読のみを希望される購読会員は年間6000円です。

皆さんの入会、会誌購読によって「反戦・平和」「日中友好」の声をますます大きくしたいと希っています。

≪申し込み先≫　〒１２５－００３２

東京都葛飾区水元３－３－４　小林悦子方

日中友好８・１５の会

TEL&FAX　０３－３６２７－１９５３

郵便振替口座　００１２０－６－２７４１５

「『私記　日中戦争史　年老いた幼年生徒は今何を思うか』

志々目彰著」（日本僑報社二〇一二年発行）を読む(5)

長谷川善夫

第五講　戦争の呼び名に象徴されるもの（二〇一〇・〇五）

戦争の呼び名

「今でも日本では政府の公式発言をはじめ、かくいう私も含めて、一九三〇年代から四五年にかけての戦争を『先の大戦』と呼ぶ。三〇年一世代とすれば二世代以上過ぎた。それでも『先の』とは時間感覚としておかしいと考える人はいないものだろうか」

志々目さんの「戦争の呼び名」を下の表にしてみた。「その一方で大東亜をプラス軸にとらえる『大東亜戦争肯定論』も死滅しない」。そして一九四三年秋の「大東亜宣言」を例に『肯定論』の論拠を示す。

大東亜共同宣言（大東亞共同宣言）は、一九四三年（昭和一八年）十一月六日の大東亜会議にて採択された共同宣言。大東亜宣言とも。**本文の五項目に関しては、一九四三年（昭和一八**

志々目さんの戦争の呼び名の分類

先の大戦	・政府の公式発言（私も含めて）・二世代以上過ぎるのに「先の」はおかしいが、各種の論争や訴訟が今も続き、国民一般が戦争の後始末がついていないと了解しているからだろう ・「太平洋」も「大東亜」も戦争の全体を反映し切れていないから「先の」という表現は無難かもしれない。
大東亜戦争	1941年12月8日大本営は支那事変も含めて「大東亜戦争」と名付けた。 ・「大東亜」という言葉には日本帝国主義の独善や過誤、収奪や蛮行の悔恨が染みついている。その一方で「大東亜戦争肯定論」も死滅しない。
太平洋戦争	・戦後になって一般化。この表現を嫌う人はアメリカの命名だとか東京裁判史観だからと考えるかららしいのだが、事実はそうではない ・開戦当時の大本営で海軍は「太平洋戦争」主張したが、大陸での戦争を抱える陸軍が賛成せず「大東亜戦争」となった。アメリカだけの発想ではない。」
15年戦争	歴史と地域への責任を内包した表現として定着
アジア・太平洋戦争	近年になって、研究者などから提起

年）八月初旬には外務省内「戦争目的研究会」で大西洋憲章（一九四一年）なども大いに参考にするかたちで文案作成がはじまり、同十月には完成したものとみられる。これと別途並行して大東亜省は大川周明や矢部貞治に宣言案を作成させており、それは前文として追加されることになった。大西洋憲章を参考にした本文が普遍的な真理を提唱するのに対し、大東亜省の前文は「米英支配の打破」という時事的な記述に偏っており、論理の接続が悪い所以とされる。

日本を除く大東亜会議参加国は、会議二週間前になりようやく意見聴取の場を得たが、修正意見は日本側にことごとく拒絶され、結局一字一句の変更もなされずこの文面のまま全会一致で採択された(Wikipedia)

一九四三年とはどのような年か。前年六月ミッドウェー海戦敗北、二月ガダルカナル島撤退・ドイツ軍のスターリングラードでの敗北・総崩れ、五月のアッツ島守備隊全滅、九月の同盟国イタリア無条件降伏と追い詰められていく最中の、秋深まる十一月六日の「大東亜会議」である。開催する日本、アジア各地からの仕立て上げられた「代表者」の虚ろさが伝わってくる。以下は採択された「大東亜共同宣言」とそのベースとされた「大西洋憲章」であるである。

抑々世界各國ガ各其ノ所ヲ得相扶ケテ萬邦共榮ノ樂ヲ偕ニスルハ世界平和確立ノ根本要義ナリ。然ルニ米英ハ自國ノ繁榮ノ爲ニハ他國家他民族ヲ抑壓シ特ニ大東亞ニ對シテハ飽クナキ侵略搾取ヲ行ヒ大東亞隷屬化ノ野望ヲ逞ウシ遂ニハ大東亞ノ安定ヲ根柢ヨリ覆サントセリ大東亞戰爭ノ原因茲ニ存ス。大東亞各國ハ相提携シテ大東亞戰爭ヲ完遂シ大東亞ヲ米英ノ桎梏ヨリ解放シテ其ノ自存自衞ヲ全ウシ左ノ綱領ニ基キ大東亞ヲ建設シ以テ世界平和ノ確立ニ寄與センコトヲ期ス。

- 大東亞各國ハ協同シテ大東亞ノ安定ヲ確保シ道義ニ基ク共存共榮ノ秩序ヲ建設ス
- 大東亞各國ハ相互ニ自主獨立ヲ尊重シ互助敦睦ノ實ヲ擧ゲ大東亞ノ親和ヲ確立ス
- 大東亞各國ハ相互ニ其ノ傳統ヲ尊重シ各民族ノ創造性ヲ伸暢シ大東亞ノ文化ヲ昂揚ス
- 大東亞各國ハ互惠ノ下緊密ニ提携シ其ノ經濟發展ヲ圖リ大東亞ノ繁榮ヲ増進ス
- 大東亞各國ハ萬邦トノ交誼ヲ篤ウシ人種的差別ヲ撤廢シ普ク文化ヲ交流シ進ンデ資源ヲ開放シ以テ世界ノ進運ニ貢獻ス

大西洋憲章(英米共同宣言)　　　　　　１９４１年8月１４日

［出典］　日本外交年表竝主要文書下巻，外務省，５４０頁

アメリカ合衆國大統領及ヒ連合王國ニ於ケル皇帝陛下ノ政府ヲ代表スル「チャーチル」總理大臣ハ曾合ヲ爲シタル後兩國カ世界ノ爲一層良キ將來ヲ求メントスル其ノ希望ノ基礎ヲ成ス兩國國策ノ共通原則ヲ公ニスルヲ以テ正シト思考スルモノナリ

一、兩國ハ領土的其ノ他ノ増大ヲ求メス。

二、兩國ハ關係國民ノ自由ニ表明セル希望ト一致セサル領土的變更ノ行ハルルコトヲ欲セス。

三、兩國ハ一切ノ國民カ其ノ下ニ生活セントスル政體ヲ選擇スルノ權利ヲ尊重ス。兩國ハ主權及自治ヲ強奪セラレタル者ニ主權及自治カ返還セラルルコトヲ希望ス。

四、兩國ハ其ノ現存義務ヲ適法ニ尊重シ大國タルト小國タルト又戰勝國タルト敗戰國タルトヲ問ハス一切ノ國カ其ノ經濟的繁榮ニ必要ナル世界ノ通商及原料ノ均等條件ニ於ケル利用ヲ享有スルコトヲ促進スルニ努ムヘシ。

五、兩國ハ改善セラレタル勞働基準、經濟的向上及ヒ社曾的安全ヲ一切ノ國ノ爲ニ確保スル爲、右一切ノ國ノ間ニ經濟的分野ニ於テ完全ナル協力ヲ生セシメンコトヲ欲ス。

六、「ナチ」ノ暴虐ノ最終的破壊ノ後兩國ハ一切ノ國民ニ對シ其ノ國境内ニ於テ安全ニ居住スルノ手段ヲ供與シ、且ツ一切ノ國ノ一切ノ人類カ恐怖及欠乏ヨリ解放セラレ其ノ生ヲ全ウスルヲ得ルコトヲ確實ナラシムヘキ平和カ確立セラルルコトヲ希望ス。

七、右平和ハ一切ノ人類ヲシテ妨害ヲ受クルコトナク公ノ海洋ヲ航行スルコトヲ得シムヘシ。

八、兩國ハ世界ノ一切ノ國民ハ實在論的理由ニ依ルト精神的理由ニ依ルトヲ問ハス強力ノ使用ヲ拋棄スルニ至ルコトヲ要スト信ス。陸、海又ハ空ノ軍備カ自國國境外ヘノ侵略ノ脅威ヲ與エ又ハ與ウルコトアルヘキ國ニ依リ引續キ使用セラルルトキハ將來ノ平和ハ維持セラルルコトヲ得サルカ故ニ、兩國ハ一層廣汎ニシテ永久的ナル一般的安全保障制度ノ確立ニ至ル迄ハ斯ル國ノ武裝解除ハ不可缺ノモノナリト信ス。兩國ハ又平和ヲ愛好スル國民ノ爲ニ壓倒的軍備負擔ヲ輕減スヘキ他ノ一切ノ實行可能ノ措置ヲ援助シ及助長スヘシ。

フランクリン・ディー・ローズヴェルト

ウインストン・チャーチル

日韓条約(一九六五年)を締結時の外相椎名悦三郎が、外相就任の前年に出した著書の一文、

「日本が明治以来、強大な西欧定主義の牙から、アジアをまもり、日本の独立を維持するため、台湾を経営し、朝鮮を合邦し、満州に五族共和の夢を託したことが、日本帝国主義だというなら、それは栄光の帝国主義」

『大東亜戦争肯定論』が端的に著されている。これが断罪もされず戦後日本を主導してきた支配層の精神であり、今また、岸の孫、安倍晋三をして大きく復活してきている。

志々目さんはこうも言う。

「近年物故した上坂冬子という人がいて右派の論客として活発な発言を続けていた。上坂氏の本(『南の祖国に生きて』)がいうように日本人の一部がそれらの国に貢献したのは事実であり、それが大東亜戦争賛美の根拠となっている。

ここで考えなければならないのは、日本帝国主義というより日本人のアジア諸国への対し方が、相手国によって違うことだ。その実際をふまえないと戦争史は総括されないのではないか」

「インドネシアの場合」

「軍隊に一度召集されたら生きて帰れるのか。戦争の中期以後、一般国民にそういう不安が広がっていた。しかし太平洋戦争の初期、珍しく復員兵士たちがいる。インドネシアを占領した兵力の一部は召集解除され、無事に帰還した。私の妻の兄もその一人である。その後またもや召集された人もあるはずだが、私どもの義兄はそのまま天寿を全うした。この事実もインドネシアの占領はうまくいったという常識を強めているのではなかろうか」

「母方の伯父は戦時中インドネシアの司政官としてジャワにいたという。他の征服地でのような顧問と役職名が違う。日本がインドネシアを独立させず、帝国の領土として統治していた人事の一環であることに気づかされる。インドネシアが親日的だというのは当時の日本の善政のお蔭だという常識は果たして本当だろうか」

「最初にこの地を占領した今村均司令官は日本陸軍きっての人格者としての評判が高い。この司令官の温和な政策は参謀本部の忌諱に触れた。杉山参謀総長自らが現地に出向いて修正を求めている。日本の国策の本質はこの一事で明白である」

「インドネシア独立軍が日本の援助で出来たというのも後付けの理屈で、米豪軍の進攻に備えてインドネシアの青年を補助兵力に使うべく教練を施し、それが情勢の変化の中で彼ら自身の決起となったのが真相である」

「大東亜戦争肯定論をここから引き出すのは論理的に無理がある。独立戦争に協力した日本兵の存在も帝国主義日本からの離脱として実現した。これを対外侵略の美化に利用

するのは欺瞞でしかない」

ヒリッピンの場合―

「九州南端の薩摩富士、海岸ゼロメートルから聳えたつ開聞岳の麓に、一基の慰霊碑のための密やかな公園がある。「望比公園」という。…私は二度お参りした。最初ここに案内してくれた兄の同期生は『ヒリッピンで沢山の将兵が死んだ。現地に行きたい遺族は多かったが、比島では長い間対日感情が悪く入国できなかった。それで南の海に臨むこの地に碑を立て、遙かに拝むよすがとした』と語ってくれた」

「一九四二年春私は幼年学校に入った。日本中が“大東亜戦争”緒戦の勝利に沸き立っていた頃である。入校してすぐ、全校生徒を対象に前線の視察から帰ってきた文官教官(普通学科担当の軍人でない先生)の講和があった。『ヒリッピンを視察してきた。ミンダナオという所で原住民の反乱があった。所在のわが独立部隊は重機関銃を据えて撃ちに撃った。原住民は倒れても倒れても攻め寄せてくる。ついに弾丸は尽き守備隊は全滅した。この戦争の前途は容易ではない。勝って兜の緒を締めよというが余程覚悟せねばならぬ』…今にして考えると、これはミンダナオだからイスラム系の抵抗運動だったのではなかろうか」

「かつてカトリックを信奉するスペインと、自由を標榜するアメリカという二つの“西洋”の統治を経験してきたヒリッピン民衆が、東洋の同胞と自称する日本軍の支配を歓迎せず、その占領を解放でなく圧政と受け止めたのは厳然たる事実である」「このフクバラハップは当時米軍とも共闘して占領者を苦しめた」

フクバラハップ（**Hukbalahap**）は、フィリピン共産党の指導の下、第二次世界大戦中にフィリピンで結成された抗日組織である。フクバラハップとは、タガログ語の「フクボン・バヤン・ラバン・サ・マガ・ハポン」（**Hukbong Bayan Laban sa mga Hapon**）、つまり**抗日人民軍**の略である。日本ではしばしば**フク団**（**Huks**）の略称で呼ばれる（**Wikipedia**）

「連合艦隊の福留茂参謀長がセブ島沖に不時着してゲリラの捕虜となり、マリアナ沖海戦の計画書を奪われた海軍乙事件をみても、彼らの実力を想像することが出来る」

海軍乙事件（かいぐんおつじけん）は、太平洋戦争中の**1944**年(昭和**19**年）**3**月**31**日、連合艦隊司令長官 古賀峯一海軍大将が搭乗機の墜落により殉職した事件である。事件の際に、日本軍の最重要軍事機密文書がアメリカ軍に渡った

「海軍関係者(というのは翼を失った飛行機乗りや沈んだ軍艦の乗組員の系譜だが)今でも比島における住民の抵抗を匪賊と呼ぶ。海軍用語にはゲリラあるいはパルチザンという概念がないためらしいが、その会話の端々から“匪賊”への怨念が察せられる」

マニラ市街戦―

「山下奉文大将がヒリッピン軍事法廷で戦犯として処刑された理由の一つにマニラでの民間人虐殺がある。山下将軍は黙って責めを負ったようだが、厳密に言うならこの件は無罪である。山下司令官と武藤章参謀長は大都市マニラの

日本陸軍の死傷者数

戦場	戦死・戦病死	戦傷	合計
レイテ島	80,557	828	81,385
ルソン島	205,535	9,050	214,585
フィリピン中央部・南部	50,260	2,695	52,955
合計	336,352	12,573	348,925

アメリカ陸軍の死傷者数

戦場	戦死・戦病死	戦傷	合計
レイテ島	3,593	11,991	15,584
ルソン島	10,380	傷 36,550 病 93,422	140,352
フィリピン中央部・南部	2,070	6,990	9,060
合計	16,043	傷 48,541 病 93,422	164,996

(別表)　B・C級戦犯(日本人が被告)国別人数(国名は裁いた国)

中国	合計	比	仏	国民政府	蘭	豪	英国	米国	国名
31.6~7		22.8~24.12	21.2~25.3	21.5~24.1	21.8~24.12	20.2~26.4	21.12~23.3	20.11~24.9	期間
0	971	17	63	149	226	153	223	140	死刑
0	479	87	23	83	30	38	54	164	終身
45	2953	27	112	272	713	455	502	872	有期
1017	1049	11.	31	350	55	269	133	200	無罪
0	238	27	1	29	14	24	66	77	他
1062	5690	169	230	883	1038	939	978	1453	計

第二次世界大戦のアジアの犠牲者数　（『1995年8月15日に』朝日新聞社）

日本	310万人	厚生省援護局（朝鮮・台湾の軍人・軍属各2万2千、3万人を含む）
中国	2100万人（37~45）	中国政府
	2100 万人~2300 万人（37~45）	北京大学歴史学部王暁秋教授
	1221 万人 5000 人（31年の満州事変から通算）	東大史学編纂所・宮地正人教授
	1000 万人（31 年の満州事変から通算）	『高校日本史B』（実教出版）
朝鮮半島	少なくとも 35 万人から 36 万人	日本政府から伝えてきた軍人軍属名簿や被徴用労働者数などをもとにした韓国政府の推計
	21万人	東大史学編纂所・宮地正人教授
	20万人	『高校日本史B』（実教出版）
台湾	2万9000人	日本政府から台湾赤十字社に提供された名簿
	3万3000人	東大史学編纂所・宮地正人教授（いずれも日本軍に加わった軍人・軍属）
香港	6403人	英連邦戦没者埋葬委員会の埋葬・火葬者数
	365人（軍人）1万人（処刑など）6万人（飢餓）	香港総督府の本国宛て電文
シンガポール	4万人~5万人（華僑）	東大史学編纂所・宮地正人教授によると現地の中国系社会や同国の研究者の間の定説
	6000人～7000人虐殺	日本陸軍省報道部機密文書
	8万人	『高校日本史B』（実教出版）
マレーシア	4万人~5万人（華僑）	東大史学編纂所・宮地正人教授
フィリピン	111万1900人	アラヤ博物館にある日比賠償交渉に関する外交文書
	100万人	『高校日本史B』（実教出版）
タイ	7928人	タイ政府が47年に米国に報告した数字
インドネシア	400万人	51年のサンフランシスコ講和会議で同国政府代表「日本占領期間中の人命損失
	200万人	東大史学編纂所・宮地正人教授
	200万人	『高校日本史B』（実教出版）
ベトナム	200万人（殆どが餓死者）	東大史学編纂所・宮地正人教授　『高校日本史B』（実教出版）
ラオス		公式数字がない
カンボジア		公式数字がない
ミャンマー	5万人	『高校日本史B』（実教出版）
インド	350万人（殆どが餓死者）	東大史学編纂所・宮地正人教授

防衛は不可能であることを見越し、無防備都市（国際法での避戦宣言）として兵力を撤去したかったが、陸上戦に不慣れというより便利な都会生活を捨てての山ごもりをしたくない海軍主力が反対し、大本営も守備を命じ、より困難な市街戦となった。それが実際の経過だという。十万ともいわれる市民虐殺も海軍が主体である」

この戦いの結果、フィリピン全土が戦場となり、約100万人以上にもなる民間人の犠牲者と60億ドル（1950年価格）にのぼる物的損害を出した。マニラなどの主要都市は壊滅し、多くの文化財が永久に失われた（Wikipedia）

麻薬犯の処刑をめぐって

「覚醒剤を密輸しようとした日本人が中国で捕まり死刑になった…日本の新聞は『海外からの批判も予想される』と第三者的ポーズで本心を吐露する。　マスコミの狡猾な世論操作だ」「ある民放のワイドショーでは、検事上がりの解説者が実に明快に中国の麻薬取締の淵源を語っていた。阿片戦争の歴史である」「一八四〇年、阿片流入を禁圧しようとした清国に対し、イギリスは一方的な口実を設けて戦争を仕掛ける。敗戦の中国ではさらに阿片中毒が蔓延し、国土は列強の半植民地となっていく。香港の租借や、上海や天津や武漢の租界もここから始まる」

「余談だが英国児童文学に『ニワトリ号一番のり』蒸気船が登場する直前の一九世紀半ば、中国広州からロンドンまでの…海洋冒険小説である。…阿片戦争当時のイギリス人の嗜好や関心をうかがい知ることが出来る」

「（日本は）天の時と地の利に恵まれ…近代国家を造っていく。その「天の時」の最たるものが阿片戦争である。…西力の東漸という流れに抗して日本独立のための時を稼いでくれた。（陳舜臣『実録アヘン戦争』）…阿片戦争そのものについては幼年学校で教わっていた」

アジア危機への二つの対処方針—

「…小島晋治『近代日中関係史断章』…危機感は同じでも幕末の志士たちの対処方針には二通りあったことを知った。一つは日中の連帯でアジアを防衛しようというもの、一つは西欧を見習って清・韓へ侵攻しようというもの…アジア連帯論を修正説き続けたのは勝海舟だけのようである。吉田松陰は極めて直截に『取り安きを取り』とアジア侵略の経綸を書き残し、福澤諭吉は後進国清への嫌悪と侮蔑で一貫…万国公法を蹂躙したのは清ではなく英仏であり、勝手な言いがかりで北京に攻め込み…清王朝名勝頤和園を徹底的に荒廃させた」「『先の大戦』の源流である。戦争の総括はそこまで遡るべきかもしれない」「戦後…軍の特務機関が阿片貿易で莫大な機密費を得ていたことを知る」「事あるごとに現れる戦争批判の弱さに接すると、私は反面教師の“大東亜”の意味を考えてしまう」

息をもつかせぬ記述、拙文に代り表・引用を載せた

（東京・常任幹事）

九月の常任幹事会

日時　九月二九日（土）十四時〜十六時一五分
会場　生涯学習センター（大宮）
　　七階第三講座室
出席者　沖松・落合・小川・長谷川・加藤
　　秋山・長沼

［報告］

1　二〇一九年新年会
　日時　一月二六日(土)五時より
　場所　埼玉会館(浦和)　『ビストロやま』

2　九月八日(土)　埼玉県小川町図書館にて平和集会があり、その中で沖松代表幹事による戦争体験の講演会がありました。八〇名以上が参加していた。

3　九月二七日(木)
　中華人民共和国成立六九周年及び中日平和友好条約締結四〇周年祝賀会
　ホテルニューオータニで行なわれ、我が会から六名が参加

［議題］

1　編集委員会
・今月号について…会員の近況が載せてあり良かった。何カ所か訂正するところがあった。
・来月号について…巻頭言は金子さんの予定。二四〜二八ページになる予定

2　来年の七・七集会（我が会が担当の予定）について準備実行委員会をつくり期日・内容・場所などを提案する方向で考える。
メンバーの人選は次回に検討する。
尚、四団体で事前の打ち合わせをした方がよい。

寄贈誌より

『中国研究月報』（社団法人中国研究所発行）
　２０１８年９月号

▽論文
　中国における社外取締役制度――少数株主保護，二重の支配力，期待される役割とその限界　顧　馨治

▽インタビュー
　孫文研究と宮崎家文書――久保田文次氏放談録（下）

▽報告
　「東アジアのネットと民主」台湾シンポジウム２０１８　山田　賢

▽中研７０年史
　所内報から見る中研の活動状況（５）（大里浩秋）

▽書評　黒川みどり・山田智編　『竹内好とその時代――歴史学からの対話』　有志舎　川上　哲正

▽書籍紹介　加茂具樹・林載垣編著　慶應義塾大学出版会　吉川純恵）
『現代中国の政治制度――時間の政治と共産党支配』
　山崎眞紀子・石川照子・須藤瑞代・藤井敦子・姚毅著　研文出版
（関　智英）
／『女性記者・竹内繁のつないだ近代中国と日本――一九二六〜二七年の中国旅行日記を中心に』

▽眼光紙背
　日中ＥＶは急速充電器の夢を見る（竹内健二）

▽中国日誌　２０１８年９月

事務局月報

・9・27日（木）ホテルニューオオタニにて　中国建国記念のレセプションが開催され、　6人が参加。

・不注意で一度に二ヶ所を骨折し、少々長い　入院生活を送り、皆さんにご迷惑をおかけした。よく話題になるので知っているつもりの介護士と言う職業の方にもお世話になり改めて知ることが多くあった。

人の世話にならないで老後を過ごすことがなければ、それにこしたことは無いが。それは難しい、ということを身をもって知った。

〇〇士の待遇改善をするということが、よ　くニュースに出るが、それは緊急の課題だ。・天変地異が日本ならず世界の各地で起き、そのことへの対策が何よりも必要なのに、遅々として進まず歯がゆい。

そんな中で一つ嬉しかった沖縄知事選の勝　利。それはまた沖縄以外の地に住む人達に突き付けられた大きな、緊急の課題でもある。

亡くなれた尾形憲さんの笑顔が思い出された。

訂正とお詫び

・「会員近況」のお名前の訂正

日沖様を日置と誤り

羽田亮介様を良介と誤り

・七ページ8行目末尾、「していない」は削除漏れです。

◆戯れ言を一つ

時は平成、二九年二月の十日、所は米穀一家骨牌貸元のシマ、華盛頓《ワシントン》の「白屋」で火乃元一家の安倍川が談合。今般、火乃元で開帳する新賭場を骨牌貸元の懇意筋に任せるよう頼まれ安倍川は忖度つきのアイソ笑い。

安倍川は旦那衆の宴席でカジノを含む統合型リゾート施設（IR）整備推進法施行を披露、そこには例の懇意筋もいた。

七月の惨院で、安倍川は「骨牌《とらんぷ》とは新賭場の話は微塵もしなかった」と断言、六月の醜院では「男晋ザ、骨牌の脅しで懇意筋を入れることはしねエ」と大見得を切っていた。

懇意筋は昨年九月新賭場予定の上方《おおさか》で賭場の面積規制にいちゃもん、今年七月成立のIR整備法から当初盛り込まれた規制が消えた。安倍川のスガ代貸は瓦版屋を前に「貸元が醜惨《しゅうさん》院で言ったとおりだ」とスガ（ゴ）んだ。

そのうちホントに米穀一家のシマになるヨ、きっと。ま、今も変わらないと言えば変わらないけど。なけなしの金も根こそぎ持ってかれるヨ。それにしてもも男どもがスッテンテンになったあげく借金《まい》、夜逃げなんてアタシャ願い下げだヨ、お前さん。

一二日江戸瓦版《とうきょうしんぶん》）

（編集子）

『8・15』二〇一八年十月号
二〇一八年十月一五日発行
定価　500円（送料とも）
編集人　長谷川善夫
発行人　沖松　信夫
印刷所　(有) イワキ
発　行　日中友好8・15の会
〒125－0032
東京都葛飾区水元3－3－4
小林悦子方
TEL & Fax　03－3627－1953
郵便振替　00120・6・27415
日中友好8・15の会
P URL　http://www11.ocn.ne.jp/~donpo/

会　　　　則

（名称）　第１条　本会は、日中友好元軍人の会を受け継ぐ日中友好『８．１５』の会（通称日中友好『８．１５』の会）と称する。

（目的）　第２条　本会は、過去の戦争に対する反省に立脚して、あらゆる戦争準備の動きを阻止し、平和を希求するために世界各国とくに中国との友好に貢献するとともに、会員相互の親睦を深めることを目的とする。

（会員）　第３条　本会は前条の目的に賛成する元軍人および賛同者をもって構成する。

第４条　本会の本部を関東地区に置く、支部を各都道府県に置く、また事務局を関東地区に置く。

（事業）　第５条　本会は、第２条の目的を達成するために以下の事業を行う。

１．会誌『８．１５』の発行
２．講演会、研究会の開催（平和諸団体との共催を含む）
３．学習会の開催
４．中国からの留学生・研修生の受け入れ
５．訪中団の派遣
６．その他、本会の目的達成に必要と認められる諸活動・事業

（総会）　第６条　本会は、総会を毎年１回、原則として８月 15 日に開催する。総会は、委任状を含めて会員の過半数の出席により成立するものとする。総会は、幹事会から、活動報告、行動計画、事業計画、決算、予算、役員の選出、その他、本会の運営に必要な事項について報告、提案を受け、出席者の過半数の賛成により　これを承認、決定する。幹事会が必要ありと認めたときは、その決議により、臨時総会を招集することができる。総会の決議に基き、顧問を置くことができる。

（運営）　第７条　本会の運営は、幹事会が行う。ただし、幹事会は常任幹事会にその権限を委任することができる。

（役員）　第８条　代表幹事、副代表幹事、常任幹事、事務局長を本会の役員という。

第９条　役員の任期は１年とする．ただし、任期満了後も総会において新役員が選出されるまでにその職務を行う。役員の重任は妨げない。

第 10 条　本会の運営のために幹事会ならびに常任幹事会を置く。幹事会は幹事を以って構成し、本会の運営に必要な重要な会務を行う。幹事の互選により代表幹事、副代表幹事、常任幹事、事務局長を選任する。常任幹事会は、原則として毎月 １ 回開催し、幹事会の委任をうけて本会の運営に必要な一般会務を行う。

第 11 条　幹事は、会員の推薦により選任し、総会の承認を受ける。

第 12 条　幹事会は、常任幹事会の決議に基き、代表幹事が招集する。常任幹事会は、常任幹事 2 名以上の発議により代表幹事が招集する。幹事会および常任幹事会の決議は、出席幹事の過半数の賛成により成立する。賛否同数のときは、代表幹事がこれを決する。

第 13 条　本会の会議の遂行上、下記の分科委員会を設け、常任幹事会が選出した委員長が運営の任に当る。

1. 組織・活動委員会
2. 会誌編集委員会
3. 財務委員会
4. 対外交流委員会

各委員会の委員は、委員長の推薦により委嘱する。

第 14 条　会計の監査は、会計監事が行う。会計監事は、幹事会の推薦により選任し、総会の承認を受ける。

（財政）　第 15 条　本会の経費は、会費、寄付金、その他の収入をもってまかなわれる。留学生・研修生受入れのため、特別会計を設ける。

（会費）　第 16 条　会費は年額１万円とする。また、家族会員の会費は年額 2,000 円とする。購読会員は 6,000 円とし、学生会員は 3,000 円とする。

第 17 条　本会の会計年度は、毎年 7 月 1 日に始まり翌年 6 月 30 日に終る。

（改正）　第 18 条　本会の会則は、幹事会の発議により、総会において、委任状を含む出席者の 3 分の 2 以上の賛成により改正することができる。

（付則）　この会則は 2017 年 8 月 25 日から施行する。

過去の直視、これが歴史認識の原点

軍備亡国・反戦平和

2018年 11月号 No. 588

第五九巻 第十一 通巻第五八八号

8.15

日中友好元軍人の会ＨＰ http://www11.ocn.ne.jp/~donpo/

11

日中友好『８．１５』の会
（日中友好元軍人の会）

創立宣言

戦争の罪悪を身をもって体験した、わたくしども元軍人は、心から人間の尊厳にめざめ、戦争を否定します。

わたくしどもは、過去の反省に立脚し、戦争放棄と戦力不保持を明示した日本国憲法を順守し、真に人類の幸福と世界の平和に貢献せんがため、本会設立の趣意書ならびに会則にのっとり、同志相携えてあらゆる戦争を阻止し、戦争原因の剪除に努め、進んで近隣諸国とくに中国との友好を進めんとするものであります。

ここに終戦の記念日を卜して本会を設立するにあたり、万世のため太平を開く決意のもとに日本の更正を誓った当時を追憶し、戦没の万霊に額ずき、ご遺族をはじめ戦争の被害者ならびに軍靴で踏みにじった戦場の住民各位に深く遺憾の意を表しつつ宣言します。

１９６１年8月１５日

日中友好元軍人の会

二〇一八年度　活動方針

われわれは、創立宣言に則り、次の活動を行なう

一、平和憲法を守り抜くため、広く非武装中立・軍備亡国を訴え、組織の強化・拡大に努力する。

二、過去の侵略戦争に対する反省に立脚して、中国をはじめ、アジア近隣諸国、さらには世界各国の平和を希求する人々との友好・提携に努める。

行動計画

一、違憲の安保法制を強行し、憲法改悪へ向かう安倍内閣のあらゆる策動を許さず、特に憲法9条を守るために活動している諸団体の運動に積極的に参加する。

二、戦争に直結する集団的自衛権の行使を認めず、名目の如何にかかわらず、自衛隊の海外派遣、多国籍軍への支援に反対する。

三、広島・長崎の被爆の歴史に基づいて、核の廃絶を広く世界に訴える。日本政府に核兵器禁止条約への参加を求める。エネルギー変換、脱原発をめざす。

四、沖縄の民意を無視した辺野古新軍事基地建設等に反対し普天間を始めとする全国各地の米軍基地の縮小・撤廃を求める。
そのためにも日米安保条約の解消とそれに代わる日米友好条約の締結を提唱する。

五、日・中・韓・朝の障壁になっている歴史認識問題、戦後処理問題（従軍慰安婦、強制連行・強制労働などに関する訴訟・賠償請求）の早期解決を求めていく。

六、中国国際友好聯絡会研修生受け入れと公私訪中派遣を通じて、民間レベルでの友好・交流の強化を図る。

【巻頭言】

「安倍九条改憲」を許さぬたたかいを
―鴻巣・憲法九条の会の取り組み―

佐藤　正八

はじめに

自民党は憲法「改正」に関し、党内に様々な考え・意見がある中、安倍総裁の極めて強い意向を受け、二〇一八年（以下、下二桁）三月の党大会で「改憲四項目」を決めた。「憲法九条」以外では、参議院の「合区」の解消、緊急事態条項の新設、教育の無償化である。

これらの項目がどのような政治力学から導きだされたものなのか、憲法学の立場からはどのような問題・課題があるのか、有権者の受け止め・反応はどうか、憲法を活かす運動にはどのような影響を与えて行くものなのか、様々な立場・観点から分析かつ解明されなければならない。

しかし今回の論考はそれらを割愛し、「安倍九条改憲」の一点の焦点を当て、問題点を解明すると共に、それを許さないたたかいをどう構築して行けるのか、地域で九条の会のリーダーを勤めている立場から実態を報告し、諸兄姉のご批評を乞うものである。

Ⅰ　安倍首相は戦争ができる国づくりを推進

1　憲法は虐待され続けてきている

憲法とは何か。国の在り方、理想を定めたものである。国の最高法規である。権力者を縛り公務員を拘束するものである。これらは憲法のある側面を語ってはいるが、全てではない。

憲法は歴史、文化、政治経済、民衆の意識、等々の総合産物であり、成果である。特に日本国憲法は、第二次世界大戦の敗戦のよって生み出されたものであって、再び戦争をする国にさせてはならない、という共通の思いを胸に、当時の有識者が心血を注いで作成した可能な限り最高の憲法なのである。

当時は米軍に占領されていたから、マッカーサー司令官の許可が必要で「押し付けられた」形式をとらざるを得なかったが、資料などからも明らかなように、憲法九条などは日本人の発案であり思いなのである。改憲勢力は憲法の内容を一切無視し、「押し付けられた」という形式のみを取り上げ、返す刀で国家主義的な憲法を国民に押しつけようとしている。いずれにしても日本国憲法は四六年十一月三日に公布され、四七年五月三日に発布されたのである。

戦争によって国民の生活や経済は極度の困窮や疲弊のどん底にあった故に、新憲法は高嶺の花であった。こうした状況にあっても、新憲法を国民の意識や生活に定着させようとした取り組みは種々あった。文部省が「新しい憲法のはなし」を作成し二年間教育現場に配布した。ところが、五一年に朝鮮戦争が勃発し、日本に対する米軍の安保戦略が一八〇度転換し、当時の日本政府はそれに迎合した結果、憲法を活かす立場から、ママコ扱いするようになって行ったのである。

五五年体制と指摘されるが、左右の社会党が統一し「憲法擁護・護憲」を打ち出し、民主党と自由党が合体して、自由民主党を結党し、「改憲」を打ち出した。以後社会党が国会で三分の一の議席を確保し、自民党が政権を維持してきた。この体制は約三〇年間続いたが、総評の解体と共に社会党が衰退したのはご案内の通りである。憲法の立場からすれば、命は辛うじて持ち応えてきているが、虐待され続けてきている、ということである。従って、現在の日本国民の憲法に対する理解や認識、意識が政府によって長い間、虐待され続けてきたことと大いに関係がある、このことを特に指摘しておかなければならない。

一方、世界各国の憲法に目を向けると、国際ジャーナリストの伊藤千尋さんによると、コスタリカは軍備を廃止し、教育や福祉を充実させつつあるのを始め、憲法が大切にされ、かつ国民の生活に活かされている国は多い、という。

2　本音は戦争できる国づくり

自民党は「改憲」を党是として掲げてきているが、安倍首相以外に「改憲」を政治課題に打ち出した総裁＝首相はいない。それには様々な理由や原因がある。安倍晋三氏は中曽根康弘氏を上回る国家主義者で、「日本を取り戻す」「美しい日本」「戦後レジームからの脱却」等々を語り、父方の祖父・安倍寛氏に学ばず、母方の祖父・岸信介氏に傾倒し、日本会議に思想的基盤を置いており、これまでの総裁＝首相とは大いに異なり、戦後最大の国家主義思想を持った首相なのである。小泉内閣の時期に米国のブッシュ大統領はイラク戦争を一方的に仕掛け、日本は出動を求められ、小泉首相は憲法九条があるため、自衛隊の派遣を後方支援に限定して派遣を決めた。これに米軍の指揮官は「ショウ・ザ・フラッグ」と指摘し、「米軍と一緒に戦闘行為に参加せよ」と迫った。この事態を当時の安倍氏はどのように受け止めていたのであろうか？　また現在ならばどう対処したのであろうか？

第一次安倍内閣で手掛けたのが、四七年教育基本法の改悪である。この法律は南原繁氏、務台理作氏ら最高の識者らが結総集して作成したもので、戦後民主教育の支柱となってきたものである。国家主義者の安倍氏にはそれが許せなかったのであろう。極めて国家主義の強い教育基本法に変え、教員の管理統制と教育内容の国家主義化を進め、教育現場の風景を一変させてしまったのである。この結果、為政者に従順な若者が増え、ネトウヨが増える素地になってきているのである。

次に安倍氏はマスコミを支配下に置くため、様々な手を打った。朝日新聞の攻撃、テレビの選挙報道への介入、等は氷山の一角で、ＮＨＫを安倍放送局に仕立だ、と言っても過言ではない。これらは自らの信念である戦争ができる国づくりの小さな過程の過ぎず、本丸はその先にある。

３　安保法制は前段

第二次安倍内閣発足直後から憲法「改正」を最大の政治課題に設定し、異常な意気込みで取り組み始めた。それは憲法九条の本丸に攻め込む前に、改憲発議の三分の二条項から変えようとした。改憲の二段論法である。即ち、憲法九六条の改正条項を二分の一にし、国会発議を容易にし、その後に本丸を攻めよう、というものである。９６番の背番号をつけ、東京ドームのマウンドに立つなどスタンドプレーなどもした。ところが憲法学者やマスコミから「裏口入学」等の批判を受け、半年足らずで断念に追い込まれた。

その後に取り組んだのが、文字通り戦争ができる国づくりの前段、安保法制等々の強行成立である。一三年には「秘密保護法」の成立を強行しているし、一四年七月には悪名高い「集団的自衛権行使容認の閣議決定」を行っている。これは歴代の内閣が「憲法違反」と答弁していたし、憲法学者の九九％が憲法違反と指摘していたものである。「閣議決定」に基づく「安保関連法案」を一五年五月国会に提出した。一五年六月衆議院憲法審査会で、自民党推薦で早稲田大学の長谷部教授が「閣議決定」は憲法違反と明言し、反対運動を勇気づけ、盛り上げるのに大いに寄与した。総がかり行動実行委員会が中心になり、六〇年安保闘争以来の大衆的なたたかいが展開された。毎週の如くに国会周辺に市民、労働者、学生が集まり、八月三〇日には十二万人を超す人々が国会を取り囲んだ。私も仲間と一緒に度々参加してきた。しかし安倍首相は強行一辺倒で、強行に強行を重ね、一五年九月に法案を成立させた。当然のことながら、全国各地で違憲訴訟を提訴している。

４　本丸は憲法九条の改憲

指摘するまでもないが戦争をするためには、国民のある程度の理解・支持が必要不可欠である。それ故に安倍首相は国家主義的な教育を展開し、国家に従う国民を教育し、マスコミの統制を強め、戦争ができるような安保体制の確立を急いでいるのだ。自衛隊員の戦死に備え、中國等アジア諸国の反発を承知で靖国神社に参拝している。こうした諸条件の整備が必要であると考えているが、それだけで戦争ができるわけではない。憲法九条が残っているからで、憲法九条の「改憲」が戦争できる国づくりの本丸なのである。

自民党は野党時代の十二年に「改憲草案」を策定している。これが党内でどれだけ綿密に論議・検討されたのか知らないが、かなり大雑把な内容であり、粗雑な印象である。こうした状況にありながら、安倍首相が既に述べた如く、「改憲四項目」に限定したことは、戦争ができる国づくりと共に「改憲」を成し遂げた初の首相として名を残したいためであろう。そのために安倍首相の異常なまでの熱意・執念を燃やしている。これを見誤ってはいけない。

安倍首相は十一月の臨時国会で「改憲に取り組むのは国会議員の当然の責務である」と強弁した。これは、「改憲」は当然のことであって、意見あるなら改憲（案）を出せ、という前提に立っている。この前提は「改憲」に前向きな維新の党は受け入れられるであろうが、立憲政党の、立憲民主党、共産党、社民党、自由党は受け入れられないどころか、前提条件そのものが許せない代物なのである。問題は国民民主党がどう対応するのか、である。

次に自民党の九条の改憲（案）であるが、安倍総裁の強い意向を受け、自民党執行部は、憲法九条はそのまま残し、新たに項を起こし、自衛隊を追加する方式をとっている。これは九条の改憲に慎重な公明党に配慮したものと受け取られているが、公明党は今後どうなるか判らないが、今のところは賛同していない。それればかりではなない。自民党内部がこの案でまとまってはいない。九月に行われた総裁選で、対立候補の石破茂氏は、改憲派でありながらも、安倍氏の九条改憲（案）に公然と異を唱え、自民党員の四五％を得票したのである。又、十一月三日の毎日新聞は「山本幸三元地方創生担当大臣が九条改正不要」と報道している。こうした党内状況を反映してか、条文の具体案が党の機関で決定されていない。

安倍総裁は今の臨時国会で改憲の発議をさせたいという強い意向を持っており、そのために、党の総務会や国会の憲法審査会に腹心を送り込み、従来の役員や担当者を交代させている。その筆頭格が下村博文氏で党の憲法改正推進本部長に据え、憲法審の幹事にもなることになっていた。その氏が審議に慎重な野党を「職場放棄」と発言し、野党の反発を受けている。いずれにしても、十一月三日（土）の毎日新聞は「改憲議論自民に孤立感、他党は冷ややか」と。十一月十日（土）の朝日新聞は「憲法審めど立たず」とそれぞれ報道している。又各メディアの世論調査によっても、今国会での改憲の発議に、賛成よりも反対が多い。このような状況下では安倍首相が企む今臨時国会での「改憲発議」は無理であろう。

以上のような政治状況や世論の動向は、「安倍九条改憲に反対の署名運動や広範な人々による取り組みが功を奏している、と指摘できる。しかしこれを持って改憲を阻止できる、ということはとてもとてもできない。改憲勢力は態勢を整いて出て来ることは明らかで、平和憲法を護り・活かす運動はこれからが本丸・本番、ということになる。

Ⅱ 鴻巣・憲法九条の会の取り組み

1 全国並びに埼玉県内の取り組みの概況

改憲の動きに危機感を抱き、〇四年に大江健三郎、沢地久枝さんらが「九条の会」を立ち上げたのを受け、市民運動として全国に広まって行った。又一四年に、労働運動や市民運動を配下に持つ、一〇〇〇人委員会、九条壊すな実行委員会、憲法共同センターの三団体が集まって、「総がかり行動実行委員会」を立ち上げ、六〇年安保闘争以来の大衆的なたたかいを展開することになった。それらのたたかいの一部は既に述べたので割愛するが、安倍首相は沖縄の基地問題や安保法制に関し、県民・国民の民意に寄り添う、という言葉を発するのみで、民意を完全に無視し、強行を続けている。その最大の理由・原因は、四〇％足らずの得票で、七〇％を超える議席を確保できる、小選挙区制にある。これらについては野党にも問題や課題があり、別の機会に論考したいと思っている。

総がかり行動実行委員会と九条の会が協力して、「安倍9条改憲NO! 全国市民アクション」を立ち上げ、一七年九月より「全国統一署名」運動を展開し、一八年五月三日の憲法記念日に六万人が集まった大集会で、一三五〇万筆が集まっていることが報告され、更に三〇〇〇万筆を目指して取り組んでいる。

一方埼玉県の場合は、一五年に埼玉弁護士会が中心になって、埼玉連合、全労連埼玉、一〇〇〇人委員会、埼玉共同センター、等々が主な構成団体となり、「安保法制の廃止をめざすオール埼玉総行動」を立ち上げ、更にその後、衆議院の小選挙区毎に設置された市民団体が参加している。一七～一八年には北浦和公園で一万三千人を超える市民・労働者が参加し、市内をデモ行進している。私は「市民が野党をつなぐ埼玉六区連絡会」の代表として集会は勿論であるが、通常の会議にも参加している。

2 鴻巣・憲法九条の会の概要

地域で九条の会の活動をする、ということは、指摘するまでもないが、平和憲法を大切にする人々を増やし、国会が戦争ができる「改憲案」を発議しようとも、地域からそれを跳ね返す力と行動力を蓄えることである。こうしたことを念頭に、週の大半は活動に専念している。会を設立して一三年が過ぎ、一度本会の活動状況を『8・15』誌で報告したことがある。今回は視点を変え、地域で悪戦苦闘している実態を報告し、平和運動に取り組んでいる諸兄姉の参考に供したい。

鴻巣市は大宮から高崎線で二五分、埼玉県のほぼ中央に位置し、人口十二万人の中都市で、周辺は田んぼに囲まれている。本会は秩父困民党事件を題材にした映画『草の乱』の上映会を成功させたメンバーが中心になり、〇五年六月に設立準備会を発足させ、十一月に結成総会を行い、一九〇名の参加でスタートした。設立当初から小生が代表世話人になり、十三年経過したが一度も活動を停滞させることなく、会員の拡大に取り組んだこともあり六百余名が入会し、高齢会員が多いこともあり約一五〇名が死亡・転居・退会し、現在は約四五〇名の会員である。

3 沖松信夫先生の講演会

本会では年度により異なるが、年に三回程度の講演会や映画会等々を企画し実施してきている。憲法を活かし発展させる観点を抑え、内容は柔軟に対応することにしている。基地の拡大には断固反対し、沖縄の基地問題や映画会は度々行ってきている。公民館や生涯学習センター等で行う場合は無料で、文化センターのホールの場合、総会以外は全て有料である。

そうした中、『8・15の会』代表幹事の沖松信夫先生の講演会を十七年十一月に企画し、十二月に確定させ、十八年三月十日（土）、吹上生涯学習センターホールで、「私の特攻体験と戦争憲法」というテーマでご講演頂いた。

先生が十八年一月に入院され、講演は無理かと危ぶまれたが、幸いなことに前日に退院され、大変に厳しい身体的状況にあったが無理をしてご講演を頂いた。というのも講演会のチラシを会員に配るのは当然として、駅頭にはポスターを張り、チラシの配布も行い、かなりの会員に参加を働きかけていたこともあり、健康状態を除けば、講演の実現は主催者の立場からすれば当然の責務であった。結果としてかなりの無理があったが実現出来て、心から感謝している。

結果として、ホールは満杯になり、百十余名の人々が参加し、適切な質疑応答もあり、大変に有意義な講演会となった。参加された皆さんの感想も大変に良く、又、機関誌『8・15』を一〇冊も売ることが出来た、など収穫が多い講演会となった。

4　秋のイベントは盛況

秋には毎年有料のイベントを行うことにしている。これは三年目から実施し、欠いたことはない。企画は一年前から始まり、文化センターホールの予約から始まる。次に内容の検討に始まり講演とアトラクションの二本立てが普通である。いずれも世話人会で推薦してもらい、当たる順序を決め、折衝する。講師の場合は私があたる場合が多いが、最も近い人が担当者になる。

十八年秋のイベントは講演に、国際ジャーナリストの伊藤千尋さん、音楽は沖縄の自然や平和を歌う、Milk［弥勒］の二人組にお願いした。チケットは前売り券が八百円、当日券が千円。六月になると、ポスターやチラシを作成し宣伝活動に入る。九月には会員約四〇余名の協力で、約一万八千枚のチラシを地域の各世帯に配布する。これは大変に困難な活動ではあるが広く市民に憲法や九条の会を知って頂くために必要であり大切な活動である。地域に配布の他、駅頭配布は度々行っている。

今年の場合、九月二九日（土）に実施したが、チケットは約二五〇枚売れ、一八〇席の小ホールは満席で、椅子を入れるなどして二〇〇余人の人々が入場し、大変な盛況であった。主催者のあいさつで、私は、安倍9条改憲は戦争ができる国づくりであると指摘し、伊藤千尋先生の講演から日本国憲法が世界で生きている事実・真実を学び、本日ご参加の一人ひとりが、安倍改憲を阻止するために働くよう、強く要請しました。

5. 署名活動の現状

十七年九月から始めた「安倍九条改憲NO！ 憲法を活かす全国統一署名」を本会としても全力を挙げて取り組んでいる。この署名は九条の会のみならず、様々な民主団体、労働団体、立憲政党等々が取り組んでおり、会員であっても他の団体の署名用紙を使い、そちらに提出している場合が少なくない。そうした状況はあるが、会員に度々用紙を配り、知人・友人に呼び掛けて署名を集めるよう要請している。

会としては駅頭で定期的に署名活動を展開しているし、これは不十分であるが、ある地域をローラー作戦で署名活動を展開し、成果を上げている。しかし態勢が整わず、出来ていない。

私個人としては、様々なグループの知人に呼び掛けて集めているし、八〇名を超す、親戚、同級生、元同僚等々に署名用紙を郵送し、依頼をしている。その結果、田舎に住む従兄弟や同級生が沢山集め、送ってきてくれている。

一〇月末日に、第五次を送り、合計で、二一一〇筆になった。今後も取り組みを継続することにしている。

6 財政について

どんなに優れた理念や方針を掲げていたとしても、それを裏付ける財政的基盤がなければ絵に描いた餅に過ぎない。本会は会費制をとっているが、その内容がユニークである。普通会費といえば定額が普通であるが、本会は一口、五百円で、何口納入するかは、本人の意思に任せてある。一口の方が多いが、二口、四口、一〇口、さらに二〇口の人もいる。これで不平や問題が生じていることはない。総会で会費の額で、発言や採択に差が出るようなことは絶対にないし、あってはならない。（企業の株主総会とは異なる）

会計は一般会計、イベント会計、それに書籍会計の三本であるが、八〇万円前後の財政規模でこの範囲で活動している、ということである。

では何が大変か、会費の集金である。一度の訪問で集金できるのは、二〜三割で、二度三度訪ねるのは珍しくないからである。更に私の場合三〇余名の市外の会員にニュースを郵送しているが、会費をなかなか納入して頂けない、悩みがある。

7 最大の課題は若い世代が少ないこと

これは本会特有の課題・悩み、ということではなく、全国共通の課題・悩みである。国会周辺の集会に度々参加しているが、学生は言うに及ばず、若い人々が極端に少ない。労働組合の青年部の参加も極端に少ない。

そこで本会では、先ず子育て世代の、ママさんたちと懇談会開き、様々な話題からつながりを持てるように努めて行きたい、と取り組みを始めている。いずれにせよ、若い世代が入ってこないとこの運動はじり貧になってしまう。極めて重要な課題なのである

（埼玉・常任幹事）

堀口武君を悼む

沖松信夫

我が会の常任幹事として、長い間尽力してくれた、堀口武君が九月二九日午後八時三七分に亡くなった。七四歳だった。堀口君は二四日までは変わりなくごく普通の生活だった。二五日にももが痛むので、病院に行き診察してもらった。寒いなか、長いこと待たされ風邪をひいたらしい。二六日、二七日咳がとまらなくなり、二八日は人工透析のため、診療所へ行った。検査の結果、意外に病状が深刻と分かり、三時頃救急車で深谷日赤病院に緊急入院。ここでの検査は、五時頃終わり、七時過ぎから八時ころまで、奥様とご子息と3人でごく普通に談笑の時間を過ごしたという。翌朝病院に来るからと言って奥様は帰宅された。翌二九日九時前、病院からすぐ来てほしいとの連絡があり、駆けつけてみるとすでに意識不明の状態だったという。午前午後と話も出来ず、その日の夜昇天された。

謹んでご冥福を祈る。

(一) 私と堀口君との関わり

堀口君は私の教え子である。私が、三年間の組合専従（県高教組中央執行委員長）を終えて、元の職場に復帰した時の生徒だった。組合専従として、得がたい経験をして県の教育事情も教育実践についてもある程度理解が出来、新鮮な気持ちで教壇に立って意欲に燃えていた時代だったから、当時の生徒一人ひとりの印象は特に深い。生徒にとっても同じだったかも知れない。

堀口君は、生徒会長に立候補して当選した。生徒間にリーダーとして人望のあることを知った。

堀口君はその後、大学を出て、教師の道を歩まれた。思い出すのは、一九七一年（昭和四六年）、高校時代の恩師ということで堀口君の結婚式に招待されたことである。堀口君の勤務する高校の校長が、私が教師として採用されたときの松本英三校長で、ここで二〇年ぶりにお会いして偶然に驚いた記憶がある。

堀口君も何回か訪中した。私とも一九九九年（北京・済南・泰山・曲阜）、二〇〇八年（北京・南京・青島）、二〇一〇年（重慶・宜昌・上海）の旅を一緒した。

(二) 堀口君の人となり

堀口君は私と一九歳違う。中国には『忘年交』という言葉がある。年齢や世代を超越した交友をいうのだそうだ。私は堀口君から教わったことは多い。堀口君は誠実な人だった。気配りの出来る人だった。人生の先輩に礼を失するようなことは絶対にしなかった。謙虚で礼儀正しい人だった。

堀口君は高校を卒業して五〇年以上になるが、いつまでも卒業生の中心であり続け、私の米寿・卆寿を祝うために卒業生を集めてくれた。

堀口君の趣味の一つはゴルフだったが、運動不足になりがちな私を気遣って年に何回も誘ってくれたことに感謝している。奥様、ご子息と一緒の家庭ゴルフは見ていて家庭円満の見本のような和やかな風景だった。

私が、訪中して親しい中国の友人に、堀口君を紹介する時、よく冗談に、『堀口君は、私の高校教師時代のターイーメンション（得意門生＝愛弟子）です。私がいかに素晴らしい教師であったか、はたまた、いかに駄目な教師であったかは、教え子の堀口君を見て推量して下さい』と言うとみんな笑って呉れたものである。

堀口君の死を知って駆けつけた、堀口君の教え子が棺の前で号泣したという。堀口君はやはりいい教師だったに違いない。

(三) 堀口君に捧げる弔辞

十月六日お通夜、十月七日告別式、生前の堀口君の人柄を偲ばせる盛大な葬儀だった。当日私が読んだ弔辞は次のようなものである。謹んでご冥福をお祈り致します。

弔辞

堀口君、君の訃報を聞いて本当に驚きました。九月八日、小川町の図書館で戦争と平和を考える『戦争展』があり、私は戦争体験を話すように頼まれました。この集会に君は奥様と一緒に私の話を聞きに来て呉れていました。君は闘病中と聞いていましたし、暫くお会いしていなかったので、そんな席でお会いするとは思いませんでした。簡単に挨拶を交わしましたが、お元気そうなので、安心もしましたし、また大変嬉しく思いました。それから二〇日後に、永のお別れの日が来るとは、考えもしませんでした。君の同級生の関田修平君から、君の訃報を聞いた時は耳を疑いました。今から考えると、あの時もっと君と話をしておけばよかったと後悔しています。

年長者が年少者を見送ることを逆縁というそうですが、九三歳の私が君の弔辞を読むことになるとは、思いもしませんでした。七四歳はあまりにも早すぎます。そして逆縁の弔辞はあまりに悲しすぎます。

君は、私の四五年間の教師生活の中で忘れえぬ教え子の一人です。学生時代の君は真面目で学業に優れ、秀でたリーダーシップを持つ模範生でした。在校中の君と言えば、生徒会長に立候補して、堂々と所信を述べる君の姿が目に焼き付いています。

君は、高校卒業後、東海大学建築科に進み、昭和四四年に卒業、大林組に就職、昭和四六年から家業を手伝っていましたが、昭和四九年越生高校に勤務することとなり、平成一七年三月まで教壇に立たれました。

戦時中、特攻隊に編入され毎日死と対面する生活を体験した私は、現在『日中友好８・１５の会』の代表幹事を勤めています。戦争は勝っても負けても地獄です。私は、軍備で国を護るのはすでに時代錯誤の時代になっていると思います。友好こそ最良の国防であり、最高の安全保障だと思っています。「力をもって勝つものは亡び、徳をもって勝つものは栄える」と言う言葉を信条に、護憲と日中友好の運動を続けています。

私は、信頼する君に協力をお願いしました。君はすすんで中国の留学生や研修生のお世話をしてくれました。沖縄を視察したいという、中国の研修生のために沖縄まで同行案内してくれました。

私は、中国政府の招待で、たびたび中国各地を視察しました。掘口君、君とも三回一緒に訪中しましたね。訪中の思い出は尽きないのですが、印象深く記憶に残っているのは、一九年前、中国の代表的名山の泰山に登った時のことです。泰山の麓の泰安という街のホテルに宿泊したのですが、その日がちょうど君の五五歳の誕生日で、別に頼んだわけでもないのに、君の誕生日を知ったホテルの責任者がお祝いのバースデーケーキをつくって祝ってくれたことです。サプライズで、しかも九人の訪中団で食べ切れない巨大なバースデーケーキだったのを思い出します。

君はよく私をゴルフに誘ってくれました。また同窓生を集めて私の米寿祝いをしてくれました。君は細かい心配りの出来る人でした。

私はゴルフに限らず、君から教わることが数多くありました。君は私の友人であり、同志でした。

君は情緒が安定していて、感情的になったり激しい感情を表わすのを見たことはありませんでした。君は、温厚で心の広いやさしい人でした。謙虚で礼儀正しい、人から愛される何かをもっている人でした。君とお付き合いして特に感じたのは、君が金銭に実に淡白であることです。君は、人生には金で買えないもっと大切なものあると思っているように見えました。それは君が歩んでこられた人生を見ても分かります。

君のこの素晴らしい性格は、君のご両親の家庭教育に負うところが大きいのではないかとひそかに思ってみていました。今でも君の家では、この素晴らしい家庭教育が受け継がれているように思えます。羨ましい限りです。

君は、亡くなっても私の心の中に生きています。君の教え子や友人の心の中に生き続けるでしょう。

私も、間もなく君とお会いすることになるでしょう。その

時ゆっくりお話しましょう。それまで、どうぞ安らかにお休み下さい。合掌

二〇一八年一〇月七日

日中友好8・15の会　代表幹事　沖松信夫

堀口武さんのこと

落合正史

秋山さんから堀口さんが亡くなったとの連絡があった。"ええっ!"と一言、そのあとの言葉が出てこなかった。「絶句」とはあの時のような状態のことを言うのだろう。

数年前、体調を損ねたということで常任幹事を辞退されてからも七・七記念集会や総会、有志の忘年会、新年会などの節目には顔を出してくれた。同じ年齢だと思っていたが実際は一つ年上だった。

「どう?　調子は?」

「うん。まあまあだね」

などと顔を合わせて少し言葉を交わすだけで、同年代ということから何となくわかりあえた。最近は顔を見せなくなっていたので「どうしたのかな?体調が悪くなったのだろうか」などと心配をしていた。

最近の常任幹事会で、小川町での沖松代表幹事の講演会にはご夫婦で顔をみせたとの報告があったので一安心した矢先の訃報の連絡だったのでまさに"絶句"だった。

堀口さんとは一緒に常任幹事をやったり訪中団の一員として何度か訪中もした。

2007年第30次訪中団では北京・成都・広州を訪れ、2008年第31次では北京・南京・青島、そして2010年第33次の訪中では北京・重慶・宜昌・上海を訪れた。特に2008年の訪中で万里の長城「八達嶺長城」で雪の歓迎を受けたことやホテルの部屋で歴史認識や侵略戦争、南京大虐殺のことなどいろいろと語り合ったことが思いだされる。また建築物にも造詣が深く、色んな建造物ついての解かり易い解説が記憶に残っている。

考えてみると日中友好元軍人の会でのお付き合いより大分前から堀口さんとのつながりは始まっていたのだった。

私が熊谷高校定時制の吉岡分校（現在は廃校になってしまっている）に勤めていた時、堀口さんが非常勤講師として数学を教えに来てくれた。昼間仕事をしてさらに夜もということで大変だっただろうと思うが、生徒たちは「堀口先生の授業は楽しい」と口にしとても好評であった。生徒とはほんの僅かな時間のふれあい、それも授業のときのみだったろうが、堀口さんの誠実な人柄や自分自身の体験談等が生徒の心をつかんだのだと思う。

指導していた部活動の勧誘で中学の生徒の家を訪問した

ら、そこは堀口さんの家であり、堀口さんの息子さんだったなどということもあった。
温厚で誠実な人柄が思い出される。逝くのはちょっと早すぎた。もう一度顔をあわせて〝やあ、やあ、元気？〟などと言葉を交わし近況を語り合いたい・・・と切実に思う。
ご冥福を祈ります
合掌

堀口さんを偲んで

小林悦子

堀口さんの訃報に接した。それも不注意な怪我をして暫くしてから会員の方から伺った。「はい」と返事をして電話を切った後で、「えっ、もう…」と改めて思った。二000年頃から東京や埼玉で開かれた歓送迎会や懇親会などでよくお会いしていたが、お話をするようになったのは常任幹事になって頂いた頃からで、穏やかな語り口でにこにこと話していらした。そう難しいことは話題に上らず、趣味のことや沖松さんの（逸話）などを話していらした。

私が三十二次の訪中団で北の方に行った翌年堀口さんは三十三次の訪中団として北京等に行かれ、上海の街町並みについて「8・15」に寄稿されていたが、読ませて頂いて驚いた。建築物・公園・道路等、かくも詳細に観察し感想を述べられるものか、と。僅か三日間で！

他にも、東京などでの会合に出られた感想も大変緻密に書かれていらした。

ご病気の為、常任幹事は数年で辞められたが、懇親会等に参加して頂けたこともあり、もしかしたら復帰されないだろうか、と密かに願っていた。

しかし、二年ほど前から「体調不良で欠席させて頂きます」というお返事がくるようになり、一抹の不安もあった。そこに居て下さるだけでホッとするような思いをさせて下さった堀口さんに心からの　感謝をしたい。

沖松先生に戦争体験を聞く　五　（2017・12・23）

第五回聴き取り（大宮　生涯学習センター）

聞き手　山田正美

●昭和二〇年四月末、福井県の三国飛行場から浜松へ出向いたところ、同期生に会い、そこで初めて特攻隊と言われたのですね

「自分達は特攻隊とは思っていませんでしたから、その時のショックはただごとではありませんでした。一瞬顔色が変わったと思います。いきなり高いところから突き落とされて、血の気が引くような、すーとした感じだったことを今も覚えています。

その時に同期生たちが駅にいたのは、先に出発する別の特攻の仲間を見送りに来ていたのです。私達は浜松で降りたのですが、その仲間達は同じ列車に乗って特攻隊として赴任するので送別会をして見送りに来ていたのです。私たちは彼らの送別会のあった旅館に泊まったのですが、同期生たちはそこで私たちの送別会もしてくれた。といっても酒もほとんどありません。ちっとも楽しくない。特攻隊と聞かされた直後だったこともあるし、しめっぽくて意気が上がりませんでした。

●特攻隊と知って、どんなことを考えましたか

「母のことを一番先に考えて「泣くだろうなあ」と思いました。それから次から次へといろんなことを考えるのです。「運が悪かったなあ」いう感じでした。しかし一方では「そんなことを言ってもどうにもなりゃしない」「引っ返すわけにはいかない。だったらどうにかしなくちゃいけない」「誰だって死ぬんだから、みんな死ぬんだから」と思ったり、あるいはちょうどその時二〇歳だったのですが、「二〇歳だって三〇歳だって、そりゃたいした違いじゃないんだ」などと自分を言いきかせたりしました。また「アメリカ軍が上陸すれば日本が戦場になる。それを少しでも特攻隊の攻撃で延期させられればそれでいいじゃないか」などいろんなことを考えました。「誰かがやらなくちゃいけないのだったら、俺がやってやるんだ」といった気持ちにもなりました。とにかく色んなことを考えましたが、考えがまとまらない。そしてほとんど寝られないで明け方になりました。寝汗をびっしょりかいたのを思い出します。

翌日の夜行列車で熊谷に向かいました。着いたのは朝でした。昼間は空襲で危険だったから列車の移動は夜行だったのです。朝早く、籠原駅に着いてから部隊に向かいました。一つの部隊は四機で構成され、操縦士八人、通信士二人、機関士二人。指揮官が通信士と一つの機に乗って、命令を他の機に連絡します。私たちは四人は第259、260、261、262の四つの隊に分かれ、それぞれの隊長になったのです。第259と第260は「神鷲隊」といいます。第261、262は振武隊といいます。何が違うかというと、神鷲隊は第一航空軍に所属し関東地方を担当します。261と262は「振武隊」といい、第六航空軍で九州に本部があり、沖縄とか九州地方を担当します。私達が浜松で会った同期生は西那須野へ向かって第263振武隊、第264振武隊の隊長となりました。

●特攻の訓練というのはどういうことをするのですか

「まず離着陸が大事です。特攻だからまあ着陸はどうでもいいですが、離陸の練習しなければいけませんから。要するに飛行機を自由に操縦できるように慣れないといけない。九州の基地から四機で編隊をくんで沖縄まで飛んでいかなければならないですから。あとは洋上訓練ですね。低空で飛んで敵のレーダーを避けるわけです。地球は丸いですから低空を飛べば探知されない。洋上で羅針盤だけで西なら西へ何時間も正確に飛んでいく訓練などです。また漁船などを標的に突っ込む練習もしました。漁船の漁師はびっくりしていましたが。重爆撃機なので急降下ではなく“緩降下”で四方八方から突入する訓練もやりました。熊谷から二時間くらい飛んで新潟まで行って、日本海で訓練していました。

特攻隊の訓練中の事故も多かった。同期生は何人も事故で死にました。終戦の一週間前だったですが、早朝の飛行中、霧で視界が悪くて筑波山に激突して全員死んだこともありました。また先ほど話した第263、264振武隊長は最新式の「飛竜」という四式重爆撃機で、飛行訓練中にプロペラが止まって墜落しました。四式は電気系統に欠陥がありプロペラが止まることがあるのです。私たちは百式と九七式しか習っていなかったので四式の操縦は習っていません。それなのに四式を操縦して特攻隊になれと命令された。だから未習教育ということで訓練をする必要があったのです。まあ注意していれば何とかなったかもしれないが、慣れていなかった。桑畑に墜落して、一人は脊髄骨折し半身不随となり、一人は死んでしまいました。

●遺書を書いたりとか、家族との文通などはできたのですか

遺書は書きませんでしたが家族への手紙は書きました。「特攻隊になった」とははっきり知らせませんでしたが、わかってたんでしょうね。遺書と言えば、知覧で特攻隊員の残されたものを展示してあるのが有名ですが、「本人が書いたものじゃないだろう」とか言われたこともあります。毛筆で字がきれいに書かれていますからね。達筆すぎるから特攻隊員が自分で書いたんじゃないだろう、とね。しかし当時、字の上手い人はたくさんいたし軍人になろうという優秀な人たちでしたから、達筆であたりまえなんですよ。

兄へは「おふくろが泣くだろうから慰めてくれ」「自分の分まで長生きしてくれ」とか、「二十年間ありがとうございました」とかまあ普通のことです。兄が読んで泣いていたと義姉が言っていました。家族からもちゃんと手紙は届いた。兄からは「お前の夢をみた」とか、色々書いてありました。

当時としてはどうせ皆死ぬんだから、とくに珍しいことでもないし、ごく自然に死んでいく、という感じで淡々としていました。仰々しく遺書を書くとかね、もちろんそういう人もいたでしょうが、むしろしないのが大多数なんじゃないかな。死ぬというのも日常の延長なんですよ。親にしても子どもが戦死しても嘆き悲しむというのも人前ではすべきでない、という風潮でしたから。

●日常の延長だからこそ特攻に行ける、日常との落差が大きいとかえって行けない、ということですか

そうですね。だんだん慣れてしまう。最初に浜松駅で同期生から「お前達は特攻だぞ」と知らされた時が一番ショックでしたが、あとは落ち着いてきました。それが教育の成果なんでしょうね。出撃するときも皆に敬礼してさっさと行っちゃう。深刻さもない。

ただ何かの時に生死を意識することもあります。人間の本能というのか。例えば私たち四人が熊谷に着いた時、第一航空軍か第六航空軍かどの隊にするか、自分たちで決めろと言われました。第六航空軍だと九州ですから沖縄へは毎日、特攻が出撃していたから確実に死ぬ。では関東の第一航空軍であればいいかというと、そうでもない。当時、米軍は九十九里に上陸する、といわれていたので、真っ先に出撃することになります。第六航空軍ならば三ヶ月の訓練期間は大丈夫。訓練は保障されるからね。しかし三ヶ月過ぎたら確実に死ぬ。第一航空軍なら訓練中だろうが何だろうが、米軍上陸となれば、出撃するしかない。結局、四人でクジ引きをして、私は第262振武隊となり、九州へ行くことになったのです。こういう時、自分で選ぶと後になって、こうすればよかったのに、と後悔することもある。第一航空軍になりたいといっても米軍が来たら、どうなんだ、とかね。しかし天に任せたクジ引きなら誰も恨むこともなしで、自分でも納得できる、そういう気持ちでした。

またこういうことがありました。四人のうちの一人、隣の261振武隊の隊長のことです。この人は熊谷飛行場で訓練中に離陸に失敗しました。飛行機が浮上しないで途中で離陸を断念したのです。それで急ブレーキをかけて機体を停止しようとしたのですが、ブレーキというのは車輪の両方が同時には効きません。どうしても片方が強く効きます。急ブレーキをかけると機体がクルクルと回る。回る時に機体が傾いてプロペラで地面を叩いてしまい、そこから火が出て機体が炎上してしまいました。その結果、その人は足を骨折してしまいました。私達の目の前で起きた事故でした。その時、私がとっさに思ったことは、「ああ、この人はこれで死なずにすむのだ」ということでした。どうせ死ぬのだ、と思いながらもそれでも何かあると、ふと生きることを考えている。特攻隊員全員が同じような気持ちだったんじゃないかなと思います。

●出撃命令を受けたのは八月一〇日ですね

「命令も淡々と受け取りました。武者震いとかそういうこともなかった。熊本県の建軍飛行場（熊本市）へ行き、燃料を補給して爆弾を積み込んですぐ出撃するということです。九州は空襲されていましたからね。それで八月一五日の一五：〇〇に出ることになりました。しかし突如八月一四日に、出撃延期の命令がきた。ただ単に少し遅れた、というふうに受け取り終戦とかそういう重大な事態は予想しませんでした。それで翌日、一五日の玉音放送を宿舎で聞き、終戦ということを知った。「助かった」とまず第一に思いました。「こんな助かり方をする人は世界に何人いるだろうか」とも思いました。次いで思ったのは「残念だ」ということでした。「何のためにたくさんの人が死んだのだろうか」ということを考えました。将来はどうなるのか、占領軍が来て、敗戦国の国民は強制労働とかあるのか、とも思いました。喜び勇んで帰れる、というふうには思わなかった。とりあえず助かった、という気持ちが強かった。死ぬと思っていましたからね。

（続く）

心して新聞を読もう

加藤富士雄

ここに二つの新聞記事がある。一つは消費増税について、もう一つは沖縄知事選に関してである。

まずひとつ目。毎日新聞・日曜クラブ十月二一日(日)『松尾貴史のちょっと違和感』消費増税—困窮者を助ける発想はないのか—

素朴な疑問として、財政再建のためにやるべきことの代表が、なぜ消費税増税なのか。所得税増税ならば、高額所得の多く払ってもらうというまっとうな発想だと思うのだが、あえて避けられている。法人税率も、大きな利益を上げて内部留保が積み上がっているところに多く課税されるようにすればいい。

今の政権が始まってから、金持ちや大企業優先の政策が多くなっている。…………………

それと併せて、問題なのは税金の使い方だ。まともな外交もできずに諸外国に相手をしてもらっているふりをするために金をばらまくようなことはやめるべきではないか。北朝鮮の脅威を理由に超高額な軍事装備を言い値で購入するというが、タイミングも必要性も不可解だ。3兆円もかかると言われる巨大な運動会(東京オリンピック)も催されるが、優先順位が違っていないか。

予算の使い道を、育児や教育に重点を置いて出産や子育てをしやすくしていけば、時間はかかるが国全体の抱えている問題の多くが改善されるであろうに、その気配はあまりにも小さい。今実権を握っている人たちは、自分の任期中に成果が出にくい計画に関してはあまりにも消極的だ。……………

食品や生活必需品を買ったら収入のほぼ全部を使い果たすことになる人と、どんどん余剰金がたまる高額所得者が「同じ額を払わされる」というのは、どう考えても不公平な税制だと思う。

もう一つの記事は、毎日新聞の『記者の目』、遠藤孝康・那覇支局十月四日
〔沖縄新知事に辺野古反対・玉城氏〕

予想を超える約八万票差の圧勝は、沖縄の民意を軽く見て辺野古の埋め立てを強行し、露骨な「アメとムチ」で懐柔と分断を図ってきた政府に対する県民の強い憤りの表れにほかならない。安倍政権は再び突き付けられた民意の重みを受け止め、移設計画を見直すべきだ。……

「この選挙で負ければ『沖縄っていうのはお金で屈したんだ』と県外や海外から見られる。沖縄の将来が決まる分岐点だ」……

政権・与党側は国の全面的な支援をアピールするため、人気の高い小泉進次郎・自民党筆頭副幹事長(当時)や小池百合子東京都知事らを次々に送りこんだが、有権者はこうしたやり方にしらけていた。

「小泉さんや小池さんが沖縄の政治をやるわけではないですよね。正直、ばかにされているなと思う。二人の子育て中という那覇市の主婦(33)はこう話し、玉城氏が市内で開いた大規模な集会に初めて足を運んだ。

「ウチナーンチュ、負けてーないびらんどー(沖縄の人たちよ、負けてはならない)」。雨に見舞われた集会では翁長氏が残したウチナーブチ(沖縄の言葉)での演説が流れ、聴衆が総立ちになった。私はその場面に「沖縄の思い」が表れているように感じた
この二つの記事には共通していることがある。それは、安倍政権を批判しているという点である。

このところNHKをはじめ、政権にとって不利な情報は流さない傾向がある。それどころか政権そのものがいろんなメディアに圧力をかけ「この情報はどうなのだろうか?政権側から圧力がかかっているのではないか?」という視点を持つべきである。

そして今まで政権に対して批判的な筆者が採用されなくなり、政権批判の記事が少なくなっていないかどうか、大きく目を見開いて新聞を読むべきである。

第二次世界大戦前、日本では徐々に権力側から圧力をかけられ、一般国民が本当に訴えたいことや、反権力の言動

を差し控えざるを得なくなったと言われている。だからこそ、二度とこのような時代が来ないようにすることが何よりも大事である。そのためにはわれわれ国民一人一人が常に、新聞をはじめマスメディアが変節しないようにチェックし続けることの大切さを、この二つの記事から教えられた。

（埼玉・常任幹事）

原稿募集

会誌にご投稿願います。内容は「今月の本」、時事問題、身の回りのこと、映画・テレビ番組等どんなものでも結構です。会誌の記事へのご意見、疑問、批判などももちろん歓迎です。
字数に制限はありませんが、多いものは何回かに分けて掲載されます。
編集の都合上、毎月　１５日を目途にお送りください。

送り先

Mail　yossi8putti@gmail
〒185—0032
国分寺市日吉町 1-40-51
長谷川善夫
Tel 090-3435-2645

第三七次訪中団に参加して

笠原博之

七月二八日土曜日
国際線にて北京へ。訪中団六名が一二時頃北京空港着。
北京五洲大酒店泊る

七月二九日日曜日
北京空港へ八時二〇分北京空港発
十二時三〇分ウルムチ空港着
昼食後、新疆ウイグル自治区博物館見学。
ウルムチ尊茂鴻福酒店泊る

七月三〇日月曜日
新疆にて最大バザール散策
トルファンに向かう
バスで移動中風力発電所通過
トルファン到着
カレーズ、蘇公塔と交河古城を見学
トルファン火洲大酒店に泊る

ウイグル家庭料理夕食

七月三一日火曜日

トルファン見学

高昌古城、千仏洞、火焔山

トルファン博物館の見学

ウルムチ尊茂鴻福酒店泊る

火焔山は、トルファンのシンボルと言える東西100キロメートルの山脈で、地表温度90度、気温40度の火山です。

トルファン地区博物館は、年間降雨量16ミリの乾燥地帯の為、保存状態も良く出土品、古文物が多数展示してあります。

天池は、すなわち神の池、天の鏡と言う意味を込めて付けられた湖。

また、新疆天山天池で船で周回する事が出来たので、湖や風景を見学する事が出来ました。

中国人民抗日戦争記念館は、過去の大戦の記録や証拠品の展示がされている。　再び、同じ過ちを繰り返さないように学習していきたいと、決意しました。

おわりに

第三七次訪中団の一員として、日本から中国に訪中し無事に帰国出来た事はとても素晴らしく、今後も両国友好関係の維持発展に携わって行きたい。

また、中国国際友好聯絡會、関係者各位の皆様に大変お世話になりました。来年も、第三八次訪中団と是非訪中したいと思います。

（埼玉・会員）

北朝鮮問題とは何か（１０）

核兵器は兵器ではない。外交交渉の道具なのだ。

島貫　隆光

私はこれまで世界の常識は非常識として世論と全く異なる見解を披歴してきたが、ここにきてやっと、腑に落ちる結論を得ることができることに気付いた。それは世間では、核兵器を兵器として考えているのではないかということだ。つまり使える兵器として考えているから、なくせといっているのだ。私は最初から言っているように、核兵器というものは、抑止理論によって使えない兵器なのだ。だからそんなものは、あってもなくても同じ。全く脅威でも何でもないと考える。ここが世間一般と私の考えの、根本的に違うところなのだ。そこに気が付けば何のことはない。議論がかみ合わない理由が分かったところで、もう一つ分ったことがある。ではその核兵器というものを何に使うというのか。私はこれを外交交渉の道具として使えると考える。そしてその考え方は、トランプや正恩と共有しているのである。私はこれまでトランプと正恩はウマが合うと言ってきたが、内実はここのところなのだ。トランプは名うてのディーラーとして不動産業界を生き抜いてきている。つまり取引（ディール）の手だれなのだ。その彼は核兵器というものを、外交交渉の道具と考えている。正恩もまた同じ考えで、核兵器を作った。だから彼らはその取引交渉をやっているだけなのだ。そう考えれば米朝会談とは何のことはない。核兵器と体制保証のバーター取引だということが分かる。

さらに正恩にとっては、非核化を成し遂げることによって、得られる制裁の解除がある。これこそが正恩の目指す大目標なのである。制裁が解除されれば、超大型の経済投資が呼び込め、経済建設は活況を呈する。今、南北で行われている経済計画は、文大統領年来の構想だが、私の考えと同じ捉え方をしている。先月号に紹介したエコノミストを引用する。

「3大ベルト構想」

北朝鮮の非核化の問題は、現在はすぐれて国際政治の問題だが、問題解決のあかつきに課題となるのは、世界経済に北朝鮮をどのように位置づけるか、という経済の問題だ。

その意味で、18年の「政治の季節」の伏兵は経済だ。韓国は、このような「経済の季節」の到来を予測し、中国やロシアの開発構想とも連携できる朝鮮半島における総合的な経済開発構想を準備している。それが、文在寅政権になって盛んに語られている「3大ベルト構想」だ（図）。

この構想は、朝鮮半島の発展軸を「西海岸（環黄海）経済ベルト」「東海岸（環日本海）経済ベルト」「中部（境界地域）経済ベルト」の三つに設定している。

西海岸経済ベルトは黄海沿いに韓国の全羅道、忠清道、京畿道、ソウル、北朝鮮の海州、平壌、南浦、新義州を経て中国につながるもので、中国の一帯一路構想との連携が想定されている。東海岸ベルトは韓国の釜山、慶尚道、江原道、北朝鮮の元山、咸興、清津、羅先を経てロシアにつながるもので、ロシアとの石油、ガスパイプラインの連結、ロシアの新東方政策との連携などが想定されており、日本との協力も考慮されている。

中部経済ベルトは、現在南北ともに開発の進んでいない軍事分界線沿いの地域を平和と協力の象徴として開発する構想だ。これらの経済ベルト構想には鉄道や道路、電力網、石油、ガスパイプラインなどのインフラ建設が同伴する。

昼食は平壌、夕食は福岡

韓国のこのような、構想は、文寅在政権になって初めて出てきたものではない。韓国の対北朝鮮経済協力構想に含まれる個々のインフラ整備、建設プロジェクトは、10年

前の盧武鉉政権時にはすでに練られていた。当時は、北朝鮮を非核化に誘導し、より開放的な経済へと誘うための手段として南北経済協力を使うことが考えられていた。

現在の構想が10年前と違うのは、北朝鮮の非核化と日米との関係正常化、制裁解除、そして何よりも北朝鮮が「普通の発展途上国」として、自国の経済をより開放的で効率のよいものとする努力を行うことが前提となっていることだ。

北朝鮮が自らの意思で経済成長を成し遂げようとするのを韓国が支えるという構図は、北朝鮮の非核化なくしてはあり得ない。北朝鮮の非核化を契機として、このような構図が現実のものになろうとしている。中国の一帯一路構想やロシアの新東方政策との連携など、北東アジア各国の地域開発構想との連携の視点があることも新しい。

残念なのは、「3大ベルト構想」に日本の政策との連携が盛り込まれていないことだ。これは日本に北東アジア諸国との経済連携のための政策がまだないことが原因だ。北朝鮮が「普通の発展途上国」となり、経済成長を始めれば、北朝鮮は北東アジア最後のフロンティア（未開拓地）となる。

東西冷戦終了後の30年間弱にわたり、東南アジアで試みられてきたような、躍動する国境を超えた経済連携が実現されていくだろう。朝鮮半島縦断鉄道が整備されれば、高速鉄道に乗り、朝食は北京で、夕食は福岡で取るような時代が来る。それに日本が乗っていけるかどうかは、ここ数年での日本の選択によることになるだろう。

日本は来る北朝鮮との国交正常化交渉の過程を、単なる2国間外交の展開ではなく、日本の総合的な対北東アジア政策立案の開始と、朝鮮半島を中心とする北東アジアにおける新しい経済開発構想の立案の過程とすべきだ。北朝鮮との国交正常化に伴う経済協力の提供は、単に不幸な過去を償うためにではなく、日本と北朝鮮、そして北東アジアの周辺諸国が共同で発展できるスキームを育てるために使われるべきだからだ。

日本国民の税金を、北朝鮮国民だけでなく日本を含めた北東アジア各国国民の福祉のために使うアイデアを日本が出すことができれば、日本の次世代はクールな国から来た人として尊敬され、尊重されるようになるだろう。

これが今、文大統領が正恩と共有している夢だ。ここに制裁の二文字はない。制裁とラチしかない日本に出る幕はない。

そして、この夢がかなえられるのは、非核化が大前提にあるから、非核化は必ず行われる。いまだに非核化はあり得ないと、言っている識者が多いが、その人たちはこの点で誤まちをおこしているのである。

南北交渉は着々と進められつつある。朝日（16日）によれば、韓国と北朝鮮は15日、板門店での閣僚級会談で、南北鉄道・道路連結事業の着工式を、11月末から12月初めの間に実施することで合意した。鉄道と道路が連結して北朝鮮に建設資材などが搬入されれば、国連制裁の違反になるとの指摘が出ている。だが、韓国は南北協力を推進する考えで、制裁を巡る国際社会の足並みに乱れが出そうだ。

つまり今、世界が進めている制裁は時代遅れの代物にすぎなくなっているということだ。ここで再びエコノミストを引用する。

日本で「北朝鮮問題」というと、それはそのまま「核・ミサイル」問題と変換されるが、韓国ではそうではない。過去、金大中政権（98～13年）、盧武鉉政権（03～08年）と進歩派政権が掲げ、文在寅政権が引き継ぐ「包容政策」とは、南北が同じ民族であるというところを出発点としている。それを進める力は、南北の体制競争に韓国が勝利したという点にある。だからこそ「非核化なくして対話もない」というアプローチではなく、南北関係の改善はそれ自体が目的となる。「朝鮮半島の非核化問題＝朝鮮半島問題」という視点を捨てないと、見えるものも見えなくなる。

南北の緊張緩和は、文大統領が何よりも高い価値とする「平和」の実現にも欠かせないものだ。「軍事合意書」は現段階での平和を担保する文書だ。韓国政府は「南北は実質的な終戦を成し遂げた」と評価したが、分断70年の歴史の中で類を見ない軍事合意書を通じ、南北関係が新しいステージに入ったと見るべきだ。韓国の保守系野党などから、「韓国の一方的な武装解除」とする批判もあるが、文大統領は金委員長への信頼を示すため、譲歩する姿勢で望んでいる点も見逃せない

東京（21日）によれば米朝溝埋まらずとして、二度目の首脳会談越年報道とある。相も変わらず非核化と戦争終結宣言の駆け引きでもめているらしい。一体いつまでモタモタしているんだと、言いたくなる。どんどん延びる一方で、これではいつまでたってもラチがあかない。天下国家の大事を前に何をもめているのか。メンツの張り合いはいい加減にしろということだ。

朝日（22日）によれば、北朝鮮の非核化を巡って、十月中旬にウィーンで開かれる予定だった、ビーガン北朝鮮政策特別代表と崔善姫外務次官の実務者協議も、開催されないことになった。アメリカによる協議開催の提案に、北朝鮮が応じなかったという。これまたメンツの張り合いの結果だ。

その一方で22日の新聞は全紙一斉にアメリカのINF条約離脱表明を報じた。壊し屋トランプ一流の爆弾宣言だ。一方のゴルバチョフは抗議の声を挙げている。

毎日（22日）は広島、長崎の被爆者の声を取り上げている。日本被団協の箕牧智之代表理事（76）は、「北朝鮮との非核化交渉にも悪影響を与えかねない。北朝鮮に非核化を迫る一方、INFから離脱して開発を進めるのは整合性が取れていない。今後、北朝鮮がどんな動きをしてきてもおかしくない」としている。

このことは従来から、私がずっと言い続けていることで、北朝鮮に非核化を迫るなら、まずアメリカが非核化するしかないのだ。それに逆行することは許されないし、北朝鮮に求めることはできないはずなのだ。

私はここまで来たらもう米朝はどうなってもいいと思う。メンツの張り合いをやりたいなら勝手にやればいい。四か月も続けてアキないらしいから、いつまでもやればいい。ただ私もヒマ老人とはいえ、それにいつまでも付き合っているヒマはない。

それよりも、今、私は南北融和関係の方が面白くなってきている。こちらの方は着々と進みつつあり、未来は見えていて明るい。もはや制裁も必要ない。そんなものは無視すればいい。そう考えていたところ、この件で新しい動きが出てきた。北朝鮮と中露三国が共同で国連の制裁決議を見直すようにと、提案し了承されたという。

産経（２４日）によると、文大統領は国会同意なく、ピョンヤン宣言と南北軍当局がかわした「軍事分野合意書」について、閣議決定だけで批准手続きを終えたという。先走り姿勢が鮮明になった行動だ。これで南北合同は一段と進むことは明らかだ。

私が今、もう一つ明るい希望をもって見ているのは、日中関係だ。先日の総会で、邵宏偉さんは中日が良い方向に進んでいると話された。十月二十六日、七年ぶりに訪中した日本の首相が、中国の首脳との会談を行なった。このあと北朝鮮との会談を実現すれば、北東アジアの安保環境は格段の発展を遂げることになる。未来は明るくなる。

もちろん、このことの背景には、最近の中国の米中貿易戦争や一帯一路の不振など、もろもろの原因があるが、結果オーライでうまくいきさえすればいいのだ。アベはウィン、ウィン、ウィンと三度並べたが、その通りに行きそうだ。中国人の親日感もこのところ上向きで、日本とは全く違っている。そもそも日本の嫌中、嫌韓は、今の日本のイジメ体質や明治の福沢の思想以来のもので、全くどうしようもない。この傾向が進む限り、日本に未来はない。

この日、安田純平さんが無事釈放されたが、あの当時はやったのが、自己責任だ。欧米では全く反対だ。ここにも日本の悪いところが出ている。

東京（２７日）によれば、ダルビッシュがこのことについて、ツイッターで意見を述べている。約八十万人が死亡したとされる、一九九四年のルワンダ大虐殺を例に、「危険な地域に言って拘束されたのなら、自業自得だと言っている人達には、ルワンダで起きたことを勉強してみてください。誰も来ないとどうなるかということがよく分かります。」立派な言葉だ。どこかの国の官房長官とは全く違っている。

日経（２７日）は、２６日に行われた、米戦略国際問題研究所（ＣＳＩＳ）とのシンポジウム「激動するアジアと試練の日米同盟」と題して、北朝鮮の核開発問題や中国の軍備増強に対応するための日米同盟のあるべき姿について、パネル・ディスカッションを行っている。

ここで私が注目したのは、その誰もが北朝鮮の非核化について、簡単にできるとは思っていないことだ。他局ではあるが、ＴＢＳのサンデー・モーニング（略称サンモニ）に出演した岡本行男は北朝鮮が、核を手放すことはあり得ないと主張している。あのサンモニでそういう発言をしたのに、誰も何も言わなかった。私は先月も述べたように、もし北朝鮮が核放棄をしなかったら、米朝合意はどういうことになるのか、ということだ。このパネルの出席者、田中明彦、森本敏、ビクター・チャ元米国国家安全保障会議（ＮＳＣ）アジア部長、スー・ミ・テリー米戦略国際問題研究所上級研究員からも同様の意見が出されている。少なくとも非核化への道のりは遠いという点では一致している。米朝関係の停滞は避けられない。

一方、中国との関係についてアーミテージ、ジョセフ・ナイ、両氏は米中が協力することが必要なのであって、アメリカは日韓両国に対し、米中いずれを選ぶのか、というような迫り方をするのは間違いと主張する。すでに文政権はアメリカより正恩寄りになっている。

日経（１０月２７日）によれば韓国は北朝鮮との融和政策に傾斜しているが、これは文政権の外交・安保は「盧武鉉（ノムヒョン）人脈が支配している」からだという。逆に文政権の中枢では米韓同盟を重視する「米国通」が、影を潜めているという。このためトランプ政権は不信感を強めているのだ。

文大統領は金大中、ノムヒョンに続く三番目の親北政権だ。文大統領自身、ノムヒョン政権で秘書室長として、親北政策を担っていた人物だ。南北融和に徹する意志は誰よりも強い。恐らくここにトランプが入り込む余地はない。ある意味、文政権はアメリカを突き放しているといってもいい。私が先に述べたように、もはや米朝などどうなってもいい。南北さえうまくいけば、そこから道は開けると考えているのでないか。正にその通りだ。もはや文大統領は確信犯だ。

すでに中露は制裁を取りやめている。当面の経済苦境は免れる。あとは今後の発展のための投資環境の育成だが、これには制裁の解除が必須条件だ。それができなければ非核化もない。ここにきてやっと因果関係がハッキリしてきたのである。つまり私がこれまで言ってきたように、制裁こそが諸悪の根源、阻害要因なのだ。日米があくまでもこれに固執する限り、これ以上の進展は望めないから南北で行くしかない。その方向で今進みつつあるし、それは正しいのである。日米が目覚めるまで、非核化はお預けとなることだろう。

ここにきて事態はさらに悪化しつつあるのだ。最悪米朝交渉決裂という可能性も見えてきた。「選択」十一月号の記事によると、対米交渉に臨む北朝鮮が保有する核・ミサイルを温存しながら、経済制裁を骨抜きにしようとしていることが分かったという。十月七日、ピョンヤンで行われたポンペオ米国務長官と金正恩との対話記録は次のようなものだった。

ポンペオ長官「生物・化学兵器を含む全ての大量破壊兵器計画を除去しなければばらない」

この冒頭発言の後、北朝鮮が北西部寧辺の核施設以外でも、平壌郊外「カンソン」のウラン濃縮施設で核物質と核弾頭を、「山陰洞」の研究施設で大陸間弾道ミサイル（ＩＣＢＭ）の生産を「続けている」と指摘。「直ちに活動を中止」するよう求めた。

だが、長官が勇ましかったのはここまでで、

ポンペオ長官「核リストを一部でも提出してほしい」。

金委員長「信頼がない状態で核リストを提出しても、米国は信じるだろうか。我々の核施設、核物質、核弾頭について米国なりの数字をもっているではないか。再申告しろといいかねない」。

米国は、偵察衛星で把握した情報を基に、北朝鮮が正直に申告しているか見極めることができる。金委員長はこれを承知で、「リスト提出は嫌だ」と断ったのだ。

長官はこうも述べた。「まず核弾頭やＩＣＢＭの一部を廃棄する姿勢を示さなければならない」。米側は「完全で正確な」核リストの申告は棚上げにした。ただし、手ぶらでは帰れないので、二回目の米朝会談の成果として、「米本土への脅威が除去された」とアピールしやすいターゲットに絞り始めたのだ。

それでも金委員長は、まず米国が善意を示すように求めた。「米国は制裁を解除すべきだ。少なくとも民族同士の交流を妨害してはならない」。

結局、この会談で正恩氏が認めたのは、①寧辺での米専門家と国際原子力機関（ＩＡＥＡ）要員による査察を米朝実務者協議で論議する、②北東部豊渓里の核実験場と北西部・東倉里のミサイルエンジン実験場を廃棄する際に米専門家らを立ち会わせる―という二点だけだ。どちらも、国際社会が求める「完全かつ検証可能で不可逆的な非核化」からは程遠い。今後増強する核は放棄するものの、保有済みの核は手放さないという、北朝鮮の本音は明瞭である。

北朝鮮には、「非核化合意」を結びながら、国際社会から隠し通した実績がある。

トランプは十月十日、ＣＢＳテレビのインタビューで交渉が失敗に終わる可能性も示唆した。日米の制裁による失敗で、私の夢もしぼむばかりだ。

安否が心配された伝説の仙幼四十一期生、石井豊喜さんが亡くなった。ご指導に感謝するのみである。

【参考文献】

現実味増す米朝交渉「決裂」
北朝鮮「核隠蔽」を支える中・露・韓
吉田博司「統一朝鮮」は日本の災難

選択十一月号 飛鳥新社
（埼玉・会員）

「『私記 日中戦争史 年老いた幼年生徒は今何を思うか』志々目彰著」を読む(6)

長谷川善夫

第六講　大君の股肱という名のもとに（二〇一〇・〇六）

軍歌「討匪行」―

どこまで続く泥濘（ぬかるみ）ぞ／二日二夜を食もなく／雨降りしぶく鉄兜／嘶く声も絶え果てて／斃れし馬の鬣を／遺品（かたみ）と今は別れ来ぬ

「満州（中国東北部）の匪賊には文字通りの強盗集団の他に三種類あったという。張学良麾下の正規兵。次ぎに土豪の私兵、そして中国共産党の指導する遊撃隊である。日本軍はこの遊撃隊も共産匪と読んだが、日満側に帰順した以外の武装勢力は、やがて抗日救国の旗の下に合作していく。日本軍はこれに対する治安警察となりどこまでも続く討伐にい明け暮れる。民衆をすべて敵と見るこの掃討作戦が、軍隊のモラルを麻痺させる端緒となった。だが司令官たちは戦争の将来を予想しなかった。石原完爾を先頭とする満州事変の企画者も、中国人民の民族感情と抗戦力を予測しなかっただけでなく、戦争の不正義が自軍に跳ね返ってくるとは夢にも思うわなかった」

「(福沢とその同時代人は)しかし上海の貧民窟の溢れていた裸足の少年たちが、精強の日本海軍陸戦隊を黄埔江に追い落としそうになる過程は、見なかったし、気付かなかった。それどころか今でも気付かず、諭吉と同じ認識の人は少なくない」

軍部の中国蔑視の思想的基盤に二つの流れとして「一つは『脱亜入欧』。これは江戸末期から明治初年のアジア全域の変動期に、明治維新の成功とセットで形成された理念で、公文書に書かれていなくてもほとんど国是のようになっていた。

もう一つは軍人に特有の独善的な自意識である。軍人による愛国心の囲い込みといってよい。まずこのことから考えていこう」

学校制度の中の軍人—

「私が勤めていた労働者共済に富田順一さんという上司がいた。昨年末に息子さんから死亡通知と遺稿集が送られてきた。その遺稿集に『国家機密法案にノー』と題する一文があり、高校時代の体験が書いてある。以下に引用する。

ぼくには一つ、いまいましい思い出がある。旧制広島高校の三年生(昭和一六年)の時であった。入りたての一年生に野外一泊の軍事教練があり、その時大阪から出てきた一人の生徒が、泊まった農家から一足のわらじを物珍しがって持ち帰った。農家の主が、おたくの生徒がわらじを盗んだと申出たことから大事件に発展することになった。

配属将校(陸軍大佐)の一声で彼は即刻、懲戒退校処分ということになったのである。ぼくは当時、幕末の尊皇攘夷倒幕の思想と人の研究に打込んであり、反国体・反戦・反軍には縁がなかったが、それでも軍の行き過ぎたやり方には納得できなかった。ぼくはいつしか処分撤回の全学的抗議運動の黒幕的存在と目されていた。比治山に立て籠もる全額ストライキの計画は、ほとんど実行の寸前にまでなった。その時ぼくは憲兵、刑事に名指しで追い回されることになったのである。学校に顔を出すわけにも行かず、学友に支えられて郊外の野原、川っぷちを転々とした。監視と切り崩しが日増しに強くなり、親御さんが処分を了承したことによって、結局、全学ストライキは不発に終わり、その生徒は泣く泣く退校を余儀なくされて大阪に連れ戻されることになってしまった。その後、ぼくに対する配属将校の締め付けが強くなった。そして卒業のとき"教練"が不合格にされてしまったのである。理由はたった一つ、"反軍思想"の持ち主ということだった。

教練が不合格だけならたいしたことではないが、当時は教練がダメだと、他の科目が全部合格点であっても卒業が認められなかったのである。理由はたった一つ、"反軍思想"の持ち主というのであった。そして教授会は、卒業させてやろうというのと落第・留年させろというのが真二つに分かれて議論がまとまらず、最後は投票に持込まれて、校長の一票でどうにか卒業はできることになったのであった。

富田さんは東大に進んでインド哲学を学んだ。大学では普通に過ごしたらしい。兵隊に取られてからは幹部候補生に採用され、終戦時は気合いの入った陸軍中尉だったという。その後一介の労働者として労働運動に身を投じ・・・・日産自動車大争議では全自動車労組の中執・・・・本会誌で島貫隆光さんがふれている遠藤誠弁護士（仙台幼年49期）の「釈迦マル」に共鳴する思想家でもあった・・・

富田さんの体験は無難な方で、もっと理不尽な扱いをされた平和愛好者やクリスチャンがいたはずである・・・

日産争議（にっさんそうぎ）は、1953年5月から9月において、日産自動車株式会社と総評系の全日本自動車産業労働組合日産自動車分会との間に生じた労働争議。終結まで100日以上におよび、このため日産百日闘争と呼ばれることもある。くわえて、争議が発生した年から日産53年争議とも呼ばれる**全自日産分会は1949年の人員整理をめぐる闘争での敗北以降、職場闘争の強化をはかり、残業時間などを強く規制し、職場における組合の影響力を確保していた。また、全自は1952年夏に同一労働同一賃金などを柱とする賃金原則を掲げ、賃上げ闘争の質的転換を図る方針を出した。この下で闘われた同年秋の賃上闘争では基本給の改正等、日産分会は大きな成果を勝ちとっていたが、1953年においても「未完成闘争の芽をのばせ」とし、さらなる攻勢をかけようとしていた。こうした組合の動きを、会社側は経営にとっての大きな障害であると認識し、強い態度で臨んでいくことになる。浅原源七社長は1953年の年頭の挨拶で「昨年は労働争議に明けくれたが、これではいけない。要求をいれるべきはいれ、拒否すべきはけっていく方針だが、もっと真剣にならなければならない情勢だ」とし、毅然とした態度で組合に臨む姿勢を見せていた。また、後に第二組合を結成し組合分裂の中心となる宮家愈（　みやけまさる）らの学卒グループも執行部批判を本格化させる。同年2月の執行部改選においては、全自の委員長職を辞して分会に復帰した益田哲夫を落選させようと動いたが、失敗に終っている。（Wikipedia）**

戦後、一介の労働者として日産争議にかかわった富田さん、一方で第二組合を結成し組合分裂の中心を担った学卒グループ。あの戦争を経ても尚、日本は、日本人は変わらなかった。戦前も戦後も、真実に生きる人、利害に生きる人、人の有り様は少しも変わらなかった。日経連に後押しされた組合潰し、日経連を担った、ＧＨＱの手足となって働いたいわば裏切り者たち。「学卒グループ」のような者たちが経営陣に引き上げられ「出世」し、今も権力の座に命脈を保ち様々な問題の元凶となっている。

過去を見つめ今を見極め未来に正しく引き継ぐことが人間の使命であるはずなのに。

軍人の特権意識

・ゴーストップ事件。交通信号を無視した兵隊を巡査が咎めた。軍と内務省の大臣同士の論争にまで発展、和解はしたが以後は軍人はいかなる場合も文民警察を無視できるようになった。「国民を呪縛した「皇軍」という言葉を拡げる契機となったこの事件は、軍の体質を見事に示している」

皇室の藩屏

陸軍士官学校の校歌最終節

「ああ山行かば草むすも／ああ海行かば水くとも／など顧みんこの屍（かばね）／われらを股肱（ここう）とのたまいて／いつくしみます大君の／深き仁慈（めぐみ）を仰ぎては

同期生が集まると、愛唱する軍歌『豊栄（とよさか）登る』「皇室の藩屏」藩屏とは囲い・真垣であり「帝室を守護すること」

陸軍士官学校・海軍兵学校と違って幼年学校は月謝（納付金と言った）を必要とした。私らの頃は月額二〇円。戦時インフレで貨幣価値が下がっていたとはいえ、中流以下の家庭では楽な金額ではなかった。

私らの生徒監だった本城さんや鶴川さんは当時とすれば身分差別をしない人達だった。鶴川さんからは『軍隊に行けば君たちよりずっと優れた素質の兵隊さんに出会うぞ』と、将来の心得を聞いたこともある。その鶴川さんにして『君たちから納付金を納めさせているのは何故か』という訓示をされたのを覚えている。

ロシア革命のとき、皇帝を守って最後まで戦ったのはカデット（幼年校生と生徒）である。将校生徒は皇帝の藩屏として最後の砦になるのだ。その為に幾許かを納付できる家の子弟が軍の中核たる幼年生徒に相応しいのだ。

これが明治の陸軍が海軍にもない幼年学校をつくった本心であることは間違いない」

愛国心の囲い込み

志々目さんは幼年学校入校と同年に七高に入学した次兄の島津奨学資金のお陰で家計から納付金を出してもらえた。

「だが厳格な階級原理は軍の核心部分に堅持されていた。あの頃軍隊に入ったものの多くが最初に違和感を持ったのは、一般社会を地方、家族を含む一般市民を地方人と呼ぶ軍隊用語だったろう（海軍では刑務所と同じくそれを娑婆といった）。地方とは中央に対する反対語では泣く、世間に対する軍隊の優越感を表していた。この優越感も「皇室の藩屏」という観念から意図的に導かれたのではないか。・・・その為に職業軍人の地位を特に高くし待遇も厚くしたから、将校たちが深い君恩を感じたことに偽りはない。しかしこの君恩は他の階層、他の職業の民間人には本来無縁のものであった。しかし日本国では国民皆兵の名の下に、男子ならすべて軍人たるべきものと考えられていたために、職業軍人の思想と感情に全国民が服従せねばならなかった。私が『愛国心の囲い込み』というのはそのことである。

赤紙一枚で召集された農民や労働者に、幼年学校を出た消耗の完成へどうかさせるのは無理がある。そこに気付いた将校がいなかったわけではない。例えばノモンハン事件で独断後退の罪を問われ自決させられた井置栄一中佐である。この人は吉野作造の民本主義に共感し、『改造』など当時の反体制的評論雑誌も読む人だったという。東北の騎兵旅団在勤中は貧農の兵士たちのために肝胆を砕いていた。（井置中佐については十月号で触れた）…井置中佐の子息が大阪幼年四八期生だった関係で私はこの希有な軍人の人となりを知った」

軍人独善の法的基礎

「長勇という軍人は沖縄の三二軍参謀長として最後に自決したので、悲劇の名将扱いをされている。しかしその経歴を見ると上海事変の前、未発に終わった十月事件の首謀者の一人で、無断で任地の北京を離れ、料亭に何ヶ月も居続けて酒を喰らいながら軍事クーデターの画策にふけっていたという。どう考えても正気ではないし、敗戦にいたる昭和大動乱の前触れだが、当時の軍はこれを不問にした。この法的基礎に『統帥権の独立』がある。統帥権については汗牛充棟の論説があり、ことに大江志乃夫さんや秦郁彦さんの著作に明快である」

関連する出来事の前後の年表を下記に付した。反対する者・抵抗する者を文字通り抹殺し、世界史に類のない愚劣な、破滅的な戦争へと突き進んで行った。止めるべきだった。止めなければならなかった。数千万の他国民と数百万の自国民を死に追いやったのだから。暴走する日米「同盟」化の中で、今こそ軍備亡国・非武装中立の下にいかなる戦争にも軍備にも反対しなければならない。際限のない矛と盾の競い合いは、既に数千年の昔に先人が喝破したように矛盾するのだから。

（東京・常任幹事）

28	6.**張作霖爆殺事件（満州某重大事件）** 治安維持法改正（死刑・無期刑） 8.不戦条約
29	3.山本宣治刺殺　4.四・一六事件（共産党員大検挙）　10.犬養毅立憲政友会総裁
30	4.ロンドン海軍軍縮条約　統帥権干犯問題　9.桜会の結成　11.**浜口首相、狙撃され重傷(31.8没)**
31 昭6	1.**血盟団結成　三月事件(「桜会」・大川周明ら軍部内閣樹立の陰謀)　9.-18 柳条湖事件(満州事変)** 10.**十月事件(再度の軍部クーデター計画)**　12.金輸出再禁止(管理通貨制度に移行)
32昭 7	1.**第一次上海事変**　2.血盟団員、前蔵相井上準之助射殺　リットン調査団来日 3.-1**「満州国」建国宣言**　-5 **血盟団員、三井合名理事長団琢磨射殺**　5 **五．一五事件(政党内閣崩壊)**　9.日満議定書
33	3.**連盟脱退を通告** 6 日本共産党佐野・鍋山獄中で転向声明 6 月　**ゴーストップ事件**
35	2.美濃部達吉の天皇機関説問題化　8 国体明徴声明
36	1 ロンドン軍縮会議脱退　**2-26 二・二六事件** 5 軍部大臣現役武官制復活　6 帝国国防方針の改定
37	**七・七盧溝橋事件**　8 **第二次上海事変**　11.日独伊三国防共協定　12.-13.南京占領(南京大虐殺)~38-2
38	4 国家総動員法公布　**5 徐州占領　7.張鼓峰事件　10 広東占領　武漢山鎮占領**
39	**5 ノモンハン事件**　9 第二次世界大戦勃発　**政府、欧州戦争に不介入を声明**
40	2 **斉藤隆夫、軍部批判演説**　9 **北部仏印進駐　日独伊三国同盟**　10 **大政翼賛会発足**
41昭 16.	**3.治安維持法改正公布**　4 日ソ中立条約調印　**7.南部仏印進駐**　8 米、対日石油禁輸の措置 **12.-1 御前会議で開戦決定　12-8 マレー半島奇襲上陸、　真珠湾奇襲攻撃　対米英宣戦布告**

十月の常任幹事会

日時　十月二七日（土）十四時〜十六時二〇分
会場　生涯学習センター（大宮）
九階第三会議室
出席者　沖松・日森・小川・秋山・長谷川
長沼・落合・加藤・山田

［報告］

1　会計より
第三七訪中団よりカンパがありました

2　『八・一五』会員の堀口さんが逝去。十月六日に通夜。十月七日に告別式がありました。

3　十月二三日㈫
『村山首相談話を継承し発展させる会』主催で緊急集会！「明治一五〇年礼賛式典」を徹底批判！侵略と隠蔽と歴史の歪曲にNO！が、衆議院第二議員会館一階・多目的会議室にて行なわれた。一五〇人規模の会議室に二二〇人が集まった。

4　東電株主代表訴訟　十二月六日〈木〉
ホテルニューオータニで行なわれ、我が会から六名が参加

［議題］

1　来年の「七・七集会」は我が会が担当である。準備実行委員会をつくり次回から働き出せるようにしたい。

2　『八・一五』は現在創立五七年である。六〇周年にて記念誌を出す方向で考える。来年の七・七集会が終えたら実行委員会をつくる。

3　編集委員会
十一月号の巻頭言は高橋さんか佐藤さんにお願いする。

4　忘年会の件
十二月一日（土）五時より永香閣にて行ないます。十一月二四日〈土〉常任幹事会にて確認します。

5　第三八次訪中団について
可能ならば来年のゴールデンウィークにできないだろうか

寄付金

・第三七次訪中団より、一二万四五七五円のご寄付がありました。ありがとうございました。

寄贈誌より

『中国研究月報』（社団法人中国研究所発行）
2018年10月号

▽論文
中国外交における「韜光養晦」の再検討
1996年から用いられるようになった国内の対外強硬派牽制のための言説
山﨑　周

▽研究ノート
清末期，中国女学堂再考　日本「華族女学校規則」の受容を中心に
孫　長亮

▽論評　北岡正子　汲古書院
『魯迅文学の淵源を探る
「摩羅詩力説」材源考』を読む
下出　鉄男

▽書評　黄俊傑　緒形康訳　集広舎
『儒教と革命の間―
東アジアにおける徐復観』
竹内　健二

▽書評　益尾知佐子・青山瑠妙・三船恵美・趙宏偉著　東京大学出版会
『中国外交史』　岩下　明裕

▽書評　西英昭著　九州大学出版会
『近代中華民国法制の構築―

習慣調査・法典編纂と中国法学』　久保茉莉子

▽光陰似箭
河西回廊の旅　杉山　文彦

▽眼光紙背
ノラが家出してから何年たったか
（竹内健二）

▽中国日誌　2018年9月

事務局月報

・次から次と発せられるトランプ語。大きな勝利なのだそうな米中間選挙。更に報道される国々の右（極）よりの自国第一政党の　選挙での勝利。

自国第一はそこに住む住民の当然の願いである。けれど世界には二百もの国々が有り、他国の人々には想像も出来ない苛酷な環境下で暮らす人々もいるし、思想・信仰の違いもある。そんな人達を認めず尊重しない所に発展は無い。

ある意味突如として出された外国人労働者の受け入れは、多くの危うさを抱えたまま生産性の向上（日本の）という目的の為に法案として通過されそうで恐ろしい。

訂正とお詫び

前号28ページ「アジア連帯論を修正説き続けたのは勝海舟だけのようである」の「修正」は「終生」の誤りです

会費納入のお願い

※未納の方は左記宛てにお願いします。

東京都葛飾区水元3－3－4
小林悦子方　日中友好8・15の会
TEL&FAX　03・3627・1953
郵便振替口座　00120・6・27415

会費は年額左記の通りです
会員一万円、家族会員二千円
購読会員六千円　学生会員三千円
よろしくお願いします

『8・15』二〇一八年十一月号
二〇一八年十一月一五日発行
定価　500円（送料とも）
編集人　長谷川善夫
発行人　沖松　信夫
印刷所　（有）イワキ
発　行　日中友好8・15の会
〒125－0032
東京都葛飾区水元3－3－4
小林悦子方
TEL & Fax　03－3627－1953
郵便振替　00120・6・27415
日中友好8・15の会
HP URL　http://www11.ocn.ne.jp/~donpo/
落丁、乱丁はお取り換えいたします

会　　則

（名称）　第１条　本会は、日中友好元軍人の会を受け継ぐ日中友好『８．１５』の会（通称日中友好『１５』の会）と称する。

（目的）　第２条　本会は、過去の戦争に対する反省に立脚して、あらゆる戦争準備の動きを阻止し、平希求するために世界各国とくに中国との友好に貢献するとともに、会員相互の親睦をることを目的とする。

（会員）　第３条　本会は前条の目的に賛成する元軍人および賛同者をもって構成する。

第４条　本会の本部を関東地区に置く、支部を各都道府県に置く、また事務局を関東地区に置

（事業）　第５条　本会は、第２条の目的を達成するために以下の事業を行う。

１．会誌『８．１５』の発行
２．講演会、研究会の開催（平和諸団体との共催を含む）
３．学習会の開催
４．中国からの留学生・研修生の受け入れ
５．訪中団の派遣
６．その他、本会の目的達成に必要と認められる諸活動・事業

（総会）　第６条　本会は、総会を毎年１回、原則として８月 15 日に開催する。総会は、委任状を含め員の過半数の出席により成立するものとする。総会は、幹事会から、活動報告、行動事業計画、決算、予算、役員の選出、その他、本会の運営に必要な事項について報告案を受け、出席者の過半数の賛成により　これを承認、決定する。幹事会が必要ありめたときは、その決議により、臨時総会を招集することができる。総会の決議に基き問を置くことができる。

（運営）　第７条　本会の運営は、幹事会が行う。ただし、幹事会は常任幹事会にその権限を委任するこできる。

（役員）　第８条　代表幹事、副代表幹事、常任幹事、事務局長を本会の役員という。

第９条　役員の任期は１年とする．ただし、任期満了後も総会において新役員が選出されるまその職務を行う。役員の重任は妨げない。

第 10 条　本会の運営のために幹事会ならびに常任幹事会を置く。幹事会は幹事を以って構成し会の運営に必要な重要な会務を行う。幹事の互選により代表幹事、副代表幹事、常事、事務局長を選任する。常任幹事会は、原則として毎月 １ 回開催し、幹事会の委うけて本会の運営に必要な一般会務を行う。

第 11 条　幹事は、会員の推薦により選任し、総会の承認を受ける。

第 12 条　幹事会は、常任幹事会の決議に基き、代表幹事が招集する。常任幹事会は、常任幹事以上の発議により代表幹事が招集する。幹事会および常任幹事会の決議は、出席幹過半数の賛成により成立する。賛否同数のときは、代表幹事がこれを決する。

第 13 条　本会の会議の遂行上、下記の分科委員会を設け、常任幹事会が選出した委員長が運営に当る。

1. 組織・活動委員会
2. 会誌編集委員会
3. 財務委員会
4. 対外交流委員会

各委員会の委員は、委員長の推薦により委嘱する。

第 14 条　会計の監査は、会計監事が行う。会計監事は、幹事会の推薦により選任し、総会の承受ける。

（財政）　第 15 条　本会の経費は、会費、寄付金、その他の収入をもってまかなわれる。留学生・研修生入れのため、特別会計を設ける。

（会費）　第 16 条　会費は年額１万円とする。また、家族会員の会費は年額 2,000 円とする。購読会員は 6,000 円とし、学生会員は 3,000 円とする。

第 17 条　本会の会計年度は、毎年７月１日に始まり翌年６月 30 日に終る。

（改正）　第 18 条　本会の会則は、幹事会の発議により、総会において、委任状を含む出席者の ３ 分の上の賛成により改正することができる。

（付則）　この会則は 2017 年 8 月 25 日から施行する。

過去の直視、これが歴史認識の原点

第五九巻　第十二　通巻第五八九号

軍備亡国・反戦平和

２０１８年　１２月号　No.　５８９

8.15

日中友好元軍人の会ＨＰ　http://www11.ocn.ne.jp/~donpo/

12

日中友好『８．１５』の会
（日中友好元軍人の会）

創立宣言

戦争の罪悪を身をもって体験した、わたくしども元軍人は、心から人間の尊厳にめざめ、戦争を否定します。

わたくしどもは、過去の反省に立脚し、戦争放棄と戦力不保持を明示した日本国憲法を順守し、真に人類の幸福と世界の平和に貢献せんがため、本会設立の趣意書ならびに会則にのっとり、同志相携えてあらゆる戦争を阻止し、戦争原因の剪除に努め、進んで近隣諸国とくに中国との友好を進めんとするものであります。

ここに終戦の記念日を卜して本会を設立するにあたり、万世のため太平を開く決意のもとに日本の更正を誓った当時を追憶し、戦没の万霊に額ずき、ご遺族をはじめ戦争の被害者ならびに軍靴で踏みにじった戦場の住民各位に深く遺憾の意を表しつつ宣言します。

１９６１年8月１５日

日中友好元軍人の会

二〇一八年度 活動方針

われわれは、創立宣言に則り、次の活動を行なう

一、平和憲法を守り抜くため、広く非武装中立・軍備亡国を訴え、組織の強化・拡大に努力する。

二、過去の侵略戦争に対する反省に立脚して、中国をはじめ、アジア近隣諸国、さらには世界各国の平和を希求する人々との友好・提携に努める。

行動計画

一、違憲の安保法制を強行し、憲法改悪へ向かう安倍内閣のあらゆる策動を許さず、特に憲法9条を守るために活動している諸団体の運動に積極的に参加する。

二、戦争に直結する集団的自衛権の行使を認めず、名目の如何にかかわらず、自衛隊の海外派遣、多国籍軍への支援に反対する。

三、広島・長崎の被爆の歴史に基づいて、核の廃絶を広く世界に訴える。日本政府に核兵器禁止条約への参加を求める。エネルギー変換、脱原発をめざす。

四、沖縄の民意を無視した辺野古新軍事基地建設等に反対し普天間を始めとする全国各地の米軍基地の縮小・撤廃を求める。
そのためにも日米安保条約の解消とそれに代わる日米友好条約の締結を提唱する。

五、日・中・韓・朝の障壁になっている歴史認識問題、戦後処理問題（従軍慰安婦、強制連行・強制労働などに関する訴訟・賠償請求）の早期解決を求めていく。

六、中国国際友好聯絡会研修生受け入れと公私訪中派遣を通じて、民間レベルでの友好・交流の強化を図る。

【巻頭言】

永世非武装中立国コスタリカ

折原　利男

1　なぜ今コスタリカなのか

２０１８年８月21日(火)から29日(水)までの９日間、中米のコスタリカを訪問しました。人口は４８６万人（２０１６年、世界銀行）、面積は九州と四国を合わせたほどの小国です。しかしイギリスのシンクタンク、ニューエコノミクス財団による２０１６年度「地球幸福度指数（ＨＰＩ）」ランキングで１４０カ国中第１位。国際ジャーナリスト組織「国境なき記者団」による２０１８年の「世界の報道の自由度ランキング」では10位（日本は67位）。医療は無料。森林保全とエコツーリズムに力を入れているエコツーリズム発祥の地で、電力は99・５％［アルバラード大統領、ＷＥＢ限定「未来世紀ジパング」特別編、２０１８年11月21日］を再生可能エネルギーの水力・地熱・風力でまかなっています。

そのようなコスタリカは、よく知られているように１９４９年に憲法で常備軍としての軍隊を廃止しました。そうして「兵士の数だけ教師を！」「トラクターは戦車より役に立つ」「兵舎を博物館に！」「銃を捨てて本を持とう！」などをスローガンにして平和国家を創ってきました。

日本で「戦争放棄」「戦力不保持」「交戦権否認」を明記した９条を含む平和憲法を、何としても改変しようとする動きが起こっている今こそ、永世非武装中立国となって平和を創ってきた国コスタリカの歴史的経緯と現在を、直接訪問して学びたい。そして憲法と９条を原点に立ち戻って考え、主権者として平和づくりの取り組み方を強める機会にしたい。そのようなことが、今回のコスタリカ訪問の目的でした。今回の企画は、長年、平和づくり、人権擁護活動に携わってきた池住義憲さん（元立教大学大学院特任教授）によるものです。

首都サンホセでは、政治、教育、環境など、さまざまな取り組みについて関係者から話を聞く機会を得ました。本稿では、その中から、特に印象に残った示唆に富む話を報告します。通訳は現地在住の阿部真寿美さんでした。

2　アリアス元大統領との面談とインタビュー

８月22日(水)午後3時から5時過ぎまで、オスカル・アリアス元大統領の自宅を訪問して面談し、インタビューする機会を得ました。アリアスさんは、１９８６年から90年、そして２００６年から10年の２期、計８年大統領に就任し、１９８７年には、中米和平合意成立の功績によりノーベル平和賞を受賞しています。インタビューを担当したのは、弁護士で、安保法制違憲訴訟の会共同代表・事務局長の杉浦ひとみさんです。

軍隊放棄と紛争解決方法

「1948年にホセフィゲーレス（大統領）が軍隊を放棄した理由は何ですか」

〈軍隊を放棄したことは賞賛に値するものでした。コスタリカ国民だけではなく、世界にも平和のメッセージを送る事ができたという意味で大きなことでした。小さな国でできて大きな国でできないことはないし、こんなに小さな防御する術をも持たない国に対して、このような国を攻撃したらダメだろう、ということを海外に発信することができたのです。〉

「軍隊放棄した当時国民はどう感じていたのでしょうか」

〈軍隊を放棄したことは国民に満足のいくことだったと思います。そして、その満足度は年を経ると共に大きくなっています。現在で、たったひとりでも、あの時の判断を間違いだったと考える人はいないでしょうし、現在のコスタリカ人で再軍備を考える者は1人たりといないと思います。当時、反対する政治家も誰もいませんでした。

軍隊を廃止して、どういう方法を採るようになったかというと、1948年の3年前にできていた国際連合や、米州人権裁判所、地域の機関など、国際機関に紛争解決を委ねようということになりました。

近隣諸国とは国土の問題が起こらないわけではありません。とくにニカラグアとは紛争が起こり、ハーグの国際司法裁判所に持ち込みました。何か紛争があったときには組織化され、市民的に形成された権利をもとにした交渉で解決することに委ねることにしています。〉

軍を持たない強さ

このところ、あちこちで上映会が開かれ、またビデオも市販されているドキュメンタリー映画『積極的平和国家のつくりかた　コスタリカの奇跡』（米国・コスタリカ合作、2016年）があります。そのなかで、インタビューに答えたホセフィゲーレスはこう述べています。

「わが国は侵略を拒む武力をもちませんが、道徳的な力は原子爆弾より強力です。誰も我われを侵略できません。世界の政治的見解が我われの軍です」

同じく映画に登場したアリアスさんはこう語っています。

「無防備こそ最大の防御です。軍を持たないことで、弱くではなく強くなったのです」

ノーベル平和賞授与の理由となった、紛争の絶えなかった中米諸国に中米和平合意を成立させた功績を初めとして、国際社会におけるコスタリカの積極的平和外交の実績には、この「軍を持たない強さ」がいかんなく発揮されていると言えるでしょう。

最近の例をみておきます。核兵器禁止条約は2017年7月、国連本部で122票の賛成多数で可決されました（日本は核保有国と歩調を合わせて不参加）。この年のノーベル平和賞は、この採択に尽力した非政府組織（NGO）「核兵器廃絶国際キャンペーン」（ICAN）に与えられました。条約交渉会議の議長を務めたのはコスタリカのエレイン・ホワイト大使でした。コスタリカ研究家の足立力也は「エレイン・ホワイト氏が条約交渉会議議長となってイニシアティブを発揮できた背景には、20年越しの仕掛けがあったのです」と解説しています。（「核兵器禁止条約という“歴史的快挙”を実現したコスタリカの“仕掛け”」、「ハーバービジネスオンライン」、2017年8月15日）

平和の配当

「平和を支えるためにどんなことが大切だとお考えか」

〈軍隊を廃止したことによってコスタリカに一番影響があった重要なポイントは平和の配当を国民が享受できるようになったことではないかと思います。平和の配当とは軍隊がないことによって使えるようになった資源を有効に活用できるということ。政府が武器を買ったり軍隊を維持したり、費やさなくていい資源を国民に振り向けられるようになりました。コスタリカにも警察はありますが、大きな武器は持っていません。一番重要なところ、人間の生活の本質的なところ、教育、健康、環境、飲み水、住居、生産性の向上など、（略）それらに平和の配当をまわせることになったのではないかと思います。〉

3　オットン・ソリス前国会議員との面談

24日(金)午前9時から11時まで、オットン・ソリス前国会議員（現在与党である市民行動党の共同創設者）と面談することができました（於　中米経済統合銀行コスタリカ支部会議室）。ソリスさんは、2015年1月に「ともに平和憲法を保持してきた日本と中米コスタリカの両国民に共同で2015年度のノーベル平和賞を」という法案をコスタリカ国会に提出した方で、その特別決議は満場一致で採択され、ノーベル委員会に送られました。

ソリスさんは質疑応答の前にまず、前日に面談したアリアス元大統領以上にグローバルな視点で、この上ないと思えるような見識と見解を私たちに語ってくれました。

平和憲法におけるコスタリカと日本の違い

ソリスさんは平和憲法について、「日本と違うのは、コスタリカには政治的にも、社会的にも、経済的にも力のあるグループの中に（常備軍廃止を宣言した）憲法12条を廃しようとする勢力がひとつもないということです」と話しました。

一通り話の後で、なぜそのような軍隊はいらないという確信が国民の中にあるのか、という質問に対しては、こう説明してくれました。

〈内戦前後のコスタリカの違いを見れば、結果が明らかだからです。1949年に軍隊を廃止するまでは、コスタリカの社会・保健指標（例えば平均余命、新生児死亡率、識字率など）は他の中米諸国と変わりませんでした。戦後は軍事費を社会サービスやインフラ整備など社会発展のために使えたので、中米の他国とは違う社会指標の高い国になりました。国が平和であり、その中で生活できると、クーデターなどの心配に脅かされることもありません。外国投資も呼び込めますし、社会的文化的発展につながっています。その良い結果はあまりにも明白で、国民はひしひしとそれを感じているので、軍隊を持たない決定を変えようという人は現れないと思います。もしも12条を廃止しようという提案をする政治家がいたら、次の選挙では2票ぐらいしか票が入らないでしょうね。〉

2票とは「もしいたら」という仮定での、提案した政治家本人と配偶者ということでしょう。これは〈現在のコスタリカ人で再軍備を考える者は1人たりといないと思います〉と語ったアリアス元大統領の言葉に重なります。

そうはいっても、コスタリカ人のなかに軍隊を持つべきだと言う人はひとりもいないだろうという話は、実際はどうなのだろうか、という思いは残りました。

今回の訪問の後半25日（土）に、太平洋側の低地、熱帯雨林地区のタルコレス川をクルーズし、そこから中央山脈へと登って標高1300～1550メートルの熱帯雲霧林を訪ねました。26日（日）には、エコツーリズムの発祥地とされるモンテベルデを歩きました。案内していただいたのは、日本の大学を卒業してからコスタリカを訪れ、その魅力に惹きつけられて、それまでに11年コスタリカに住み、コスタリカの方を伴侶としているガイドの川久保祥子さんでした。川久保さんに、そのことについて聞くと、「それは本当だと思います。今まで5～60人のコスタリカ人にインタビューしたことがありますが、軍隊を持った方がいいという人は、ひとりもいませんでした」と答えたのでした。これは驚きで、本当にすごいことだと思ったのです。

戦争を必要とする国と平和を必要とする国

ソリスさんは、アメリカと日本およびコスタリカの経済については、〈戦争を必要とする国と平和を必要とする国〉という分析をして、次のように指摘しました。

〈アメリカの経済は、武器の製造と売買に大きく依存しています。軍事産業が国の経済成長に不可欠なので、戦争が必要なのです。アメリカは「常に銃口を向けている」という点で、対話や交渉から遠い国です。（略）

戦後、日本は世界的な経済大国になりました。その経済の仕組みは戦争・軍事に頼るのではなく、労働を愛すること、たゆまない技術革新の努力に支えられています。（略）世界に平和があってこそ、雇用が保障され福祉が充実されます。その上で、日本は原料を輸入し製品を作って輸出することができるのです。ふたつの経済大国は、相反する手段で発展を遂げています。アメリカは繁栄のために戦争が必要であり、日本は平和が必要です。（略）

日本とコスタリカの経済規模は比べものになりませんが両国の経済がどうやって支えられているかは似ています〉

平和の重要な要素とは

平和の重要な要素については、繁栄の平等な享受、人権の尊重、国境の尊重、そして最も重要なものとして、軍事力、武器を持たないということの4つを挙げました。最後の要素については、こう述べています。

〈武力を持たない国は、他国に干渉したり自国の考えを押し付けたりしようとは思わないでしょう。もし手に武器をもっていたら、怒りにまかせて、相手をたたくことがあるかもしれません。武器がなければ、暴力でなく話し合いでトラブルを解決するでしょう。紛争・戦争に展開してしまうようなツール、すなわち軍隊や武器をなくすことです〉

そして日本についてこうも語っています。

〈アメリカは戦争・軍事力で推し進めようとしている政策に、日本も参加させようという意向があります。その影響で日本でも軍事力を強めようという傾向が高まっているのではないでしょうか。日本の政治家の多くがアメリカの戦略に乗ってしまっているのは残念です。〉

ソリスさんのグローバルな現状認識、分析そして見解は明解で説得力がありました。

コスタリカと日本の国民にノーベル平和賞を

ソリスさんは「コスタリカと日本の2カ国の国民にノーベル平和賞を」と提案した理由を、こう語っていました。

「両国民にノーベル平和賞を授与することで、第一にそれぞれの憲法の平和条項をけっして削除しないという意思を持たせる。第二に、(コスタリカのように)貧しい国であろうと(日本のように)豊かな国であろうと、(略)軍隊を廃止できるのだということを示し、他の国々を勇気づける」(伊藤千尋「WEB RONZA」2015年2月18日)

ところが、そのソリスさんに対して日本側はどのような仕打ちをしたのでしょうか。

〈私が2015年、国会での動きを起こしてから、私は日本大使館の行事に招かれなくなりました。おそらく私は、コスタリカ政治家の中で一番日本の良いところを繰り返しコスタリカ国民に知らせてきた人物と自負します。が、残念ながらノーベル平和賞の件を出してしまったがために、日本大使館の名簿から消されてしまったようです。〉

この言葉から、日本政府や外務省、あるいは日本大使館の姑息さ、情けなさが浮かび上がり、ソリスさんの心中の無念さ、寂しさと言ってもいいようなものが、痛いように伝わって来た気がしました。

4 ロベルト・サモラ弁護士との面談とインタビュー

ロベルト・サモラ弁護士との面談とインタビューは、24日(金)の午後1時30分から3時まで行なうことができました(於 サンホセ市内レストラン)。2003年3月、米国主導の有志連合がイラク攻撃をした時、当時のコスタリカ大統領はそれを支持しました。そしてホワイトハウスのホームページに掲載された有志連合リストに、コスタリカ国名が載りました。それを知った当時大学3年の学生が、平和憲法を持つ国の大統領が他国の戦争を支持するのは憲法違反ではないか、として、憲法問題を扱う最高裁判所第四法廷(憲法法廷)に提訴したのです。1年半後の04年10月、最高裁は、イラク侵攻支援がコスタリカ憲法と平和的伝統に反する、との判決を下しました。その違憲判決を勝ち取った人こそ、このとき37歳のロベルト・サモラ弁護士でした。

自衛隊イラク派兵違憲判決

インタビューを担当したのは池住義憲さんです。池住さんは自衛隊イラク派兵差止訴訟(2004年2月~08年4月)の原告代表でした。そして名古屋高等裁判所において「多国籍軍の武装兵員を空輸するのは、他国による武力行使と一体化した行動にほかならず、わが国が武力を行使したと見られても仕方ない。これは憲法9条に違反する」とする違憲判決を勝ち取りました。

この判決でさらに注目すべきことは、3000人あまりの原告が請求の根拠とした「平和的生存権」の具体的な主張を、「憲法上の法的な権利として認められるべきである」としたことでした。原告の主張には「戦争や武力行使をしない日本に生存する権利」、「戦争や軍隊によって他者の生命を奪うことに加担させられない権利」、「他国の民衆への軍事的手段による加害行為と関わることなく、自らの平和的確信に基づいて平和のうちに生きる権利」などがあり、判決はそれらをふくめて「平和的生存権」は「極めて多様で幅の広い権利であるということができる」と述べています。また、「このような平和的生存権は、現代において憲法の保障する基本的人権が平和の基盤なしには存立し得ないことからして、総ての基本的人権の基礎にあってその享有を可能ならしめる基底的権利である」ということができる、と確認していました。原告が求めた、イラクへの自衛隊派遣の差し止めは棄却されたため、原告敗訴とはなりました。しかし、原告側の受け止め方のように「実質的な勝訴判決」と言ってよく、形の上では勝訴した被告の国側は上告できないため、この名古屋高裁判決は確定しました。

イラク攻撃支持はコスタリカ憲法違反と提訴

「なぜ憲法法廷に提訴（２００４年４月）したのですか」

〈一番のきっかけは、私が腹が立ったからです。（略）米国がイラク侵攻した時に、その有志連合のリストにコスタリカの国名が載っていました。そのことが持つ意味は、米国の決定を支持するということだけではありませんでした。コスタリカというのは、国際的に「平和の国」と認められていました。コスタリカ人にとってそれは大事なファクターであり、誇りであり、名誉なことです。しかし、コスタリカが有志連合に名を連ねる、米国のイラク戦争を支持する、支援する、ということになれば、私たちの誇り、名誉は失われてしまいます。それは単に支援するということだけに留まらず、コスタリカ人の尊厳を傷つけるものであり、重い罪だと思いました。腹を立てたのは、私だけではありません。コスタリカ人の９９％は、腹を立てていました。９９％という数字はアンケートに基づくものです。みんな怒っていました。〉

「失うものを回避した」憲法法廷

「訴状には、どのようなことを書いたのですか」

〈訴状には７つのポイントを書きました。１つ目は、「中立を破った」ということ。コスタリカは中立なはずで、誰の味方でも敵でもないのに、明らかに誰かを支持している、支援している。これは中立に反しています。２つ目は、（略）「平和への権利が侵害されている」と書きました。当時の憲法法廷では、「平和への権利」という表現は評価されていませんでした。その後何年か経って別の訴訟の時に、憲法法廷が「平和というのはコスタリカ憲法での合憲性・違憲性を計る際のパラメーターになり得る」という判断を示してくれました。３つ目は、米国のイラク侵攻が国連決議が一切ないままに行われた、という点です。ということは、国連憲章に書かれていることに反している。国連憲章を守らなければならないのに、その義務を果たしていない。しいてはコスタリカ憲法をも侵害している、と主張しました。他にも、イラクの国民が決定する自由を侵害していること、なども書きました。〉

このような提訴に、憲法法廷はこう応えたのでした。

〈1年半後の２００４年10月、憲法法廷は「大統領の発言はわが国の憲法や永世中立宣言、世界人権宣言などに違反しており違憲である」という判決を出してくれました。憲法法廷はそこが最初で最後。上訴はないので、これで確定しました。〉

「憲法違反という判決を聞いた時はどうでしたか」

〈ほっとしました。実際のところ、私が勝ったのではなく、私たちが「失うことを回避した」ということだと思います。〉

サモラさんの話ぶりは、いたって自然体、率直で、謙虚で、とても親しみやすい人柄に思えました。

原子炉建設反対提訴

サモラさんは、それ以降も、いろいろな訴訟を憲法法廷に持ち込んだということです。そのなかで、特に印象に残っているものとして、原子炉を造るという大統領令が出されたときに取り組んだ訴訟を次のように話してくれました。

〈その時に「平和への権利」（「平和への権利」は２０１６年12月、国連総会において採択された）が憲法法廷で初めて認められたのです。（略）国民の「平和への権利」というものが認められたのは、この時が初めてです。思い出深い訴訟でした。原子炉建設を禁じることによって、コスタリカは原子力を使った産業ができないようになっています。〉

こんなにも簡単に原子力発電所建設にストップをかけられたのも驚きでした。

とはいえ、コスタリカにもいろいろと問題はあります。「日本は三権分立のはずなのに、司法が政権の下に支配されているような現状があります。コスタリカの場合は、完全に『法と良心』の下で判断してくれる、という信頼があるのでしょうか？」という筆者の質問には、サモラさんは率直にこう答えてくれました。

〈残念ながらコスタリカでも司法がきちんと機能しているとは言えません。（略）数年前からコスタリカの司法は、公正でない事実が次々と明らかになってきています。司法は社会のなかで間違っていることを修正する役割を持っているはずなのですが、間違っている方に肩入れしているところがあります。肩入れしている数もすごく多いので、そうしたメカニズムをどう再構築していくか、変えていくか。

司法がちゃんと機能するにはどうしたらいいか。今、みなが困惑しながら模索している状況だと思います。」

オットン・ソリスさんもこう話していました。

〈コスタリカは、意欲の高い、夢見る、熱望する気持ちが強い国です。（略）ラテンアメリカは汚職が多い地域ですが、ウルグアイに次いでコスタリカは2番目に汚職が少ない国です。しかしそうであっても、特に若者は「汚職がひどい」「汚職まみれの政府」と感じています。

それは良い力になっていると考えます。現状に満足しないで、もう少し良くしたいという意識の表れであり、政治家に対しても一番にならなくても、もう少し良くしなくてはという働きかけにつながっています。政治家は日々国を向上させていくためには、良いことも悪いこともすべて明らかに話すべきです。間違っていると思ったことは、たとえ不人気になっても国民のために言うべきです。そのようにして少しずつ国が変わってきたという歴史があります。〉

こうみてくると、小国コスタリカが、いかに民主主義先進国であり、積極的平和国であるかが分かると思います。

（２０１８年12月15日）（埼玉　会員）

（今回のコスタリカ訪問者が分担して報告集を作成中です。私は、コスタリカがいかに主権者を育て、民主主義先進国を創ってきたのか、関係者への質問を用意し、「主権者教育を通しての民主主義先進国」というタイトルでまとめました。次号以降その報告を掲載する予定です。）

熊谷地区での日中交流

沖松信夫

会は、十二月一日（土）、熊谷地区忘年会を開いた。参加者は、秋山、浅田、安倍、新井、石橋、沖松、落合、笠原、加藤、佐藤、柴崎、関、関口、橋本、堀口夫人、紅莉の各氏。9月末に急逝された堀口さんの思い出を話し合い、追悼した。堀口夫人から謝辞が述べられた。紅莉さんは、二〇〇〇年、中国国際友好聯絡会の楊青さん、張玉蘭さんが研修のため来熊された時、大変お世話になった。当時の思い出を懐かしく話し合った。中国の事情や中国人の見方、考え方を聞いて大変参考になった。新井、橋本、堀口夫人から入会の意思が表明された。

十二月二日（日）、新華社の記者の楊汀さんが、新婚の夫君趙璘さんとご一緒に来熊された。加藤と沖松が、熊谷直実ゆかりの熊谷寺や日光陽明門に比肩する妻沼聖天山歓喜院の国宝の彫刻に案内した。楊さんから、境内に立つ、平家物語や源平盛衰記や謡曲や歌舞伎で有名な、斉藤別当実盛の銅像を見て聖天様と実盛との関係を聞かれたが、楊さんが日本の古典に造詣が深いのに驚いた。

午後は、行田のさきたま古墳群や国宝金錯銘鉄剣が展示してある、さきたま博物館に案内した。錆び果てた鉄剣だが、先祖と自らの経歴と功績を刻んだ一一五文字には、辛亥の年七月とあるから、四七一年だろうと言われている。中国で発掘される文化遺産と比較すると歴史が違い過ぎるが、錆びて消滅しやすい鉄製品がよく残ったと思う。楊さんから、埼玉の語源になる『さきたま』の意味を聞かれたが、その好奇心に感心した。

公民館勤務の山本喜久治会員には、聖天山と古墳群の案内係りの手配など色々便宜をはかって頂いて大いに助かった。

その後、4人は長い時間をかけて歴史認識とか、教育問題で意見を交換した。清華大と北京大出身の秀才と才媛の意見は、中国のインテリ、エリートの意見として大変参考になった。民間人の忌憚のない意見交換は、日中友好のために極めて有意義であると思った。（文責沖松）

戦争をする国へ進むのか

―防衛費の限りない上昇―

熊谷　憲治

本誌11月号に「心して新聞を読もう」と加藤常任幹事からの記事が載ったが、私も東京新聞の特集記事『税を追う』を読み、無限の防衛予算の増大にそら恐ろしささえ感じる

防衛費、五兆円の大台を突破

アベ政権下でこそ初めて実現したわけだが、その巨額の内容はもちろん、防衛予算の出し方、取り方などにいくつもの重大な問題があり、その主なものについて述べたい。

多用途軍用護衛艦って何

この護衛艦の名は、官邸か防衛当局がひねり出した航空母艦の表現を避けるための造語であろうが、国民を愚弄する言葉遊びにすぎない。

戦闘機が発着する艦船は空母（航空母艦）つまり、「動く軍事基地」であり、それを持つのは他国を攻めると宣言することだ。（東京新聞「こちら報道部」12月7日）

こうした専守防衛の線を遥かに超えた空母が2009年配備された。全長248㍍の空母『いずも』である。戦時中の空母とほぼ同じサイズであり、他国攻撃可能であり、今年3月、防衛相はステルス戦闘機の搭載（場合によっては百機も）を検討中と明言している。まさに空母『いずも』は日本の戦時中の空母の再現で海自の長年の悲願がかなうのか。こうした日本の軍事力強化は中国を刺激し、次にインド、パキスタンへと波及する。皮肉にも9条平和憲法下の日本が世界の軍拡のスウィッチを切ろうとしているのではないか。

アベ政権がこうした戦争政策を平気で進める根拠は、集団的自衛権容認の強行採決（2015年）にある。

官邸主導で攻撃兵器選定

その上2014年、NSC（国家安全保障会議）が、内閣官房に発足してから、こうした兵器の予算案が先ず首相官邸からトップダウンで発せられるようになってきた。

私には防衛当局すら安倍首相に振り回されているように見えるが、防衛予算が概算要求から国会可決を経て執行に至るまでも重大な問題点が指摘されている。

兵器予算、補正で穴埋め

例えば護衛艦『まや』の予算の流れをたどると、概算要求は16年8月に出され、12月に16年度補正予算案と17年度当初予算案が閣議決定、1月と3月に国会可決、4月に満額192億7百万余りが4月に執行となっている。

これでは予算の取り方として邪道ではないか。補正予算とは、本来予期せぬ自然災害のため執行されるのが筋であり、年度が異なる本予算と補正予算にまたがると全体が見えにくく、国民が防衛費のあり方を正しく把握できない。

ここ数年、本・補正両予算に振り分けた背景には米国製兵器の購入が増大し、後年度負担（ローン）残高が急増していることがある。こうした官邸主導の進め方では、現場でさえ疑問や困惑があるようである。

「今すぐ、どうしても購入しないといけないのか」と、自衛隊の現役やOBからそんな声が聞かれるという。特に地上配備型迎撃ミサイルシステム「イージスアショア」、2基で2352億円、さらに必要な備品の購入、その他を考慮すると設置費用はますます増大する。とにかく専守防衛からの逸脱以外にも、設置にあたっては様々な問題があるようだ。山口、秋田の両県に設置予定らしいが、地元住民はむろん反対多数であり、この施設から発する磁気が人体にきわめて有害だという専門家もいるらしい。

官邸主導の機種、現場ですら不要の声

自衛隊の元幹部は「装備品の導入は現場で必要性を検討することが重要、もともと現場ではGH（無人偵察機グローバルホーク）はいらないと言っていたのにトップダウンで決めてしまう。NSS（国家安全保障局）の弊害だ。」と述べている。

また、FMSとは「有償軍事援助」の略称だが、これによる米国武器の購入費だけでも、概算要求額は19年度が12年度の約6倍の6917億円にはね上がっている。防衛省は高価な武器購入の際、支払いを翌年度以降数年間に分割して取得する。こうした手法を多用したのではないか。トランプ米大統領には「日本は我が国の高価な武器を買ってくれるから大変ありがたい」と感謝されている。

限りなく民主主義を破壊する現政権

このような常軌を逸した防衛予算のあり方は、民主主義を壊す方向に進む。官邸主導で閣議決定し、国会の委員会や本会議を不十分極まりない短時間で審議未了のまま、ゴリ押し強行採決で通す。むろん防衛予算だけでなく、モリカケ疑惑の解明、カジノ法案、原発問題、最近では外国人受け入れや水道民営化等、どの法案通過をみても審議未了の強行採決であり、国民の意向とは著しくかけ離れている。

再び、アベ政治を許さない!

安倍政権の存続を問う先の国政選挙で、「アベ政治を許さない」というスローガンを掲げたのは、まさにこういう事態が予想できたからである。

集団的自衛権の容認を廃止させよう

とくに、法的には今でもすぐに戦争できそうな集団的自衛権の容認を、強行採決によって認めさせてしまったことは返すがえすも残念でならない。

私たち国民は全力でこの悪法の廃止に追い込む必要を強く感じている。

（埼玉・常任幹事）

熊谷さんが先月号の加藤さんの「心して新聞を読もう」に共鳴されて投稿してくれました。こうした会員同士の響き合いが出てくれれば素晴らしいと思いました。今までも感想などをお寄せ頂いたことがありましたがそれだけで紙面が明るく生き生きとしたものになりました。皆様からの投稿をお待ちしています（編集係）

原稿募集

会誌にご投稿願います。内容は「今月の本」、時事問題、身の回りのこと、映画・テレビ番組等どんなものでも結構です。会誌の記事へのご意見、疑問、批判などももちろん歓迎です。

字数に制限はありませんが、多いものは何回かに分けて掲載されます。

編集の都合上、毎月　１５日を目途にお送りください。

送り先

Mail　yossi8putti@gmail

〒185—0032

国分寺市日吉町 1-40-51

長谷川善夫

Tel 090-3435-2645

沖松先生に戦争体験を聞く　六　（二〇一八・四・二八）

第六回聴き取り（大宮　生涯学習センター）

聞き手　山田正美

●八月一五日に終戦を迎えてから、すぐに復員されたのですか

「熊谷で終戦となりましたが、残務整理などで現役将校は一〇名ほどが残れ、ということで一か月くらい部隊に残りました。他の下士官や兵は復員してすぐにそれぞれ故郷に戻っていきました。私たちの特攻隊は第六航空軍261、262振武隊の二つの部隊は一緒に建軍飛行場へ行けということになっていて、最後まで一緒にいましたね。

よく覚えていることが一つあります。261振武隊の隊長が敗戦の日に訪ねてきたことです。彼は訓練中に離陸で失敗して骨折して松葉杖をついていてその頃は少佐になっていました。彼が宿舎に訪ねてきて「皆に話がある」というのです。将校四人が集まりました。私と他のもう一人の隊長二人、それから学生出身の特別操縦見習士官（「特操」と言われていた）の二人です。彼らは鹿児島高等農林（戦後鹿児島大学）の出身でした。261振武隊の隊長が言うには、「我々は自決しなければならないのではないか」ということでした。そういうことを考えていなかった私はびっくりしました。色々話し合いをして、結局、「一、今すぐ自決する。二、自決しない。三、しばらく様子を見て自決すべきならする」という三つの選択肢に絞って、三のしばらく様子を見る、という結論になりました。あの隊長はまじめな人で負傷して入院している間に考えていたのかな、と思いました。一か月後くらいに復員してよい、という命令が出て、皆故郷へ帰りました。

●沖松先生はその時に「自決しなければ」という考えはありませんでしたか

「私は自決は考えていませんでした。“せっかく生き延びたのにまた自決か”という風に受け取りました。私は戦争に対して批判的な見方をしていました。それは戦争がいい悪いということではなく、ちゃんと戦争させてくれなかった、という不満です。兵器も悪い、性能も悪い、数も少ない、無駄な犠牲を強要する。軍の上層部は操縦する将校や下士官を消耗品扱いしていることが見えていました。しかし自決ということでいえば、同期生の中にも、地上兵科の雨宮文彦という同期生が自決しました。周りで止めたということですが、死んでしまいました。真面目な人で、彼ならやりかねないだろうと思いました。飯能の寺で切腹した一級上の先輩もいました。純粋な気持ちからでしょうね。法政大学の尾形憲さんも自決するつもりだった、と言っていました。本来そうあるべき、という気持ちがありました

ら、自分自身に恥ずかしさもありました。戦死させてしまった部下に対して責任をとる、ということで戦後、自決した上官もいますが、それをバカげたこと、というふうには思えないです。

●帰郷してご家族に会えた時はうれしかったでしょうね

一か月後、呉へ帰郷して家族と再会しました。お互いにそんなに喜びあった、ということもなかったですね。日本人だからグッと感情を抑えるというか、表にはあらわさないものです。もっとも家族は私が生き残ったことはわかってはいました。死ぬのが当たり前、と思っていて、八月一五日を迎えた時もやはり感情は外に出さないようにふるまっていました。

●それから東大を受験しようとしたきっかけは何だったのですか

「復員直後の私は恵まれていました。家は焼け残ったし、兄が旧制中学の教師をしていたからすぐに働かなくても食べていける。友人の中には家族の面倒を見なくてはならずすぐに働かなくてはいけない人もいました。私の家では進学を考えるだけの余裕があった、ということかな。兄も大変だったでしょうが、進学を認めてくれました。入学試験は旧軍人（陸軍士官学校、海軍兵学校出身の将校）は入学定員の一割に制限されたので、なおさら狭き門になってしまった。国が決めたことですが、一般の国民もそう思っている人は多かったでしょう。たしかに軍人の方が勉強ができるから、普通に試験をやったら旧軍人が全部合格してしまう。一般の人は勉強はできずに勤労動員などしていたわけだから。それでも入試の勉強は相当しました。ほとんど寝ずにやったものです。戦死した人がいましたから、自分の一身の栄達のためではなく、自分がやらなければという思いでした。

兄が中学の教師をしていたので受験雑誌などは手に入りやすかった。東大の法学部というところは論文と英語が重視された。私達の入学試験では論文のタイトルは「フランス革命論」がテーマだったかな。陸軍士官学校では英語のほかにドイツ語、ロシア語、中国語から第二外国語を選択して勉強することになっていました。私が士官学校に入学したときはまだアメリカと戦争していませんでした。「英語は敵性語だから勉強しなかった」、と言われたが、それは違います。士官学校の英語の教官は植田という教官で戦後は『チップス先生さようなら』という小説を翻訳して研究社から出版していた。英和辞典として研究社の英和中辞典が良い、と言われたので、それを買って勉強しました。戦後、大学受験で役立ちましたよ。

戦後、国民が旧軍人へどういう態度をとったか、というと二派あったのです。まず旧軍人の責任を追及し排除しようとする反軍派がありました。しかしもう一つ、旧軍人も国のために働いて不遇な目にあったのだから、戦後は支援していこう、という派もありました。呉市役所は後者の応援してくれた側で、講師を呼んで講習会をやってくれたり大いに助かりました。講習会の講師は元海兵の教官でした。私も軍のことについて嫌味を言われたこともあります。たしかに軍のおかげで運命を狂わされた人も多いのだからやむを得ず黙って聞いていました。

合格後、五月から学生生活が始まりました。大学の講義の中では岡義武教授の「近代政治外交史」が一番印象に残っています。幕末から明治にかけての研究をしていた日本近代史の専門家です。とくに明治維新について今までと違った見方を教えてもらいました。明治維新一五〇年ですが、私たちは明治維新の成功した部分、天皇親政で素晴らしい政治が行われた、と習ってきた。しかし天皇が江戸時代にどれだけ弱い立場だったか、明治政府がやっとの思いで政治を動かしていたことなど、新鮮な見方でしたね。岡教授は左翼学者ではなく、実証主義的な人で穏健妥当な歴史観だと思いました。マルクス主義的なイデオロギー先行の主張だったら当時の私は反発していたでしょうね。

東大法学部はいまでもそうですが、保守的な雰囲気です。ただ、どういうわけか陸士を出て大学に行った人が日本共産党に加入する例が多いですね。志賀義雄とか神山茂夫が黒塗りの自動車でよく大学に来ていました。大学では左翼運動が活発化してきましたが、私の周囲はそれほどでもありませんでした。ただ自分としては順当なコースを歩んで安定した生活を得る、という風には考えていませんでした。一度死にかかったということが心に残っていたし、たくさんの友人が死んだことがわだかまりになっていました。最低の底辺での生活をしていくべきだ、一身の栄達を目指す出世コースを進むべきではないと思っていました。

教員もその中で選択肢の一つだったのですが、公職追放で教員にはなれません。生活はしなくてはいけないので、二年間、民間で働きました。

最近、陸士卒業生の親睦会の会報『偕行』に私より四期上の石井学という人について、こんなことを書いてありました。石井氏はフィリピンで戦った部隊の幹部だった人で、兵を台湾に戻して再編する係をしていたのです。フィリピンにいる兵を集めて台湾に戻して、そこで編成し直すという役割ですね。そういう立場の人は帰ろうと思えば簡単ですが、良心的な人は逆に自分は帰れないですよね。台湾に行けば安全だが、それは他の人に譲って最後まで自分は残って戦死してしまった。そういう人の例はたくさんあるんですよね。「ノーブリス・オブリージ」という言葉があります。リーダーが重い責任を自覚することですが、そういう教育を受けたのに人間の弱さで楽な方へ逃げた人もいます。反対に黙々と運命を受け入れた人も沢山いました。その人達はどんな気持ちだったのだろうか、といつも思うんです。自分だけ助かろうとか、そういうことやっちゃいけない、という雰囲気の教育を受けてきて、自分だけいい思いすればいいじゃないか、という考えをどうしてもできない。戦時中の教育が十分しみこんでいるみたいです。管理職になって出世すると給料も退職金も増えるから、なんて考えになれないのですね。

（続く）

2019年　*新年会のお知らせ*

日頃、会の活動にご協力頂きまして誠にありがとうございます。
さて、会員皆様の親睦を深めてもらえたらと、新年会を計画いたしました。

① 2019年1月26日(土)17：00
② 埼玉会館２階　ビストロやま宴会場
浦和駅西口下車　徒歩６分（県庁に向って歩き、右側にあります）
③ 参加費６０００円

中国大使館、友好団体の皆さんをお招きしています。
ご出席の方は、事務局小林まで１月20日までにご連絡下さい

朝鮮問題とは何か（１１）

角を矯めて牛を殺す。制裁は非核化を不可能にする。

島貫　隆光

角を矯めて牛を殺すという言葉がある。少しの欠点を直そうとして、その手段が度を過ぎ、かえって物事全体をだめにしてしまうことだ。女賢しゅうして牛賣りそこなうという言葉もある。これも小賢しい考えで良かれと思ってしたことが、逆の結果を生むというたとえだ。両方に牛が出てくるのは全く偶然だが、言いたいことは同じ。ある目的を達成しようとしてその手段を過まれば、目的を達成できなくなるということのたとえなのだ。私が何を言いたいかはもうお分かりだろう。私は去年の十月から制裁は無意味だといい続けてきた。世界の常識は非常識とも言った。それがここに来てもろにでてきているのに、いまだに世界中が制裁に固執している。やんぬるかな。これでは私の夢はしぼむばかりだ。非核化は雲散霧消する。

だから言ったじゃないの、としたり顔でいう奴の顔が目に浮かぶ。最初から北朝鮮はダマスつもりだったのよ、と。そういう奴に言ってやりたい。お前が制裁の旗を下ろさないもんだから正恩はイヤケがさしたのだ、と。まさにそういうことなのだ。正恩はハッキリとクギをさしている。南

北協調に水をさすな、と。もはや米朝はどうでもいい。それより南北融和、朝鮮統一だ。そこで経済を建て直しさえすれば、非核化などどうなってもいいのだ。こちらも全く急いでいない。

現在世界は私には全く理解不能の日米政府の誤った政策のせいで、二進も三進もいかない状況に陥っている。これはほとんど変わりようない状況であるらしいので、私は最善の策である制裁解除をあきらめて、次善の策として南北協調、中露韓路線に切り換えて考えていくしかないと、観念している。そもそも制裁というものは、戦前ならそれだけで宣戦布告の理由になりうる重大事件なのだ。

現在は軍事と経済がハッキリ分けられているから、それほど重大ではないという認識があるのだろうが、もともとはそういう性格のものなのだ。

米朝首脳会談で議論されたのは非核化のための信頼醸成だった。信頼醸成と敵対行為は対立するものである。この矛盾をどう説明するのか。ここが私の最も不可解なところだ。こういうつじつまの合わないことを日本語では自家撞着という。今日米首脳はこの状態に陥っているのだ。

このところアベ・シンゾーは後世に名を残すためか、盛んに外交成果を上げようとして、中露とはうまくいきつつあるが、北朝鮮とは見通せていない。もしここでアベがサプライズでトランプにそろそろ制裁を止めてみませんかと、アドバイスしたらどうか。たちどころにラチ問題は解決し、非核化も進む。まあどうせできっこないが、いいヒントを与えてやったんだから、少し考えてみたらいい。

現在具体的に動きがあるのは、南北協力事業のみだからその情況をとらえてみよう。ここでもまた三すくみの状態は変わらない。産経２４日の図にそれが出ている。

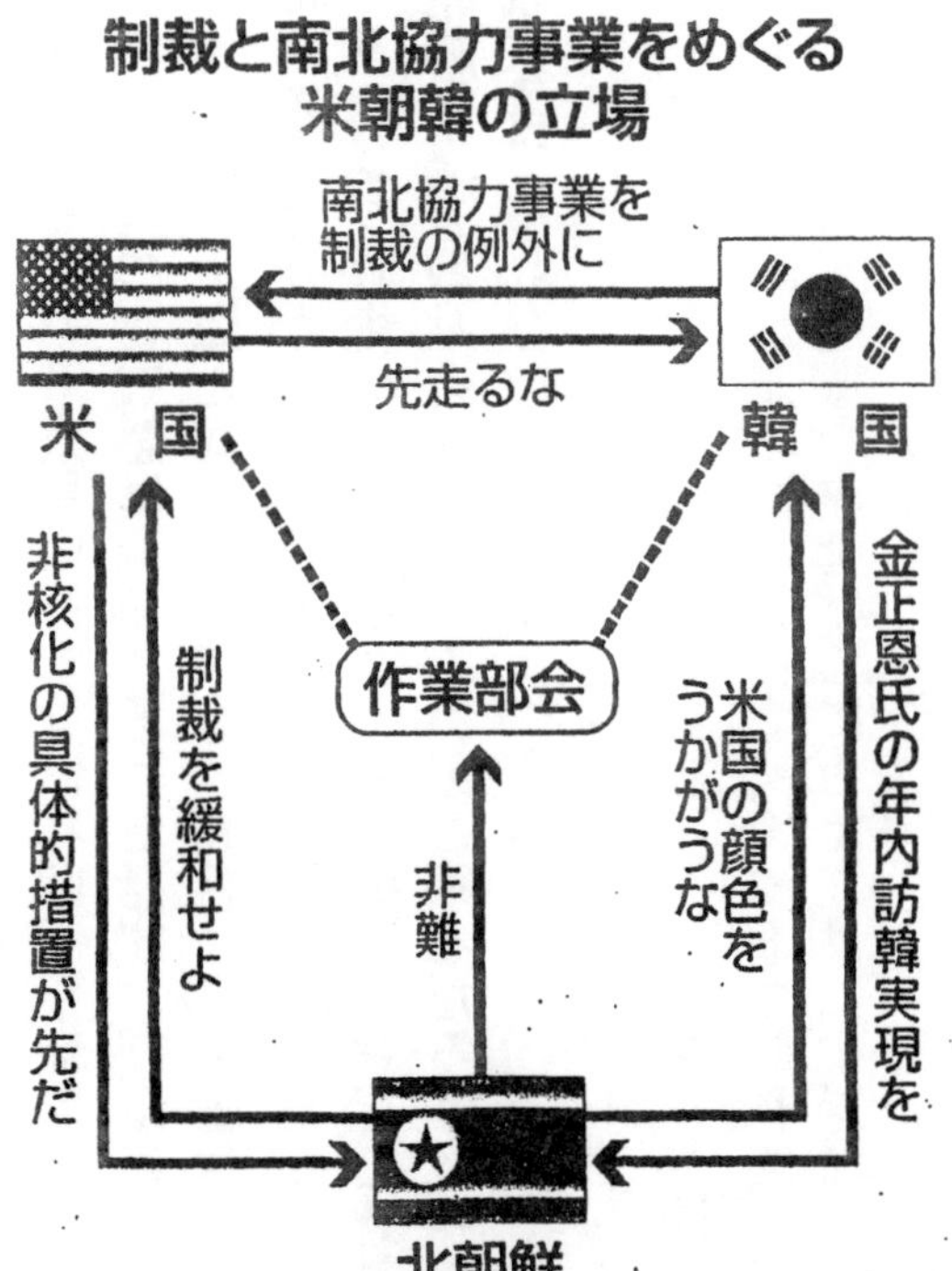

私はこれまでこのことをメンツの張り合いといってきたのだが、「選択」十二月号の説明は

板門店宣言には、朝鮮戦争休戦協定締結から六十五年となる今年のうちに、終戦宣言を採択するため「南北と米の三者、または南北と米中の四者による会談」を推進すると

の項目が盛り込まれた。しかし、米朝の非核化交渉が難航、終戦宣言を巡る調整も失速した。年内どころか、来年も難しいとの見方が大半だ。

最大の要因は、南北と米中のそれぞれの思惑が絡み合い、解のない連立方程式のような状態になってしまった点にある。終戦宣言の象徴的性格は、当事国間の駆け引きに利用される脆弱さを抱えている。

米朝の非核化交渉に影響を与えているのが中国の存在だ。米中貿易戦争が長期化する様相を見せている状況は、米中二大国の思惑を天秤にかけながら生存空間を確保しようとする北朝鮮にとっても誤算だろう。

初の首脳外交を三月の中国訪問でしるした金正恩委員長は、中国を米国への牽制勢力として利用しようとした。シンガポールでの米国との首脳会談で中国国際航空の特別機に搭乗したのも、「中国から大事にされている。米国はどうする?」とのアピールだったとみられる。

しかし、軍事面でも中国への対決姿勢を鮮明にしている米国の出方は、米国が中国に北朝鮮への影響力を促す従来の構図を消し去り、北朝鮮にとっての中国カードに制約が生じた。一方で中国は朝鮮半島全体に自国の影響力を行使できる環境づくりを進めている。韓国への影響力は、高高度防衛ミサイル（ＴＨＡＡＤ）配備を巡る対韓圧力で実証済みだ。

終戦宣言でも中国は、中国抜きの宣言に難色を示している。韓国は、中韓国交樹立で中国との敵対関係は終了したとして、終戦宣言への中国関与には消極的だ。だが、義勇軍として派遣された毛沢東の息子、毛岸英が米軍の爆撃で戦死するという犠牲も払った中国は、四者による終戦宣言以外は想定していない。

中国政府関係者は「終戦宣言から平和協定への意向には時間がかかる。終戦宣言に絡まなければ、平和協定に至る期間中に中国の存在感は低下する」と話す。朝鮮半島全体を台湾や南シナ海と同様、「核心的利益」に位置付ける中国の思惑がうかがえる。中国の辺境（国境）概念から見れば、トランプ政権は台湾や南シナ海への関与強化と連動して朝鮮半島を取り込もうとしていると映るだろう。中国が終戦宣言で譲れない事情もここにある。

アルゼンチンで行われていたＧ２０会議が、十二月一日閉幕した後で行われた米中首脳会談は、一応９０日間の休戦ということで決着した。おそらく９０日では何も出来ないだろうから、危機を先延ばしにしただけにすぎないが、少し頭を冷やせということだろう。

会談後の帰国の途中、トランプは米朝首脳会談は一月か二月に行われると発言し、ポンペオ国務長官は正月早々と言明したが、彼は同時に国連の制裁の手は緩めないとも言った。相変わらずつじつまの合わない政策で、これでは進展は望めない。いずれにせよ私はもう米朝より南北の協力事業に期待している。産経（２４日）によれば文政権は年内の正恩訪韓実現のために前のめりになっているという。

米国と北朝鮮の非核化交渉が滞る中、南北協力事業をめぐる韓国と米国の温度差が埋まらない。米韓は足並みをそろえるための作業部会を立ち上げたが、文在寅政権は事業加速への意欲を隠さない。北朝鮮の最高指導者として初の金正恩朝鮮労働党委員長の年内ソウル訪問実現へのこだわりも背景にあるようだ。

南北は23日、北朝鮮・開城の共同連絡事務所で通信分野の実務協議を開き、南北当局間の通信網を光ケーブルに換える必要があるとの認識で一致した。韓国統一省当局者は「制裁に抵触しない方向で作業を行う」との見通しを示している。

南北が合意した協力事業の大半は対北制裁に反しないかという問題がつきまとう。米韓は20日、北朝鮮の非核化と南北協力事業の進展などを調整するための作業部会を発足させた。ポンペオ米国長官は「米韓が勝手に行動しないこと」が目的だとクギを刺した。だが韓国側責任者の李度勲外務省朝鮮半島平和交渉本部長は、南北鉄道連結に向けた調査事業に「米側が強力かつ全面的な支持を表明した」と強調し、「近く良い便りがあるだろう」と記者団に述べた。

鉄道連結は南北が最も力を入れる協力事業で、着工式の年内開催で合意していたが、米側との調整が進まず、10月下旬から予定していた現地調査も棚上げされていた。趙明均統一相は23日、今月中にも調査が行われるとの見通しを示した。

文政権は事業推進を担保する存在として作業部会を捉えているようだ21日には、北朝鮮の山林害虫防除といった複数の協力事業に計約41億8千万ウォン（約4億1700万円）の支援を決めるなど、金氏の年内訪韓を前提に、対北協力に前のめりになる姿勢を強めている。

実際30日に列車は北に入った（産経12月3日）。

韓国と北朝鮮は30日、鉄道連結に向け、実際に北朝鮮区間に列車を走らせての共同調査を始めた。韓国側調査団28人を乗せ、韓国を出発した列車は軍事境界線を越えて北朝鮮に入り。12月17日まで、南北の調査員が共に列車内で寝泊まりしながら線路の状態を確認する。

韓国の鉄道車両が北朝鮮内を走るのは、黄海側の京義線の短区間で2007～08年に貨物列車が運行されて以来、10年ぶり。日本海側の東海線（金剛山―豆満江）を走るのは初めて。

ソウルを出発した列車は軍事境界線手前の都羅山駅に停車し、式典が開かれた。趙明均統一相は「一つにつながる鉄道を通じ、南北が共に繁栄し、朝鮮半島の平和も強固になる」と強調した。列車は発電車や寝台車など7両で編成。北朝鮮側の板門駅で機関車を替え、新たに3両を連結させて本格調査に入った。

調査は京義線（開城―新義州）約400キロで実施後に東

海線に移り、約800㌔で行う。途中移動を含め、走行距離は約2600㌔に及ぶ。列車燃料の北朝鮮搬入について国連側が最近、制裁の例外に認めた。南北は鉄道連結の着工式の年内実施を目指している。

この鉄道こそが先月号で私が紹介した3大ベルト構想（図参照）の核心となるインフラの基礎となるものであり、これが実現すれば計画は確実に進められる。それが動き出しているということなのだ。私は今これに大きな期待を寄せている。

十一月二十七日、アベ・シンゾー内閣は強行採決で労働力確保をめざした。いつものスタイルで暴力団がまかり通る。TBSのコメンテーター与良さんはこれでは国会は必要ないということだと、再三怒りをブチマケた。私は国会議員は必要ないと言いたい。与党も野党も能無しのアホーばかりだ。

そもそも労働力不足はどこから来ているか。低賃金が元凶なのである。給料を上げて人並みの生活が出来るようにしてやりさえすれば、人間はいくらでも集まってくるのだ。根本的な原因を究明しないかぎり問題解決の糸口はつかめない。

この点で成功した例がある。イギリスでは賃金を上げることによって人は集まり、経済は好転した。プラスのスパイラルが起ったのだ。日本は逆行しているから負のスパイラルが止まらない。政治家ならここを改めるべきだ。賃金を上げさえすれば、それで万事解決する。ただそれだけのことだ。やるかやらないか。

【参考文献】　南北朝鮮「終戦宣言」は来年も無理―米中衝突で半島情勢も停滞へ　選択十二月号

（埼玉　会員）

「『私記　日中戦争史　年老いた幼年生徒は今何を思うか』

志々目彰著」を読む(7)

長谷川善夫

第七講　日米同盟に覆った前車をみる（二〇一〇・〇七）

襟章は遼東半島

「私どもの陸軍幼年学校の制服は普通の兵隊さんの服と少し違っていた……入校直後軍服に着替えるときに上級生から教えられたこと…

『この山型は遼東半島だ。三国干渉で奪われた遼東半島を忘れないために、この印が入っている』

それが本当かどうかは知らない…日清戦争後の下関条約で、日本は清国から台湾とともに遼東半島を割譲させ…ロシア・ドイツ、フランスが介入しこの部分が取り消しに…三国の露骨な帝国主義…特に帝政ロシアの遼東半島租借」

「幼年学校は明治二九年〈一八九六〉の創建である。日露戦争を見越した軍備拡張の時代に…各師団管区に一校ずつ計六校が開設…」

「日清から日露に至る十年間、臥薪嘗胆が政治家と軍人の合言葉…年若い幼年学校が征露討露の歌で明け暮れ…忠義とは他国を征服することという『常識』に凝り固まっていったのは必然か…」

日満議定書

「…アジアの解放といいながら、満州を私有物と見なす覇権主義…。矛盾を覆い隠したのは日本の戦争は正義だとする国家の教育とマスコミの宣伝である。満州事変当時の軍国歌謡に『ああ我が満州』という曲がある。

一　満州　満州　ああわが満州　千古に閉ざせし
東亜の宝庫　正義の鍵持て開きし扉　私欲に伸ばせる手は触れさざじ　（二、三略）
四、満州　満州　ああわが満州　貴き犠牲を埋めてここに　堅くも築ける　この礎を　守らで止まんや　平和のために

選定は報知。当時の日本を代表する新聞社である。…法的な形式が必要…それが傀儡国家満州の独立であり日満議定書であった」

「柳条湖事件から満州独立〈現代中国では偽満と呼ぶ〉…『日満議定書』….日本側の特命全権大使は関東軍司令官本庄繁、武力を背景にした自作自演」

「議定書では、満州の防衛は日本が責任を持つ、その経費は満州国が負担する…今の日米安保と実によく似ている…」

日満議定書

1932年（昭和7）9月15日、日本の「満州国」承認に際して両国間に締結された協定。前文で「満州国」が独立国であることを確認し、本文では〔1〕「満州国」は日本が従来から有するいっさいの権利利益を確認尊重すること、〔2〕日満両国の共同防衛のため所要の日本軍が「満州国」内に駐屯すること、を協定した。また協定に付属する秘密の往復文書によって、「満州国」が、国防・治安維持や、鉄道・港湾・水路・航空路などの敷設・管理を日本に委託すること、また「満州国」政府要職に日本人官僚を任用し、その任免権を関東軍司令官にゆだねることなど、同年3月の司令官宛(あて)執政書簡その他先行協定による従来の権利の有効性が確認された。調印の直接的動機は、国際連盟派遣のリットン調査団による報告書公表（10月2日）前に既成事実をつくりあげることにあった。これに対し中国国民政府は満州の保護国化であると抗議し、ヨーロッパ諸国は国際連盟の無視であると批判した。［　君嶋和彦］日本大百科全書(ニッポニカ)

議定書の調印によって、下記の事項が取り決められた。また同時に補足条約ともいえる書簡の交換も行っている。

【交換書簡】

過去に交わされた下記の文書について、引き続き行使する事。

①．1932年3月10日に満洲国執政（愛新覚羅溥儀）から送付され、5月10日に関東軍司令官（本庄繁）から回答された書簡の件。具体的な内容としては、

- 満洲国の国防は関東軍に委託し、その経費は満洲国が負担する。
- 関東軍が国防上必要とする場合、既設の鉄道・港湾・水路・航空路の管理と新設の工事については、日本もしくは日本指定の機関に委託する。
- 関東軍が必要とする各種の施設について、極力援助を行う。
- 日本人を参与として登用する他、中央・地方の官僚にも日本人を登用するが、その人選は関東軍司令官の推薦とし、解職には関東軍司令官の同意が必要とする。（参議の人数については両国協議の上増減する）

②．1932年8月7日に満洲国国務総理（　鄭）と関東軍司令官（　本庄）との間で交わされた、満洲国政府の鉄道・港湾・水路・航空路等の管理並びに二線路の敷設管理に関する協約とそれに基づく附属協定

③.1932年8月7日に満洲国国務総理（鄭）と関東軍司令官（本庄）との間で交わされた、航空会社（満州航空）設立に関する協定

④.1932年9月9日に満洲国国務総理（鄭）と関東軍司令官（武藤）との間で交わされた、国防上必要な鉱業権の設定に関する協定

【議定書】（現代語訳）

日本は、満洲国が住民の意思で成立した独立の国家である事を確認した。また満洲国は、これまで中華民国が諸外国と結んでいた条約・協定を可能な限り満洲国にも適用する事を宣言した。そのため日本政府と満洲国政府は、日満両国の「良い隣人」としての関係をより強め、お互いにその領土権を尊重し、東洋の平和を確保しようと、次のように協定する。

1. 満洲国は満洲国領域内で、将来日満両国間で個別の条約を締結しない限り、従来日本国と日本国民が中華民国との間で締結した条約・協定・その他の取り決めや公私の契約によって得ていた全ての権利利益を認め、これを尊重する。
2. 日本国と満洲国の一方の領土や治安に対する脅威は、同時にもう一方の平穏に対する脅威であるという事実を認識し、両国は共同で国家の防衛に当たるべきである事を約束する。このため、日本軍は満洲国内に駐屯する事とする。

本議定書は署名の日から効力を生じる。

本議定書は日本語文・中国語文で2通作成し、日本語文と中国語文とで解釈が異なる場合には、日本語文の文面で解釈することとする。以上の証拠として次の名の者は、各本国政府から正当な委任を受けて、本議定書に署名調印する。

昭和7年9月15日すなわち大同元年9月15日新京においてこれを作成する。

日本国特命全権大使　武藤信義（印）

満州国国務総理　鄭孝胥（印）

（Wikipedia から）

建国大学と軍官学校

「…最近の新聞に建国大学最後の同窓会という記事があった。建国大学は満州の高級官僚を育てるべく新京（長春）に創られた大学で、日・中・朝・満・蒙の英才を集めた」

「使命感に燃えた日本人学生が、現実との落差に苦しんだ話はしばしば伝え聞くところである。…終戦時の学長は張鼓峰事件の師団長尾高亀蔵。軍人としても二流の人物が思想と学問を指導できるはずがない。所詮、日本の植民地支

配は武断一辺倒で文明にはほど遠かったということか」

・**建国大学**（は、かつて存在した「満州国」の首都・新京〈長春〉にあった直轄の国立大学。略称は建大。一九三八年五月に開学、一九四五年八月満州国崩壊に伴い閉学した。この間に学生を九期生までを受け入れ、約一四〇〇名が在籍した。板垣征四郎と石原完爾の「アジア大学」構想に端を発し辻政信により素案が作成されるも後に石原と対立する平泉澄ら創立委員が創立委員長の東条英機の「建国大学創設要綱案」を修正した案で決定された。式典には満洲国皇帝溥儀が出席することもあった。跡地には現在長春大学がある。

建国大学の学生

前期（旧制大学の予科に相当、修業年限3年）後期（学部に相当、同3年、政治学科・経済学科・文教学科）と研究院が置かれ、官費により学費は無料であった。また、全寮制で日本系・満州（中国）系・朝鮮系・蒙古（モンゴル）系・ロシア系の学生が寝食を共にし寮を「塾」と称した。

…学問については比較的自由で内地では禁書扱いであったマルクスや毛沢東など共産主義に関する書物も「共産主義に対抗するには共産主義を学ばなくてはならない」という作田壮一副総長の考えにより図書館（約15万冊所蔵）に配架された。…建大出身者は塾で存分に議論をしたためか真に仲が良く、国籍問わず交遊があり、戦後もその交遊は一部で続いている。

【教育・研究】「建国大学令」によると、この大学の建学目的は「学問の蘊奥を究め、身を以て之を実践し、道義世界建設の先覚的指導者たるの人材を養成する」ことであった。この文言はこの大学の「学則」「学生募集要綱」等各種文書に多用されている。従って、「建国大学の学科科目では試験が一切無く、学生は成績順位を気にする必要はなかった。これは、学生は試験の有無に関わらず、各自厳重な自己管理によって学習すべきであり、知識の収集よりも実践が大事だと考える、大学の教育方針の表れであった」民族協和を目指すため、多民族国家としての問題点、課題を探る為の機関を設置した。石原莞爾の命により設立に関わった辻政信は、教官には日本人では平泉澄・筧克彦、中国人から胡適・周作人、朝鮮人から崔南善、その他にガンジー、パール・バック、トロツキーなど、様々な改革者・知識人を招聘しようとしており、民族協和を模索しようとしていた。

卒業生には日・満・漢・朝・蒙

- 高狄 – 中国・人民日報社長
- 陳抗 – 中国・中日友好協会副会長、駐札幌初代総領事、マレーシア大使
- 許宗茂 – 中国・外交部亜細亜局日本処副処長
- 達喜尼瑪（ダシニマ） – モンゴル・ウランバートル博物館解説担当
- 中川敬一郎 – 東京大学教授、経済学部部長

上野英信－記録文学作家
姜英勲－韓国元総理
閔機植－韓国軍参謀総長、国会議員
ツブイロフ－モスクワ大学教授
トルカチョフ－ソ連科学アカデミー東洋学研究所
伊藤肇－評論
楓元夫－東京新聞（中日新聞東京本社）論説主幹
前川光男－日本経済新聞論説副主幹
楊増志－反満抗日運動、地下組織のリーダー

2010年6月最後の同窓会が開催された。

旧制旅順高校の愛唱歌『北帰行』の原歌詞には「建大、一高、旅高」の語が登場する。作者の宇田博**（東京放送常務）は建大前期を退学後、旅高に入学したが退学処分となり、一高を卒業した。**

余談になるが旧制旅順高等学校の愛唱歌・寮歌と称されたのが後に小林旭のヒット曲で知られた「北帰行」である。以下に五番までの原曲を掲げる。侵略の先鋒と言えばそれまでだが「五族協和」に夢を見た、眩惑された、欺かれた当時の日本の青年・学徒たちの心情の理解の妨げにはならないだろう。今また様々な形の日・中・朝・蒙・露の交流の気運が高まっている。青年たちが純粋に夢見た交易・交流が実現できれば日本海は平和な豊かな富を産む海になる。

一五年戦争史年表（学生の思想と生き方に直接・間接に影響した出来事を加筆）

日本戦没学生記念会(わだつみ会)

1938	1	第一次近衛声明「爾後国民政府対手にせず」　東京帝大に日本思想史講座
	2	第二次人民戦線事件（大内兵衛・有沢広巳ら検挙）　唯物論研究会解散　東京帝大セツルメントが解散　兵役法改正、学校教練修了者の在営期間短縮の特典を廃止　警視庁、盛り場で「サボ学生狩り」3000名余逮捕、改悛誓約書、宮城遙拝で釈放
	3	改正朝鮮教育令公布（徴兵制に備え内地同様の教育に）
	4	国家総動員法公布、朝鮮志願兵制実施
	5	国際連盟理事会、日本の毒ガス使用に非難決議を採択
	6	文部省、集団的勤労作業運動実施通牒（勤労動員開始、夏休み三~五日→三九年一カ月に拡大
	10	日本軍、武漢三鎮占領　河合栄二郎『ファシズム批判』など発禁
	11	第二次近衛声明「東亜新秩序の建設」
1939	1	平賀粛学（東京帝大、河合栄治郎・土方成美両教授処分）
	3	文部省、大学の軍事教練を必須と通達
	4	文部省、大学予科・高校の教科書認可制を強化（ハーディ、ジョイスなど恋愛文学教材追放）　青年学校、義務制（十二歳以上十九歳以下の青年）となる　宗教団体法公布
	5	天皇、現役将校配属一五周年で全国学生生徒を閲兵「青少年学徒ニ賜ハリタル勅語」下賜（六月、八高、参加学生10名の報告会「全校生に感銘」　ノモンハン事件
	6	満蒙開拓青少年義勇軍の壮行会　兵役忌避で明石真人・村本一生ら灯台社の弾圧　国民精神総動員委員会、学生の長髪禁止等生活刷新案決定（ネオン・中元歳暮・パーマ廃禁止）
	7	大学・高専・師範二三四校3600名「興亜青年勤労報国隊」を満州・中国に派遣　国民徴用令公布
	8	独ソ不可侵条約調印　（京大経・学生）木村久夫、社会科学との出会い（翌年、被検挙）
	9	第二次世界大戦開始（独軍、ポーランド侵攻）　「興亜奉公日」制定（酒不売、ネオン消灯）

旅順高等学校寮歌作詞・作曲：宇田　博

1　窓は夜露に濡れて
都すでに遠のく
北へ帰る旅人一人
涙流れてやまず

2　建大　一高　旅高

追われ闇を旅ゆく
汲めど酔わぬ恨みの苦杯
嗟嘆（さたん）干すに由なし

3　富も名誉も恋も
遠きあくがれの日ぞ
淡きのぞみ　はかなき心
恩愛我を去りぬ

4　我が身容（い）るるに狭き
国を去らむとすれば
せめて名残りの花の小枝（さえだ）
尽きぬ未練の色か

5　今は黙して行かむ
何をまた語るべき
さらば祖国　わがふるさとよ
明日は異郷の旅路
明日は異郷の旅路

「この建大を上回る日本的支配の見本に…『満州国』は帰順してきた旧軍閥の雑軍を統合して国軍を編制したが、やや体制が整ってくると軍官学校（日本の士官学校に当たる）を創立して日本式の将校養成に乗り出した。建前が五族協和だから日・満・漢・朝・蒙の各民族から生徒を召募した。日系の生徒は陸士の受験者から同意した者を振り向けた。…建大と違い軍官学校は民族ごとに中隊を設けていたようだ。…満州国軍という自覚と裏腹に満系の上官や候補生への軽侮感は率直で、八月一五日敗戦と同時に満系の生徒隊と対峙する緊迫した情景の描写も生々しい。…五族協和といいながら日系の国籍は日本人のままで満州国籍にさせないのが日本帝国の植民政策だった。…終戦となると忽ち各地の満軍部隊が決起した。当然のことながら血祭りに上げられた日系軍官もあったし、実直な人柄ゆえに助かった将校もあったやに聞く。…軍校出身者の同窓会に『蘭星』という本があるという。日本国家の無慈悲な政略を体現した満州国軍の終焉を知るために、私はこの本を読みたいと願っているが未だその機会にめぐまれない」

卒業生の筆頭格に軍官学校の首席、朴正熙元韓国大統領がいる。失脚した朴槿恵前大統領の父親であり、日韓関係の文字通りの象徴的な人物である。

朴　正煕（パク・チョンヒ、朝鮮語：박정희、日本語読み：ぼく　せいき、1917年十一月一四日　－　1979年10月26日）は、韓国の軍人、政治家。　職業軍人だったが、1961　年の軍事クーデターで国家再建最高会議議長に就任し、1963　年から　1979　年まで大統領（第五代から第九代）をつとめた。彼の時代から約　30　年間にわたって『漢江の奇跡』と呼ばれる高度経済成長が実現されて韓国は世界最貧国の層から脱したと評価される。一方で1972年の改憲で大統領任期と重任制限を撤廃することで永久執権を図ろうとし、また民主化運動をスパイ操作・司法殺人などで弾圧したとして「独裁者」との批判的評価も受けている。1979年に側近の金載圭によって暗殺された。

本貫は高靈朴氏。号は「中樹（チュンス、중수）」。創氏改名による日本名は高木　正雄（たかぎ　まさお）。１番目の妻に金好南。２番目の妻に文世光事件で暗殺の犠牲となった陸英修。好南との間に長女の朴在玉。英修との間に、次女で第18代大統領の朴槿恵と、長男でEGテック現会長の朴志晩がある

(Wikipedia)

漢江の奇跡

1961年に5・16軍事クーデターを起こし政権を得た朴正煕は経済開発を掲げ大衆の支持を求めた。当時、国内総生産はソ連を真似て計画経済を押し進めていた北朝鮮が上回っていて、朴政権の韓国も五カ年計画方式の計画経済を導入することとなる。朝鮮戦争により壊滅的打撃を受け、１人当たりの国民所得は世界最貧国グループであった韓国経済は、その後、ベトナム戦争参戦によって得られたドル資金と、1965年の日韓基本条約を契機とした日本からの1960年代半ばから1990年までの約25年に渡る円借款およびその後も続いた技術援助により、社会インフラを構築して経済発展を遂げた。これが**漢江の奇跡**と呼ばれる。　(Wikipedia)

日韓条約のきな臭さ、胡散臭さが伝わってくる。徴用工への支払いを命じた韓国最高裁の判決は当然である。

鉄道と自動車

「一九四八年頃、『満州』から引き上げてきた人の話を聞いた記憶がある。

『日本人が全部引き上げたら鉄道も動かなくなる。見ていろ。あと暫くの事だ』

…彼らの期待に反して汽車は動き続け、六〇年たつとその中国にも高速鉄道が走り始める。…新幹線の受注競争で中国が手強い相手になっても、彼らに作れる筈はないという優越感が日本人の頭から消えない。二〇年ほど前に韓国で小型自動車の生産が始まった時もそうだった。…だがあっという間に韓国の自動車メーカーは世界の第一線に躍り出た。

…なぜ『先の大戦』以前の意識が牢固として抜けないの

か・・・中国への不信をリードする日本の大マスコミを取り上げてみたい」

ヘリコプターとオリンピック

「三年ほど前だと思うがヤマハ発動機の部長と課長が逮捕されたことがあった。…しかし私が本当に義憤を感じたのは権力者の横暴よりも事件の報道記事に対してである。『この無人ヘリコプターはサリンを撒くことが出来る、中国の輸入元は解放軍の関連企業である』…

サリンを撒いたのは歴史上、洋の東西を問わず、オウム真理教のみである。又その意図を持つ者があればヤマハのヘリコプターでなくとも毒を撒くことは可能であろう」

「さらにひどいと思った新聞もある。北京オリンピック開会当日の朝刊である。…その内容たるや北京皆済の歴史的意義を打ち消すための特集だった。アジアの隣邦の盛時を喜ぶ気持ちなどさらさらなく、格差社会をおいたままの国威発揚だとか、選挙の洗礼がないから開催資格に疑問ありとか、一面全部を潰しての批判キャンペーンだった。…多くの日本のマスコミは、前夜祭のCGだの口パクだのを揶揄したが、肝心の全体像は遂に紹介しなかった（口パクや花火について前夜祭総監督のチャン・イーモー監督は、彼らの慣習・文化・必要に即したもの、と語る）」

「アヘン戦争からほぼ一世紀半、汚辱と貧困の中から立ちあがった中国が、辛苦の末に勝ち取ったオリンピック開催である。…欧米の反中勢力はアジア侵略の負い目を認めたくなかったから北京オリンピックを笑い物にしたかった。隣国でありながら加害者であった日本がそれに雷同してもよいのだろうか」

「マスコミのいう欧米との価値観の共有とは、実は恥の上塗りではないか。あらゆる機会を捉えて日本人と中国人の理解と友情を目指すことこそ、本当の東洋平和のほしょうである」

前車の覆るは後車の戒め

「なぜマスコミの報道姿勢を問題にするか。それはわれわれ日中戦争の記憶を持つ者が、新聞の立ち位置で国民と国運が左右された過去を忘れていないからである。」

「支那事変が勃発した時、陸軍中央には今は中国と事を構えるべきではないとする参謀がいた。彼らの戦争不拡大への努力を無にした要因の一つが新聞報道である。昭和十二年七月七日盧溝橋での衝突、直後の十一日に現地では停戦協定が成立した。十二日に国内に伝えられた停戦協定のことは殆どの新聞が黙殺し、唯一報道した東京日日も陸軍強硬派の『顧慮することなし』との見解に従って『いわゆる現地協定、ほご同然』とした。この時期がまさに蒋介石声明にいう『最後の関頭』であり、最後の和平のチャンスであった。この重大な時に新聞に一定の批判精神があったなら、戦争不拡大派を支えることが可能だったかもしれない。

しかし日本の新聞は軍部主流がながしたとおりの中国一撃論、暴支膺懲論などの勇ましい記事で埋まっていた
「十三年一月、南京占領の情勢下で近衛内閣は『爾後、国民政府（蒋政権）ヲ相手トセズ』と声明…軍と政府のこの姿勢を支えたのが新聞の国論煽動である。南京陥落の直前にもドイツの仲介により和平交渉が行なわれようとしていたが、…東京日日新聞は『支那内外よりする調停説の俄に台頭し来った事は大いに警戒を要するところである』との社説を掲載した」
「戦争の火種がまだ小さかった時に報道機関に冷静な職業意識があれば、太平洋での大敗北も姿が変わったのではあるまいか。後悔は先に立たないが前車の覆るは後車の戒めである。昔と今は確実に連動している」
「歴史をもう済んだこととして、対等とかグローバリズム等という人たちの『不偏不党』を私は全く信用しない。日米同盟という新しげな看板に塗り替えてあっても、明治から一貫する前車の轍を見抜かなければならない」

「志々目さんの補注　参考にした本
日中戦争（新版）―和平か戦線拡大か／臼井勝美　日中一五年戦争―なぜ戦争は長期化したか／大杉一雄　日中全面戦争―昭和の歴史５／藤原彰　五千日の軍隊―満州国軍の軍官たち／牧南恭子　最後の将校生徒　復員四十周年記念誌／陸士６１期生」

（東京・常任幹事）

「日中友好 8・15 の会」へのおすすめ

私たちの会は、かつて侵略した中国をはじめ、アジア諸国、さらには広く全世界に対し、「反戦・平和」と平和憲法の順守を誓い１９６１年に創立し、すでに５０年以上経過しました。会員は元軍人と趣旨に賛同した戦後生まれの人たちも参加しています。会員には会誌『８・１５』（月刊）を毎号お届けし、また年１回の中国訪問団（見学、友好交流）への参加や当会が隔年に受け入れている中国からの研修生との交流・意見交換への協力をお願いしています。

会費は年額１万円、学生会員は 3000 円です。会誌購読のみを希望される購読会員は年間 6000 円です。

皆さんの入会、会誌購読によって「反戦・平和」「日中友好」の声をますます大きくしたいと希っています。

《申し込み先》　〒１２５－００３２
東京都葛飾区水元３－３－４　小林悦子方
日中友好８・１５の会
TEL&FAX　０３－３６２７－１９５３
郵便振替口座　００１２０－６－２７４１５

２０１８年『８・１５』

十一月の常任幹事会

日時　十一月二四日（土）十四時～十六時半
会場　浦和・仲町公民館　一階会議室
　九階第三会議室
出席者　沖松・長谷川・長沼・佐藤・加藤

［報告］

1　今月号について
訂正、その他について説明がありました。

2　十一月二〇日（火）、イギリス人ジャーナリストが沖松代表幹事に取材に来ました。世界中の元軍人に取材をし、それをまとめて本にする予定とのこと。

3　忘年会
一七時より、永香閣にて。現在のところ一六から一七人が参加する予定

［議題］

1　七・七集会について
来年はわが会が担当するため、実行委員をつくり計画を立てることに決定。小林事務局長、秋山常任幹事（会計担当）、佐藤常任幹事、小川常任幹事に決定。次回の常任幹事会で意見を出して貰い、それを受けて実行委員会で企画する。実行委員会で検討した内容を各月の常任幹事会に出してもらい、議論をして練り上げていく。

2　編集委員会
巻頭言は折原さんにお願いする。三二ページになる予定

3　『八・一五』結成六〇周年について
六〇周年誌を発行する方向で考える。来年の七・七集会が終了後に動き出すことにする

寄贈誌より

『中国研究月報』（社団法人中国研究所発行）
2018年11月号

▽論文
清末，中国人日本留学生の近代国民意識形成に関する　―考察―
1896年から1901年までの留学生界に着目して
孫　瑛鞠

▽研究ノート
台湾海峡，馬祖列島の近現代史と島民の生活誌
―日中戦争時期から冷戦時期までを中心に
山本　真
胡　艶紅

▽回顧録
1967年の北京―
一年間の見聞滞在記
平井　博二

▽書評　深尾葉子著　大阪大学出版会
『黄砂の越境マネジメント
黄土・植林・援助を問い直す』
杉山　文彦

▽光陰似箭
中国近現代史で間違いやすい漢字
（関　智英）

『わだつみのこえ』日本戦没学生記念会（わだつみ会）
NO・149
2018年11月16日

▽巻頭言
忖度社会の改憲＝戦争論に抗するために
松浦　勉
2108　わだつみ会　8・15集会

事務局月報

また今年も年末のご挨拶とご購読のお礼を書かせて頂く月になった。

毎年毎年、まともに議論すらされずに（賛成多数）で押し切られる、一部の人達の幸せの為とじわじわと戦争に向かう為の法案が、為すすべも無く通って行く。

10円20円というレベルで低賃金労働者の賃上げは攻防されるが、トランプ氏の「シンゾー、沢山の武器・兵器を気前よく買ってくれてありがとう」…には攻防は無かったのか？唯々呆れた。

年末ギリギリに通した外国人労働者受け入れの（法案）について、作家の楊逸さんが、

人の一生の一区切りを労働力として買い取って、使い捨てるのはむごいこと。外国人にも、日本人と同等の待遇や職業選択の自由を持たせ、人として対等に扱って欲しいです。と述べていらした。至極もっともなこと。

仕方ない、と諦めずに目を離さずに見張る事を諦めないでいたい。

一年間、ありがとうございました。

来年も宜しくお願い致します。

訂正とお詫び

前号三一ページ上段左端二行「ホテルニューオータニで行なわれ、我が会から六名参加」は十月号の記事の消却漏れです。

『８・15』二〇一八年十二月号
二〇一八年十二月一五日発行
定価　５００円（送料とも）
編集人　長谷川善夫
発行人　沖松　信夫
印刷所　（有）イワキ
発行　日中友好８・15の会
〒125−0032
東京都葛飾区水元３−３−４
小林悦子方
TEL & Fax　03−3627−1953
郵便振替　00120・6・27415
日中友好８・15の会
HP URL http://www11.ocn.ne.jp/~donpo/

会　　則

（名称）　第１条　本会は、日中友好元軍人の会を受け継ぐ日中友好『８．１５』の会（通称日中友好『８．１５』の会）と称する。

（目的）　第２条　本会は、過去の戦争に対する反省に立脚して、あらゆる戦争準備の動きを阻止し、平和希求するために世界各国とくに中国との友好に貢献するとともに、会員相互の親睦を深ることを目的とする。

（会員）　第３条　本会は前条の目的に賛成する元軍人および賛同者をもって構成する。

第４条　本会の本部を関東地区に置く、支部を各都道府県に置く、また事務局を関東地区に置く

（事業）　第５条　本会は、第２条の目的を達成するために以下の事業を行う。

１．会誌『８．１５』の発行
２．講演会、研究会の開催（平和諸団体との共催を含む）
３．学習会の開催
４．中国からの留学生・研修生の受け入れ
５．訪中団の派遣
６．その他、本会の目的達成に必要と認められる諸活動・事業

（総会）　第６条　本会は、総会を毎年１回、原則として８月 15 日に開催する。総会は、委任状を含めて員の過半数の出席により成立するものとする。総会は、幹事会から、活動報告、行動計事業計画、決算、予算、役員の選出、その他、本会の運営に必要な事項について報告、案を受け、出席者の過半数の賛成により　これを承認、決定する。幹事会が必要ありとめたときは、その決議により、臨時総会を招集することができる。総会の決議に基き、問を置くことができる。

（運営）　第７条　本会の運営は、幹事会が行う。ただし、幹事会は常任幹事会にその権限を委任することできる。

（役員）　第８条　代表幹事、副代表幹事、常任幹事、事務局長を本会の役員という。

第９条　役員の任期は１年とする．ただし、任期満了後も総会において新役員が選出されるまでその職務を行う。役員の重任は妨げない。

第 10 条　本会の運営のために幹事会ならびに常任幹事会を置く。幹事会は幹事を以って構成し、会の運営に必要な重要な会務を行う。幹事の互選により代表幹事、副代表幹事、常任事、事務局長を選任する。常任幹事会は、原則として毎月 １ 回開催し、幹事会の委任うけて本会の運営に必要な一般会務を行う。

第 11 条　幹事は、会員の推薦により選任し、総会の承認を受ける。

第 12 条　幹事会は、常任幹事会の決議に基き、代表幹事が招集する。常任幹事会は、常任幹事 2 以上の発議により代表幹事が招集する。幹事会および常任幹事会の決議は、出席幹事過半数の賛成により成立する。賛否同数のときは、代表幹事がこれを決する。

第 13 条　本会の会議の遂行上、下記の分科委員会を設け、常任幹事会が選出した委員長が運営に当る。

1. 組織・活動委員会
2. 会誌編集委員会
3. 財務委員会
4. 対外交流委員会

各委員会の委員は、委員長の推薦により委嘱する。

第 14 条　会計の監査は、会計監事が行う。会計監事は、幹事会の推薦により選任し、総会の承認受ける。

（財政）　第 15 条　本会の経費は、会費、寄付金、その他の収入をもってまかなわれる。留学生・研修生受入れのため、特別会計を設ける。

（会費）　第 16 条　会費は年額１万円とする。また、家族会員の会費は年額 2,000 円とする。購読会員は 6,000 円とし、学生会員は 3,000 円とする。

第 17 条　本会の会計年度は、毎年 ７ 月 １ 日に始まり翌年 6 月 30 日に終る。

（改正）　第 18 条　本会の会則は、幹事会の発議により、総会において、委任状を含む出席者の 3 分の 2 上の賛成により改正することができる。

（付則）　この会則は 2017 年 8 月 25 日から施行する。

過去の直視、これが歴史認識の原点